R 29152

Paris
1845

Blanc de Saint-Bonnet, Antoine

De l'unité spirituelle...

Tome 3

R
(c)

20152

DE

L'UNITÉ SPIRITUELLE.

DE L'UNITÉ SPIRITUELLE,

OU

DE LA SOCIÉTÉ

ET DE SON BUT

AU DELA DU TEMPS.

Sint unum sicut et nos.

PAR

ANT. BLANC St-BONNET.

DEUXIÈME ÉDITION.

III.

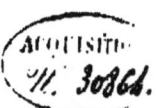

PARIS.
LANGLOIS ET LECLERCQ, RUE DE LA HARPE,

ALGER.	LEIPZIC.
DUBOS FRÈRES.	LÉOPOLD MICHELSEN.

M DCCC XLV.

LIVRE TROISIÈME.

DES CONDITIONS
DE
L'EXISTENCE DE L'HOMME.

DES CONDITIONS
DE
L'EXISTENCE DE L'HOMME.

I.

Quelle est, dans le temps, la condition de l'existence de l'homme, comme être doué d'un corps?

De la culture du globe.

Nous avons vu dans le Livre précédent quels sont les éléments de la nature de l'homme; nous allons voir dans celui-ci quelles sont les conditions de son existence.

Puisque la matière est le lieu où, par suite de la création, l'homme a été déporté en dehors de l'absolu pour réaliser son œuvre; puisque la causalité, toute spirituelle, ne peut se présenter et avoir une action sur cette sphère matérielle, sans un instrument qui la mette en relation avec elle ; puisque, sans cet instrument de relation, l'homme n'existerait pas plus pour le temps qu'il n'existerait pour l'absolu sans la raison et sans la causalité ; puisque enfin l'homme ne peut apparaître ici-bas sans un corps, et qu'il disparaît de ce monde aussitôt que le corps lui est ravi, il faut donc commencer par chercher quelles sont les conditions de l'existence de ce corps.

Si l'homme est déposé sur la terre avec un corps, pour le service de sa causalité, l'état où il sera le mieux pour remplir sa destination, comme être doué d'un corps, ne sera-t-il pas nécessairement celui qui offrira le mieux toutes les conditions de l'entretien et de l'exercice de cet indispensable instrument ? Si donc il est un état sur la terre où le corps de l'homme reçoive tout à la fois 1° la vie physique, 2° les soins qui la conservent, 3° les biens qui l'améliorent, ce sera assurément là son état naturel. Ce sera bien là son état naturel, puisque loin d'y avoir à souffrir de sa nature d'être doué d'un corps, tout se trouvera au contraire organisé pour veiller à la conservation de ce corps, à supposer qu'il n'en prît pas soin lui-même.

Lorsque l'homme a été déposé sur cette terre, elle était loin de présenter le même aspect que de nos jours. In principio Deus creavit cœlum et terram ; terra autem erat inanis et vacua. Au commencement, comme nous l'apprend aussi l'Histoire naturelle, les eaux ont couvert les continents jusqu'à quinze cents ou deux mille toises au-dessus du niveau des mers actuelles; dans les Alpes et dans les Pyrénées on retrouve jusqu'à cette même hauteur des coquilles et d'autres productions marines; dans les montagnes de l'Amérique on en retrouve aussi à deux mille toises d'élévation. S'il y a quelque chose de constaté en géologie, dit Cuvier, c'est que la surface du globe a été couverte par les eaux, et que c'est depuis qu'elle a été mise à sec pour la dernière fois, que les hommes se sont répandus sur les terrains dont la nature l'a permis.

Les traditions nous rapportent que ce fut au Troisième jour de la Genèse que s'opéra la séparation des mers et des continents; mais le retrait des eaux n'était point encore achevé. Les océans, en se retirant dans leur lit, laissèrent au milieu des plaines et de leurs cavités, des eaux qui n'avaient pas encore pris leur écoulement par les fleuves. Du reste, des pluies abondantes remplaçaient à mesure ce que l'évaporation ou les écoulements pouvaient enlever, et continuaient de former des lacs dans tous les bassins, des étangs dans toutes les plaines, et des ruisseaux sur toutes les pentes. Mais ces eaux, de partout retenues, ne s'échappaient que lorsqu'il arrivait des crues extraordinaires; leur écoulement n'étant point régulier et continuel, les fleuves et les rivières ne s'étaient pas encore creusé de lit.

Les effluves par lesquels ces immenses lacs se déchargeaient, allaient inonder ou former des mares considérables dans les terrains inférieurs. Comme un liquide versé à terre, les cours d'eau s'écartaient à chaque obstacle et, se répandant sur des surfaces planes étendues sous leur passage, donnaient naissance à des marais, au lieu de se former un lit et de prendre un courant définitif. Il a fallu bien longtemps avant qu'en passant par les mêmes lieux ces torrents finissent par y creuser un ravin qui pût contenir une partie de leurs eaux, et par là donner naissance à un fleuve. Mais nous verrons qui a pu aider la nature dans ces travaux, et qui était chargé d'achever l'œuvre du Troisième jour.

La terre n'a présenté longtemps, dans sa plus grande étendue, d'autre fond que la vase, et d'autre surface que des bois aquatiques, des savanes noyées et jonchées de débris ; c'est ainsi qu'on voit encore aujourd'hui les terres nouvellement formées par les dépôts du Mississipi et des Amazones, les vastes plaines de la Guyane, et les contrées, à peine abandonnées par la mer, qui s'étendent depuis le Surinam jusqu'aux Cordillières du nord. Les lieux d'où les eaux se retiraient un peu se couvraient insensiblement de lataniers, de palétuviers, de comons et de tous les bois mous qui, comme l'observe Buffon, ne croissent pas tout-à-fait dans l'eau, mais dans les terrains bourbeux auxquels aboutissent des savanes noyées. Car c'est à mesure que les terres s'élèvent en pente douce, qu'elles marquent pour ainsi dire leur élévation par la solidité des bois qu'elles produisent. Ceux que nous connaissons aujourd'hui, tels que le chêne, le châtaignier, le hêtre, le cèdre et le sapin, ne se sont répandus que bien longtemps après, sur des terrains plus consolidés et en même temps plus engraissés par les feuilles et les débris des bois antérieurs.

Or tous ces bois pouvaient être l'empire tranquille et assuré des animaux, mais ce n'était point celui de l'homme.

Les landes marécageuses étaient peuplées à leur tour par des myriades d'insectes, d'amphibies et de reptiles, qui rendaient l'air et le sol également inhabitables. Enfin dans cet état de choses, des pluies, des grêles et des froids continuels, des brouillards épais, une humidité qui s'élevait dans toutes les couches de l'air, formaient l'atmosphère dont notre planète était enveloppée. C'était là vraiment le *terra autem inanis et vacua et tenebræ super faciem abyssi* de la Genèse ; *enim homo non erat qui operaretur terram*, ajoute-t-elle.[1]

Les anciens qui, avec leur terreur de la nature, se sont si peu aventurés, et qui plaçaient les limites du monde sur les limites des contrées qu'ils avaient parcourues, ne nous ont point laissé de travaux topographiques sur l'état de l'ancien continent, au moment où les premières populations du genre humain en prirent possession. On sait cependant que du temps des Romains, les Gaules, la Germanie, la Suévie, la Cimbrie, la Rhœtie, la Pannonie, la Sarmatie européenne et la Finningie, étaient encore couvertes de grands lacs, de marais et de bois. « Le pays, dit Tacite en parlant de la Germanie, quoique offrant des aspects divers, est en général hérissé de forêts ou noyé de marécages, plus humide vers les Gaules, plus battu des vents vers la Norique et la Pannonie. Il repousse les arbres à fruits, l'espèce du bétail est petite ; les bœufs même y semblent dégénérés, et leur front est privé de sa parure :

---

[1] « Terra autem erat inanis et vacuo, « et tenebræ erant super faciem abyssi. « Istæ sunt generationes cœli et terræ, « quando creata sunt : Et omne virgul- « tum agri antequam oriretur in terra, « enim homo non erat qui operaretur « terram. Sed fons ascendebat e terra, « irrigans universam superficiem ter- « ræ, » etc.
Liber Genesis, Cap. 1; — Cap. 11.

cependant on y aime le grand nombre des troupeaux [1]. »
Aujourd'hui encore, en jetant les yeux sur une carte, on voit que les lieux les moins habités de l'Europe septentrionale, tels que la Laponie, une partie de la Suède, toutes les contrées nord-ouest de la Russie, et surtout la Finlande, sont presque dans le même état.

Mais à la découverte du Nouveau-Monde, au moment où les Anglo-Américains sont venus verser leurs populations actives et nombreuses dans ces contrées à peine habitées par quelques hordes errantes et clair-semées, les géologues et les voyageurs qui ont pu les visiter, ont eu l'occasion de constater parfaitement l'état primitif du sol, et de nous donner une idée de ce qu'était la terre entière avant que l'homme vint la préparer et en faire son habitation. « Quoique le sol soit fort montueux, dit l'un d'eux, l'air y est extrêmement humide. Il est d'ailleurs tout couvert de halliers et de buissons si épais et si hérissés d'épines, qu'il est impossible de le traverser. Avec cela, les sangliers et les tigres y sont en si grande quantité qu'on est toujours en danger d'en être dévoré, et l'on ne saurait presque faire un pas sans mettre le pied sur une vipère. Mais la plus grande incommodité qu'on y souffre vient de mille espèces d'insectes dont l'air est toujours obscurci, ce qui ne doit point étonner dans un pays marécageux et où l'épaisseur des bois ne laisse presque aucun passage aux rayons du soleil. D'ailleurs le sol n'y paraît presque en aucun endroit, parce qu'il est partout couvert d'herbes fort touffues, d'où il suit qu'on y respire toujours un air étouffé et malsain. » [2]

---

[1] Tacit., *De moribus Germanorum*. Liber v.
[2] Charlevoix, *Histoire du Paraguay*. Livre xiv.

DE L'EXISTENCE DE L'HOMME.

Dans ces contrées, des forêts et des marais sans bornes ont été également rencontrés partout; et aux traces qu'ils ont laissées sur le sol, on a parfaitement reconnu l'existence de ces lacs immenses et multipliés qui le couvraient. C'est alors que, muni d'observations exactes et de toutes les données de la science, l'on a pu supputer le temps et les travaux qu'il a fallu pour que ces amas d'eau perçassent leurs digues et, se formant un cours régulier vers l'Océan, offrissent au soleil et à l'air les plaines qu'ils avaient noyées. « Lorsqu'on examine avec attention, dit l'un de nos plus exacts et de nos plus intelligents observateurs, le terrain des États-Unis, et même les cartes qui le représentent, l'on remarque que les chaînes principales ou sillons d'Alleghany, du Blue-Ridge, etc., se trouvent tous dirigés en sens transverse au cours des grands fleuves, et que, pour se faire jour du sein des vallées vers la mer, ces fleuves ont été contraints de percer les sillons et d'en renverser les barrières. Ce travail se montre avec évidence dans la James, le Potomac, le Susquehannah, la Delaware, etc. ». Les

---

[1] « Mais l'exemple qui m'a le plus frappé sur les lieux, dit Volney, est celui du Potomac. Je venais de Frédérick-Town, et marchais vers le sud-ouest ; après avoir traversé un premier sillon, je commençai à voir devant moi à 11 ou 12 milles vers l'ouest le chaînon du Blue-Ridge, semblable à un haut rempart, percé d'une brèche du haut en bas. Je redescendis dans ce pays ondulé et boisé, et me trouvai au pied de ce rempart qu'il me fallait franchir et qui me parut haut de 550 mètres. En me dégageant du bois, je vis dans son entier une large brèche que bientôt je jugeai être de 12 à 13 cents mètres de largeur. Au fond de cette brèche coulait le Potomac. Sur les deux parois de cette brèche, beaucoup d'arbres sont plantés parmi les rocs, et masquent en partie le local du déchirement. Mais vers les deux tiers de la hauteur du flanc droit, un grand espace à pic montre à nu les traces de l'ancienne muraille naturelle que le fleuve vainqueur a renversée. Plus j'ai considéré ce local et les circonstances qui y sont réunies, plus je me suis persuadé que jadis la chaîne du Blue-Ridge, dans son intégrité, fermait absolument tout passage au Potomac, et qu'alors toutes les eaux du cours supérieur de ce fleuve, privées d'issue et accumulées au sein des montagnes, formaient plusieurs lacs considérables. »

nombreuses chaînes transverses, qui se succèdent depuis le fort Cumberland, n'ont pu manquer d'établir plusieurs lacs à l'ouest de North-Mountain. D'autre part, toute la vallée de Shenandoa et de Conegocheague dut n'en former qu'un seul, depuis Staunton jusqu'à Chambersbury. Les deux branches supérieures du fleuve James, également barrées par le Blue-Ridge, devaient l'augmenter de toutes leurs eaux. Alors dans tout le pays inférieur, celui qui sépare le Blue-Ridge de la mer, il ne devait y avoir que de moindres rivières fournies par le trop-plein du grand lac ; le sillon de granit talkeux devait arrêter les eaux, et former des lagunes marécageuses. La mer devait venir jusqu'à son voisinage et y occasionner d'autres marais ; et si l'on se rappelle la couche de *vase noire*, mêlée de roseaux et d'arbres, que la sonde trouve partout enfouie sous la côte, on y verra la preuve de tout ceci. On conçoit que l'écoulement des lacs, lorsqu'ils parvinrent à se creuser dans cette digue un ravin profond, dut changer tout le système du pays inférieur : alors furent roulées toutes ces terres de seconde formation qui composent la plaine actuelle. Les marécages d'Isinglass mis à sec écoulèrent leur vase et les joignirent à ces vases noires du littoral, qu'aujourd'hui nous trouvons enfouies sous les terres d'alluvion. Plusieurs brèches ayant successivement livré passage aux cours d'eaux qui sont appelés maintenant James, Potomac, Susquehannah, Schuylkill, Delaware, leur lac général se partagea en autant de lacs particuliers séparés par les ondulations de terrain ; et chacun de ces lacs eut son versoir particulier, jusqu'à ce qu'enfin ce versoir se trouvant miné jusqu'à son plus bas niveau, les terres furent mises à découvert. Quant à la Delaware, on reconnaît que le chaînon transverse, appelé Highs-Land, a autrefois barré ce fleuve et contenu ses eaux à une hauteur considérable ; et l'on juge, par l'élévation de la marée, que le lac a dû se prolonger peut-être jusqu'aux lacs Georges et Champlain. L'existence de ce lac, en expliquant les traces d'alluvion, de coquilles pétrifiées, de bancs d'argile, cités par le docteur Mitchill, prouvent la justesse des inductions de cet observateur judicieux sur la présence stationnaire d'anciennes eaux. Ce sont aussi ces lacs anciens qui expliquent les banquettes que l'on observe sur les rives de la plupart des rivières d'Amérique, telles que la Tennessée, le Kentucky, le Mississipi, le Kannhawa et l'Ohio. Il est probable que l'Ohio a été barré en plus d'un endroit, depuis Pittsburg jusqu'aux rapides de Louisville. Aussi dut-il en résulter un lac d'une très vaste étendue ; car depuis Pittsburg la pente du terrain, mesurée au cours du fleuve, est d'environ 12 pouces par lieue : de sorte que le sillon des *côtes*, ayant environ 200 pieds, a pu contenir ces eaux et les refouler jusque vers Pittsburg. Du reste, l'existence d'eaux sédentaires dans cette contrée de l'ouest, et de lacs anciens, est le seul fait qui explique d'une manière satisfaisante et simple une foule d'accidents locaux, qui par contre-coup lui servent de preuves : par exemple, ils expliquent pourquoi, dans la totalité du bassin de l'Ohio, les terres sont toujours nivelées par couches horizontales, pourquoi elles descendent par ordre graduel de pesanteur spécifique, pourquoi l'on trouve partout des débris d'arbres, de roseaux, de plantes, et même des ossements d'animaux, etc.; enfin, ils donnent une solution aussi heureuse que naturelle de la formation des couches de charbon fossile qui se trouvent de préférence dans ces mêmes localités. » [1]

D'après ce qui précède, nous pouvons nous faire une idée de ce que devait être la terre en général. Dans une telle situation était-elle habitable pour l'homme ? Il se pouvait que quelques familles trouvassent des points isolés, assez favorisés pour être tout à la fois arrosés et abandonnés à temps par les eaux, et pour offrir un terrain propre soit à la culture, soit à l'établissement d'une habitation à l'abri des humidités et des exhalaisons pestilentielles des plaines marécageuses. Mais qu'une population un peu nombreuse, qu'un peuple enfin, occupant une étendue de quelques degrés, vînt couvrir tout-à-coup le sol, et résistât à la triple action de l'humidité, de l'insalubrité et du froid que les forêts et les eaux entretenaient de toutes parts, cela était impossible.

Aussi, les premiers hommes ont-ils habité la contrée de la terre, qui, par sa position et l'écoulement naturel des eaux, offrait le plus de facilité à l'assainissement. C'est entre le 40° et le 55° degré de latitude, au centre du plateau de l'Asie, que s'est formée la première population et qu'à dû s'élever la première société. C'est de ce continent plus élevé, moins marécageux, et mieux exposé à l'action fécondante de l'air et du soleil, c'est de ce continent, dont les eaux descendaient, par des cours lointains et non retenus, jusque dans l'Océan oriental d'un

[1] *Tableau du sol des États-Unis*, chap. v; *Des lacs anciens qui ont disparu.*

côté, la mer du Nord de l'autre, et enfin dans les mers du Midi, que sont ensuite sortis les autres peuples qui ont fait peu à peu la conquête de la terre sur la nature brute.

« Au seul aspect géographique de l'Asie, dit Herder, on reconnaît qu'elle fut de toutes les parties du monde la première habitable ; puisque sur les sommets de ses larges et hautes montagnes s'étendait une plaine que les eaux n'ont jamais submergée : ce fut donc là, suivant toute apparence, dans quelque heureuse vallée, que l'homme trouva son premier asile. »[1]

Ce fut donc également de là que sa postérité partit pour s'emparer de la terre, faisant à mesure son chemin et son sol sur son passage ; habitant les lieux les plus faciles à exploiter, soit d'abord par la chasse, soit ensuite par la culture ; et voyant peu à peu s'étendre sa population, selon que le sol assaini et défriché augmentait les conditions de l'existence de l'homme, tout en diminuant les causes de sa mortalité. Là se bâtirent les premiers groupes d'habitations et se formèrent les premières Cités ; les hommes s'y réunissaient et se munissaient d'instruments, ils arrachaient aux entrailles de la terre des armes propres à la combattre. C'est de ces lieux, en quelque sorte fortifiés contre la nature, qu'ils

---

[1] Aussi le Livre de nos traditions, en nous parlant du lieu de la première demeure de l'homme, a-t-il soin d'appuyer sur ce fait, que Dieu en avait lui-même planté les arbres, et croit-il nécessaire de dire que dans ce lieu, toujours par les soins de Dieu, était un fleuve tout formé, et qui se divisait en plusieurs canaux d'irrigation :

Plantaverat autem Deus paradisum voluptatis a principio ; in quo posuit hominem.

Et produxit Deus de humo omne lignum pulchrum visu et ad vescendum suave.

Et fluvius egrediebatur de loco voluptatis ad irrigandum paradisum, qui inde dividitur in quatuor capita, etc., etc.

Liber Genesis, Caput II, v. 8, 9. 10.

s'avancèrent ensuite sur les contrées d'abord abandonnées, arrondissant peu à peu ces territoires qui se remplissaient à mesure de leur population. L'existence de chaque homme supposait le défrichement de tout le terrain nécessaire pour l'entretien d'un homme. Dans ces âges primitifs du monde, qui sait ce qu'un peuple a coûté !

« Les premiers hommes, dit Buffon, n'ayant que les montagnes pour asile contre les inondations ou les exhalaisons infectes des marais ; chassés souvent de ces asiles par le feu des volcans ; tremblant sur une terre qui tremblait sous leurs pieds ; nus d'esprit et de corps, exposés aux injures de tous les éléments et victimes de la fureur des animaux ; tous également pressés par la même nécessité, ont dû promptement chercher à se réunir pour s'aider et travailler de concert à se faire un domicile. Ils ont nettoyé, assaini, purifié les terrains qu'ils voulaient habiter, afin de faire de la terre le domaine de l'homme. Car il n'en a pris véritablement possession que par ses travaux de culture. » [1]

Les peuples primitifs furent d'abord chasseurs, c'est par la chasse qu'ils portèrent la première main sur la nature ; peu à peu ils se firent pasteurs, c'est par la soumission des animaux à la domesticité qu'ils commencèrent à tirer parti de ses biens ; enfin ils devinrent agriculteurs, et c'est par le travail qu'ils s'emparèrent définitivement des lois de la nature. Ce fut seulement lorsque ces peuples eurent atteint cette période, que la terre fut réel-

[1] Buffon, *Histoire naturelle* ; — Époques de la nature.

lement mise en exploitation. Mais la culture du sol ne pouvait avoir lieu, d'un côté sans défricher les forêts, de l'autre sans écouler les eaux; le défrichement successif des premières commença à rendre les pluies moins fréquentes, et l'écoulement graduel des secondes commença à rendre leur courant plus régulier, plus constant, moins impétueux et moins vagabond. En traversant constamment les mêmes lieux avec une quantité d'eau presque la même, ces courants se creusèrent insensiblement des lits, d'où ils commencèrent à ne plus sortir; et par leurs ramifications, ils formèrent bientôt de véritables rivières, qui à leur tour et par les mêmes causes, devinrent enfin des fleuves qui rendirent régulièrement à la mer les eaux que les évaporations lui avaient enlevées. Les fleuves n'ont pas toujours existé; des cailloux roulés, qu'aujourd'hui les fleuves établis ne peuvent plus entraîner, prouvent que les grands courants, d'intermittents sont devenus réguliers, car la quantité d'eau à écouler devait être la même, mais elle venait subitement.

Les hommes, pour mieux dessécher leurs terres, et pour se préserver d'inondations qui auraient emporté leurs récoltes, ont dû favoriser autant que cela se pouvait ces travaux de la nature, soit en ouvrant aux torrents des passages plus commodes, soit même en aidant quelques lacs considérables à percer une digue souvent fermée par un léger obstacle. C'est alors que, s'il est permis de parler ainsi, s'établit dans toute la terre la véritable circulation de son sang. Les eaux que le soleil enlevait à la mer et que les vents distribuaient sur tous les continents, au lieu d'aller croupir dans les plaines, se répandirent par mille ruisseaux sur leur sein, et formèrent de beaux fleuves se rendant à la mer pour lui restituer ses dons. Alors aussi, les froids et les humidités éternelles quittèrent dans la proportion voulue les régions cultivées, pour se retirer exclusivement vers les pôles ; le globe fut enveloppé d'une atmosphère nouvelle, et les saisons du moins furent marquées sur la terre comme elles l'étaient dans le ciel. Les œuvres réunies du temps et des hommes furent incalculables ; avec les siècles s'accomplirent ces travaux si prodigieux qu'ils semblent aujourd'hui ne pouvoir être que l'œuvre de la nature. Ces peuples travaillèrent ainsi sur les divers continents sans avoir conscience de leur concours à une si vaste entreprise, et parmi les sept Merveilles du monde, ils oublièrent de compter la plus merveilleuse de toutes, l'exploitation du monde ! [1]

Telle fut la première période de la civilisation ; période si bien représentée par les mythologies sous le nom des Travaux d'Hercule. « Les formidables travaux des Titans ont préparé la demeure de l'homme. Hercule n'avait point reçu des dieux le pouvoir de façonner l'homme ; mais il devait attaquer par la force intelligente les forces non intelligentes de la nature, pour les rendre plus faciles à la

---

[1] Buffon débute ainsi dans son livre *Des Époques de la nature* :

« La surface de la terre a pris successivement des formes différentes ; l'état dans lequel nous voyons aujourd'hui la nature est autant notre ouvrage que le sien : nous l'avons modifiée, tempérée, pliée à nos besoins. L'aspect sous lequel se présente cette terre que nous avons sondée, cultivée, fécondée, est donc bien différent de celui des temps antérieurs à l'invention des arts. L'homme de ces temps, encore à demi-sauvage, ignorait la force des volontés unies et ne se doutait pas que, par des travaux concertés, il imprimerait ses idées sur la face entière de l'univers. Mais cet ancien état n'est encore que le passé moderne, en comparaison de celui où nos continents terrestres étaient couverts par les eaux, etc., etc. »

volonté et aux travaux de celui qui était appelé à recueillir l'héritage des Titans. Hercule luttait corps à corps contre les fleuves, pour les obliger à répandre la fécondité et non les ravages sur leurs bords. Les cent têtes de l'hydre furent abattues par lui; c'est-à-dire qu'il livra à la culture les marais de Lerne, d'où s'échappaient des vapeurs pestilentielles, et que le laboureur n'aurait pu remuer sans mourir. Les serpents et les lions furent des jouets pour ses robustes mains. Il vainquit Antée et les brigands. Vous apprendrez plus tard, sage Evandre, que l'homme est condamné à faire la terre où il veut habiter. Ce Vélabre marais stagnant qui baigne vos collines, sera de même un jour comblé; car les troupeaux et les pasteurs périssent, et ce sol si admirablement beau ne peut être habité sans danger. Evandre, les dieux n'ont pas livré gratuitement la terre à son noble possesseur. Hercule a enseigné à l'homme que sa vie est une vie de combat, de combat sans relâche. Le géant Antée ne peut être étouffé qu'en le soulevant de dessus le sol, toujours rebelle à la culture. Hercule a traversé l'immense forêt de la terre inculte, et a ouvert partout un large sillon de défrichement. C'est avec raison, excellent prince, que vous avez élevé des autels à Hercule ! » [1]

Mais par ces travaux herculéens des premiers âges, l'homme n'a pas seulement changé son sol, il a changé aussi son atmosphère; car c'est en transformant et en améliorant la terre, qu'il a transformé et amélioré son ciel

---

[1] Orphée, Livre quatrième; La Thrace. — Tiré de la *Palingénésie sociale*.

météorologique, en un mot qu'il s'est fait son climat [1].
D'abord il faut partir de ce point, démontré par M. Arago,
qu'en deux mille ans la température générale de la masse
du globe n'a pas varié de la dixième partie d'un degré,
et que les variations qu'éprouvent certains éléments
astronomiques n'ont pu modifier les climats terrestres ;
que du reste, sous ce rapport, le globe ne pouvait aller
qu'en se refroidissant, tandis que l'on remarque sur sa
surface un effet tout opposé. Pour expliquer ces changements et ces améliorations de climat, ajoute cet astro-
nome, il ne nous reste donc plus absolument que les
circonstances locales, comme les travaux agricoles, le
déboisement des plaines, le desséchement des marais,
puisque l'on prouve que le climat n'est devenu ni plus
chaud ni plus froid dans des lieux dont l'état du sol et
l'aspect physique n'ont pas varié depuis une longue suite
de siècles. On peut ainsi, pour toute l'étendue de la
terre, renfermer d'un seul coup les variations de climat
passées et futures, dans les limites de l'influence que les
travaux des hommes peuvent exercer [2]. » Puisque le ciel as-
tronomique, c'est-à-dire tout ce qui entoure la terre, est mis
hors de concours comme action modificatrice des climats,

---

[1] « Par climat, on entend le degré de latitude d'un pays (le mot grec Κλιμα signifie *degré*) ; mais comme en général les pays se sont montrés froids ou chauds selon leur degré de latitude, l'idée accessoire s'est tellement liée à l'idée principale que le mot *climat* est devenu synonyme de température habituelle. Cependant il n'est point vrai que la température soit essentiellement déterminée par la latitude : car elle est profondément modifiée par diverses circonstances du sol, telles que sa surface aride ou aqueuse, nue ou boisée, et surtout par sa culture, etc. D'où il suit que le sol devient un élément constituant de la température et par conséquent du climat. »
Du Climat, etc.

[2] ARAGO, *De l'état thermométrique du globe terrestre*. Ann. du Bur. des long.

et que par conséquent cette action reste tout entière attachée à l'état de la terre elle-même, il s'agit d'observer comment une pareille modification a pu s'opérer.

L'amélioration du climat n'est que l'amélioration de l'atmosphère ; et l'amélioration de l'atmosphère dépend de deux choses : l'élévation de la température, et l'oxigénation de l'air. L'élévation de la température fait disparaître l'humidité, elle rend l'air plus sec ; l'oxigénation combat les gaz carboniques et ammoniacaux, elle rend l'air plus pur. L'air plus sec contient plus d'électricité, l'air plus pur contient plus d'oxigène ; et tel est l'air qui convient éminemment à l'homme, car l'oxigène enrichit son sang, et l'électricité son fluide nerveux. Au contraire, l'insalubrité, en privant l'air de son oxigène, affaiblit le sang ; et l'humidité, en privant l'air d'électricité, affaiblit les nerfs. Et ces deux effets réunis exposent l'homme aux maladies épidémiques, aux fièvres de toutes sortes, enfin à la peste qui en est le dernier degré. Il faut donc observer quelles sont les circonstances qui entretiennent l'humidité de l'air, et quelles sont les circonstances qui entretiennent son insalubrité, afin de chercher les causes qui peuvent combattre l'humidité d'abord, et l'insalubrité ensuite. Nous connaîtrons par là les causes de l'amélioration du Climat, c'est-à-dire de ce milieu physique dans lequel vit l'homme physique et où, comme tel, il doit trouver toutes les conditions de son existence et de son développement.

On sait que les bois attirent les pluies et entretiennent les sources, en ce que leur ombrage empêche l'eau d'être immédiatement réabsorbée, et qu'ils donnent ainsi naissance à des marais, et à des brouillards par les émanations qui s'en échappent. De sorte que, pendant l'automne et pendant l'hiver, les marais ainsi que la trop grande quantité de bois, entretiennent l'humidité de l'air et abaissent toujours le degré du thermomètre. — Telle est la cause de ces vapeurs qui rendent l'air constamment humide, et en absorbent l'électricité.

On sait également que les étangs et les marais pourrissent le sol et entretiennent une multitude de plantes fétides, d'insectes et d'animaux aquatiques; leurs eaux, exposées à se retirer par l'action du soleil, laissent à nu sur les bords la vase qu'elles avaient couverte, et donnent ainsi naissance à des miasmes pestilentiels par les émanations qui s'en échappent. De sorte que, pendant le printemps et pendant l'été, la chaleur abaissant le niveau des eaux fait périr et met en fermentation au milieu de la fange, les plantes et les animaux aquatiques. — Telle est la cause de ces gaz méphitiques qui rendent l'air constamment infect, et en absorbent l'oxigène.

Mais si c'est au printemps et en été qu'éclatent les causes de l'infection de l'air, ses effets ne se propagent pas moins sur les deux autres saisons de l'année. Et de même, si c'est en automne et en hiver que l'atmosphère se charge plus particulièrement d'humidité, son action ne se propage pas moins sur la belle saison. Aussi est-ce une observation faite dans tout le Nouveau-Monde (contrée que les hommes n'ont pas encore eu le temps d'amener à l'état de l'ancien continent) que non-seulement l'humidité y est très considérable, mais que, sous un même degré de latitude, le froid y est beaucoup plus grand que chez nous. « Depuis longtemps les historiens de l'Amérique et les physiciens ont remarqué, avec surprise, que le climat y était de plusieurs degrés plus froid que ses parallèles d'Europe. Dans les parties nord de la Nouvelle-Angleterre, par une latitude moyenne de 43°, des observations faites à Salem pendant sept ans par Édouard d'Holyhoke, et comparées à vingt autres années d'observations recueillies à Manheim, constatent que le climat de Salem est à la fois plus froid en hiver et plus chaud en été que celui d'un nombre donné de villes en Europe. A Salem, la différence du froid au chaud est de 54°, tandis qu'à Rome, par exemple, elle n'est que de 24°. Dans les États de Maine, Vermont, New-Hampshire et de Massachusetts, pays correspondant par le degré de latitude au midi de la France et au nord de l'Espagne, la terre demeure chaque hiver assez couverte de neiges pendant quatre mois pour rendre habituel et général l'usage des traîneaux. Belknap a vu le thermomètre descendre jusqu'à 18° 1/4 au-dessous de zéro, à Portsmouth, côte nord de Salem; et Williams l'a vu à 26° sous zéro, à Rutland. Un peu plus avant, c'est-à-dire en Canada, par les 46 et 47° de latitude, ce qui correspond au milieu de la France, la neige s'établit dès le mois de novembre et dure jusque vers la fin d'avril, c'est-à-dire six mois, épaisse de quatre à six pieds. A Québec, le thermomètre descend ordinairement à 20 et 24° sous glace; on y a même vu, en 1790, geler le mercure, ce qui suppose 38 à 40°. Or, un tel cas n'arrive en Europe que sous les parallèles de Stockolm et de Pétersbourg, par les 60° de latitude [1]. » « A partir du lac Supérieur, jusqu'aux montagnes Stony, en remontant

---

[1] Idem, chapitre VIII. — Que le climat de l'Amérique est plus froid en hiver que ses parallèles d'Europe.

jusqu'au 72°, dit Mackensie, le pays maintenant bien connu offre un climat d'une rudesse et d'une âpreté de froid qui ne peut se comparer qu'à la Sibérie. Le sol généralement plane, parsemé de lacs, de marais et d'une prodigieuse quantité de cours d'eaux, et sans cesse battu de vents glacés, est, dès le 46°, gelé pendant toute l'année. Entre le 50 et le 56°, on a pu, pour ce motif, établir des puits. M. Shaw en a lui-même creusé un à seize lieues des montagnes; et, quoique entrepris en juillet, il a dès le troisième pied rencontré le sol gelé, et le trouvant de plus en plus ferme, il a été contraint d'abandonner le travail à une profondeur de vingt pieds. » Robson, ingénieur anglais, raconte « qu'ayant voulu creuser un puits près de la baie d'Hudson, et au mois de septembre, il trouva d'abord trente-six pouces anglais de terre dégelée par la chaleur de la dernière saison; puis une couche de huit pouces gelée ferme comme roc, sous cette couche un terrain sableux, glacial et très sec, où l'on ne peut trouver d'eau, parce que, dit-il, le froid continuel gelant les eaux superficielles les empêche de pénétrer au-dessous [1] ». Umfreville, de la compagnie de Hudson, atteste également que : « la terre dans ces contrées, même au cœur de l'été où les chaleurs sont vives pendant cinq semaines, ne dégèle qu'environ de quatre pieds anglais là où le sol est déboisé et soumis conséquemment à l'action du soleil; et de deux pieds seulement là où le sol est ombragé de chétifs genévriers et pins, qui composent toute la végétation du pays. » [2]

[1] *An account of six years residence in Hudson's bay.*
[2] *Present state of Hudson's bay.*

DE L'EXISTENCE DE L'HOMME. 1007

Ces climats si froids et si humides pendant les hivers et les automnes, n'ont pas seulement pour inconvénient de rendre les récoltes plus tardives, moins abondantes, et de ne fournir qu'une alimentation chétive à la population; mais, par les évaporations des marais et les miasmes qui s'élèvent pendant les chaleurs, ces climats attaquent encore directement la population même. Il semble que ce ne soit pas assez que ce sol maudit refuse à l'homme sa nourriture, et qu'il faille encore que des fléaux terribles s'échappent de son sein. Car les eaux stagnantes sont généralement reconnues comme la source de toutes les maladies épidémiques accompagnées de fièvre : c'est ainsi qu'elles éclatent encore de nos jours au Mexique, à la Louisiane, aux Antilles. Elles règnent en quelque sorte endémiquement dans ces contrées [1]. Il est reconnu aujourd'hui que la fièvre jaune et la peste n'ont pas d'autre origine ; elles ne se sont jamais manifestées spontanément dans les localités où les causes dont nous venons de parler n'existaient pas. Partout ailleurs, ces maladies ont été portées et inoculées; et elles n'y ont fait de ravage qu'en raison de la conformité de territoire avec les lieux infectés.

---

[1] « Laissant à part les maladies communes à tous les pays, il m'a paru, dit un voyageur déjà cité, qu'il en existait aux Etats-Unis que leur universalité donne le droit de regarder comme le produit du climat et du sol. Au premier rang de ces maladies se place la consomption pulmonaire, que l'on peut appeler la maladie endémique des Etats-Unis. Par suite de rhumes trop répétés, le poumon s'affaiblit, s'excorie et finit par s'ulcérer. Ils ont pour cause évidente l'humidité et ces brusques variations de température, qui sont le trait caractéristique du climat.

« Mais les fièvres intermittentes, tierces, quartes, etc., sont le mal régnant aux Etats-Unis à un point dont on ne se fait pas d'idée. Elles sont surtout endémiques sur le bord des eaux stagnantes près des étangs, des lacs, des chaussées de moulin, des marais, partout où l'air est chaud,

Maintenant que nous nous sommes fait une idée des causes qui, dans les contrées primitives, entretiennent l'humidité et l'insalubrité de l'air, il nous reste à examiner les causes qui peuvent faire disparaître cette humidité et cette insalubrité, et conséquemment les effets désastreux qui en résultent. Mais puisque nous avons vu que la trop grande quantité de bois et une vaste étendue de marais entretiennent l'humidité et l'insalubrité, il est clair que la destruction d'une partie des bois élèvera le degré

« humide, chargé d'exhalaisons de tout genre. En 1796, sur une route de plus de 300 lieues, je n'ai pas trouvé, j'ose le dire, vingt maisons qui en fussent exemptes. Au quartier-général de l'armée qui venait de conquérir le pays, sur environ 570 personnes, 300 étaient attaquées. Ces fièvres minent peu à peu les forces ; tous les voyageurs ont remarqué que l'on est vieux à 50 ans comme on l'est en Europe à 65 ou 70.

« La plus terrible de ces fièvres est connue sous le nom de *fièvre jaune*; les symptômes se succèdent avec une rapidité effrayante dans le court espace que met cette maladie à se juger pour la mort ou la convalescence (ordinairement trois jours.) Cette fièvre est surtout connue dans les parties chaudes et marécageuses de l'Amérique méridionale et dans l'archipel des Antilles; la Louisiane, le littoral des Florides, de la Géorgie, des Carolines et de la Virginie y participent par les mêmes motifs d'humidité. Les médecins ont remarqué que l'épidémie redoublait par les temps seulement humides, par les vents de sud-est, et qu'elle diminuait par la sécheresse du nord-ouest ; qu'enfin là où il n'y a ni marécage, ni ordure, comme à S-Kits, à S.-Vincent, à Tabago, etc., la santé est constamment excellente. Les faits qui établissent ces résultats se trouvent répandus dans une multitude d'écrits publiés depuis 1794.

« L'on ne peut les lire sans être frappé de la corrélation constante qui existe entre les causes médiates ou immédiates, et les effets soit isolés, soit réunis. Partout l'on voit la fièvre naître et s'augmenter en raison composée de la température chaude de l'air et de son humidité, du voisinage des marais, de leur étendue et surtout en raison des masses entassées de matières formant un foyer de putréfaction. L'on pourrait même graduer et mesurer les fièvres par les degrés du thermomètre joints à l'intensité des masses putrides; l'on voit la fièvre se graduer selon l'intensité de toutes ces causes, depuis les fièvres simplement inflammatoires, en passant par le choléra-morbus, jusqu'à la peste qui n'est que le dernier échelon et le *maximum* de tous ces maux. Le docteur Davidson, de la Martinique, a observé comme moi qu'à partir du 86º de F. le caractère de malignité et de contagion s'exalte jusqu'à former la peste. »

de température, et que l'écoulement d'une partie des eaux diminuera l'insalubrité.

Et d'abord, que le défrichement des bois élève le degré de température, c'est là un phénomène tout physique. La hache, en perçant de vastes clairières au milieu des forêts, ouvre un passage aux rayons du soleil qui descendent échauffer une terre jusque-là recouverte par l'ombre et l'humidité. Les couches d'air les plus voisines du sol s'échauffent les premières; par cela même elles s'élèvent aussitôt dans l'atmosphère, et font place à d'autres couches : ainsi se forme peu à peu une masse d'air chaud et sec qui s'augmente chaque jour et finit par se répandre dans l'atmosphère entière. Dès-lors, le sol que recouvraient les bois, maintenant exposé à l'air et à la lumière, devient plus propre à la culture et ne recèle plus dans ses flancs ces sources trop abondantes qui donnaient naissance aux marais environnants. Les terrains solides conservent seuls quelques bois; mais ces bois, dont la quantité est mieux proportionnée aux besoins de notre atmosphère, répandent dans l'air un souffle qui l'oxigénise et le rafraîchit au lieu de le congeler.

Ensuite, que le défrichement des plaines diminue les causes de l'insalubrité, le fait est tout aussi saisissable. La bêche, en ouvrant de vastes sillons où les eaux trouvent une issue, leur trace un écoulement, et expose désormais au soleil une terre jusque-là noyée dans la vase. Comme le cultivateur prend tous les moyens de mettre son champ à l'abri des eaux, celles-ci, éconduites de tous côtés, vont peu à peu, ainsi que nous le disions, former les rivières et les fleuves permanents dont les eaux presque limpides ne sont point du tout défavorables à la composition de l'air. Dès-lors, aux herbes infectes, la culture substitue ces plantes amies de l'homme, qui, au lieu de répandre dans l'atmosphère leurs gaz fétides, en absorbent régulièrement le carbone et l'azote, distillant chaque nuit l'oxigène de leurs précieuses lèvres. Les montagnes seules retiennent des eaux dans leurs cavités; mais ces eaux, purifiées par leur infiltration dans le sol, versent alors sur la plaine un flot qui l'arrose et la fertilise au lieu de l'empoisonner.

De sorte que, la destruction d'une partie des bois qui couvrent les plateaux élevant le degré de température, et l'écoulement des eaux qui couvrent les plaines diminuant les causes de l'insalubrité, l'air devenu plus sec et plus pur, constitue un climat favorable à l'existence et au développement de l'homme.

Il est un moyen simple de nous assurer de ces résultats, c'est de les confirmer par l'expérience. Nous ne pouvons consulter l'histoire de l'ancien continent, parce qu'il a été insensiblement modifié par les hommes sans qu'ils aient eu une conscience claire de ce changement, et sans qu'ils aient laissé d'autre récit sur ce point que la fable d'Hercule. Mais il est un Nouveau-Monde, à la découverte duquel toutes nos sciences ont en quelque sorte assisté; un nouveau continent qu'elles ont vu aborder, défricher, peupler, cultiver; dont elles ont pu suivre météorologiquement, et avec une exactitude parfaite, les modifications atmosphériques. Et cette occasion d'expérience devient d'autant plus précieuse pour nous qu'elle sera dépouillée du caractère fabuleux des récits antiques. Nous ne pourrons donc pas arguer que ce soit là de l'histoire ancienne, puisque nous avons vu tous ces changements s'opérer sous nos yeux. Or, voici ce que rapportent les voyageurs et les habitants :

« Depuis quelques années, dit Volney, on a généralement fait la remarque aux États-Unis, qu'il s'opérait dans le climat des changements partiels très considérables et qui se manifestaient en proportion des défrichements et du déboisement des lieux. » — « Dans tout le Canada, dit Liancourt, on observe que les chaleurs de l'été deviennent plus fortes et plus longues, et les froids de l'hiver plus modérés. » — « Je partis de Québec, écrivait Lahoutan, en 1690, et je fis voile le 20 novembre ; ce qui ne s'était jamais vu auparavant. En effet, les registres du commerce constatent que, vers 1700, les assurances pour la sortie des eaux du Saint-Laurent, étaient closes au 11 novembre, et maintenant elles ne le sont qu'au 25 décembre! » — « Lorsque nos ancêtres, dit S. Williams, vinrent en New-England, l'hiver s'établissait vers le mois de novembre et continuait jusqu'à la fin de février. L'été était très chaud, étouffant ; mais il était borné à six semaines : toutes les récoltes étaient closes à la fin de septembre. Aujourd'hui les saisons sont totalement changées ; l'hiver est devenu plus court et interrompu par des dégels ; l'été a des chaleurs moins violentes, mais elles sont plus prolongées ; enfin, l'hiver ne déploie sa rigueur qu'à la fin de décembre. » — « Selon nos vieillards, dit le docteur Rush, le climat a changé dans tous les États du milieu. Les automnes sont plus longues, plus chaudes ; les bestiaux paissent un mois plus tard, les rivières gèlent plus tard et restent moins longtemps scellées. » — « Il paraît, dit Jefferson, qu'il se fait un changement très sensible dans notre climat. Les chaleurs ainsi que les froids sont moindres qu'autrefois, au rapport des personnes qui ne sont pas encore fort âgées; les neiges sont moins abondantes. » — « Dans tout le cours de mon voyage sur l'Ohio, à Gallipolis, à Lexington, à Cincinnati, à Louisville, à Niagara, à Albany, partout, continue Volney, on m'a répété que les étés étaient plus longs, les automnes plus tardives et les hivers plus courts, les neiges moins hautes et moins durables; et dans tous les établissements l'on m'a peint ces changements non comme graduels, mais comme subits et proportionnés à l'étendue des déboisements. Un mouvement sensible dans le climat des États-Unis est un fait hors de contestation; l'opinion qui l'attribue au déboisement et aux grandes clairières que les défrichements ont ouvertes dans les forêts, est d'autant plus raisonnable qu'elle explique le fait par l'analyse de ses circonstances. » — « Dans tout canton, rapporte Williams, où l'on abat des bois pour établir la culture, l'air et la terre subissent en deux ou trois ans des changements considérables de température. A peine le colon a-t-il éclairci quelques arpents, que la terre, exposée à toute l'ardeur des rayons solaires, s'imprègne à dix pouces de profondeur d'une chaleur plus forte de 10 à 11° de Fahrenheit que le terrain qui est couvert de bois. Or, les 10° (4 1/2 R.) de chaleur ajoutés au sol, se communiquent à l'air qui est en contact; et cet air échauffé fait place à celui qui vient des bois, ce qui augmente en peu de temps la masse d'air chaud. Le déboisement cause l'évaporation des eaux et le dessèchement du terrain, ainsi qu'on en a fait la remarque dans toutes les parties des États-Unis, où des ruisseaux se tarissent et où des marais et swamps sont mis à sec : raison nouvelle de diminution de fraîcheur dans l'atmosphère. Le déboisement cause aussi la diminution très sensible de la durée et de l'abondance des neiges qui couvraient, il y a plus d'un siècle, toute la Nouvelle-Angleterre, depuis les premiers jours de décembre jusqu'aux premiers jours de mars. Enfin, continue Williams, il y a dans les vents un changement très marqué ; les vents d'est gagnent en étendue de domaine. Il y a cinquante ans, à peine pénétraient-ils à dix ou treize lieues ; maintenant ils se font sentir à vingt-sept lieues de l'Océan. Et l'on s'aperçoit fort bien qu'ils s'avancent à mesure que le pays se défriche et se déboise. »

« Il faut donc, ajoute Volney, attribuer le changement qui s'opère dans le climat des États-Unis à deux circonstances majeures : 1° au déboisement, et aux clairières percées, lesquelles produisent une masse d'air chaud qui s'augmente chaque jour ; 2° à l'introduction des vents chauds par ces clairières, ce qui dessèche plus rapidement le pays et échauffe davantage l'atmosphère. Par conséquent, il se passe en Amérique ce qui a lieu dans notre Europe, et sans doute dans l'Asie et dans tout l'ancien continent, où l'histoire nous présente le climat comme beaucoup plus froid jadis qu'aujourd'hui. Horace et Juvénal nous parlent des glaces éternelles du Tibre, qui maintenant ne gèle jamais. Ovide nous peint le Bosphore de Thrace, la Dacie, la Pannonie, la Crimée, la Macédoine même, comme des pays de frimas égaux à ceux de Moscow ; et ces pays nourrissent maintenant des oliviers, et produisent d'excellents vins. Enfin, notre Gaule, du temps de César et de Julien, voyait chaque hiver tous ses fleuves glacés, de manière à servir de ponts et de chemins pendant plusieurs mois; et ces cas sont devenus bien rares et de courte durée. »

Il y a longtemps que Buffon avait constaté de semblables faits. « Assainir, défricher et peupler un pays, disait-il, c'est lui rendre la chaleur pour plusieurs milliers d'années. Et ceci répond aux objections que l'on pourrait faire contre le fait du refroidissement de la terre. La terre est loin d'être plus froide aujourd'hui : les Gaules nourrissaient autrefois des loups cerviers, des ours, et autres animaux qui ont été obligés depuis de se retirer dans les pays septentrionaux. D'ailleurs, l'histoire nous apprend que la Seine était ordinairement glacée tous les ans pendant une partie de l'hiver, fait beaucoup plus rare de nos jours. Ces faits auraient encore lieu de nos jours, si la France et l'Allemagne d'aujourd'hui étaient semblables à la Gaule et à la Germanie, si l'on n'eût point abattu les forêts, séché les marais, dirigé les fleuves et défriché les terres¹. Les faits extérieurs, qui dépendent de la culture, l'emportent de beaucoup sur la cause intérieure de refroidissement quant à la température de chaque climat.

---

¹ « L'ancienne France comparée à la France actuelle, dit M. Arago, nous offrait une étendue de forêts incomparablement plus grande ; des montagnes presque toutes boisées ; des lacs intérieurs, des étangs, des marécages sans nombre ; des rivières dont aucune digue n'arrêtait le débordement ; d'immenses terrains que les instruments aratoires ne sillonnaient jamais, etc., etc. Ainsi le déboisement, la formation de larges clairières dans les forêts conservées, la disparition à peu près complète des eaux stagnantes, le défrichement de vastes plaines qui devaient peu différer des steppes de l'Asie ou de l'Amérique, telles sont les principales modifications que la surface de la France a subies dans l'intervalle de quelques siècles. Or, ces mêmes modifications, il y a un pays qui les éprouve aujourd'hui ; elles y marchent avec une étonnante rapidité ; elles y doivent amener en quel-

Nous pouvons en donner un exemple qui ne laissera aucun doute sur ce sujet. Dans l'immense étendue de terre de la Guyane, qui ne sont que des forêts épaisses où le soleil peut à peine pénétrer, où les eaux répandues occupent de grands espaces, où des fleuves trop voisins ne sont ni contenus ni dirigés, où il pleut continuellement pendant huit mois de l'année, l'on a commencé depuis un siècle à défricher autour de Caïenne un petit canton de ces vastes forêts; et déjà la différence de température dans cette petite étendue de terrain défriché est si sensible, qu'on y éprouve trop de chaleur même pendant la nuit; tandis que, dans toutes les autres terres, il fait assez froid la nuit pour que l'on soit forcé d'y allumer du feu. Il en est de même des pluies, elles sont moins abondantes aux environs de Caïenne et moins continues que dans l'intérieur des terres. De plus, il y tonne rarement, tandis que les tonnerres sont violents et fréquents dans l'intérieur du pays. Ces faits, qui sont certains, ne démontrent-ils pas qu'on ferait cesser les pluies continuelles et qu'on augmenterait prodigieusement la chaleur de toute cette contrée si l'on y resserrait les eaux en dirigeant les fleuves, si

---

que sorte coup sur coup les changements météorologiques que plusieurs siècles ont à peine suffi à rendre évidents dans notre vieille Europe. Ce pays, tout le monde l'a déjà nommé, c'est l'Amérique du nord : voyons donc comment les défrichements y changent le climat. Eh bien! voici le récit des voyageurs : « Que sur toute l'étendue de l'Amérique du nord on s'accorde à reconnaître que la culture a modifié le climat ; que cette modification devient de plus en plus manifeste ; que les hivers sont aujourd'hui moins rudes, et les étés moins chauds; en d'autres termes, que les extrêmes de la température se rapprochent d'année en année ». Tel a été aux États-Unis l'effet du déboisement. De sorte que, pour me servir d'une expression de Buffon, le climat américain devient moins *excessif*, sa température moyenne s'accroît. »

M. Arago, *De l'état thermométrique du globe terrestre* ; Ann. du Bur. des long.

la culture de la terre y chassait l'humidité, et si l'on détruisait une partie des forêts qui couvrent le sol? On pourrait donner un grand nombre d'exemples, qui tous concourent à démontrer que l'homme peut modifier le climat qu'il habite, et en fixer pour ainsi dire la température au point qui lui convient. » [1]

Or, comme la trop grande quantité de bois et la trop vaste étendue de marais n'ont pas seulement pour résultat de rendre le climat plus froid, mais aussi d'infecter l'atmosphère et d'exposer l'homme à des causes effrayantes de mortalité; de même, le déboisement et le défrichement n'ont pas seulement pour résultat de rendre le climat plus doux, mais encore d'en faire disparaître les causes d'épidémies, et de placer l'homme dans ses meilleures conditions de vitalité. On sait que l'insalubrité de l'air a une action directe sur la nature du sang; elle attaque sa composition de deux manières, d'abord par la privation d'oxigène, dont une grande partie est absorbée par les gaz carboniques ou ammoniacaux, ensuite par le contact immédiat avec le poumon, et par l'introduction, dans le sang artériel, de ces gaz nuisibles. Aussi les pays secs, bien exposés à la lumière, et dont l'air est suffisamment oxigéné, offrent-ils des hommes exempts des maux qui résultent d'un sang appauvri, c'est-à-dire des maladies scrofuleuses, des fièvres intermittentes et enfin de la peste.

Voyez combien notre climat a changé sous ce rapport! Quels ravages les maladies épidémiques et contagieuses exerçaient-elles, il n'y a pas très longtemps encore, sur les

---

[1] Buffon, *Histoire naturelle*; — *Des époques de la nature*.

populations de l'Europe ? Et aujourd'hui, quoique la population ait décuplé et centuplé, qu'elle se soit agglomérée au milieu de villes plus considérables, quelle différence dans l'intensité et la fréquence de ces fléaux ! Depuis plus d'un siècle la peste n'est pas sortie, il faut le dire ainsi, de son pays ; et nous ne voyons plus comme autrefois des épidémies contagieuses, accompagnées de fièvres, ravager des provinces entières. Ces maladies, excessivement amendées, n'apparaissent plus que dans quelques localités non encore suffisamment préservées des causes climatologiques qui les engendrent.

Quant à l'humidité, c'est le système nerveux qu'elle attaque. Il est bien reconnu que les brouillards et des humidités constantes sont une source féconde de maladies et de dégénérescence pour la population. Mais je n'ai pas vu la physiologie, tout en constatant ces faits, s'expliquer clairement sur leur cause, que voici : l'effet de l'humidité, comme celui de l'eau, est de s'approprier rapidement le fluide électrique, et de l'enlever en partie à tous les corps qui en sont plus particulièrement pourvus. Or, si le fluide électrique est l'agent vital de notre organisation, s'il est surtout le principe constituant du fluide nerveux, la base radicale de la vie, n'en résulte-t-il pas que c'est en nous enlevant ce principe de vie, que l'humidité nous est mortelle, ou devient tout au moins une cause de dégradation physiologique [1] ? Les rhumatismes, qui sont pour des nerfs et des muscles particuliers comme une sorte de paralysie

---

[1] Voir sur ce point l'ouvrage cité précédemment, chapitre X, Du climat quant aux vents, à la quantité de pluie, à l'évaporation et à l'électricité.

sans apoplexie, se manifestent ordinairement dans les parties du corps exposées à l'humidité. En un mot, l'humidité épuise les nerfs, tout aussi directement que la débauche. Aussi les pays secs, bien exposés à la lumière, et dont l'air est suffisamment électrique, offrent-ils des hommes non-seulement plus vigoureux, mais aussi plus spirituels. De sorte que les dessèchements favorisent le développement de l'électricité au milieu de l'atmosphère; et l'homme, s'imprégnant avec plus d'abondance de ce fluide en quelque sorte cérébral, voit se développer en lui ce système encéphalique qui le place à la tête de l'échelle organique des êtres.

Mais nous avons dû nous apercevoir que toutes ces grandes modifications sur le sol et sur l'atmosphère ne se sont opérées que par la culture : eh bien ! nous n'avons encore signalé que l'effet indirect de la culture. Maintenant son effet direct n'est-il pas de contraindre la terre à fournir les aliments nécessaires à notre existence? Nous n'avons vu jusqu'à présent que le produit négatif de la culture : car, en assainissant notre demeure et en formant notre climat, elle n'a fait que nous préserver des principes de mort, tandis que par la préparation du sol et l'amélioration de l'atmosphère, elle nous a fourni directement les principes de vie. C'est la culture qui est la mère des subsistances, en raison desquelles s'accroît la population; c'est elle, et non la nature, qui porte les mamelles où sont suspendus les enfants des hommes. La culture est la nourrice du genre humain, et l'homme lui doit doublement la vie; d'une main elle écarte le poison qui allait le suffoquer, de l'autre elle approche la nourriture de ses lèvres [1] ! Nous ne serons plus étonnés de la grandeur du résultat de la culture, si nous venons à réfléchir à son principe, si nous observons qu'elle est le fruit du travail, et que le travail est le fruit de la causalité humaine, de cette causalité qui tient entre ses mains la destinée de l'homme !

Mais nous ne signalons encore là que les effets extérieurs des progrès de la culture; ses progrès intérieurs ne sont pas moins merveilleux comme conquête de l'homme sur la nature. Après avoir ainsi déboisé, creusé, desséché et défriché le sol, combien de fois a-t-il fallu le remuer, l'engraisser, l'arroser, pour l'amener à l'état productif où il est aujourd'hui ! L'homme n'a-t-il pas pétri et en quelque sorte formé de ses mains cette couche de terre végétale qui est devenue le manteau et la parure des territoires qu'il habite ? Sans aller si loin, voyons seulement ce qui s'est passé par rapport à la plante que la culture emploie le plus communément ; demandons-en le récit à l'Histoire naturelle : « Le grain dont l'homme fait son pain n'est point un don de la nature, mais l'utile fruit de ses recherches dans les premiers temps. Nulle part sur la terre on n'a trouvé du blé sauvage, et c'est évidemment une herbe perfectionnée par les soins de l'homme. Il a donc fallu choisir, entre mille et mille autres, cette

---

[1] « C'est de la bonne température que dépend la plus ou moins grande énergie de la nature, ainsi que le développement et l'accroissement des êtres organisés. De sorte que l'homme, en la modifiant, peut en même temps détruire ce qui lui nuit et faire éclore tout ce qui lui convient. Heureuses les contrées où tous les éléments d'un bon climat se trouvent combinés ! mais il n'en est aucune qui dès son origine ait eu ce privilége; dans toutes, la puissance de l'homme a secondé celle de la nature, etc. etc. »
Histoire naturelle.

herbe précieuse; il a fallu en rechercher la graine, la semer et la recueillir nombre de fois pour s'apercevoir de sa multiplication proportionnée à la culture et à l'engrais. Et cette propriété pour ainsi dire unique qu'a le froment de résister dans son premier âge au froid de nos hivers; et la qualité merveilleuse de cette graine qui convient à tous les hommes, à tous les animaux, à presque tous les climats; qui se conserve longtemps sans altération, sans perdre la puissance de se reproduire : tout nous démontre que c'est la plus heureuse de nos découvertes, et que, quelque ancienne qu'on veuille la supposer, elle a néanmoins été précédée de longs siècles d'essais et de perfectionnements..... Si l'on veut un exemple moderne de la puissance de l'homme sur les végétaux, il n'y a qu'à comparer nos légumes, nos fleurs et nos fruits, avec les mêmes espèces telles qu'elles étaient il y a seulement cent cinquante ans. Cette comparaison peut se faire avec précision en parcourant des yeux la grande collection de dessins coloriés, commencée dès le temps de Gaston d'Orléans, et qui se continue aujourd'hui au Jardin du roi. On y verra peut-être avec surprise que les plus belles fleurs de ces temps, renoncules, œillets, tulipes, oreilles d'ours, seraient rejetées aujourd'hui, je ne dis pas par nos fleuristes, mais par nos jardiniers de village. Ces fleurs, quoique déjà cultivées, n'étaient pas encore assez loin de leur état de nature; un seul rang de pétales, de longs pistils, des couleurs dures ou fausses, sans velouté, sans variété. Dans les plantes potagères, on ne verra qu'une seule espèce de chicorée et deux sortes de laitues, toutes deux assez mauvaises; tandis qu'aujourd'hui nous pouvons compter plus de cinquante espèces de laitues et de chicorées, toutes très bonnes au goût. Nous pouvons également donner la date, très moderne, de nos fruits à pepins et à noyaux, tous bien différents des fruits des anciens, auxquels ils ne ressemblaient que de nom. Nos pêches, nos abricots, nos poires, sont des productions nouvelles auxquelles on a conservé les vieux noms de productions antérieures auxquelles elles ne ressemblent point du tout. Il suffit de comparer nos fruits avec les descriptions que les auteurs grecs et latins nous ont laissées des leurs; tous leurs arbres fruitiers n'étaient que des sauvageons assez mal choisis dans chaque genre, dont les petits fruits âpres ou secs n'avaient ni la saveur ni la beauté des nôtres. Combien de fois n'a-t-il pas fallu que l'homme ait tenté la nature pour en obtenir ces espèces excellentes? Et cependant ces premières découvertes seraient demeurées stériles à jamais, s'il ne s'en était faite une seconde qui suppose autant de génie que les premières supposent de patience : les pepins et les noyaux de ces excellents fruits ne produisent que de simples sauvageons; il a fallu que l'homme trouvât le moyen de multiplier par la greffe ces rejetons précieux. » [1]

Maintenant que nous pouvons nous faire une idée de l'influence considérable que l'homme a exercée sur les végétaux qui lui étaient indispensables, que serait-ce donc si nous observions l'influence qu'il a exercée sur les animaux qui pouvaient lui être nécessaires? Pour cela, il suffirait de voir la nature du bizon, du cheval, du porc et du mouton à l'état sauvage, et la petite quantité qui en existe; mais

---

[1] Berrux, *Histoire naturelle*.

ceci nous conduirait trop loin; nous citerons seulement ce passage de Buffon : « Sur trois cents espèces quadrupèdes et quinze cents espèces volatiles qui peuplent la terre, l'homme en a choisi dix-huit ou vingt ; et ces vingt espèces figurent seules plus grandement dans la nature et font plus de bien sur la terre entière que les autres dix-huit cents espèces réunies. Les sauvages n'ont point d'animaux domestiques, tandis qu'une seule espèce féconde, comme celle du *hocco*, qu'ils ont sous la main, leur fournirait plus de substance qu'ils ne peuvent s'en procurer par les chasses les plus pénibles. Aussi, le premier trait de l'homme social est l'empire qu'il sait prendre sur la nature par les animaux; car c'est par leur secours qu'il a soumis la face de la terre. Il ennoblit ces êtres eux-mêmes, en transformant le végétal en animal, et tous deux en sa propre substance. Des millions d'hommes existent dans le même espace qu'occupaient autrefois deux ou trois cents sauvages. Par l'homme, sur l'arbre immense de la fécondité, les branches à fruits sont seules subsistantes et les seules multipliées. »

Ainsi, le défrichement en grand des forêts produit trois effets : 1° l'élévation du degré de la température; 2° la diminution des sources considérables qui noyaient les plaines ; 3° l'accroissement de l'étendue du sol livré à la culture. A son tour, le dessèchement en grand des marais produit aussi trois effets : 1° le cours plus régulier des rivières et des fleuves; 2° la diminution des gaz carboniques et ammoniacaux qui empoisonnaient l'air; 3° enfin, l'accroissement de l'étendue du sol livré à la culture. Or, celui qui a défriché les forêts et desséché les marais, a donné la fertilité au sol et la salubrité à l'air, il a créé son climat.

Tel est l'effet de la présence de l'homme sur la terre.

Aux premiers jours, la nature vient à l'homme comme une ennemie, ses éléments conjurés l'attaquent de toutes parts; par sa stérilité elle lui refuse la nourriture, par son humidité elle lui refuse l'habitation, par son insalubrité elle lui refuse la vie. De son sein sortent des fléaux terribles, au lieu de moissons; et son sol n'est que la propriété de la mort. Aujourd'hui, la nature vient à l'homme comme une amie, ses éléments dirigés le servent de toutes parts; par sa fertilité elle lui prépare des aliments, par sa température elle l'invite à habiter près d'elle, par la salubrité de l'air elle l'enrichit d'un sang pur, gage d'une longue vie. De son sein sortent tous les biens, son sol devient pour l'homme ce qu'il a de plus précieux, et il en fait sa propriété. Et quelle baguette d'or a opéré une semblable métamorphose? le travail! Il semble vraiment que la nature ait été maudite, et que le travail de l'homme devait bénir cette terre pour lui rendre sa fécondité primitive![1]

Il a fallu que l'homme fît son sol, son air, son pain et son climat, pour venir prendre pied, respirer, manger et

[1] En effet, on ne peut lire sans effroi ce passage terrible de nos traditions : « Maledicta terra in opere tuo : in laboribus comedes ex ea cunctis diebus vitæ tuæ. Spinas et tribulos germinabit tibi, et in sudore vultûs tui vesceris pane. »

« Dans la Genèse, observe l'illustre auteur de la Palingénésie sociale, il est dit que la terre fut maudite à cause de l'homme; ce qui explique la lutte de l'homme contre la nature, lutte perpétuelle et sans fin. Cette lutte est un phénomène, ou plutôt une loi providentielle, dont toute l'antiquité a eu le sentiment, et qui va avec l'ensemble des traditions du genre humain. Prométhée, lutte de l'âme; Hercule, lutte du corps. Partout l'homme a été obligé de conquérir sa demeure, il a fait le sol où il s'est établi après le déluge. »

Ballanche, *Paling. sociale*, 2ᵉ part.; Prolég. de la Formule générale.

habiter sur cette terre. Toute la terre était faite pour l'homme, cependant il fallait qu'il refît toute la terre.....

Mais maintenant, qui a pu refaire ainsi toute la terre? Est-ce un homme, est-ce quelques hommes, une famille, quelques peuplades errantes occupées à se fuir? Quel est donc cet ouvrier aux millions de bras qui a exploité le globe; qui en a renversé les forêts, desséché les marais, renouvelé l'atmosphère, changé les climats; quel est cet Hercule universel, sinon l'homme associé à son semblable, sinon la Société!... La Société acheva l'œuvre du Troisième jour. Elle a fait le sol où elle devait s'établir, avant de se faire elle-même.

La Société est venue arracher la nature à la puissance du chaos; c'est elle qui en a fait une richesse et qui lui a donné toute sa valeur. Si l'on voulait compter les travaux que la Société a exécutés sur le globe, les capitaux incalculables que le genre humain y a déposés, nous ne dirions pas de calculer le nombre de maisons, de villes, de grandes routes, de canaux, de ports, d'instruments, de machines de toutes sortes, qui ont été construits, mais de mesurer la quantité de mètres cubes de terre végétale dont la surface des continents cultivés a été recouverte. Car cette terre végétale si souvent trempée de nos sueurs, si souvent engraissée de nos cendres, n'a-t-elle pas pris depuis longtemps la valeur même de la farine dont elle a produit de si nombreuses récoltes; et vraiment ne pourrait-on pas dire que, par la culture, la terre a été changée en pain?

Combien de temps l'humanité, la grande et noble humanité, n'a-t-elle eu d'autre fonction ici-bas que de travailler la terre ! Quand on songe que d'hommes ont consacré toute leur vie, toutes leurs pensées, toutes leurs forces, tous leurs soins à ces humbles et pénibles travaux ; quand on songe qu'une partie du genre humain y a été employée, et que tant d'âmes y ont gagné leurs titres à la vie absolue, la terre alors devient une chose sacrée, devant laquelle on reste saisi de respect. Mais de quelle reconnaissance infinie ne se sent-on pas pénétré pour cette merveilleuse Société humaine qui nous a ramassé et transmis tant de biens, afin que, moins accablé par les soins qu'exige son corps, l'homme pût un jour consacrer ses loisirs à la culture de son âme ! Par le moyen de la Société, la terre est comme une immense ferme que nous lèguent nos pères, afin de pourvoir à nos premiers besoins.

Or, si c'est par la Société que les forêts ont été défrichées, les marais desséchés, les fleuves régularisés, les villes édifiées, les routes tracées, le sol cultivé, l'air purifié, la température modifiée ; qu'en un mot, des climats plus favorables à l'homme ont été formés, nous pouvons déjà prévoir que la Société doit être au milieu du temps la condition de l'existence de l'homme, comme être doué d'un corps.

Mais si nous avons vu le sol fertilisé, les animaux et les plantes croître et s'améliorer par les soins de l'homme, ne verrons-nous pas croître et s'améliorer l'homme, cette autre plante pour laquelle l'air, le sol et toutes les plantes ont été cultivés ! Tout a changé sur le globe : tout resterait-il de même pour le cultivateur du globe ? Quoi ! l'homme aurait perfectionné l'immense nature, et il ne pourrait rien sur sa propre nature ! Le travail, en secouant la malédiction et la stérilité attachées à la terre, serait parvenu à reconstruire les jardins d'Eden, et il ne saurait y ramener, avec sa beauté primitive, l'être qui en était exilé!... Non, non ! l'homme a été donné en culture à l'homme, longtemps avant les steppes de la terre ; et s'il a dû commencer d'abord par ceux-ci, ce n'est que pour mieux s'assurer le loisir de cultiver le champ sacré que le Créateur a mis dans son âme. L'homme sait que l'homme, aussi bien que le sol, est le fruit de ses œuvres ; et l'expérience lui montre tous les jours quels développements physiologiques, fruits des développements moraux, ont obtenus les peuples qui se sont livrés à cette sublime agriculture de la vertu.

Nous savons que l'homme ayant été mis en ce monde pour mériter, y vient avec la liberté ; mais à quoi lui eût servi sa liberté s'il eût été créé tel qu'il devait être, si sa liberté n'eût rien eu à faire ? L'homme a donc, comme nous l'avons vu, été créé perfectible pour qu'il devînt de lui-même parfait. Et de là cette grande loi observée par les physiologistes comme par la psychologie, que les facultés de l'âme comme les organes du corps se développent en raison de l'exercice, c'est-à-dire de l'usage qu'en fait la liberté. Seulement, comme le corps est l'instrument de l'âme, ces effets ne se manifestent sur lui qu'en second lieu. C'est l'âme qui agit la première, et le corps exécute ensuite les opérations de l'âme ; de sorte que c'est le développement de l'âme qui amène le développement du corps. Mais où se manifeste, dans le corps, ce développement ?

Il est au milieu du corps un organe qui préside à toutes ses fonctions, et qui est comme la racine vitale des autres organes. C'est de lui que partent leur mouvement et leur vie ; c'est en lui qu'ils trouvent la sensation ; c'est à lui qu'aboutissent toutes les impressions qu'ils reçoivent du dehors. C'est de lui que nos membres reçoivent l'activité et la dextérité ; il est comme le thermomètre du dévelopement physiologique. La juste proportion des divers appareils, la beauté du sang et la force des muscles entrent pour beaucoup dans l'excellence du corps ; mais c'est dans la perfection de cet organe prééminent que se déclare toute sa supériorité comme être physiologique au service de l'âme. Cet Organe-roi est le cerveau. C'est sous ses voûtes ductiles, exhaussées par la vertu et l'intelligence, que le Saint-Esprit a fait son temple, suivant les expressions même de l'Évangile.

Si le développement de l'âme consiste dans la force avec laquelle elle accomplit d'elle-même sa loi, le développement du corps consiste naturellement dans la force avec laquelle, exécutant de mieux en mieux les ordres de l'âme, il en devient ainsi un meilleur instrument. Il en devient meilleur instrument : par le développement du système cérébral, qui sert à manifester extérieurement les actes intellectuels, et par le développement du système musculaire, qui sert à réaliser extérieurement les actes volontaires. Du système cérébral ? comme étant le support extérieur des actes de l'intelligence ; car, lorsque celle-ci travaille, le cerveau agit, et lorsque le travail dure trop, le cerveau se fatigue. Du système musculaire ? comme étant le support extérieur des actes de la volonté ; car étant, ainsi que l'observe la physiologie, soumis à l'influence des nerfs qui viennent du cerveau, le système musculaire devient perfectible comme la volonté qui le régit. La volition fait mouvoir le muscle; la pensée, la pulpe cérébrale. De sorte que l'exercice de l'intelligence amène directement le développement du cerveau ; et l'exercice de la volonté, le développement du système musculaire.

De là, dans l'homme inculte, les organes de la vie de nutrition sont seuls prééminents ; dans l'homme qui se développe, les organes de la vie de relation prédominent peu à peu sur les autres. Ainsi le sauvage se rapproche de la forme bestiale ; chez lui les membres sont grêles, les intestins énormes, la poitrine resserrée, et le cerveau excessivement comprimé. Chez l'homme civilisé, des membres garnis de leurs muscles, un bassin mieux proportionné, une poitrine avantageusement formée, donnent à sa taille une grande beauté, tandis que, par l'ampleur de ces circonvolutions, le cerveau vient couronner cette noble stature. C'est donc encore le travail, ce fils aîné de la liberté humaine, qui opère cette nouvelle métamorphose ! L'homme est entre les mains de sa liberté.

Aussi rien de plus frappant que la diversité qui existe parmi les hommes sous le rapport physiologique. Tandis que l'on voit tous les animaux d'une même espèce se ressembler, ou du moins ne présenter d'autre différence que celle qu'une nourriture plus ou moins facilement obtenue a pu apporter dans leur taille, on trouve parmi les hommes des différences si considérables dans l'organe fondamental, le cerveau, que pour les expliquer l'histoire naturelle a plus d'une fois recouru à l'hypothèse de la pluralité des races. Au dixième chapitre de nos Prolégomènes, en donnant la théorie de l'origine des races, et au sixième chapitre de notre II° Livre, en donnant la théorie de l'origine de l'inégalité parmi les hommes, nous en avons exposé les causes, qu'il est utile de nous rappeler ici, pour être en mesure de comprendre ce fait si majeur dans l'observation de l'état du genre humain, à savoir :

1° Que les différents peuples de la terre pourraient, sous le rapport du développement phrénologique, être classés entre eux exactement dans le même ordre suivant lequel ces différents peuples se trouvent classés sous le rapport de la civilisation. De sorte qu'un physiologiste qui ne saurait point quels sont ces peuples, et à qui l'on montrerait un certain nombre de cerveaux qui leur auraient appartenu, arriverait par cette seule inspection à classer ces peuples dans le même rang qui leur est assigné par l'histoire : tant, chez tous les peuples, le développement cérébral coïncide avec le développement moral !

2° Que les différentes générations d'un même peuple pourraient, sous le rapport du développement phrénologique, être classées entre elles exactement dans le même ordre suivant lequel ces différentes générations se trouvent classées par le temps dans les diverses périodes de ce peuple. De sorte qu'un physiologiste qui ne saurait point quelles sont ces générations, et à qui l'on montrerait un certain nombre de cerveaux qui leur auraient appartenu, arriverait par cette seule inspection à classer ces générations dans le même ordre qu'elles ont occupé dans l'histoire : tant, dans toutes les phases d'un peuple, le développement cérébral correspond avec le développement moral !

Aujourd'hui même, en partant des hordes tout-à-fait sauvages, en s'élevant successivement aux peuplades moins errantes, de là aux nations qui commencent à se constituer, puis à celles qui ont déjà quelques principes extérieurs de civilisation, enfin jusqu'aux peuples qui possèdent la véritable loi de l'homme, on verrait à mesure le système cérébral s'élever et se graduer d'une manière tout-à-fait analogue au rang occupé par ces différents peuples. C'est ainsi qu'on trouverait en dernière ligne les cerveaux des Cafres, des Nègres, des Hottentots ; et en s'élevant successivement, ceux des peuplades Indiennes, Océaniques, et Américaines, puis, ceux des Bédoins, des Kalmoucks, des Chinois, des Musulmans, et enfin ceux des nations Chrétiennes, celles qui, jusqu'à présent, ont présenté le plus beau développement. Aussi, les différentes races se trouvent-elles à peu près classées dans ce même ordre : au plus bas de l'échelle est la race Ethiopienne, race difforme à laquelle appartiennent Cafres, Nègres, Hottentots, etc.; et en remontant, la race Malaise, à laquelle appartiennent les Indiens, les Océaniques, les Américains, etc.; puis, la race Mongole, à laquelle appartiennent les Chinois, les Kalmoucks, etc.; enfin la belle race Caucasique, à laquelle appartiennent les Arabes, les Géorgiens, et toutes les nations européennes. En sorte que, parmi tous ces peuples, l'on voit les races s'améliorer, et le système cérébral se développer, à mesure qu'ils avancent en Société.

Il en est de même pour le passé. Avec les cerveaux des peuples anciens, on pourrait refaire toute l'histoire de la civilisation de l'antiquité. Dans le cerveau l'on voit tout l'homme ; on le voit avec ses tendances natives et avec les dispositions acquises par sa liberté. Par la même raison, dans le cerveau l'on voit tout un peuple ; on voit son degré de civilisation, la nature de cette civilisation, quelles devaient être son intelligence, ses mœurs, sa tendance, et sa constitution générale. Et c'est là une numismatique autrement lumineuse et autrement certaine que celle qui consiste à conjecturer sur quelques cuivres rongés par le temps! Nous avons des momies égyptiennes, des modèles de têtes des Grecs, des Gaulois, des Romains, des hommes du moyen âge; et tous les jours l'observateur est confondu par l'analogie parfaite qui existe entre le caractère de ces têtes et le caractère de la civilisation à laquelle elles appartenaient.

Les têtes égyptiennes, avec ce développement exagéré des organes de la circonspection qui conduit à la mélancolie, rappellent ce peuple lugubre chez lequel la Mort tenait une si grande place dans la religion. A un certain développement de la partie supérieure de la tête, comparativement à la partie postérieure et même à la partie antérieure, on reconnaît tout à la fois un peuple sage et un peuple plus superstitieux que savant. Du reste, le moule de ces têtes conserve une sorte de rondeur qui rappelle qu'à ces époques primitives la liberté humaine n'avait pas encore eu le temps de laisser des traces profondes de son passage; leur nez, en général excessivement petit, en est encore une preuve. Les têtes grecques, dont Homère pourrait servir de type, présentent à leur tour le développement des organes de l'imagination, et de toute cette partie du cerveau qui correspond au sentiment et à l'amour des beaux-arts. Sans les connaître, on s'apercevrait que ces têtes ont appartenu au peuple le plus artiste de la terre. Les têtes romaines sont aussi remarquables, dans leur genre, que les têtes égyptiennes : ici, point de développement moral et religieux; la partie supérieure est absente. Les organes de l'orgueil, de l'ambition, du courage et de la ruse, combinés avec ceux de l'intelligence, donnent ces têtes larges et aplaties sur le sommet, qui peuvent servir aujourd'hui de modèle à l'artiste pour peindre l'égoïsme ; et de là, ce qu'on pourrait appeler ces têtes latérales, que nous retrouvons sur tous les bustes des empereurs romains [1]. Les têtes des Gaulois,

---

[1] Qu'on me permette de citer à ce sujet des observations tout nouvellement recueillies, et que je dois à l'obligeance de M. l'abbé Tranchand, aumônier de l'hospice de la Charité.

« En partant de Vérone, on arrive à Brescia, fondée par les Gaulois quatre ou cinq siècles avant J.-C. On y voit, comme dans toutes les villes d'Italie, des palais, des églises d'une belle architecture, des tableaux remarquables.....; mais ce que j'y admirai avec le plus de plaisir, est un temple découvert depuis quelques années et qui fut élevé par Vespasien pour célébrer son triomphe sur Vitellius. On y trouve seize figures parfaitement conservées, et quelques autres un peu mutilées. La plus remarquable, sous le rapport de l'art et de la grandeur, est une statue en bronze de la Victoire. Quatre autres de ces statues représentent des empereurs romains. J'avais vu peu auparavant des estampes représentant les douze Césars, dans l'histoire du Jésuite*** faite au XVIIe siècle, et je fus frappé de la ressemblance parfaite de ces figures avec les gravures que j'avais encore dans la mémoire. Les autres statues représentent des têtes de femmes ; mais toutes appartiennent au type romain le plus pur. Au premier aspect, l'homme le moins exercé s'apercevrait du peu de ressemblance de ces têtes antiques avec celles de notre époque. Pour moi, à la première comparaison je fus de plus en plus persuadé de la différence que la succession des temps, l'influence de l'éducation, des idées, de la religion, apportent dans la forme physiologique du corps humain, et surtout du crâne. Ainsi, les parties latérales de ces têtes, c'est-à-dire les groupes de protubérances qui correspondent à la convoitivité, combativité, ruse, prudence, sont bien plus développées qu'elles ne le sont chez les peuples modernes. Ces organes sont si saillants que la partie supérieure de l'oreille poussée en dehors, est forcée de s'incliner vers le canal auditif. La partie du crâne située entre les deux bosses pariétales, où l'on place la fermeté, est aussi plus saillante. Au contraire, la partie moyenne supérieure, où l'on place la justice, la bienveillance et la vénération, est déprimée, et présente une surface aplatie. La partie qui correspond aux fosses occipitales, où l'on place l'amour physique, émit également bien plus développée dans les têtes de femmes qu'elle ne paraît l'être aujourd'hui. L'organe de la bienveillance ne se distingue pas davantage sur ces têtes de femmes que sur ces têtes d'hommes. Quant à la partie antérieure ou frontale, on ne peut établir, entre ces têtes et les têtes modernes, de différences bien particulières. Mais, en général, il n'y a aucune harmonie entre les différentes protubérances ; on voit que l'organe prédominant a dû rompre facilement l'équilibre et entraîner les autres, etc....... »

et des Francs du temps d'Attila, n'offrent pas la dégradation empreinte sur les cerveaux d'un peuple sauvage, mais le défaut de développement d'un peuple à civiliser. Les têtes du moyen âge sont aussi très surprenantes; on leur trouve une certaine coïncidence avec les têtes égyptiennes. Chez les sauvages c'était le développement des parties postérieures, chez les Romains à ce développement s'ajoutait celui des parties antérieures et latérales; mais chez les hommes du moyen âge, cette partie postérieure, siége des appétits, a presque disparu devant la partie supérieure, plus développée elle-même que la partie antérieure, qui est immédiatement au-dessous. De là ce type de têtes à oreilles rapprochées, têtes un peu étroites mais élevées et nobles dans leur forme, comme on en trouve généralement dans les portraits de saints. On reconnaît admirablement là une époque où toutes les passions devaient être plus réprimées qu'elles ne l'ont jamais été, et où le développement moral et religieux dépassait encore de beaucoup le développement scientifique. Enfin de nos jours (si l'on en excepte les cerveaux si fâcheusement modifiés par les habitudes du XVIIIe siècle), on voit, aux développements que les époques du moyen âge ont laissés dans un grand nombre de têtes, s'ajouter très généralement le développement des parties antérieures, qui correspondent à l'exercice de l'intelligence. En sorte que c'est de nos jours qu'on pourrait trouver le plus de têtes qui réuniraient tous les caractères de la perfection physiologique.

Prenant donc un peuple, et le suivant à compter de l'époque où il s'est fixé sur un territoire, on le verrait se développer physiologiquement à mesure qu'il avancerait en Société. On apercevrait la partie postérieure de la tête, d'abord prédominant, diminuer insensiblement au profit des parties antérieures, en même temps qu'à la prédominance du système gastrique et du système lymphatique succéderait celle du système musculaire et du système sanguin. Et l'on suivrait ainsi sur leurs propres traces les développements graduels de l'activité, de l'imagination, de l'intelligence, de la raison et des sentiments, jusqu'à ce que la loi morale, pénétrant de plus en plus dans les consciences et s'incorporant avec la volonté, finît par offrir à une certaine époque des individus chez lesquels les vertus, stéréotypées dans le cerveau, pussent se transmettre en quelque sorte de génération en génération, et faire remonter la race d'Adam à sa perfection. Car c'est là le but de la civilisation sur la terre. Si, comme le dit un écrivain, les hommes et les peuples possédaient tout ce qui constitue l'intégrité ou la perfection de la nature humaine, ils seraient civilisés, ils jouiraient de l'état de civilisation ; mais s'ils ne possèdent pas l'intégrité de leur nature, ils se civilisent à mesure qu'ils acquièrent ce qui leur manque. L'enseignement d'une doctrine parfaite, c'est-à-dire conforme à la nature complète de l'homme, en lui inspirant toutes les idées et tous les sentiments qui lui conviennent et en lui indiquant l'importance qu'il y a à les réaliser par des actions, coordonne et développe l'homme conformément à sa nature intégrale. De sorte qu'en lui donnant la science complète, elle forme aussi en lui une organisation parfaite. [1]

---

[1] Voir le livre intitulé : *Principes de la philosophie de l'Histoire*, par M. Frère.

Mais non-seulement le cerveau a en lui-même sa perfection et sa beauté, il concourt aussi à la beauté générale du corps par l'attitude qu'il lui imprime. Comme tous les muscles qui retiennent nos membres dépendent du cerveau, le corps prend naturellement l'attitude de l'âme. De là vient qu'ordinairement l'homme vertueux et l'homme bon revêtent un aspect de noblesse et de beauté qui saisit tout d'abord le vulgaire. Mais il est une partie précieuse de la tête de l'homme, où toutes ses facultés, tous ses sentiments, toutes ses pensées viennent se traduire, non plus par des formes muettes que la science seule reconnaît, mais par des traits vivants offerts à tous les yeux, et où l'homme entier est peint comme dans un miroir. Et l'on appelle effectivement le visage, le miroir de l'âme. Il n'est personne qui n'ait été frappé, en voyant combien une émotion profonde, un grand sentiment d'admiration, d'héroïsme ou d'amour, rend tout-à-coup une physionomie sublime. Dans cet état, certainement les traits sont changés, puisqu'ils offrent un changement dans la physionomie. Or, si la cause qui a tenu pendant quelques instants ces traits dans cet état, se répétait souvent, ces traits ne garderaient-ils pas l'empreinte de ces sentiments? Enfin, si ces beaux sentiments duraient et devenaient l'état habituel de l'âme, leur expression continuée ne fixerait-elle pas les traits, et ne deviendrait-elle pas l'état habituel de la figure ? Mais c'est surtout l'amour, la bonté, les pensées élevées, en un mot tous les sentiments dépouillés d'égoïsme, qui concourent puissamment à la beauté du visage. Tous les traits contractent la forme qui rappelle ces qualités, et ils font chérir la créature immortelle jusque dans son corps. Nous connaissons des personnes sur les traits desquelles la bonté a répandu tant de suavité que leur physionomie a quelque chose de l'ange, quoique je n'aie jamais pu juger si leurs traits étaient réellement bien beaux. La beauté est la noble empreinte du bien; c'est la beauté du cœur qui fait la beauté du visage. Les hommes savent bien ce qu'ils font quand ils recherchent la beauté : elle est la splendeur des choses divines! Dans son union, l'homme cherche la beauté comme il chercherait Dieu.

C'est donc sur le visage de l'homme que viennent se révéler toutes les perfections qu'il a acquises et toute la dignité de ses mérites. Aussi voit-on, chez les différents peuples, que les mêmes qualités qui se manifestent dans la forme du cerveau, viennent s'épanouir comme beauté sur la figure. Les peuples sauvages, par exemple, ou seulement les peuples primitifs, sont aussi loin de nous sous le rapport de la beauté du visage que sous le rapport de la perfection cérébrale. Il y a longtemps que les artistes ont dû remarquer, tout en tenant compte du peu d'habileté des arts anciens, combien les portraits antiques sont loin d'offrir des figures qui plaisent aussi généralement que celles que l'on rencontre aujourd'hui. Je crois que, sous le rapport de la physionomie et même de la figure, l'on pourrait établir entre la jeune fille de l'antiquité ou même des premiers temps du moyen âge, et la jeune vierge que l'on voit s'élever aujourd'hui au sein de la famille vertueuse, la même différence que M. de Châteaubriand établissait, dans son *Génie du Christianisme*, entre la poësie ancienne et celle des peuples chrétiens. Et l'on comprendrait, ainsi qu'on l'a observé pour leur amour, combien la beauté d'Héloïse, de Virginie et d'Atala, doit être supérieure aux charmes de Didon, de Sapho et de Galatée.

Les anciens n'ont point connu cette tendresse que donne au cœur la piété, ni cette mélancolie des jours passés sur la terre, ni cet amour divinisé qui redescend ensuite ici-bas pénétré de toutes les rosées du Ciel; jamais conséquemment leur physionomie n'exprima l'heureuse alliance de ces trois sentiments qui font l'essence de la beauté. Le Christianisme, en tirant la femme de l'ergastule pour en faire l'épouse de l'homme, a en même temps déposé sur elle les insignes de la beauté. Nous devons la femme à l'Evangile, comme nous lui devons l'amour.[1]

Sans parler de l'avenir, on peut juger suffisamment par ce qui s'est fait dans le passé, du degré de perfection et de beauté physiologique où les progrès futurs de la Société doivent conduire l'espèce humaine. Cependant il ne faut pas être bien profond en physiologie pour prévoir que, par la diminution graduelle du vice et la réintégration de la vertu, la beauté de l'un et de l'autre sexe deviendra de plus en plus pure. Et il sera bien juste que la femme apparaisse dans toute sa beauté, alors qu'elle n'éveillera plus que les sentiments divins de notre âme. Car enfin, il ne faudrait pas croire que la laideur fût l'état

---

[1] « Ce que nous appelons amour parmi nous est un sentiment dont l'antiquité a ignoré jusqu'au nom. Ce n'est que dans les siècles modernes qu'on a vu se former ce mélange des sens et de l'âme, cette espèce d'amour dont l'amitié est la partie morale. C'est au christianisme que l'on doit ce sentiment, c'est lui qui, tendant sans cesse à élever le cœur, est parvenu à jeter de la spiritualité dans les penchants qui jusque-là en paraissaient le moins susceptibles. »

DE CHATEAUBRIAND, *Génie du Christianisme*, Seconde part., Chap. II; Amour passionné.

naturel, et que la beauté ne soit qu'une heureuse exception. Dieu a fait toutes choses bien ; dans la nature il n'y a pas une plante, pas un petit oiseau, pas un simple minéral, pas la moindre chose qui ne soit belle en son genre : c'est la beauté qui est l'état naturel. Si donc la beauté n'est pas également répandue sur les enfants des hommes, il y a là une grande cause ; et, cette cause combattue, l'espèce humaine doit retrouver la beauté dans laquelle elle fut créée. En effet, c'est le mal qui nous a privés de la beauté, le bien seul nous rendra cette consolatrice de l'homme ; car la beauté est la douce image de Dieu. Ici nous observerons encore que la beauté reparaît sur la terre, à mesure que l'homme avance en Société. [1]

Ainsi, considérée sous le rapport direct, la vie que l'homme mène en Société produit trois effets sur lui : 1° transformation du tempérament lymphatique en tempérament sanguin ; 2° agrandissement de la poitrine et du système circulatoire ; 3° développement du système

---

[1] « Le fond de la physionomie est un assez sûr indice du caractère, et tient en partie à la fréquente répétition de certains signes en rapport avec les passions dominantes, et qui, à la longue, impriment littéralement leur trace sur la peau et dans les chairs du visage. Chacun a eu l'occasion d'observer que la laideur est héréditaire dans une famille qui se livre aux vices et à de mauvais penchants ; tous ses membres ont, à un certain degré, cette physionomie repoussante, cachet d'habitudes perverses. Il arrive toutefois qu'un ou deux de ces individus ont pu sortir de l'ornière du crime et de la débauche : en même temps qu'ils contractent des habitudes de moralité, on voit leurs traits perdre peu à peu cette rudesse grossière. Si le type de la laideur ne s'efface point complétement, du moins elle est tempérée par une teinte de douceur qui l'empêche d'être repoussante. C'est une bien admirable chose que cette loi de la nature, qui veut que le beau idéal physique soit en rapport avec le beau idéal moral. »

F. Devay, *De la physiol. hum. dans ses rapp. avec la morale et la société* ; Chap. VI, Considérat. physiolog. et mor. sur les races humaines.

musculaire. Considéré sous le rapport indirect, le travail qu'exige la vie sociale produit également trois effets : 1° diminution des vices qu'entretient l'oisiveté ; 2° développement du système cérébral par l'exercice de la pensée; 3° augmentation de la beauté du visage par l'amélioration du cœur. Il semble que, comme la nature, le corps de l'homme avait été maudit ; et que par le travail il devait aussi secouer de ses membres cette malédiction, afin de les rendre à leur beauté primitive.

Toutefois l'homme avait été créé en puissance d'être, et il fallait qu'il arrivât de lui-même à sa réalité d'être, pour son corps aussi bien que pour son âme. Il fallait qu'il épurât son sang par ses sueurs, qu'il élargît sa poitrine par l'exercice, qu'il grossît ses muscles par ses efforts, qu'il développât son cerveau par sa pensée, et qu'il embellît son visage par la vertu. Mais, où l'homme a-t-il trouvé le nombre de générations nécessaires pour reformer ainsi la constitution de son espèce ? où a-t-il trouvé cette doctrine en harmonie avec sa nature complète, et qui doit lui faire réaliser toute sa loi ? enfin surtout, le champ et l'occasion pour réaliser en tous ses points cette loi qui est la vie de son être, où les a-t-il trouvés sinon au milieu de ses semblables, sinon dans la Société !... La Société acheva l'œuvre du Sixième jour.

La Société est venue arracher l'homme physique à la dégradation qui l'entraînait ; elle l'a replacé sur son équilibre et lui a rendu sa valeur. Dès qu'il entre en elle, il prospère ; il retrouve son sang, ses muscles, son cerveau et sa beauté. Il semble en quelque sorte que la Société distille dans son sein un suc spécial pour l'accroissement de la plante humaine [1]. « Il faut, dit un physiologiste, appliquer au développement de l'organe du moral humain, les mêmes lois qui régissent le développement des autres organes. Ces lois sont bien simples; la vie ne se maintient que par deux choses : 1° par un support, qui est l'organisation ; 2° par un *stimulus*, ou principe extérieur d'action. Tout organe a son *stimulus* spécial ; celui qui en est privé est exposé à périr : l'estomac a les aliments, les poumons l'air atmosphérique. Le cerveau sortirait de la loi commune des organes, s'il n'avait son *stimulus* spécial. Pour lui, ce *stimulus* est dans ce qui l'astreint à la pratique de ses manifestations intellectuelles et morales : c'est l'enseignement, c'est la Société. Si ces modificateurs sont absents, le cerveau reste dans l'état d'infériorité où nous le voyons chez les sauvages. On ne peut pas se rendre compte autrement de la perfectibilité de ce sublime organe. Le cerveau humain perd sa prépondérance physio-

---

[1] « La condition première de la vitalité et du développement des appareils est l'abord du sang artériel dans leur parenchyme ; or, l'exercice fonctionnel de l'organe tend à extraire une plus grande masse de ce fluide nourricier. Ce phénomène a lieu surtout pour le cerveau et ressort avec évidence des mémorables travaux de Geoffroy Saint-Hilaire, un des plus profonds anatomistes de notre siècle. Ce savant, dans ses belles considérations sur la loi de balancement des organes, a émis les propositions suivantes : « L'artère carotide interne est un rameau de l'artère carotide primitive. Pour que le sang dévie de sa ligne d'ascension et vienne en plus grande partie sur un rameau latéral, il faut que ce résultat dépende d'un événement étranger à l'organisation, et j'ajoute sans la moindre hésitation que, dans le cas qui nous occupe, il n'y a point à douter que cela ne dépende des travaux de l'intellect. L'activité de l'esprit croissant chez les hommes au fur et à mesure de leur progrès dans la civilisation, rend leur cerveau *de plus en plus consommateur*... Le calibre de cette artère augmente là où cette cause agit, et toujours en raison du flot sanguin qui s'y engage. Qui sait si l'hypertrophie de la carotide interne, et par conséquent celle du cerveau, n'est point chez l'homme une acquisition de son domaine, acquisition rendue transmissible par voie de génération ? »

Geoffroy Saint-Hilaire, *Philosophie anatomique*, tom. II.

logique et subit un véritable retrait à mesure que baisse l'action de ses modificateurs naturels, absolument comme tout organe se dégrade par le défaut du *stimulus* entretenant sa fonction. Lorsque l'encéphale ne fonctionne plus dans le sens de la vie morale et de relation, au lieu d'être l'*organe roi*, comme l'ont nommé justement quelques physiologistes, il tombe sous l'assujettissement des impressions organiques qui naissent des viscères intérieurs. La physiologie, forte précisément des travaux des médecins matérialistes eux-mêmes, déroule avec ampleur la raison et les preuves de ce fait, qui est le plus sérieux de la nature humaine. Tant que subsiste l'ordre physiologique, que le cerveau se développe par le travail de la pensée, par l'exercice des devoirs et des obligations sociales, la secousse produite par les impressions viscérales est faiblement ressentie; il n'y a pas empiètement des viscères sur le cerveau, et conséquemment sur la volonté. Mais lorsque le cerveau est faible, comme chez le sauvage, comme chez tous les hommes livrés aux bas instincts, la réaction des surfaces internes, et en particulier du sens alimentaire et du sens génital, s'exerce sur lui d'une manière tyrannique. La liberté morale, sans périr tout-à-fait, demeure comme étouffée sous le poids des besoins des sens internes; rien ne fait plus équilibre, et l'animal l'emporte. Ces considérations nous font conclure que, selon l'expression de saint Thomas, l'homme est un être essentiellement perfectible; et qu'il est perfectible seulement à la condition de l'état social. » [1]

Or, si c'est dans la Société que l'homme voit son sang

---

[1] Idem, *De la physiologie humaine la Société*, chapitre I; Idée générale dans ses rapports avec la morale et de la nature de l'homme.

se purifier, sa poitrine s'élargir, ses muscles se fortifier, son cerveau se développer, son visage s'embellir, et son espèce se multiplier, il apparaît de plus en plus que la Société doit être, au milieu du temps, la condition de l'existence de l'homme, comme être doué d'un corps.

Mais que dis-je, l'existence de l'homme ?.. pour qu'il ait cette existence, et qu'il la voie ainsi s'améliorer, ne faut-il pas qu'il l'ait reçue ? et pour qu'il l'ait reçue, ne faut-il pas qu'elle lui ait été conservée, ménagée, assurée par des milliers de soins ? Notre corps, dont les éléments sont empruntés à ce qu'il y a de plus conditionnel dans la création, aux tourbillons de la matière, ne possède qu'une existence plus conditionnelle encore. Aussi contingente vis-à-vis de la matière que la matière l'est elle-même vis-à-vis de la substance absolue, sa vie, reposant sur l'assemblage délicat d'une multitude de phénomènes, joint à l'instabilité d'une chose faite pour le temps, la fragilité d'une conservation toute compliquée de moyens. Pour nous faire une idée de l'existence du corps, représentons-nous, au milieu du tourbillon des phénomènes de la matière, un tourbillon plus rapide encore ! Souviens-toi, dit l'Ecriture, que tu n'es que poussière..... Et nous n'avons qu'à jeter les yeux sur les lois de la mortalité des enfants, même au sein des Sociétés les plus riches et les plus civilisées de la terre, pour comprendre ce que devient l'espèce humaine lorsqu'elle est abandonnée.

Cette vie du temps en a si bien tous les caractères, elle est si passagère, si peu substantielle, si peu fixe sur elle, que sa base est le mouvement même. En effet, la vie ne se manifeste à nous que par une composition et une décomposition continuelles de l'agrégat matériel que nous appelons corps ; si bien que ce corps disparaît pour nous dès que ce mouvement cesse. La vie est un phénomène tellement mobile et passager, qu'elle a le mouvement pour essence : elle apparaît et disparaît avec lui. « Au lieu d'une union constante dans les molécules, dit Cuvier, nous ne devons voir dans le principal phénomène de la vie qu'une circulation continuelle du dehors au dedans et du dedans au dehors. Tous les corps vivants doivent être considérés comme des espèces de foyers dans lesquels les substances mortes sont portées successivement pour s'y combiner de mille manières et pour s'en échapper, afin de rentrer sous les lois de la nature morte. La vitesse de ce mouvement général varie selon les différents états de chaque corps : il paraît même que la vie s'arrête par des causes semblables à celles qui interrompent tous les autres mouvements connus ; et que l'obstruction des vaisseaux rendrait la mort une suite nécessaire de la vie, comme le repos est celle de tout mouvement qui ne se fait pas dans le vide. Ce mouvement général et commun est tellement ce qui fait l'essence de la vie, que les parties que l'on sépare d'un corps vivant ne tardent pas à mourir, parce qu'elles n'ont point elles-mêmes de mouvement propre. En sorte que, selon Kant, la raison de la manière d'être de chaque partie d'un corps vivant réside dans l'ensemble, tandis que dans les corps bruts chaque partie l'a en elle-même [1]. » Notre vie ici-bas commence donc avec le mouvement, se continue quand il se continue, s'interrompt quand il s'interrompt, aug-

---

[1] Cuvier, *Anatomie comparée*, 1ʳᵉ Leçon ; Économie animale.

mente quand il s'accélère, et disparaît quand il cesse : comment cette vie aurait-elle quelque chose de solide, de constant et d'immortel ?

« Si quelque chose est capable de nous donner une idée de notre faiblesse, dit Buffon, c'est l'état où nous nous trouvons immédiatement après la naissance. Incapable de faire aucun usage de ses organes, de se servir de ses sens, l'enfant qui naît a besoin de secours de toute espèce : c'est une image de la faiblesse et de la misère ; à peine a-t-il la force nécessaire pour exister et pour annoncer par des gémissements la souffrance qu'il éprouve. Les enfants périraient s'ils n'étaient secourus et soignés plusieurs années, au lieu que les animaux n'ont besoin de leur mère que quelques mois. » « L'homme venant au monde, ajoute Hutcheson, est infiniment plus faible que tous les animaux, et de tous le moins en état de subsister sans le secours d'autrui. Les autres animaux acquièrent la plupart, au bout de quelques mois, la vigueur nécessaire qu'il faut à l'homme plusieurs années pour obtenir ; ils reçoivent de la nature l'habillement, les armes ; elle veille même à leur entretien, sans que par leurs soins et leur industrie ils y prennent part. Cette conduite de l'auteur de la nature à notre égard a des causes finales, et nous découvrons bientôt que le remède naturel à cette impuissance est dans l'existence de la famille. »

En effet, les rapports qui existent entre le père, la mère et les enfants, et qui constituent la famille, sont aussi nécessaires que les rapports qui existent entre l'homme et la nature, et qui constituent l'industrie. L'enfant qui vient de naître ne peut pas plus exister sans les secours de la famille, qu'il ne peut exister sans l'air au milieu duquel il est plongé, sans les aliments qui se transforment en lait dans le sein de sa mère. On le condamnerait à périr en l'éloignant de certaines choses, comme en le séparant de certaines personnes.

On pourrait, ainsi qu'on l'a remarqué, appliquer à l'enfant ce que l'Ecriture dit de l'idole : car il a des jambes et ne marche pas, des yeux et ne voit pas, des oreilles et n'entend pas, une intelligence et ne pense pas, une voix et ne parle pas. Il est certain que, dans la première période de l'enfance, l'homme reçoit tout de ses semblables. Et à supposer qu'il pût recevoir la vie d'une autre source que de la famille, il ne pourrait la conserver quelques instants hors de son sein. Si dans un âge plus avancé l'homme paraît se suffire, ce n'est que parce qu'il profite des forces et des biens que la Société lui a procurés. L'homme ne vit que d'héritages.

Mais si la famille est nécessaire pour que l'homme reçoive l'existence, la famille ne suppose-t-elle pas à son tour l'existence de la Société, dont elle est elle-même l'élément ? La famille, d'ailleurs, n'est-elle pas la première et la plus simple des Sociétés ? ne se compose-t-elle pas des rapports nécessaires qui doivent exister entre les hommes, pour leur conservation et la reproduction de leur espèce ? Si l'enfant ne peut exister que par les secours de la famille, celle-ci ne peut donc les lui prodiguer que par les secours de la grande famille : la Société seule renferme des produits non consommés qu'on est sûr de se procurer par le travail. L'enfant est une plante qui a besoin d'étendre ses racines dans le sein de la famille, et le même fait se passe entre la famille et la Société ; de sorte que si la Société vient à manquer à la famille, on voit aussitôt la famille manquer à l'enfant. Et, où la Société et la famille manquent, l'homme disparaît. La population ne peut se multiplier parmi les sauvages.

Mais, ainsi enfermé dans une double famille, une double sollicitude s'étend sur les jours de l'enfant. A peine a-t-il paru au regard de sa mère, que les lois civiles jettent aussitôt les yeux sur lui pour assurer sa vie contre tout événement humain. Sous la double égide de l'amour de sa mère et de la force des lois, on ne peut plus, pour soulager la population, jeter l'enfant aux pourceaux, ou le *sacrifier au Dieu du fleuve*. Il est né parmi les hommes une créature libre et raisonnable, sa naissance a été proclamée par une consécration ; et sa vie, destinée à Dieu, est désormais sacrée et inviolable. Dès ce moment, est regardé comme inouï tout attentat à la majesté de la vie humaine. Le Baptême, dit Châteaubriand, a sauvé plus d'enfants que l'épée des conquérants n'en a fait périr.

Dès qu'on connaît la destinée de l'âme, il n'est plus possible d'admettre le plus ou le moins d'importance de la vie actuelle. Cette vie de l'homme, qui encourt devant l'absolu une aussi terrible responsabilité, comment ne serait-elle pas inviolable et respectée de l'homme ? A ce que Dieu ne touche pas encore, qui aurait le droit d'y porter les mains ?... Aussi, chose admirable ! au meurtre d'un seul homme la Société entière se lève inquiète et irritée ; elle crie à l'assassin, son cri retentit de tribunaux en tribunaux, et dans son sein tout s'agite à la recherche du meurtrier ! Il faut qu'on lui rende compte de cette vie inscrite sur les registres du Ciel, et qu'elle a transcrite sur les siens ! Véritable mère, elle vient, la douleur et la menace dans la voix, demander ce qu'on a fait de son enfant, de l'enfant que Dieu lui avait envoyé.

Enfin, lorsque « ramené par le cercle de la vie humaine » l'homme touche à la dernière période de la vie ; alors que pour la seconde fois il lui est impossible de fournir à sa subsistance et de protéger sa propre faiblesse, on ne le tue point, comme chez les sauvages : il retrouve les êtres qui lui doivent la vie. Lorsque dans sa force il prodigua sa tendresse et ses biens, il n'avait fait que planter pour recueillir au jour du besoin. La Société est le terrain fécond où l'individu se nourrit de l'héritage de l'espèce ; comme nous le verrons, la nature humaine n'acquiert toute sa valeur qu'au sein de la sociation. Par la sociation, l'individu sort en quelque sorte de son étroite sphère pour passer dans la vie de l'humanité. Dans l'isolement, l'individu était faible de toute sa faiblesse individuelle; dans la Société, il est fort de toute la force de tous. « Si notre impuissance, dit un économiste, trouve dans les devoirs des autres hommes tous les secours dont elle a besoin, c'est à la Société que nous le devons : la Société, suppléant ainsi dans l'homme social tout ce que la nature a refusé à l'homme isolé, est donc évidemment *une condition essentielle de notre existence.* »

Mais si la Société est une condition essentielle de notre existence, la Société est entrée dans le plan de la création ; et nous devons trouver l'homme organisé en conséquence. C'est-à-dire que toutes ses facultés ne devront trouver leur jeu, et que son être ne pourra fonctionner avec toute sa valeur, qu'au milieu de la Société ? Eh bien ! c'est précisément ce que découvrent les lois mêmes de notre organisation !

« La Société, dit Bichat, exerce sur l'éducation de la vie animale une influence remarquable : elle rétrécit la sphère d'action des uns pour agrandir celle des autres. En effet par là même que, dans nos habitudes sociales, un organe est toujours plus occupé, les autres sont plus inactifs : or, l'habitude de ne pas agir leur fait perdre en aptitude ce que gagne celui qui s'exerce fréquemment. Une somme déterminée de forces a été répartie en général à la vie animale; or, cette somme doit rester toujours la même, soit que sa distribution ait lieu également, soit qu'elle se fasse avec inégalité. Par conséquent, l'activité d'un organe suppose une certaine inaction des autres; la perfection d'un organe ne semble être acquise qu'aux dépens de celle des autres. Ainsi, vous ne verrez presque jamais coïncider la perfection d'action des organes locomoteurs avec celle du cerveau ni des sens, et réciproquement. Cette vérité nous mène naturellement à ce principe fondamental de l'éducation sociale, savoir: qu'on ne doit jamais appliquer l'homme à plusieurs études à la fois, si l'on veut qu'il réussisse dans chacune; parce que pour augmenter les forces d'un organe il faut prendre sur celles de l'autre. Les philosophes ont déjà souvent répété cette maxime, mais je doute que les raisons morales sur lesquelles ils l'ont fondée vaillent cette belle observation physiologique qui la démontre jusqu'à l'évidence. » Après en avoir détaillé tous les exemples, Bichat termine ainsi : « D'après cette foule de considérations, nous pouvons donc établir comme une loi fondamentale de la distribution des forces, que, quand elles s'accroissent dans une partie, elles diminuent dans le reste de l'économie vivante; que la somme n'en augmente jamais; que seulement elle se transporte d'un organe à l'autre. Ainsi, l'universalité dans le même individu est une chimère, elle est contraire aux lois de l'organisation. Il est donc vrai de dire que notre supériorité dans tel art ou telle science se mesure presque toujours par notre infériorité dans les autres. Cette vérité, consacrée par un vieux proverbe, a pour fondement une des grandes lois de l'économie animale, et sera toujours aussi immuable que la base sur laquelle elle s'appuie. » [1]

Voici ce que cette loi physiologique nous fait conclure : Puisque l'homme ne peut arriver à quelque aptitude sans porter, au moyen de l'exercice, la plus grande partie de ses forces sur une seule de ses facultés, et qu'il est dans la nécessité d'agir ainsi envers chacune d'elles pour leur donner quelque valeur, il en résulte que les aptitudes humaines sont toutes spéciales; et si elles sont toutes spéciales, qu'elles sont toutes individuellement insuffisantes : c'est-à-dire que tel homme ne peut faire telle chose avec supériorité, que parce qu'il ne fait pas telle autre, mais s'occupe exclusivement de sa partie. De sorte que chaque aptitude, par cela même qu'elle est réellement une aptitude, étant spéciale, et, par cela qu'elle est spéciale, étant insuffisante, réclame le secours des autres aptitudes humaines. Dès-lors, les hommes ne se présentant individuellement que comme des spécialités, et chaque

---

[1] Bichat, *Recherches physiolog.*, Lois de l'éducat. Des organ. de la vie animale.

spécialité ne suffisant pas pour satisfaire à toutes les conditions de l'existence, il est indispensable que toutes ces aptitudes spéciales incomplètes, mais excellentes en elles-mêmes, se réunissent et s'organisent entre elles pour donner l'aptitude intégrale, qui peut seule assurer à l'homme toutes les conditions de son existence. Les hommes se présentent exactement sous ce rapport comme une multitude de rouages épars qui perdent leur valeur et leur emploi aussitôt qu'ils sont détachés du grand mécanisme auquel ils appartiennent. De sorte que, l'état où non-seulement toutes les aptitudes spéciales se réunissent et se coordonnent pour obtenir ce but, mais encore où chacune trouve à se former comme aptitude spéciale; cet état, disons-nous, qui renferme la première condition de l'existence humaine, a été nécessairement prévu et entre dans la création de l'homme. Or cet état, quel est-il? sinon la Société qui, d'abord par la division du travail, fournit à chacun sa spécialité, ensuite par la réunion des agents de la production, recompose la richesse dans son intégralité.

Toutefois, voilà un fait bien remarquable au milieu de la création. Quoi! chez les animaux l'individu a toute sa valeur, et chez les hommes l'individu ne recouvre la sienne qu'au moyen de l'espèce! L'animal se suffit par lui-même, et par lui-même l'homme n'est plus rien! Alors il est au moins étrange de voir divisés en personnes des êtres qui n'ont de puissance que par leur réunion! ou bien, il devient encore plus étrange d'être obligé de considérer comme un seul être, une collection d'individus qui, de tous les êtres, ont la personnalité la plus fortement tranchée ! Et pourquoi est-ce une chose aussi juste d'appuyer sur les droits de l'homme individuel, pour bien tracer les confins de sa personnalité et pour en assurer l'inviolabilité, que d'appuyer sur les droits de l'homme collectif, pour bien effacer les limites qui séparent les personnes et pour les unir dans le sein de l'humanité ? Pourquoi faut-il que l'être humain soit tout à la fois ce qu'il y a de plus énergique, de plus distinct comme personnalité, et ce qu'il y a de plus impersonnel, de plus fusible comme collectivité ? Car enfin, ou la partie a une valeur par elle-même, et n'a pas besoin du tout pour la posséder : ainsi la fleur ne demande pas à faire partie d'un bouquet; ou la partie n'a de valeur qu'en s'unissant avec le tout, et n'en possède aucune par elle-même : ainsi la molécule demande à faire partie d'un corps? Ou l'un ou l'autre ? Pourquoi l'homme doit-il donc avoir, et toute l'individualité radieuse de la fleur, et toute l'impersonnalité de la molécule intégrante ?..... Ce fait, comme nous le verrons plus loin, doit nous donner le secret cosmogonique de l'humanité; il nous révélera le mystère de sa constitution et de son but vis-à-vis de l'absolu, le plus beau et le plus important des mystères auxquels l'esprit de l'homme puisse s'élever. Mais en attendant, commençons à conclure de ce que nous venons d'apprendre, que :

1° Si c'est par la Société que les forêts ont été défrichées, les marais desséchés, les fleuves régularisés, la température réchauffée, l'air purifié, le climat modifié, le sol cultivé, le blé inventé, les animaux subjugués, les villes édifiées, enfin l'habitation temporelle de l'homme préparée; 2° si c'est dans la Société que le sang de l'homme s'est purifié, sa poitrine élargie, ses muscles grossis, son cerveau développé, son visage embelli, ses aptitudes appliquées, enfin son espèce améliorée ; 8° si c'est dans la Société que s'est formé ce qu'il y a de plus précieux sur la terre, la famille, et que ce soit en elle que le genre humain naisse, se conserve, vive, et se multiplie, nous pouvons donc répondre directement à la question de ce chapitre, que :

La Société est, dans le temps, la condition de l'existence et du développement de l'homme, comme être doué d'un corps. Enfin elle est son état naturel ici-bas, puisqu'elle est son état nécessaire.

Mais l'homme n'est pas seulement un être doué d'un corps, n'est-ce pas aussi un être doué de volonté, puisque ce corps n'en est que l'instrument ? Alors sous ce second point de vue, quelle sera dans le temps la condition de l'existence de l'homme ?

DE L'EXISTENCE DE L'HOMME.

Sommaire. — Au commencement la terre était couverte par les eaux ; et lorsque les océans se retirèrent, ils laissèrent, au milieu des plaines et de leurs cavités, des eaux qui n'avaient pas encore trouvé leur écoulement par les fleuves. — Couverte de grands lacs et de marais, la surface de la terre ne présentait d'autre fond que la vase, ou quelques bois aquatiques au milieu des savanes noyées. — Ce fut plus tard que des bois plus solides, tels que ceux que nous connaissons aujourd'hui, couvrirent les plateaux d'où les eaux s'étaient retirées. — Ces bois étaient alors peuplés de bêtes féroces ; et les plaines, toutes marécageuses, de reptiles et d'insectes, qui rendaient l'air et le sol également inhabitables. Enfin des brouillards épais et des miasmes fétides, qui s'élevaient dans toutes les couches de l'air, formaient l'atmosphère dont notre planète était environnée. — Tel était notre ancien continent. L'histoire nous rappelle que tel était encore, du temps des Romains, l'état de la Germanie, des Gaules, de la Suévie, de la Cimbrie, de la Pannonie, de la Sarmatie, etc. — Les voyageurs qui ont assisté à la découverte du Nouveau-Monde, et qui ont pu le considérer avant que les populations européennes l'aient soumis à la culture, l'ont aussi trouvé dans cet état ; et les géologues constatent encore aujourd'hui l'existence d'anciens lacs qui recouvraient tous les bassins de ces territoires. — Dans une telle situation, la terre n'était pas habitable ; elle pouvait offrir un certain nombre de localités propres à recevoir quelques familles, mais il était impossible qu'un peuple, couvrant par sa population une étendue de quelques degrés, vînt s'y déposer, et résistât à la triple action de l'humidité, de l'insalubrité et de la faim. — Aussi la géologie et l'histoire s'accordent-elles à placer les premiers hommes entre le 40° et le 50° degré de latitude, au centre du plateau de l'Asie. — Ce fut de là que le genre humain descendit pour s'emparer de la terre, faisant à mesure son sol sur son passage, et voyant augmenter les hom mes à proportion. — Ceux-ci commencèrent à bâtir les premières villes dans des lieux favorisés ; et c'est de ces lieux, en quelque sorte fortifiés contre la nature, qu'ils s'avancèrent sur la barbarie. — Les premiers peuples furent d'abord chasseurs, puis pasteurs, enfin agriculteurs ; et c'est alors seulement qu'ils s'emparèrent de la nature, et que la terre fut réellement mise en exploitation. — Comme la culture du sol ne pouvait avoir lieu sans le défrichement des bois et le dessèchement des marais, ces opérations graduelles commencèrent à rendre plus régulier le courant des eaux ; en traversant les mêmes lieux avec une quantité d'eau presque la même, ces courants se creusèrent insensiblement des lits, et finirent par devenir de véritables fleuves. — Les froids et les humidités éternelles commencèrent à se retirer vers les pôles ; le globe fut enveloppé d'une atmosphère nouvelle, et les saisons furent marquées sur la terre comme elles l'étaient dans le ciel. — Telle fut la première période de la civilisation, période représentée par les mythologies sous la fable des Travaux d'Hercule. — Par ces travaux herculéens des premiers âges, l'homme n'a pas seulement changé son sol, il a aussi changé son atmosphère ; en transformant la terre, il a transformé son ciel météorologique, il s'est fait son climat. — En effet, la nature du climat dépend de la nature de l'atmosphère ; la nature de l'atmosphère dépend de deux choses : l'élévation de la température et l'oxigénation de l'air. La première rend l'air plus sec, la seconde le rend plus pur ; celui-ci contient plus d'oxigène, celui-là plus d'électricité ; l'oxigène enrichit le sang de l'homme, et l'électricité, son fluide nerveux. — En cherchant les causes qui combattent l'humidité de l'air, et celles qui combattent son insalubrité, nous connaîtrons donc les causes de l'amélioration du climat. — Or, l'on sait que les bois attirent la pluie et entretiennent par leurs ombrages des sources qui donnent naissance aux marais, d'où s'échappent les brouillards : telle est la cause de ces vapeurs qui rendent l'air constamment humide et en absorbent l'électricité. — On sait également que les étangs et les marais pourrissent le sol, entretiennent une multitude de plantes fétides et d'animaux que la chaleur fait périr et met en fermentation sur leurs rivages desséchés : telle est la cause de ces miasmes empoisonnés qui rendent l'air infect et en absorbent l'oxigène. — De là viennent ces maladies scrofuleuses qui s'étendent sur des populations entières, et ces maladies épidémiques telles qu'elles existent encore aujourd'hui au Mexique, à la Louisiane, aux Antilles, etc., où elles règnent endémiquement. Partout ailleurs ces maladies ont été portées et inoculées. — Or, puisqu'une trop grande quantité de bois et de marais entretient l'humidité et l'insalubrité générale de l'air, il est clair que la destruction d'une partie des bois diminuera l'humidité, et que l'écoulement d'une partie des eaux diminuera l'insalubrité. — En effet, pour le premier cas, la hache, en ouvrant de vastes clairières au milieu des forêts, offre la surface du sol aux rayons du soleil ; les couches d'air les plus voisines du sol s'échauffent les premières, et s'élevant dans l'atmosphère, produisent peu à peu une masse d'air sec et chaud qui augmente de jour en jour ; tandis que la moins grande quantité de bois laissés sur les plateaux élevés, répand dans l'air un souffle qui l'oxigénise au lieu de le congeler. — Dans le second cas, la bêche, en ouvrant de nombreux sillons, trace un écoulement aux eaux ; le terrain, jusque-là noyé dans la vase, devient une terre solide qui ne donne plus naissance à des miasmes infects ; tandis que la moindre quantité d'eau que les montagnes retiennent dans leurs cavités, verse sur la plaine un flot qui la fertilise au lieu de l'empoisonner. — Ainsi, le déboisement élève le degré de température, et le dessèchement diminue la cause de l'insalubrité. Et c'est effectivement ce qui s'est passé sous nos yeux dans le Nouveau-Monde. — Les voyageurs et les habitants s'accordent à attester que la culture a profondément modifié le climat de ces contrées ; que les hivers y sont aujourd'hui moins rudes et moins longs, et que la température moyenne s'accroît. Les anciennes statistiques nous rapportent les mêmes faits sur l'Allemagne et sur la France. — Ce n'est pas tout : comme en absorbant l'oxigène et en introduisant des gaz nuisibles dans les poumons et les artères, l'insalubrité de l'air a une action directe sur la composition du sang, il faut donc considérer que, par les assainissements, la culture fait disparaître la cause des maladies scrofuleuses, des fièvres intermittentes et de la peste. — Comme en absorbant le fluide électrique, qui est l'agent vital de notre organisme et le principe animateur des nerfs, l'humidité de l'air attaque aussi directement le système nerveux, il faut donc considérer que, par les dessèchements, la culture fait disparaître la cause d'une profonde altération physiologique. — Mais ce n'est là que le résultat indirect de la culture ; car par l'exploitation du sol, tout en nous préservant des principes de mort, elle nous fournit directement les principes de vie. La culture est la nourrice du genre humain ; d'une main elle écarte le poison qui allait le suffoquer, de l'autre elle approche la nourriture de ses lèvres. — Mais qui dira tous les travaux de la culture pour amener notre sol à l'état productif où il est aujourd'hui ! L'homme n'a-t-il pas en quelque sorte formé et pétri de ses mains cette terre végétale qui recouvre maintenant les continents qu'il habite ? — Le blé lui-même n'est pas un don de la nature, il est l'utile fruit des recherches et des travaux de l'homme; nulle part on ne trouve du blé sauvage, comme l'histoire le prouve ; il en est de même des autres céréales, de tous les arbres à fruits, et même des plantes potagères. — Et que dirons-nous des animaux ? Les dix-huit ou vingt espèces que l'homme a choisies ont été tellement améliorées et multipliées par ses soins, qu'elles seules figurent aujourd'hui plus grandement dans la nature entière que les autres dix-huit cents espèces réunies. — Par toutes ces causes, on voit des millions d'hommes exister dans le même espace qui suffisait à peine autrefois à l'entretien de deux ou trois cents sauvages. — Ainsi la présence de l'homme sur la terre a opéré 1° le défrichement des bois, 2° le dessèchement des marais, 3° l'élévation du degré de température, 4° le cours plus régulier des rivières, 5° la disparition des gaz qui empoisonnaient l'air, 6° l'amélioration du tempérament de l'homme, 7° l'accroissement de l'étendue du sol livré à la culture, 8° l'abondance des aliments nécessaires à l'existence, 9° la multiplication de l'espèce. — Toute la terre était faite pour l'homme, mais il fallait qu'il refît toute la terre. — Or qui a refait ainsi toute la terre ? est-ce un homme ? quelques hommes ? quel est cet Hercule universel qui a formé le sol, renouvelé l'atmosphère, changé le climat, sinon l'homme associé à son semblable, sinon la Société ? — La Société est venue achever l'œuvre du Troisième jour.

Mais si tout dans la nature s'est amélioré par les soins de l'homme, l'homme à son tour ne s'est-il pas amélioré ? L'homme n'a-t-il pas aussi été donné en culture à l'homme, n'a-t-il pas été créé perfectible pour qu'il devînt de lui-même parfait ? Et n'est-ce pas par suite de cette loi que les organes de l'âme et ceux du corps se développent en raison de l'exercice ? — L'âme agit la première, c'est le corps qui exécute ensuite. La volition agite le muscle, la pensée la pulpe cérébrale ; de sorte que l'exercice de l'intelligence amène directement le développement du cerveau, et l'exercice de la volonté, celui du système musculaire. L'homme dépend de sa liberté. — De là, sous le rapport physiologique, la diversité qui existe parmi les hommes, la diversité qui existe parmi les peuples, ainsi que la diversité qui existe parmi les différentes générations d'un même peuple. — Sous le rapport phrénologique, les différents peuples de la terre se trouvent exactement dans le même rang que l'histoire leur assigne sous le rapport de la civilisation : tant le développement cérébral coïncide avec le développement moral. — Il en est de même des différentes générations d'un peuple à l'égard des diverses périodes de son développement. Aujourd'hui ne voit-on pas les diverses races occuper, dans la hiérarchie de l'histoire naturelle, le même rang que les peuples issus de ces races occupent dans la hiérarchie de la civilisation ? — De sorte que l'on voit les races s'améliorer et le système cérébral se développer à mesure que le genre humain avance en Société. — Il en est de même pour le passé ; dans le cerveau on retrouve tout un peuple, son degré d'intelligence, de civilisation, ses tendances, ses mœurs, etc. C'est une numismatique avec laquelle on pourrait reconstruire toute l'histoire de l'antiquité. — Prenant donc un peuple à compter du moment où il a commencé à s'établir, on le verrait se développer physiologiquement à mesure qu'il avance en Société. — Indépendamment de sa propre beauté, le cerveau concourt aussi à la beauté du corps; car tous les muscles qui retiennent nos membres dépendent du cerveau, et le corps prend naturellement l'attitude de l'âme. — Mais il est une partie précieuse de la tête de l'homme, où toutes ses facultés, ses sentiments, ses pensées viennent se peindre et sa beauté s'épanouir : et l'on dit effectivement, que le visage est le miroir de l'âme. — Comment les vertus réforment et relèvent nos traits ; que la bonté du cœur fait la beauté de la figure : aussi les hommes recherchent-ils la beauté, qui est la splendeur des choses divines. — Les peuples sauvages sont aussi loin de nous sous le rapport de la beauté du visage, que sous le rapport de la perfection cérébrale. — Entre la jeune fille de l'antiquité et la vierge moderne, on trouverait la même différence sous le rapport de la beauté et du sentiment, qu'entre la poësie des anciens et la poësie des peuples chrétiens. — C'est à l'Évangile que nous devons la beauté de la femme, comme c'est à lui que nous devons l'amour. — La laideur n'est point l'état naturel, c'est le mal qui nous a privés de la beauté ; le bien seul peut nous rendre cette douce image de Dieu. Et nous observerons encore ici, que la beauté revient sur la terre à mesure que l'homme avance en Société. — La vie que l'homme mène dans la Société produit sur lui les effets suivants : transformation du tempérament lymphatique en tempérament sanguin, agrandissement de la poitrine et du système circulatoire, développement du système musculaire, développement du cerveau par l'exercice de la pensée, et augmentation de la beauté du visage par l'amélioration du cœur. — Mais où l'homme a-t-il trouvé le nombre de générations nécessaires pour opérer de pareils changements dans son espèce ? où a-t-il trouvé la doctrine qui renferme la loi de vie de son être ? et où a-t-il trouvé l'occasion de la réaliser, sinon au milieu de ses semblables, sinon dans la Société ? — La Société est venue achever l'œuvre du Sixième jour.

Mais pour que l'homme ait ainsi amélioré son existence, ne faut-il pas qu'il l'ait reçue, et qu'elle lui ait été conservée et assurée par des milliers de soins ? Pour se faire une idée de la fragilité de la vie du corps, il faut, au milieu du tourbillon de la matière, se représenter un tourbillon plus rapide encore. — Cette vie du temps est si passagère qu'elle a pour base le mouvement même : elle disparaît dès que ce mouvement cesse. Enfin, l'homme vient en ce monde infiniment plus faible qu'aucun des animaux ; et l'on ne comprendrait pas cette conduite de Dieu à notre égard, si l'on ne s'apercevait que le remède à cette impuissance a été mis dans la famille. — En effet, les rapports qui existent entre la mère et l'enfant sont aussi nécessaires que les rapports qui existent entre l'homme et la nature ; et l'on condamnerait l'enfant à périr en l'éloignant de certaines choses, comme en le séparant de certaines personnes. — Si l'enfant ne peut exister sans le secours de la famille, la famille ne saurait non plus exister sans le secours de la Société. — Dès-lors, enfermé dans une double famille, une double sollicitude s'étend sur les jours de l'enfant, il est sous l'égide de l'amour de sa mère et de la force des lois; et sa vie, consacrée à Dieu, est désormais sacrée et inviolable.

— Enfin, lorsque l'homme touche à la dernière période de sa vie, il retrouve, pour le protéger, les êtres qui lui doivent la leur. Par la Société, l'individu sort de son étroite sphère pour passer dans la vie de l'humanité. — La Société, suppléant dans l'homme social tout ce que la nature a refusé à l'homme isolé, entre donc nécessairement dans le plan de la création de l'homme, elle est donc évidemment une condition essentielle de notre existence ? Et c'est ce que découvrent les lois de notre organisation. — Les physiologistes ont observé que la somme des forces de l'organisme étant la même, et le développement d'un organe supposant nécessairement une certaine inaction des autres, on ne doit jamais appliquer l'homme à plusieurs études à la fois, si l'on veut qu'il réussisse dans chacune. — De sorte que tout homme ne peut être qu'une spécialité ; or comme une spécialité ne suffit pas pour satisfaire à toutes les conditions de l'existence, il faut que toutes les spécialités se réunissent pour former cette aptitude intégrale qui peut seule assurer à l'homme toutes ces conditions. — De là, l'état où l'homme peut se former comme aptitude spéciale, et se réunir pour se recomposer comme aptitude intégrale, renferme la première condition de l'existence humaine. Or cet état, quel est-il ? sinon la Société, qui, par la division du travail, fournit à chacun sa spécialité, et qui, par la réunion des agents de la production, recompose la richesse dans son intégralité.

Si c'est par la Société que l'habitation temporelle de l'homme a été préparée, que son espèce a été améliorée, que ce qu'il y a de plus précieux sous le Ciel, la famille, a été formé, et qu'au milieu d'elle le genre humain naisse, se conserve et se multiplie, nous pouvons donc répondre directement à la question de ce chapitre, que : La Société est dans le temps la condition de l'existence et du développement de l'homme comme être doué d'un corps. — Mais l'homme n'est-il pas aussi un être doué de volonté ? Alors sous ce second point de vue, quelle sera dans le temps la condition de son existence ?

II.

Quelle est, dans le temps, la condition de l'existence de l'homme, comme être doué de volonté ?

De l'Éducation.

Nous avons vu comment l'homme s'est fait son climat ; voyons comment il s'est fait lui-même.

Si l'homme arrive sur la terre doué de volonté, afin que son cœur puisse recueillir les mérites du bien qu'il accomplira librement, l'état où il pourra le mieux remplir sa destination comme être doué de liberté, ne sera-t-il pas nécessairement celui qui offrira le plus d'avantages à l'exercice de cette importante faculté ? Si donc il est un état sur la terre où la liberté de l'homme trouve tout à la fois, 1° le pouvoir de s'exercer, 2° le loisir et toutes les occasions de le faire, 3° des garanties et une protection assurée, et où l'on va même jusqu'à développer en lui cette faculté comme la plus indispensable de son être, ce sera bien assurément là l'état naturel de l'homme! Ce sera bien là son état naturel puisque, loin d'y avoir à souffrir de sa nature d'être doué de liberté, on viendra au contraire au-devant de lui pour réveiller en son cœur ce pouvoir et lui en apprendre l'usage, à supposer qu'il ne le connût pas.

D'ABORD, il est clair que la liberté ne peut être limitée et entravée dans le temps que par les choses avec lesquelles l'homme s'y trouve en contact. Or, l'homme est en contact ici-bas avec deux choses : 1° avec la nature, 2° avec son semblable. De sorte qu'il ne peut être exposé qu'à deux causes d'assujettissement : celle qui naît de son contact avec la nature, et celle qui naît de son contact avec son semblable.

Alors, il doit y avoir pour l'homme deux sortes d'affranchissements : 1° celui qui le délivre de l'assujettissement de la nature ; 2° celui qui le délivre de l'assujettissement de son semblable. Commençons par le premier.

I. Le premier affranchissement de l'homme, disons-nous, est celui qui le délivre de l'assujettissement de la nature. L'homme, étant un être spirituel et corporel, doit avoir, vis-à-vis de la nature, deux sortes de libertés : premièrement, celle qui consiste à le rendre libre dans son âme ; secondement, celle qui consiste à le rendre libre dans son corps. Et effectivement la nature le subjugue de deux manières : premièrement, par les *passions* qui attaquent son âme; secondement, par la *misère* qui attaque son corps.

Car s'il est tellement assujetti par les passions et tellement poursuivi par l'exigence des appétits, que sa volonté ne puisse rester maîtresse d'elle-même pour accomplir la loi qui renferme les conditions de sa vie spirituelle, l'homme n'est-il pas dans l'*esclavage moral?*

Et s'il est tellement assujetti par la misère et tellement poursuivi par l'urgence de ses besoins, que son corps ne puisse devenir maître de les satisfaire pour accomplir aussi la loi qui renferme les conditions de sa vie matérielle, l'homme n'est-il pas dans l'*esclavage physique?*

La première de ces libertés, qui consiste à donner à la volonté de l'homme le pouvoir de vaincre les passions qui détruiraient son âme, est la *liberté morale;* parce qu'elle affranchit l'être moral de sa dépendance de la nature.

La seconde de ces libertés, qui consiste à donner à la volonté de l'homme le pouvoir de se tirer de la misère qui détruirait son corps, est la *liberté physique;* parce qu'elle affranchit l'être physique de sa dépendance de la nature.

Quant aux passions, par lesquelles la nature peut assujettir son âme, elles n'arrivent jusqu'à l'homme qu'après avoir renversé et vaincu sa liberté morale. Si, par son activité, la liberté morale s'était au contraire exercée à repousser ces passions et à les vaincre, jamais la nature n'aurait fait invasion en lui, et l'homme serait resté maître de lui-même.

Quant à la misère, par laquelle la nature peut assujettir son corps, elle n'arrive jusqu'à l'homme que lorsqu'il ne s'est pas entouré des moyens de subsistance qu'il peut seul se donner. Si, par sa propre activité, il avait au contraire eu soin de préparer les biens dont il ne peut se passer, jamais il ne serait resté en proie à l'étroite sujétion dans laquelle l'a posé la nature.

Le pouvoir par lequel l'homme s'exerce à secouer le joug des passions, s'appelle *vertu*; et le pouvoir par lequel l'homme se procure les moyens d'échapper au joug de la misère, s'appelle *travail*. La vertu fait la conquête de la liberté morale; le travail fait la conquête de la liberté physique. La vertu et le travail sont les deux fruits de la volonté : par la première, l'homme chasse la nature de chez lui; par le second, il entre maître chez elle.

Or premièrement, le moyen par lequel on assure à l'homme la vertu, c'est-à-dire le moyen par lequel on forme de bonne heure la liberté à vaincre les passions, est ce qu'on appelle l'*éducation*; secondement, le moyen par lequel on assure à l'homme le travail, c'est-à-dire le moyen par lequel on place de bonne heure le corps dans une position à échapper à la misère, est ce qu'on appelle la *propriété*.

L'éducation? C'est elle qui prend soin des premiers besoins de l'âme, qui surveille la naissance de la liberté morale, qui lui apprend de suite à résister, qui l'aide dans ses premiers combats, et l'applaudit dans ses premiers triomphes. C'est l'éducation, en un mot, qui exerce la liberté morale à mesure qu'elle grandit, à vaincre nos passions à mesure qu'elles naissent, et qui finit par rendre l'homme maître de lui-même.

La propriété? C'est elle qui prend soin des premiers

besoins du corps, qui surveille leur naissance, qui nous assure de suite de quoi leur résister, qui aide le travail lorsqu'il ne peut encore se suffire, et qui lui est une récompense dans ses premiers succès. C'est la propriété, en un mot, qui met à notre disposition les moyens nécessaires à la production des richesses dont nous avons besoin, et qui finit par rendre l'homme maître de la nature elle-même.

Ainsi, sans l'éducation et sans la propriété, point de liberté pour l'homme vis-à-vis de la nature. Et comme l'absence de ces deux choses est une véritable extension du droit de mort sur l'individu, la propriété et l'éducation doivent être regardées comme une véritable extension du droit de vie. L'éducation et la propriété placent l'homme comme dans une forteresse inexpugnable, d'où non-seulement il échappe à la domination étrangère de la nature, mais d'où encore il entreprend d'en faire la conquête. L'éducation et la propriété sont la citadelle de la personnalité : d'un côté, l'homme se défend des passions, par lesquelles la nature faisait invasion dans son âme ; de l'autre, il se défend de la misère, par laquelle la nature faisait invasion dans son corps. C'était la nature qui assujettissait l'homme à un double esclavage ; c'est l'homme qui, de cette position, assujettit la nature à le servir. De sujet qu'il était, il devient son roi ; c'est à lui qu'elle paie le tribut. Tel est le premier affranchissement de l'homme.

Or, l'éducation et la propriété, par lesquelles l'homme échappe à l'assujettissement de la nature ; l'éducation et la propriété, par lesquelles il recouvre la liberté morale, qui soustrait son âme à la tyrannie des passions, et la liberté physique, qui soustrait son corps à l'oppression de la misère; l'éducation et la propriété, qui non-seulement rendent l'homme maître de lui-même et maître chez lui, mais encore lui donnent l'empire sur la puissance qui d'abord l'avait assujetti; l'éducation et la propriété, où existent-elles, sinon dans la Société ? Ce n'est que dans la Société que l'homme trouve l'une et l'autre, ce n'est que dans la Société conséquemment que l'homme trouve la liberté.

Pourquoi la propriété ne se trouve-t-elle que dans la Société ? Par deux raisons :

1° Parce qu'il est bien clair que si l'homme n'a pas la certitude de profiter des biens qu'il aura produits, il ne se souciera pas de travailler. Si le premier venu peut lui enlever en passant le fruit de ses sueurs, et si les biens qu'il prépare pour son entretien peuvent toujours lui être ravis, il ne se sentira point le courage de les amasser. Le sauvage ne cultive point de champs; chez lui point de travail, et conséquemment point de propriété [1]. Du moment au contraire, que des lois protectrices viennent lui garantir le droit de travailler, lui assurer la conservation de ses produits et présider à ce qu'il les consomme en paix, on voit s'éveiller aussitôt la production des richesses par les-

---

[1] Dans la Société l'homme n'est point assujetti, comme le sauvage, à poursuivre sa pâture de repas en repas. Le sauvage, harcelé par le besoin, est l'esclave de la première nécessité physique qui le presse; il ne peut obtenir de répit ni contre la faim, qui se renouvelle, ni contre les périls, qu'il retrouve à chaque pas; l'intempérie, la guerre, les bêtes féroces et les maladies lui font une poursuite incessante : est-il libre, celui-là, de capituler avec la vie ? Les besoins physiques satisfaits, peut-il à loisir entrer en possession de ses facultés morales, intellectuelles et esthétiques ; peut-il dispenser dédaigneusement le pouvoir de sa liberté, et la voir de partout respectée autour de lui?

quelles l'homme se met à l'abri de la misère. — Or, de pareilles lois, avec un pouvoir public établi pour les maintenir, où se trouvent-elles, sinon dans la Société ?

2° Parce que pour être à l'abri de la misère, il faut posséder; pour posséder, il faut produire; pour produire, il faut travailler; pour travailler, il faut des instruments ; et pour employer ces instruments, en connaître l'usage. Si le moyen par lequel notre âme apprend à se servir de ses facultés pour vaincre les obstacles que la matière oppose à leur libre exercice, s'appelle *éducation*, le moyen par lequel notre corps apprend à se servir de ses organes pour vaincre les obstacles que la matière oppose à leur libre exercice, s'appelle *apprentissage*. Depuis le fils du laboureur, qui, trouvant la charrue chez son père, apprend de lui à la conduire, jusqu'à celui qui, entrant dans les ateliers, y apprend à conduire les machines les plus compliquées, tout homme a besoin de recevoir ces instruments tout faits, et d'apprendre pendant son jeune âge à s'en servir. — Or, ces instruments, où ont-ils été inventés et où se trouvent-ils, sinon dans la Société ? De même que l'éducation, l'apprentissage, qui est l'éducation du corps, ne peut se faire que dans la Société.

Pourquoi l'éducation ne se trouve-t-elle que dans la Société? Par deux raisons :

1° Parce qu'il faut saisir le moment où l'on peut imprimer au jeune cœur son premier mouvement vers le bien, avant qu'il ait contracté de fâcheuses habitudes d'esclavage. Il faut, d'une main délicate, commencer à donner à l'homme ses pentes vertueuses; soigner tous les mouvements de son cœur, pour les diriger à propos; l'entourer d'une surveillance et de soins de tous les instants ; doubler, lorsqu'il fait le bien, la satisfaction qu'il trouve dans sa conscience, en y joignant une récompense ; augmenter, lorsqu'il fait le mal, la peine qu'il trouve dans son remords, en y ajoutant une punition ; jusqu'à ce que prenant peu à peu toutes ses inclinations vers le bien, l'homme se trouve un beau jour entièrement organisé pour la vertu. Car tel doit être le résultat de l'éducation. — Or, où trouver les lumières et le loisir nécessaires pour donner une pareille éducation, sinon dans la Société ?

2° Parce que, comme ce sont les sentiments du cœur plutôt que les idées de l'esprit qui déterminent nos actions [1] ; que ce sont nos sentiments qui agissent sur notre esprit, l'inspirent et font naître en lui telles ou telles idées, et non point nos idées qui refondent nos sentiments, ou que du moins c'est là un fait extrêmement rare, il s'ensuit que les bons exemples, qui vont droit au cœur et réveillent ses sentiments, ont incomparablement plus d'empire que les bons conseils, qui ne s'adressent qu'à l'esprit et ne réveillent que ses idées. Aussi, les bons exemples exercent-ils sur l'homme une influence décisive. Et remarquez, pendant que nous y sommes, combien ce mode d'éducation est heureux ! Il se trouve être tout à la fois ce qui prend le plus de puissance sur l'homme, et ce qui conserve le plus d'égards pour sa liberté. Le conseil s'adresse à l'esprit et à la volonté, il exige que le premier l'adopte et que la seconde s'y soumette ; le bon exemple s'adresse au contraire au cœur, celui-ci l'adopte de lui-

---

[1] Comme nous l'avons déjà reconnu, mais ce sont nos sentiments qui nous ce sont nos idées qui nous éclairent, font agir.

même et la volonté se passionne pour lui. Le conseil ne porte pas toujours, il n'est jamais reçu sans une secrète résistance, et celui qui le suit sent qu'il obéit; le bon exemple va s'asseoir au fond du cœur, il n'y est jamais reçu sans une secrète joie, et celui qui le suit sent qu'il est libre. Le conseil exerce une espèce de violence sur notre volonté, et il faut à celle-ci un grand effort de soumission pour s'y conformer; quand le bon exemple pénètre dans le cœur, c'est la vertu elle-même qui y entre, et le cœur devient bon sans s'en douter. L'homme, dans son contact avec le bon exemple, prend la vertu par embrocation, s'il était permis de s'exprimer ainsi [1]. — Or, si les bons exemples sont le moyen suprême de faire l'éducation de la créature spirituelle et libre, où les trouverons-nous, sinon dans la Société?

Si, premièrement, la liberté morale repose sur la vertu; la vertu, sur l'éducation; l'éducation, sur les soins et les bons exemples; et si ces soins et ces bons exemples ne se trouvent que dans la Société; secondement, si la liberté physique repose sur la propriété; la propriété, sur le travail; le travail, sur des lois protectrices et sur l'apprentissage; et si cette protection et cet

---

[1] « C'est par des faits qu'il faut inculquer aux enfants les notions primitives. Jeunes maîtres, souvenez-vous qu'en toutes choses vos leçons doivent être plus en actions qu'en discours; car les enfants oublient aisément ce qu'ils ont dit et ce qu'on leur a dit, mais non pas ce qu'ils ont fait, ce qu'on leur a fait et ce qu'ils ont vu faire. »

Rousseau, *De l'Éducation*, liv. II.

« Un esprit d'imitation naturel à l'homme, surtout dans le premier âge, le soumet à l'influence de l'exemple. Si dès son enfance il a continuellement de bons exemples sous les yeux, il s'habitue à pratiquer les bonnes actions; et cette habitude, contractée de bonne heure et fortifiée avec les années, devient une seconde nature. »

Jullien, *Essai général d'éducation*.

apprentissage ne sont possibles que dans la Société : comme la liberté morale et la liberté physique arrachent entièrement l'homme à sa dépendance de la nature, la Société est donc la condition du premier affranchissement de l'homme, celui qui le délivre de l'assujettissement de la nature?

Voyons pour le second :

II. Le second affranchissement de l'homme, avons-nous dit, est celui qui le délivre de l'assujettissement de ses semblables. L'homme, étant un être doué d'un corps et d'une âme, doit avoir vis-à-vis de ses semblables deux sortes de libertés : premièrement celle qui consiste à être respecté dans tout ce qui tient à son âme ; secondement celle qui consiste à être respecté dans tout ce qui tient à son corps.

Tout ce qui constitue le domaine de son âme, et entre comme condition de la vie de celle-ci, est ce qu'on nomme *personnalité*. Tout ce qui constitue le domaine de son corps, et entre comme condition de la vie de celui-ci, est ce que déjà nous avons appelé *propriété*. Et effectivement la liberté de l'homme peut être endommagée par son semblable de deux manières : 1° par le *vol*, qui attaque sa propriété ; 2° par la *violence*, qui attaque sa personnalité ; car, ainsi que l'indique l'étymologie de ce mot, la *viol-ence* est le viol *ens*, *entis*, de l'esprit.

1° Comment, quant à la propriété, la liberté de l'homme peut-elle être attaquée par son semblable? A l'état sauvage, tout homme a dans son semblable un concurrent. En effet, tout homme a pour fin nécessaire la satisfaction de ses besoins indispensables ; mais si dans cet état de pauvreté, il n'y a que ce qu'il faut pour satisfaire les besoins d'un seul homme, et qu'il s'en présente deux, on prévoit ce qui arrive... Chez les sauvages personne ne prend la peine de cultiver, et la nature sans le travail ne donne que quelques rares produits, plutôt suffisants pour perpétuer la souffrance que pour entretenir la vie d'une population chétive et clair-semée. Aussi les sauvages se disputent-ils les moindres aliments, comme ils se disputeraient la vie. Chez eux les vols et les meurtres sont l'état naturel ; c'est un fait d'expérience [1]. Le droit du plus fort y est la seule loi, comme chez les animaux.

2° Comment, quant à la personnalité, la liberté de l'homme peut-elle être attaquée par son semblable ? Comme la nature sans le travail ne peut produire les différentes richesses nourrissantes, vêtissantes et meublantes dont il n'est pas possible à l'homme de se passer, et que le travail exige des efforts qui supposent un certain développement de la liberté morale impossible dans l'état sauvage, l'homme, toujours par suite de la loi du plus fort, trouve son intérêt à se saisir de son semblable et à le contraindre à travailler pour s'approprier les fruits de son travail. C'est ainsi que l'homme peut pénétrer

---

[1] « Le vol est une passion dominante chez les peuples barbares. Lorsque les voyageurs européens abordent dans quelque île sauvage, aussitôt les naturels qui les entourent convoitent les objets qui leur appartiennent et cherchent à les leur dérober. Lapeyrouse, abordant dans une île, avec ses marins, les naturels cherchèrent à s'emparer de leurs chapeaux, de leurs mouchoirs, etc. C'est à l'occasion d'un vol que le fameux voyageur Cook dut la perte de la vie. Thucydide affirme dans un grand nombre de passages de son histoire que ce vice était général dans tous les peuples barbares, et qu'il était le partage des Grecs dans leur origine. »

Des Caractères de la dégradation des peuples sauvages, chap. III ; *Des Principes de la philosophie de l'histoire*.

dans la personnalité de son semblable, s'emparer de sa volonté, et la faire servir à son propre usage. A partir de l'esclave pur, dont tout le travail est accaparé par son maître, et de là en remontant au serf, qui paie la dîme de ses produits, de celui-ci au compagnon, à qui l'on fait payer le droit de travailler, et de celui-ci à l'ouvrier moderne, qui n'a pas le droit de fixer le taux de son salaire, il n'y a pour la personnalité, qu'une longue violation qui va diminuant à mesure que l'homme s'éloigne de la barbarie et qu'il avance en Société.

Or, la première de ces libertés, celle qui consiste à rendre l'âme maîtresse de son propre domaine, et à tenir conséquemment loin d'elle tout ce qui pourrait attaquer sa personnalité, est ce qu'on nomme *inviolabilité personnelle;* parce qu'elle préserve la personnalité de toute violence tentée par des mains étrangères.

La seconde de ces libertés, celle qui consiste à rendre le corps maître de son propre domaine, et à tenir conséquemment loin de lui tout ce qui pourrait attaquer sa propriété, est ce qu'on nomme *inviolabilité industrielle;* parce qu'elle préserve la propriété de tout préjudice provenant de mains étrangères.

Le moyen par lequel l'homme a le pouvoir de repousser toute violence attentatoire à l'inviolabilité de sa personne, est le *droit personnel* ; le moyen par lequel l'homme a le pouvoir de repousser tout dommage attentatoire à l'inviolabilité de sa propriété, est le *droit industriel.*

Ainsi, sans le droit personnel et sans le droit industriel, point de liberté pour l'homme vis-à-vis de ses semblables. Et comme l'absence de ces droits est une véritable mort pour l'individu, le droit personnel et le droit industriel doivent être regardés comme une véritable déclaration du droit de vie. Le droit personnel et le droit industriel placent l'homme comme dans une citadelle inexpugnable : avec l'un, il repousse les actes par lesquels son semblable pourrait attenter à l'inviolabilité de ce qui appartient à son âme, il préserve sa personnalité de toute usurpation ; avec l'autre, il repousse les actes par lesquels son semblable pourrait attenter à l'inviolabilité de ce qui appartient à son corps, il préserve sa propriété de tout empiétement.

De sorte que le droit personnel et le droit industriel, par lesquels l'homme échappe à l'assujettissement de ses semblables ; ces deux sortes de droits, par lesquels il recouvre l'inviolabilité personnelle, qui soustrait sa personne à toute violence provenant des hommes, et l'inviolabilité industrielle, qui soustrait sa propriété à tout dommage provenant des hommes ; ces deux sortes de droits, disons-nous, n'existent point dans le fait s'ils n'ont été reconnus et établis par des lois ; et ces lois, à leur tour, ne peuvent être exécutées si elles ne sont garanties et fortifiées par un pouvoir public institué exprès pour veiller à leur stricte exécution. — Or, de pareilles lois, pour établir les droits de la double inviolabilité humaine, et un pareil pouvoir public, pour garantir l'exécution de ces lois, où se trouvent-ils, sinon dans la Société ?

Ce n'est pas tout : non-seulement, dans l'état où une force publique est spécialement établie pour le préserver des attaques de l'injustice, du vol et du crime, l'homme trouve des moyens répressifs pour faire respecter sa double inviolabilité, mais il y trouve encore des moyens préventifs pour l'amener à son plus complet développement ; car, en entrant dans la Société, il rencontre des semblables que l'éducation a déjà formés à la justice, à la bienveillance et au respect les uns pour les autres. L'habitude de vivre entre eux, l'expérience acquise du besoin qu'ils ont les uns des autres, le souvenir des services mutuels qu'ils se sont rendus et qu'ils comptent se rendre encore, font que non-seulement ils ne cherchent pas à se nuire et à s'attaquer dans leur personnalité, mais plutôt à se venir en aide et à établir un échange de secours qui tourne à l'avantage de tous. Depuis l'état où la force publique préserve l'homme de tout ce qui lui est nuisible, jusqu'à celui où la sociabilité procure à l'homme tout ce qui lui est utile, il n'y a pour la personnalité humaine qu'une longue réintégration, qui va s'augmentant à mesure qu'on s'éloigne de l'état sauvage et qu'on avance en Société.

Ainsi l'homme, au lieu de rencontrer dans son semblable un concurrent et un ennemi, trouve en lui, par le moyen de la Société, un aide et un ami. Et son semblable étant précisément la cause du second assujettissement qu'il avait à redouter en ce monde, son semblable lui devient au contraire, par le moyen de la Société, une occasion d'agrandir sa personnalité. Comme dans le premier cas, par le moyen du travail, de l'apprentissage et de la propriété, la Société avait fait de la nature, qui tendait à asservir l'homme, ce qui au contraire le sert le mieux ; de même dans le second cas, par le moyen des lois, de la bienveillance mutuelle et de la sociabilité, la Société a fait de son semblable, qui tendait à envahir sa personnalité, celui qui au contraire la respecte le mieux. Nous retrouvons ici le sens de ce proverbe : *Homo homini, Deus aut lupus.*

Mais non-seulement la Société protége la personnalité de l'homme vis-à-vis de ses semblables, elle lui donne encore une extension dont au premier abord il était bien loin de se douter. Car la liberté morale et l'inviolabilité personnelle ne tardent pas à lui inspirer pour lui-même un sentiment de dignité, qui le conduit bientôt à demander à cette Société, à laquelle il doit déjà tant, toutes les prérogatives que le Créateur a attachées à sa nature d'être raisonnable et libre. Serpent glorieux, il demande au sein qui l'a réchauffé toutes les autres conséquences onéreuses de son existence! C'est ainsi que la liberté morale le prépare et l'amène à la liberté économique, à la liberté civile et à la liberté politique, comme le prouve l'histoire.

La *liberté économique* est le droit de travailler, et d'acquérir tous les biens qui reviennent à la quantité de travail avancée pour les obtenir : c'est le pouvoir de fonder la propriété et la personnalité. La *liberté civile* est le droit qui règle les rapports qu'il doit y avoir entre ceux qui possèdent, ainsi que les moyens d'échanger, de vendre et d'acheter : c'est le pouvoir de conserver sa propriété et sa personnalité. La *liberté politique* est le droit de concourir à la confection des lois qui maintiennent la possession des biens et l'inviolabilité de la personne : c'est le pouvoir de défendre soi-même sa propriété et sa personnalité. — Or, de pareils droits, où peuvent-ils être reconnus, réglés, établis et maintenus, sinon dans la Société ?

Si, premièrement, la liberté personnelle repose sur la bienveillance mutuelle et la justice; la justice, sur la protection des lois; les lois, sur la protection du pouvoir; et si la bienveillance, la justice, les lois et le pouvoir ne se trouvent que dans la Société; secondement, si la personnalité et la propriété reposent sur l'inviolabilité personnelle et l'inviolabilité industrielle; l'inviolabilité personnelle et l'inviolabilité industrielle, sur le droit économique; le droit économique, sur le droit civil; le droit civil, sur le droit politique; et si de pareils droits ne sont établis que dans la Société : comme l'inviolabilité personnelle et l'inviolabilité industrielle arrachent entièrement l'homme à la tyrannie de son semblable, la Société est donc la condition du second et dernier affranchissement de l'homme, celui qui le délivre de l'assujettissement de son semblable?

Nous venons de voir que l'éducation, qui nous prépare à la vertu, exerce notre liberté morale à vaincre les passions et à fonder notre personnalité; et que l'apprentissage, qui nous prépare au travail, exerce notre activité physique à vaincre la nature et à fonder la propriété. Comme ces deux sortes de libertés sont d'abord les plus importantes en elles-mêmes; et que d'elles ensuite dérivent toutes les autres, telles que les libertés civile, économique et politique, voyons quelles sont les conditions générales de l'éducation et de l'apprentissage, de qui naissent la vertu et le travail, ces deux libérateurs de l'homme.

I. Considérons d'abord quelle est la nature et quelles sont les conditions de l'apprentissage. Il ne faut pas entendre seulement par apprentissage, le fait de celui à qui l'on enseigne à se servir de tel ou tel instrument, de telle ou telle machine ; mais encore tous les moyens par lesquels ces machines et ces instruments sont inventés : car, une fois qu'ils existent, la difficulté n'est pas de les employer. La nature n'obéit qu'à ses lois; pour la faire servir à nos besoins, c'est par ses lois qu'il faut lui commander. Pour lui commander au moyen de ces lois, il faut les connaître; et pour les connaître et les mettre en application, il faut des siècles d'étude, d'expériences et de tentatives. Les moyens par lesquels on étudie les lois de la nature, sont les sciences; les moyens par lesquels on les applique, sont les machines. Il y a donc un travail et un apprentissage plus difficile et plus long que celui de nos bras, le travail de l'esprit, l'apprentissage de la vérité; et c'est celui-là qui nous confère notre puissance sur la nature. Voilà pourquoi Bacon disait que la limite du pouvoir de l'homme est dans la limite de son savoir.

Or, si l'emploi des instruments et des machines, par lesquels on fait rendre à la nature des produits que les bras de l'homme ne pourraient lui arracher, n'est que l'application des sciences, les sciences ne sont-elles pas le fruit du travail de la Société, accumulé pendant des siècles? Supposons que l'initiation du langage une fois subie par l'intelligence, l'individu se sépare de la Société, et que ses facultés livrées à elles-mêmes arrivent au plus haut point de développement, quel sera le nombre de découvertes qu'il pourra faire seul, quel sera le degré de science auquel il parviendra? Etranger à ses semblables, il reste étranger à toutes les connaissances que ceux-ci ne ramassent qu'avec les siècles. « Evidemment ce n'est point comme individu que l'homme civilisé est si puissant sur la nature, mais seulement comme être social; c'est-à-dire comme être qui, à sa propre expérience, ajoute l'expérience générale ; qui, à ses idées, ajoute les idées répandues dans la Société¹. » Dans la Société l'homme prend son point de départ là précisément où se sont arrêtées les générations qui l'ont précédé ; il a pour piédestal ni plus ni moins que toute cette partie du genre humain qui vécut avant lui.

C'est une chose bien digne de remarque, que ce concours universel de tant de savants, appartenant à tous les peuples, à tous les temps et à toutes les civilisations! « A voir l'extrême division des spécialités scientifiques, dit un écrivain de nos jours, et la multitude d'ateliers où s'élaborent quelques parcelles de la science, surtout lorsque l'on sait qu'il est impossible à un homme de posséder en même temps toutes ces spécialités, il semble d'abord que chaque partie fasse route à part, et l'on ne peut comprendre comment à certains moments les conclusions de chacune d'elles viennent se réunir harmonieusement sur un même point ; mais ce fait devient intelligible aussitôt que l'on a vu que chaque savant spécial travaille avec un esprit qui lui est commun avec tous les autres ? » ²

Et il n'y a pas seulement une association actuelle de tous les savants, la pérennité de la Société établit encore une association tacite entre les savants de tous les âges : elle forme comme une sublime Académie de tous les hommes de génie qui ont existé. La Société, enfin, rend possible la pratique de ce grand conseil d'Hyppocrate : De nombreuses

---

¹ M. Noirot, *Cours de philosophie*, Qu'est-ce que la sociabilité ?

Ducasse et Roux ; Préf. de *l'Hist. parlem. de la Révol. franç.*

et excellentes découvertes ont été faites dans le long cours du temps, et le reste se découvrira si des hommes capables, instruits des découvertes anciennes, les prennent pour point de départ de leurs recherches. Car celui qui rejetant tout le passé, prétend avoir trouvé quelque chose, celui-là se trompe et trompe les autres. Cicéron, dans son *Traité de la République*, faisait une observation semblable : « Tous les génies du monde réunis en un seul ne pourraient pas, dans les limites d'une seule époque, exercer une prévoyance assez étendue pour tout embrasser, sans le secours de l'expérience et de la durée [1]. » — Or, cette expérience et cette durée où se trouvent-elles, sinon dans la Société ?

Mais si l'industrie, qui consiste à substituer les forces de la nature aux forces de l'homme, dépend des sciences, les sciences, qui consistent à ravir à la nature la connaissance de ses forces, dépendent à leur tour de la philosophie; car celle-ci a pour objet l'étude de l'instrument avec lequel on crée les sciences. En effet, la philosophie n'est-elle pas l'étude de la pensée humaine? la pensée humaine n'est-elle pas l'instrument avec lequel on crée les sciences? les sciences ne se forment-elles pas de la découverte des vérités ? les vérités ne se découvrent-elles pas au moyen de la méthode, laquelle n'est autre chose que l'art de se servir de la pensée? Conséquemment, la méthode, qui se compose des règles à suivre pour conduire notre pensée à la vérité, dépend de la philosophie,

---

[1] Cicéron, *De la République*, livre ii, 1.

qui est la science de la formation et de l'exercice de la pensée.[1]

Or, de même que toutes les autres sciences, la philosophie ne s'est pas faite en un jour : elle n'a pas trop de toutes les découvertes et de tous les travaux de Thalès, de Platon, d'Aristote, de saint Thomas, de Vico, de Bacon, de Descartes, de Leibnitz, de Malebranche, de Kant, de Bonald, de Lamennais, de Schelling, et de Cousin! Sans la Société, où seraient tous ces philosophes? sans tous ces philosophes, où serait la philosophie? sans la philosophie, où seraient les sciences? sans les sciences, où serait l'industrie? sans l'industrie, où serait l'homme?

---

[1] « La philosophie, par là même qu'elle existe, connaît le mécanisme intellectuel au moyen duquel se crée chaque science ; c'est-à-dire, qu'au lieu de procéder comme le savant à la recherche immédiate des êtres réels, le philosophe s'est appliqué à étudier dans toutes ses parties l'instrument au moyen duquel on a fait la science. Une fois cet instrument connu, le philosophe sait 1° quelles sont les diverses sources de nos idées, et les facultés par lesquelles ces idées ont été créées ; 2° la nature de ces idées et leur valeur objective, c'est-à-dire ce qu'elles représentent à l'esprit. Il possède par conséquent le secret de la science : il sait d'où elle vient, où elle va ; il sait par quelle fonction telle idée peut exister, par quel mauvais emploi de nos facultés telle erreur peut se glisser dans la pensée ; il sait ce que c'est que vérité et erreur ; il connaît non-seulement ce que c'est que la vérité en général, mais il connaît chaque espèce de vérité et leur condition d'existence dans l'esprit humain. Il peut donc éclairer les savants sur les conditions d'existence de la vérité. Le philosophe, en étudiant le jeu des facultés intellectuelles, arrive à la connaissance de leurs lois ; et cette connaissance lui révèle les règles logiques qui peuvent le conduire à son but. Aussi, en consultant l'histoire, il est facile de se convaincre que les sciences ont été plus ou moins progressives selon que la philosophie exerçait sur elles une influence plus ou moins éclairée et étendue. Chaque branche des connaissances humaines n'est sortie du néant et n'a pris un caractère et une marche décidée que sous la direction de quelque génie philosophique. Ainsi dans l'antiquité, Socrate a créé les sciences noologiques, Aristote les sciences esthétiques ; et dans les temps modernes, Bacon les sciences physiques. L'ensemble des sciences est en quelque sorte comme un arbre qui a ses racines dans l'esprit humain ; la philosophie en forme le tronc, et chaque science s'élève comme un rameau sur cette tige où elle puise la vie.

M. Noirot, *Cours de philosophie.* — Des rapports de la philosophie avec autres sciences.

Vous voyez à combien de conditions la connaissance des lois physiques est attachée ! Et cependant, quand il s'agit de tirer parti de ces lois pour les appliquer directement à la nature par le moyen de l'industrie, il faut encore bien des siècles et le concours de bien des esprits ingénieux. Autant l'homme isolé serait incapable de faire à lui seul une science; autant, la science faite, il serait impossible au même individu d'en tirer l'art industriel qui en est l'application; et autant, cet art une fois établi, le même individu serait embarrassé pour l'exercer sans apprentissage. L'individu reçoit donc de ses semblables 1° la science, qui est la connaissance de la loi; 2° l'art, qui en est l'application; 3° l'apprentissage, qui en est l'exécution; et ses semblables eux-mêmes ont reçu de la Société ces précieuses communications.

La Société, dit l'économiste Say, est indispensable pour que les connaissances utiles se conservent et s'accroissent. Les observations et l'expérience d'un homme se perdraient aisément, s'il n'était entouré de beaucoup d'autres qui peuvent les transmettre à beaucoup d'autres. Les arts utiles, qui ne sont que l'application des connaissances de l'homme à ses besoins, se perfectionnent et se transmettent, dans l'état de Société, comme les sciences et par les mêmes moyens. L'homme isolé ne saurait jamais que ce que lui a appris sa propre expérience : dans l'état de Société chacun profite de l'expérience de tous, même de tous ceux qui habitaient le monde avant nous. On a plus tôt appris un procédé qu'on ne l'a découvert. Peu d'heures suffisent, par exemple, pour apprendre comment on fait lever le pain : qui sait les siècles qu'il a fallu peut-être avant de savoir opérer cette légère fermentation? Cent mille découvertes, cent mille procédés du même genre circulent et se perpétuent dans la Société sans peine et sans perte de temps. La Société jouit de ce qui a été découvert antérieurement, et de ce qui se pratique actuellement ; elle jouit de tout le passé et de tout le présent. Combien est-il d'industries humaines qui exigent une grande réunion d'hommes ? C'est la vie sociale qui nous procure les moyens de satisfaire nos besoins, qui multiplie nos facultés, et fait de nous des êtres plus complets et plus développés. L'homme solitaire est plus dépourvu de ressources que les animaux : l'homme réuni à ses semblables change la face de l'univers, comme le dit Buffon. L'homme isolé ne se développe que dans le roman de Robinson-Crusoë; encore, les auteurs de cette ingénieuse fiction ont-ils été obligés de supposer leur héros muni d'armes, d'outils, de graines, et surtout de beaucoup d'intelligence, d'industrie, de connaissances pratiques, en un mot de tous les produits de la vie sociale.

Ce n'est pas pour lui seulement que l'un trouva l'usage du fer, l'autre l'usage de la charrue; qu'un autre construisit la première habitation, un autre le premier bateau; qu'un autre soumit les animaux à la domesticité, les uns pour nous nourrir, les autres pour nous servir; qu'un autre fit la première route, un autre le premier char; qu'un autre trouva les premiers remèdes, un autre les moyens hygiéniques de s'en passer; enfin, ce n'est pas pour eux seuls que d'autres inventèrent les étoffes, les vêtements, les mille ustensiles d'agriculture, de ménage et de défense, qui sont indispensables : toutes ces inventions, faites dans l'antiquité par quelques-uns, s'adressèrent par le canal de la Société à tous les hommes à venir. Non, ce n'est pas seulement pour les siècles qui les ont vues naître que furent faites les grandes découvertes physiques, agronomiques, nautiques, mécaniques, médicales, chimiques, économiques; en un mot, la découverte de toutes ces lois scientifiques qui furent autant de degrés de puissance par lesquels nous fîmes la conquête de l'univers : car la Société actuelle profite de toutes ces victoires. Les différentes générations se présentent comme autant d'armées allant à la conquête du monde physique, et la Société, comme cette grande et éternelle nation où viennent s'entasser les richesses de tant de puissances vaincues, depuis Hercule égorgeant les monstres jusqu'à Th. Wath construisant la machine à vapeur.

Au milieu du Monde moral, les différentes générations, se superposant au moyen de la Société, ne présentent-elles pas le même spectacle? Premièrement, dans l'ordre spirituel, par suite de l'éducation et des exemples, les vertus difficilement acquises par les pères ne sont-elles pas plus facilement inspirées aux cœurs des enfants? Secondement, dans l'ordre civil, les législations ne se transmettent-elles pas leurs meilleures lois, tout en se dépouillant des lois encore entachées de barbarie? Troisièmement, dans l'ordre politique, la personnalité n'hérite-t-elle pas des droits et des prérogatives obtenus par les victoires précédemment remportées sur la force publique, toujours lente à suivre le développement de la nature humaine? Quatrièmement, dans l'ordre intellectuel, d'où sort l'ordre industriel dont nous venons de parler, l'esprit humain ne se présente-t-il pas comme un arbre immense, aux branches duquel tous les hommes de génie sont venus successivement suspendre leurs propres fruits, et que chacun peut secouer à toute heure pour faire pleuvoir sur sa tête les lumières, les pensées et les imaginations de tous les siècles? Sixièmement enfin, dans l'ordre esthétique, les artistes ne trouvent-ils pas, indépendamment des procédés qu'on leur a conservés, des musées de toutes sortes, où la Société a fidèlement recueilli tout ce que la main de l'homme a pu faire de beau?

Oui, par la Société non-seulement l'homme retrouve sa personnalité, mais il franchit le cercle de son moi, et trompe la brièveté des jours en prenant part à toutes les pensées que ses semblables eurent avant lui. Il peut traverser simultanément les temps et les lieux, et, comme l'ange des âges, converser avec Orphée, Moïse, Homère, Lycurgue, Platon, Virgile, Gerson, le Dante, Lamartine, et avec toutes ces âmes divines qui laissèrent quelque baume pour les cœurs attristés des mortels. La Société rassemble de telle sorte le genre humain, qu'il nous est permis de choisir nos amis au milieu de ces hommes sublimes. Aussi, d'après la remarque d'un philosophe, quel est celui d'entre nous qui n'ait ajouté à sa société habituelle, Socrate, Aristote, Plutarque, saint Augustin, Corneille, Fénélon; qui ne connaisse mieux ces nobles intelligences, et n'ait avec elles des relations plus fréquentes qu'avec la plupart de ses contemporains? C'est ainsi que l'homme converse avec les belles âmes sans en être vu, et qu'il peut même, ainsi que nous le dirons plus tard, s'entretenir avec les anges et habiter déjà les mondes invisibles.

II. Considérons maintenant quelle est la nature et quelles sont les conditions de l'éducation. D'abord, si l'homme pour devenir libre a été créé en puissance d'être, c'est par l'éducation qu'il parvient à la possession de son être. Le mot *éducation*, formé de *e-ducere* (tirer de), ne signifie-t-il pas déjà que l'homme est quelque chose d'enfermé en lui-même qu'il faut développer, un germe dont il faut tirer la plante? Ce qui est enfermé en l'homme, ce sont toutes ses facultés avec leurs produits; c'est la volonté, c'est l'intelligence, ce sont les sentiments du bien, du beau, du vrai, du saint, et de l'amour: l'éducation consiste à les dégager par la parole, à les réveiller par l'exemple, et à les exercer par une pratique fortifiante et graduée. L'éducation n'est autre chose que l'art de développer toutes les facultés qui existent en puissance dans l'homme.

Comme toutes les facultés de l'homme sont mises en jeu par la volonté, qui seule peut les faire mouvoir, la première faculté à laquelle l'éducation doit s'adresser est la volonté. En développant la volonté, l'éducation développe toutes les autres facultés, parce que la volonté ne manque pas de s'en servir, et qu'en s'en servant elle les exerce. Or, le développement de la volonté n'est autre chose que la conquête de la liberté morale: conséquemment, le premier objet de l'éducation est de nous faire obtenir cette liberté.

Car l'homme, bien loin de sortir libre des mains de son créateur, comme le croyait Rousseau, n'en sort qu'avec le pouvoir de le devenir. Du reste, il ne pouvait pas en être autrement: il faut que ce soit la liberté qui s'enfante elle-même pour être la liberté. Les hommes ne naissent point libres, ils le deviennent. Si l'homme avait été créé avec une liberté toute faite, jamais il n'aurait été libre ; et c'est parce que Dieu a créé l'homme pour être libre, qu'il le fait naître sans liberté. Seulement il le crée avec le pouvoir de l'obtenir; et c'est en cela qu'elle consiste. La liberté ne serait pas le pouvoir d'agir par soi-même, si elle ne venait pas d'elle-même.

L'éducation arrive donc à point nommé pour recevoir l'homme des mains de Dieu, et lui apprendre à obtenir cette liberté qui ne peut venir que de lui-même. Si maintenant la Société ne se trouve pas là pour fournir cette éducation, tous les plans de Dieu sont dérangés; l'homme, qu'il avait fait en puissance d'être, n'arrive pas à terme; la créature reste inachevée. Sans la Société, l'homme ne peut être ce que sa nature veut qu'il soit.

Comme la liberté est une puissance qui sort d'elle-même, qu'elle se forme de ses propres actes, qu'elle s'accroît en raison de l'exercice et des efforts qu'elle fait, Dieu, aussitôt qu'il a déposé l'homme sur la terre, a eu bien soin de l'environner des obstacles qu'il doit successivement vaincre pour former sa volonté. Aussi ces obstacles sont-ils proportionnés selon les âges. L'enfant est d'abord délivré, par ceux qui l'entourent, de toutes les peines trop graves sur lesquelles repose l'existence; ce n'est que peu à peu et à mesure qu'il entre dans la vie et qu'il s'y fortifie, qu'il les rencontre. Il n'y a que dans le cas où l'enfant naît hors de la Société, que tous ces obstacles tombent sur lui à la fois et l'écrasent.

Si Dieu nous a entourés de difficultés, précisément pour que nous ayons à les vaincre; s'il a lui-même réglé les passions de manière à ce qu'elles naissent à mesure que se développe le corps, et qu'elles ne prennent enfin toute leur énergie que lorsque la volonté, déjà habituée à repousser leurs premières tentatives, est censée avoir acquis toute la sienne; si, en un mot, toutes les précautions ont été prises par le Créateur pour que l'homme trouve en arrivant sur la terre les occasions d'exercer sa volonté et de développer par là sa liberté morale : s'emparer aussitôt de la volonté de l'enfant, pour l'annuler en le soumettant à une obéissance absolue, n'est-ce pas faire manquer le but que le Créateur s'était proposé? Dieu ne l'a pas envoyé avec la volonté pour qu'on la lui coupe, mais pour qu'on la lui exerce. L'homme se fait lui-même, il ne faut donc pas lui ôter les outils de la main.

Il est tellement vrai que l'éducation consiste à développer la liberté morale, et que la liberté morale ne se forme que dans sa propre lutte contre les obstacles, que, selon la remarque faite de tout temps dans l'histoire, les peuples qui se sont établis dans les lieux les plus sauvages au premier abord, et sous les climats les plus rigoureux, sont ceux qui ont montré le plus d'énergie, et qui se sont élevés le plus haut dans la pratique des vertus morales. Accoutumés à vaincre les éléments, ils reportaient en eux ce même courage pour vaincre les passions, fortifier leur caractère, et se rendre par là véritablement libres. Montesquieu a voulu même faire un axiome de cette observation historique : « Les peuples des pays chauds, dit-il, sont timides; les peuples des pays froids sont courageux. La bonté des terres d'un pays y établit naturellement la dépendance; la liberté règne dans les pays montagneux et difficiles. La stérilité des terres rend les hommes industrieux, sobres, endurcis au travail, et pleins de courage : il faut bien qu'ils se procurent ce que le terrain leur refuse [1]. » Enfin, les peuples les plus illustres et les plus glorieux de l'antiquité ne sont-ils pas ceux qui donnaient l'éducation la plus sévère à leurs enfants? L'homme ne devient rien que par sa lutte; il est toujours en raison des efforts qu'il a faits.

On entend dire quelquefois qu'il vient d'être inventé un nouveau système d'éducation plus facile, et dans lequel les sciences, en quelque sorte toutes mâchées pour l'intelligence, ne coûtent aucune peine à étudier. Tout système d'éducation, dit M. Noirot, qui se donne pour développer nos facultés sans peine, annonce par là qu'il n'en est pas un. (On comprend bien qu'il n'est nullement question ici de nouvelles méthodes d'enseignement qui, rendant l'instruction plus facile, la rendraient conséquemment plus vaste.) L'homme n'acquiert jamais rien que par son propre

---

[1] Montesquieu, *De l'Esprit des lois*; les livres XIV, XV, XVII, XVIII, et les chapitres 1, 2, 4, de ce dernier.

« Voici, dit Montesquieu, la différence des effets de l'éducation chez les anciens et parmi nous : c'est que la plupart des peuples anciens vivaient dans des gouvernements qui ont la vertu pour principe ; et lorsqu'elle y était dans sa force, on y faisait des choses que nous ne voyons plus aujourd'hui, et qui étonnent nos petites âmes. Les Grecs, pénétrés de la nécessité que les peuples qui vivaient sous un gouvernement populaire fussent élevés à la vertu, conçurent toutes leurs institutions dans ce but. Lycurgue, mêlant le larcin avec l'esprit de justice, le plus dur esclavage avec l'extrême liberté, les sentiments les plus durs avec la plus grande modération, donna de la stabilité à sa ville. C'est par ces chemins qu'elle fut menée à la grandeur et à la gloire, mais avec une telle infaillibilité de ses institutions, qu'on n'obtenait rien contre elle en gagnant des batailles, si l'on ne parvenait à lui ôter sa police. Philopœmen contraignit les Lacédémoniens d'abandonner la manière de nourrir leurs enfants ; sachant bien que, sans cela, ils auraient toujours une âme grande et le cœur haut. Je crois, dit ailleurs le même publiciste, que la secte d'Épicure, qui s'introduisit à Rome sur la fin de la république, contribua beaucoup à gâter l'esprit et le cœur des Romains, et devint peu à peu la cause de leur décadence. »

travail; plus il fait d'efforts, plus il développe sa volonté; et plus il développe sa volonté, ou sa liberté morale, plus il acquiert d'énergie et trouve de facilité à se servir de ses autres facultés, parce que c'est à la volonté que toutes obéissent. Il y a une loi générale de la nature qui montrera toujours jusqu'à quel point la grandeur de l'homme dépend de sa volonté; cette loi nous la connaissons bien, c'est que : *tous les organes de l'esprit, comme ceux du corps, se développent en raison de l'exercice*. Or, comme ces organes n'agissent que par la volonté, leur développement est donc toujours en raison directe de la volonté. C'est pourquoi il faut exercer l'enfant à la peine, au lieu de la lui épargner, et développer en lui la volonté, au lieu de la lui ôter.

Aussi, la plus mauvaise éducation est celle qui apprend à l'enfant à obéir constamment à une autre volonté que la sienne, cette volonté qu'on lui substitue ne dût-elle prescrire que les ordres les plus légitimes. Du reste, les résultats sont là pour le prouver : l'enfant accoutumé à obéir sans cesse à une autre volonté que la sienne, lorsque cette volonté étrangère vient à lui manquer, se trouve tout-à-coup au dépourvu; n'étant pas habitué à rencontrer un pouvoir en lui-même pour réagir, il devient la proie de toutes les impressions extérieures, et le voilà en un moment esclave pour toute sa vie. L'enfant ne portera pas toute sa vie son précepteur sur lui, pour lui tenir lieu de volonté; et la sagesse de celui-ci ne fait pas la sienne. L'enfant pour lequel on a toujours voulu, ne sait point vouloir; et l'organe pivotal de la nature humaine, celui pour lequel Dieu a pris le plus de soins, est précisément celui que vous retranchez ; de sorte qu'il ne reste plus qu'un être vide, un homme sans la personne. L'éducation cependant a pour but de former l'homme, et non pas de le détruire.

Une seule chose serait plus mauvaise que d'habituer l'enfant à obéir, ce serait de lui obéir à lui-même : et c'est précisément la chose qu'on ne manque pas d'ajouter à la première. L'homme vient ici-bas pour prendre possession de lui-même, et non pas de ses semblables ! Mais on suit tout le rebours : on commence par le déposséder de lui-même, on cherche ensuite le moyen de mettre les autres à son service. On lui a enlevé la volonté, il faut bien lui rendre le caprice !

Si l'homme ne doit pas obéir à autrui, il doit donc s'obéir à lui-même ? Mais, pas davantage. La liberté ne consiste pas à obéir, à soi non plus qu'aux autres. La liberté n'est pas d'obéir à soi-même, car elle donnerait le pouvoir de faire tout ce que l'on veut ; la liberté consiste à agir de soi-même, car elle donne le mérite de faire tout ce que l'on doit. Rousseau dit une bien précieuse chose dans son Traité d'éducation, c'est lorsqu'il prétend qu'il faut se garder de commander à l'enfant, et de lui laisser croire que sa volonté est faite pour obéir à celle d'autrui. « Mettez l'enfant, dit l'auteur d'Émile, dans la seule dépendance des choses, par là vous suivrez l'ordre de la nature. Cette dépendance ne nuit point à sa liberté et n'engendre point de vices ; la dépendance des hommes, étant désordonnée, les engendre tous ; c'est par elle que l'esclave et le maître se dépravent mutuellement. Ne lui commandez jamais rien, quoi que ce soit au monde, absolument rien ; ne lui laissez pas même imaginer que vous prétendiez avoir aucune autorité sur lui, qu'il sache seulement qu'il est faible et que vous êtes fort. N'offrez jamais aux volontés indiscrètes de l'enfant que des obstacles physiques ; sans lui défendre de mal faire, il vaut mieux l'en empêcher. N'accordez rien à ses désirs parce qu'il demande, mais parce qu'il a besoin. Qu'il ne sache pas ce que c'est qu'obéissance quand il agit, ni ce que c'est qu'empire quand on agit pour lui. *Il faut que l'enfant dépende, et non qu'il obéisse.* Il n'est soumis aux autres qu'à cause de ses besoins. » Par là, Rousseau a certainement fait la moitié du chemin dans la voie de l'éducation. Mais maintenant, de qui faut-il que l'enfant dépende ?

Si la volonté ne doit obéir ni à elle-même, ni à une volonté étrangère, à qui doit-elle obéir ? A la nécessité, comme dit Rousseau ? Mais d'abord, on n'y obéit pas, on y cède. Ensuite le mot *nécessité* n'exprime que le cercle dans lequel la volonté de l'homme est enfermée ici-bas : la nécessité n'est pas le mobile de la volonté, elle en est la limite. Dire que l'homme doit obéir à la nécessité, ce n'est pas dire autre chose, sinon qu'il ne doit point s'échapper du cercle dont il ne peut point s'échapper. Nous n'avons pas besoin de l'éducation pour apprendre que la volonté est obligée de céder à la nécessité, et qu'elle ne peut sortir des bornes du possible. La nécessité pas plus que la force, qui est aussi une nécessité, ne peut être chargée de faire l'éducation de la liberté.

Si l'on veut savoir comment on doit s'y prendre pour faire l'éducation de la volonté, il y a un moyen bien simple, c'est d'observer comment Dieu s'y est pris lui-même.

Or, Dieu n'a-t-il pas naturellement subordonné la volonté à ce qu'on appelle ses motifs, ses raisons? La volonté elle-même voudrait-elle paraître se déterminer sans raisons? et ses raisons, où peut-elle les puiser, sinon dans la raison? Alors, si la raison est faite pour que la volonté y trouve ses motifs d'action et qu'elle s'y conforme, bien loin de s'emparer de la volonté de l'enfant et de le faire mouvoir comme une machine, il faut développer sa raison et le faire agir comme un homme. Il ne peut le devenir un jour qu'en en faisant de bonne heure l'apprentissage.

Si donc l'éducation a pour but d'exercer l'enfant à conformer sa volonté à la raison, il me semble que pour y arriver, l'éducation n'a pas de meilleur moyen que d'habituer de suite l'enfant à conformer sa volonté à la raison!

Pour développer la volonté, il ne faut pas commencer par l'étouffer; pour rendre l'enfant raisonnable, il ne faut pas commencer par rendre inutile sa raison. Le meilleur moyen de former sa volonté, c'est de développer sa raison. Si la raison de l'enfant est plus développée, il est bien clair que sa volonté s'y conformera davantage. En lui prenant sa volonté, vous ne voyez donc pas que vous lui prenez la raison. Les enfants ne manquent pas de faculté volitive, ce n'est pas là ce qu'ils vous demandent; mais ils manquent de la raison qui fait la bonne volonté, la volonté raisonnable, la volonté libre. Quand ils cèdent à votre raison, ils n'obéissent pas à la leur: alors il n'y a rien de fait. Pourvu toutefois que la contrainte ne les ait pas déjà rendus mutins ou rampants.

La différence qu'il y a entre l'homme et l'enfant, c'est

l'éducation ; c'est-à-dire que le premier a acquis la liberté morale, et que l'autre est là pour l'acquérir. Aussi, sous ce rapport, beaucoup d'hommes restent enfants toute leur vie. Le but de l'enfant étant de devenir homme, l'éducation, qui consiste à opérer cette métamorphose, doit donc avoir pour premier principe de faire que l'enfant agisse autant que possible de lui-même.

Une preuve que l'enfance est l'âge du développement de la causalité, c'est que d'abord l'enfant ne montre des dispositions que pour exercer cette faculté. Qu'y a-t-il de plus remuant, de plus bougeant, de plus agissant que l'enfant ? Quelle plus grande peine peut-on lui infliger que celle de le condamner à rester tranquille ? Il n'y a pas une mère qui ne connaisse et n'emploie ce châtiment. Et ce besoin d'agir se trouve aussi bien combiné pour l'intérêt de son corps que pour l'intérêt de son âme : c'est par ce moyen que l'enfant acquiert la santé, qu'il développe sa force physique, et qu'il acquiert la liberté, qui est sa santé et sa force spirituelle. Voyez combien la nature a pris soin de nous indiquer le régime qui convient à l'enfance ! [1]

---

[1] « Le penchant à agir, dit Burdach, est le caractère prédominant de l'enfance ; car il ne s'agit pas pour lui d'arriver à un résultat immédiat, mais seulement d'exercer ses forces et d'accroître l'évidence du sentiment de soi-même : aussi a-t-il pour caractère une continuelle mobilité. Dès que sa force musculaire peut lui servir à changer de lieu, il se met à sautiller et à sauter, négligeant, dans les transports de sa joie, de ne pas prodiguer ses forces au-delà du besoin : il aime les jeux bruyants et se complaît au bruit qu'il produit, parce que c'est un moyen de rendre apparente à lui-même l'activité qui l'anime. La malice, le goût de la destruction, le plaisir de nuire, sont également des moyens de donner une manifestation au sentiment de sa force intérieure. Dès que ses mouvements ont acquis plus d'aplomb et de facilité, il devient entreprenant, etc. »

Traité de physiologie; De l'enfance ; facultés morales, tom. IV, page 499.

« L'enfant, dit Rousseau, veut déranger tout ce qu'il voit; il casse, il brise tout ce qu'il peut atteindre; il empoigne un oiseau comme il empoignerait une pierre, et l'étouffe sans savoir ce qu'il fait : pourquoi

Mais aussi, comme l'observe Rousseau, « en même temps que l'auteur de la nature donne aux enfants ce principe actif, il prend soin qu'il soit peu nuisible, en leur laissant peu de force pour s'y livrer. » Dans tous ses petits exercices, l'enfant tombe souvent et se frappe à la tête sans se faire trop de mal : c'est là aussi une image des fautes dans lesquelles il peut tomber à son âge. Elles ne prennent de gravité qu'autant qu'elles ne seraient pas corrigées, et qu'au lieu de lui servir de leçon et de redresser sa volonté, elles ne feraient que lui laisser prendre un mauvais pli.

Ainsi, au lieu de chercher tous les moyens, sans même en exclure la contrainte, de s'emparer de la volonté de l'enfant, il faut au contraire chercher tous les moyens de lui en laisser l'usage, en ayant soin toutefois qu'elle ne puisse lui nuire. Ce n'est pas sa volonté, c'est sa raison qu'il faut captiver. Par ce moyen vous vous rendriez bien autrement maître de lui ; car, tout en étant véritablement libre, il ne ferait que vous obéir. Vous obtenez donc votre but plus sûrement, puisque c'est de lui-même qu'il fait ce que vous désirez.

cela ? Mais d'abord voyez ce vieillard infirme et cassé, ramené par le cercle de la vie humaine à la faiblesse de l'enfance, non-seulement il reste immobile et paisible, il veut encore que tout y reste autour de lui ; le moindre changement le trouble et l'inquiète, il voudrait voir régner un calme universel. Comment la même impuissance produirait-elle des effets si différents dans les deux âges, si la cause primitive n'était changée ? Et où peut-on chercher cette diversité de causes, si ce n'est dans l'état des deux individus ? Le principe actif, commun à tous deux, se développe dans l'un et s'éteint dans l'autre ; l'un se forme, et l'autre se détruit ; l'un tend à la vie, et l'autre à la mort. L'activité défaillante se concentre dans le cœur du vieillard ; dans celui de l'enfant, elle est surabondante et s'étend au dehors ; il se sent, pour ainsi dire, assez de vie pour animer tout ce qui l'environne. Qu'il fasse ou qu'il défasse, il n'importe ; il suffit qu'il change l'état des choses, et tout changement est une action. Que s'il semble avoir plus de penchant à détruire, ce n'est point par méchanceté, c'est que l'action qui forme est toujours lente, et que celle qui détruit, étant plus rapide, convient mieux à sa vivacité. »

D'ailleurs ce n'est que par la raison que l'on peut toucher à la volonté sans la blesser, et sans compromettre l'une et l'autre. Compromettre la première, en ne la développant pas; compromettre la seconde, en la faisant agir par un ressort qui n'est pas le sien. Si Dieu a fait la raison pour déterminer la volonté, c'est qu'il ne faut pas que ce soit une autre qui la détermine. Le meilleur moyen de conduire l'enfant, c'est de le tenir par la raison. De sorte qu'habitué à se servir de sa volonté, loin d'être embarrassé du sceptre que vous remettrez entre ses mains le jour où vous l'abandonnerez à lui-même, il ne s'apercevra même pas du changement ; accoutumé à consulter et à suivre sa raison, que vous avez eu soin de développer, sa vie spirituelle ne sera pas plus en danger que lorsque vous l'aviez sous votre tutelle.

Le meilleur moyen de conduire l'enfant, disons-nous, est de le tenir par la raison. On demandera d'abord si la chose est possible. Par ce dernier mot, veut-on dire si la chose se peut ou si elle se pourra? Car il est clair que si l'enfant pouvait de suite se conduire par la raison, il n'aurait pas besoin d'éducation. L'enfant n'a précisément besoin d'éducation que parce qu'il ne sait pas encore se conduire par la raison, et qu'il a besoin que vous le lui appreniez. Qu'on ne feigne donc pas de se méprendre sur ma pensée. Quand nous disons que le meilleur moyen de conduire l'enfant est de le tenir par la raison, nous voulons faire entendre qu'on doit mettre tous ses efforts à prendre l'enfant par la raison, et non pas à le prendre par la volonté, ou plutôt à lui prendre sa volonté comme on le fait.

Enfin, c'est là le meilleur moyen; oui, toutes les fois qu'on le peut; c'est-à-dire qu'on ne doit en chercher un autre que lorsqu'après avoir essayé celui-ci à plusieurs reprises, on s'aperçoit qu'il est tout-à-fait inapplicable, ce qui ne peut arriver que dans des cas assez rares. Ainsi les lois civiles, par exemple, laissent aux hommes la liberté de leurs actes, mais en même temps elles s'assurent des criminels par le moyen de la force. De même, il y a deux sortes d'enfants : ceux qui sont naturellement *sages*, pour nous servir de l'expression consacrée ; et ceux qu'on appelle de *petits diables*. Il est clair qu'on ne peut compter autant sur la raison de ces derniers que sur celle des autres, et que les premiers ne doivent pas être contenus par un système préventif aussi sévère que les seconds. Il ne faut que donner aux premiers l'occasion de faire le bien, tandis qu'il faut encore empêcher les autres de faire le mal. Mais en général il faut autant que possible laisser agir par lui-même l'enfant qui n'est pas naturellement dépravé, et lui inspirer ses devoirs bien plutôt que les lui ordonner. Pour l'autre, il est nécessaire de lui ôter l'usage de sa volonté toutes les fois que le mal qui pourrait en résulter serait plus grand que celui qu'il y aurait à le tenir contraint. Alors combien il faut veiller, à mesure que l'enfant prend de la raison, pour lui rendre aussitôt de la liberté dans la même proportion! Mais on comprend bien que, comme dans la législation, on ne peut appliquer à tous les hommes le régime préventif fait pour les criminels, de même, dans l'éducation, on ne peut appliquer à tous les enfants un régime de sévérité qui n'est nécessaire que pour quelques-uns. Une mesure qui ne doit être prise que dans les cas urgents ne peut être nulle part une règle générale. Jusqu'à présent on conduisait les enfants comme les sociétés; cependant la force n'est que la loi des brutes.

Ainsi, le grand point dans l'éducation est de tenir les enfants obéissants sans affaiblir leur caractère. Pour cela, il faut donc qu'ils soient soumis à la seule autorité qui puisse régir la volonté sans la dégrader, c'est-à-dire à la raison. Dieu ne l'a faite que dans ce but.

Par ce moyen on obtiendra pour l'homme deux avantages à la fois : le premier, de former sa raison, chose que nous ne pouvons tenir que de nos semblables; le second, de développer sa volonté, chose que nous ne pouvons tenir que de nous-mêmes. Puis, on évitera deux inconvénients : le premier, de laisser sa raison dans l'enfance; le second, d'avoir condamné sa volonté à y rester. Sans cela, infidèles à la mission de l'éducation, vous ne tirez pas l'homme de lui-même, vous l'y tenez au contraire enfermé, vous le clouez dans l'enfance. Cependant, on ne vous l'avait confié enfant que pour que vous le rendissiez homme.

Le chef-d'œuvre d'une bonne éducation est de rendre l'homme maître de lui-même; comment le deviendra-t-il si l'on commence par le priver de sa volonté? Aristote, dans sa Morale, fait très spirituellement cette remarque, que l'homme qui n'a aucune force morale, est précisément dans le cas du proverbe qui dit : *Quand l'eau vous étrangle, que faut-il boire pour la faire passer ?* Au lieu de priver l'homme de sa volonté, il faudrait lui en donner et lui en donner tant qu'il ne fût plus possible aux séductions de la matière de l'entraîner jamais.

Et ici, par une seule réflexion, nous allons comprendre pourquoi l'objet fondamental de l'éducation est le développement de la volonté, ou en d'autres termes, l'acquisition de la liberté morale. Comme nous le savons, par suite du mouvement d'amour qui est le fond de son être, l'homme ferait naturellement le bien, c'est-à-dire se porterait naturellement vers Dieu, s'il n'était ni entravé par la nature, ni retenu par lui-même. Il ne manque donc absolument à l'homme, pour arriver à son but, que la force de surmonter les obstacles qui se trouvent sur son passage. Or, comme ces obstacles ne peuvent être franchis que par la volonté, et que la force de la volonté, c'est la liberté morale, la liberté morale est donc toute l'éducation.[1]

En effet, trois sortes de mobiles peuvent présider à nos actions : les passions, qui sont la voix du corps ; l'égoïsme, qui est la voix du moi ; la raison, qui est la voix de Dieu. Les premiers, ou les mobiles *passionnés*, ont reçu ce nom parce qu'ayant leur source dans les sens, ils assujettissent le moi, le mettent en état de passivité. Les seconds, ou les mobiles *égoïstes*, ont reçu ce

---

[1] On le voit, l'éducation se ramène à un principe bien simple ! Quand une fois on connaît les facultés de l'homme, il n'est pas difficile de le faire mouvoir. Comme lorsqu'on sait où est le grand ressort d'une machine, on n'est plus en peine de la mettre en mouvement. Oui, voilà bien des principes très certains et très simples, des principes qui dérivent de notre ontologie toute pure, appliquée à ce que la psychologie a de mieux établi ; cependant je n'ai pas l'espoir qu'on les adopte de sitôt ! Les hommes ont toujours mieux aimé suivre à tâtons l'habitude, que de marcher à la lumière éternelle de la raison. Il semble qu'on n'ose pas se fier à la raison toute seule ; et il faut que les idées qui en viennent aient vieilli et qu'elles se soient en quelque sorte bien empreintes du temps, avant qu'on se décide à s'y confier. Je suis sûr que les hommes qui s'occupent le plus aujourd'hui de la liberté politique, se montreraient tout aussi opposés que les autres à ce qu'on donnât pour base à l'éducation la liberté morale.

nom parce qu'ayant leur source dans le moi, ils n'ont pour but que l'intérêt exclusif de l'égoïté. Les troisièmes, ou les mobiles *moraux*, ont reçu ce nom parce qu'ayant leur source dans le sens moral, ils inspirent à l'être moral les actes qui doivent le conduire à ses véritables fins. L'éducation, dont le but est de mettre l'homme en état d'arriver à ses fins, n'a-t-elle pas alors précisément pour objet de faire successivement passer la volonté, de la domination des mobiles passionnés, sous la puissance des mobiles intéressés; et de la puissance des mobiles intéressés, sous l'empire glorieux des mobiles moraux? c'est-à-dire, de faire passer la volonté de la domination des sens sous la puissance du moi, et enfin de la puissance du moi sous le libre empire de la conscience?

Mais pour que la volonté passe d'abord de la domination des sens sous la puissance du moi, il faut que la volonté puisse se rendre libre de la sujétion des sens; et pour que la volonté passe ensuite de la puissance du moi sous l'empire de la conscience, il faut que la volonté puisse se rendre libre de la sujétion du moi. Alors, comme la première de ces libertés mène à la seconde, et que la seconde mène à la troisième, qui est la véritable liberté, il est clair que pour arriver à son résultat, l'éducation n'a qu'à développer la force de la volonté, lui faire acquérir la liberté morale! Le développement de l'homme n'est autre chose que le triomphe de sa liberté. Ce dernier point est si vrai que les mobiles de la conscience, les seuls que l'homme reconnaisse dans ce dernier cas, n'agissent sur la volonté que comme inspiration, et que la volonté ne cède jamais que tout-à-fait librement à leurs tendres et nobles sollicitations. Le Sage seul est libre, disaient les anciens.

L'homme, pour former sa personnalité par la lutte, a été en quelque sorte plongé dans la matière; c'est par l'éducation qu'il apprend à s'en retirer. Il faut qu'il s'arrache du fond de cette vase, pour venir à la surface respirer l'air de la vie immortelle. L'éducation commence à lui faire perdre terre, elle le soulève vers le monde supérieur. En donnant à l'âme la liberté, elle ne fait que lui rendre cette force d'immortalité avec laquelle l'être spirituel doit s'élever un jour vers les demeures absolues. N'est-ce pas avec raison que l'on dit indistinctement, *élever* quelqu'un, ou faire son éducation?

Maintenant comme la volonté, qu'elle ait plus ou moins de force, n'est que le cœur en tant qu'il se décide, que le cœur se décide selon ses penchants et ses inclinations, que ces inclinations lui sont données par les sentiments qu'il a laissés pénétrer en lui : l'objet définitif de l'éducation, celui qui les renferme tous, est donc de former le cœur. Former le cœur! Que ces mots ne vous effraient pas : vous savez bien que l'homme n'a été créé qu'en puissance d'être; que c'est à lui de concourir à sa propre formation, d'arriver à sa réalité d'être!

Former un être, n'est-ce pas organiser sa nature sur le type qu'il doit atteindre? Le type de l'homme, n'est-ce pas Dieu, qui l'a créé à son image? Former le cœur, c'est donc développer en lui les attributs de Dieu? Pour développer dans le cœur les attributs de Dieu, ne faut-il pas les y faire descendre? Et les attributs de Dieu ne descendent-ils pas dans le cœur de l'homme par les sentiments, qui sont en effet les impressions que la substance intelligible produit dans notre âme ? Eh bien, de même que la sensation du goût, de l'odorat ou de la vue, ne peut avoir lieu sans que quelques parties volatiles détachées de la matière se soient introduites dans nos sens ; de même le sentiment du bien, du beau ou de l'amour, ne peut avoir lieu sans que quelque chose de Dieu se soit introduit dans notre âme. Il faut alors conserver ces sentiments et les entretenir avec soin ; car c'est par eux que le cœur s'accroît peu à peu, qu'il acquiert ses affinités avec Dieu, et se prépare ainsi à la vie absolue.

Alors former le cœur, c'est veiller à ce que les véritables sentiments pénètrent en lui, s'y fortifient et y accroissent la substance de Dieu. Enfin, c'est développer les sentiments dans le cœur ; or développer les sentiments dans le cœur, c'est lui donner de grands mobiles pour le bien ; lui donner de grands mobiles pour le bien, c'est élever sa volonté à sa plus haute puissance, c'est-à-dire à la liberté morale ; et élever la volonté à toute sa puissance, c'est assurer le déploiement de toutes nos facultés : car il faut bien ensuite que toutes ces facultés lui obéissent ! En sorte que former le cœur, c'est former l'homme. De là, on doit définir l'éducation, l'art de *former le cœur*. Nous allons voir combien cette dernière expression est juste.

Si la volonté se détermine d'après les inclinations, et si les inclinations se dirigent d'après les sentiments, les sentiments à leur tour se fixent d'après les habitudes ; c'est-à-dire encore d'après les actes répétés de la volonté. C'est la répétition des mêmes actes qui constitue l'habitude, et c'est l'habitude qui fait l'état de notre cœur. Voilà pourquoi, lorsque notre âme ne se sent pas de dispositions pour une vertu, la volonté doit s'appliquer aussitôt à émettre un grand nombre d'actes qui en soient la pratique même. C'est ici qu'il faut se servir de l'importante loi que nous avons exposée dans les premières pages du XVIIe chapitre de notre Second Livre. La volonté agit d'abord à contre cœur; mais bientôt le cœur se voit tellement transformé par le travail de la causalité, qu'il ne tarde pas à provoquer lui-même la volonté. Nos vertus ne sont gravées dans le cœur que par le burin de la volonté; mais une fois qu'elles y sont, le cœur les porte avec lui. Or, c'est par l'habitude, la patiente habitude, que la volonté accomplit ce travail.

Ce sont donc les actions qui constituent les habitudes; et la vertu n'est qu'un système de bonnes habitudes tout établi, comme le vice n'est qu'un système de mauvaises habitudes. Car, après tout, nos vertus ne sont que des dispositions vers le bien, c'est-à-dire des habitudes de le faire. Chez les anciens, le mot *morale* signifiait aussi *habitude*. D'ailleurs, nous n'avons à nous que nos vertus; l'homme ne possède absolument que ce qui vient sur l'arbre de sa volonté; son cœur même ne lui appartient que lorsqu'il l'a tout refait. Les sentiments intelligibles descendent bien dans l'âme, mais ils y restent à l'état impersonnel; c'est l'action qui les rend à l'état personnel, qui les fait nous, qui nous les assimile. Il ne suffit pas de recevoir la lumière rationelle, il faut être raisonnable; il ne suffit pas de recevoir le sentiment d'amour, il faut aimer; il ne suffit pas de recevoir l'idée de la justice, il faut être juste.

Dieu nous verse les éléments dont nous devons composer notre être; et c'est l'action qui fait passer la substance du bien, de Dieu dans notre cœur. Supposez qu'on introduise des aliments dans l'estomac d'un homme et qu'il ne les digère pas, ces aliments ne passent point dans son sang. De même, fussions-nous entourés de toutes les grâces, si la volonté n'a pas agi, il n'est rien entré encore dans notre cœur.

Le sentiment du bien, du beau, du vrai, du saint, de l'amour, tant qu'ils restent à l'état intelligible, ne sont point nous, conséquemment ne sont point des vertus. La raison, la conscience même, tant qu'elle reste à cet état, n'est point nous (car souvent dans ce cas elle nous traiterait avec plus de douceur!) notre raison, notre conscience, entendons-le bien, c'est ce que Dieu nous a fourni pour la composition de notre cœur. Il faut prendre notre raison, et la faire entrer dans notre cœur. Eh! ce ne sont point là, comme on le voit, de ces abstractions philosophiques, espèces de paraboles de la vérité; nous parlons ici ontologiquement et substance à découvert : l'acte de la volonté est ce qui fait passer en nous la substance du bien, du beau et du vrai; et la vertu est le dépôt que cette substance laisse fixée aux parois de notre cœur. Or, comme cette substance vient de Dieu, voyez le sublime phénomène que vous opérez !

L'habitude, qui est une continuation d'actes, est donc une continuation de ce phénomène par lequel la substance du bien vient peu à peu se déposer au fond de notre être. La vertu n'est que la substance du bien à l'état solide. Alors comment voudriez-vous ne pas faire le bien, quand vous avez pris l'habitude du bien, c'est-à-dire quand vous êtes devenu vous-même du bien ? Toute bonne action détache du cœur une molécule de mal, et la remplace par une molécule du bien ; pour peu que ce travail se continue, vous comprenez ce que devient bientôt le cœur ! Eh bien, c'est ce travail qu'on appelle l'habitude. Le proverbe dit que l'habitude *est* une seconde nature; je le crois bien, puisque l'habitude nous *crée* une seconde nature ! L'habitude est une abeille qui dépose chaque jour son atôme de miel dans l'alvéole du cœur; jusqu'à ce que vienne le moment où celui-ci se trouve tout changé en un rayon cueilli sur les plantes du Ciel.

Voilà donc celui qu'on peut appeler en toute exactitude un *homme de bien*, puisque c'est avec le bien qu'il est fait. L'homme se fait lui-même, allez !.. nous ne l'avons pas dit encore assez souvent.

Tous ces faits n'apparaissent pas seulement à l'œil du psychologiste, ils ont aussi été vus de l'expérience : « La fréquente répétition des actes dans chaque genre, dit Aristote, produit une manière d'être conforme à ces actes. Cela se voit clairement pour ceux qui s'appliquent à quelque espèce d'action ou à quelque genre d'escrime. Aucune vertu morale n'est en nous le produit immédiat de la nature; nous n'apportons de la nature que les facultés propres aux choses que nous devons faire, et ensuite c'est nous qui produisons ces actes. C'est à force d'avoir agi d'une manière conforme à la vertu, que nous acquérons des vertus; et il en est de même de tous les arts : c'est à force d'exécuter leur arts que les musiciens et les architectes se font bons. C'est en bâtissant qu'on devient maçon, en jouant de la lyre qu'on devient musicien, en pratiquant la justice qu'on devient juste, enfin en faisant des actes de courage qu'on devient courageux. On ne prend telle qualité qu'en en contractant l'habitude. Voilà pourquoi il faut que toutes nos actions soient si scrupuleusement réglées, car ce sont de ces différentes actions que naissent nos différentes habitudes. Ce n'est donc pas une chose indifférente que de s'accoutumer, dès l'âge le plus tendre, à agir de telle ou telle manière; c'est au contraire une chose très importante, ou plutôt, tout est là. Les vertus sont produites ou détruites par les actes eux-mêmes; et ce sont eux qui constituent l'essence de nos facultés d'agir. C'est en nous abstenant de plaisir que nous devenons tempérant; et plus nous le sommes, plus nous devenons capables de nous en abstenir. C'est donc le comble de la stupidité d'ignorer que les habitudes en tout genre, résultent de la continuité des actes; et de prétendre qu'on ne veut pas devenir injuste quand on commet des injustices, ou intempérant quand on se laisse aller à l'intempérance. Les vices de l'âme, comme ses vertus, sont volontaires. Chacun est maître de ses dispositions et de ses habitudes. »

Si donc nos vertus sont construites avec nos habitudes, si nos habitudes sont construites avec nos actes, et si nos actes résultent de notre volonté, voyez si le premier objet de l'éducation n'est pas le développement de la volonté!

Il y a plus; et que l'éducation écoute bien, qu'elle connaisse ici toute sa merveille! Ce n'est point vainement que nous avons dit que, par le travail de l'habitude, la volonté refait le cœur. Il est si vrai que ces habitudes, ces vertus, ces dispositions sont devenues parties de notre être, sont devenues nous-mêmes, que depuis ce moment nous sommes, nous agissons et nous aimons, selon ces nouvelles dispositions. Car, chose admirable ! il arrive que celui qui a ces nouvelles dispositions trouve du plaisir à faire le bien, comme lorsqu'il avait des dispositions contraires, il trouvait du plaisir à faire le mal. Or, qui reconnaîtrait là le même cœur? qui ne voit qu'un être totalement disparu a fait place à un être nouveau, à un être d'une nature toute divine ?

Le bien est ce dont se compose un tel être; dès-lors il aime naturellement le bien, comme il aime tout ce qui tient à son être. Et dire qu'un homme aime une chose, observe Aristote, c'est dire que cette chose lui cause du plaisir; en sorte que celui qui aime la vertu, y trouve de véritables jouissances; d'autant plus que ce qui fait le plaisir des hommes qui savent goûter le bien et le beau, est agréable par sa nature même. Tel est le caractère des actions conformes à la vertu, qu'elles sont agréables par elles-mêmes, et qu'elles charment ceux qui les font. Aussi leur vie n'a-t-elle aucun besoin du plaisir; c'est pour ainsi dire un talisman dont ils savent se passer, elle le renferme en elle-même. « On doit surtout, dit Platon, considérer, comme signe des habitudes ou dispositions, le plaisir ou la peine qui se joignent aux actes. Car celui qui s'abstient du plaisir des sens, et qui trouve en cela de la satisfaction, est véritablement chaste; au lieu que celui qui ne le fait qu'à regret, est porté à la débauche. Et ainsi des autres vertus. C'est pour cela qu'il faut avoir été élevé dès l'âge le plus tendre, de manière à ne trouver du plaisir ou de la peine que dans les choses où on le doit; car c'est là précisément la bonne éducation. »

Nous le comprenons bien, pour que l'éducation pénétrât réellement au fond de notre être, et que les mouvements de notre cœur fussent les mouvements mêmes de la vertu, il fallait que la vertu devînt pour nous un plaisir. On ne peut en effet considérer l'homme comme entièrement arrivé à la vertu, que lorsqu'il trouve du plaisir à faire le bien. Un proverbe a dit aussi : On ne fait bien que ce qu'on fait avec plaisir; la morale pourrait dire : On ne fait le bien que lorsqu'on le fait avec plaisir [1]. Si donc, vous êtes parvenus à ce que l'enfant trouve son plaisir à faire le bien, vous pouvez être sûr qu'il le fera désormais toute sa vie! Que votre âme se réjouisse donc, vous avez réellement accompli la mission que Dieu vous avait confiée, vous avez formé le cœur de l'homme! Vous êtes véritablement arrivé à le constituer sur ce grand principe que nous avons reconnu précédemment : le bien, c'est l'amour de ce que nous devons aimer. Ah! l'éducation ne devrait pas quitter, qu'elle n'ait vu cette divine métamorphose s'opérer dans le cœur. L'éducation est une nourrice envoyée du Ciel pour donner à l'enfant le lait de la vie immortelle.

Enfin comme, pour atteindre les différents buts de cette vie, le cœur est obligé d'employer les organes du corps et les facultés de l'intelligence, il faut bien l'aider à mettre ces facultés en mesure de le servir. De là, l'éducation doit être tout à la fois, morale, physique et intellectuelle. L'*éducation morale* se fait par l'exercice de la vertu et la grandeur du caractère, c'est-à-dire par le

---

[1] « Les bons sentiments, disait saint Antoine, mon patron, font concevoir un tel amour des choses divines, qu'on voudrait quitter la vie pour les retrouver dans la bienheureuse Éternité. »

développement des sentiments de l'âme. L'*éducation physique* se fait par la gymnastique et l'apprentissage, c'est-à-dire par le développement des forces et de l'adresse du corps. L'*éducation intellectuelle* se fait par l'étude et l'acquisition des connaissances scientifiques, c'est-à-dire par le développement des facultés de l'intelligence. [1]

Car si le corps n'est pas sain, robuste et adroit, il ne peut vaquer aux différents travaux par lesquels l'homme se

---

[1] Cette partie de l'éducation est ce que l'on nomme *instruction*. Les beaux esprits n'auraient pas toujours confondu l'*instruction* avec l'*éducation*, s'ils avaient réfléchi à l'étymologie de ce mot *struere in* par opposition à celle du mot *e ducere*. L'instruction n'est qu'une partie de l'éducation, c'est l'éducation de l'intelligence. « On doit entendre par *éducation*, dit M. de Bonald, tout ce qui sert à former les habitudes ; et par *instruction*, tout ce qui donne des connaissances. Le défaut d'instruction fait des ignorants, et le défaut de bonne éducation, des hommes vicieux. L'instruction forme les savants, l'éducation forme les hommes. » C'est-à-dire que l'instruction forme l'intelligence, et que l'éducation forme le cœur, qui est l'homme. Le mode par lequel on donne l'instruction, s'appelle *enseignement*. Or, les principes qui doivent présider à l'enseignement, ou le moyen par lequel se fait l'éducation intellectuelle, doivent dériver naturellement de l'idée fondamentale que nous nous sommes faite de l'éducation. Il s'agit encore ici de développer l'activité de l'esprit, et non point de le tenir passif sous le poids de connaissances purement mnémoniques, à la formation desquelles il n'a nullement concouru. « L'art de l'enseignement est de tirer l'idée qui est à l'état latent dans l'entendement, en aidant l'esprit du disciple à la poser dehors, afin qu'il en acquière la conscience, la connaissance. Socrate excellait dans cet art, et c'est pourquoi il disait en plaisantant qu'il continuait le métier de sa mère, qui avait été sage-femme. Il n'y a de véritable enseignement vivant que celui qui fait naître l'idée, et non pas qui la donne, comme on dit communément. Car un esprit ne peut pas donner une idée à un autre esprit : il peut l'exciter, l'engendrer ou lui par la parole, mais il faut que l'autre la conçoive et l'enfante pour qu'elle devienne sienne. L'instruction vulgaire transmet des mots, des images ; c'est un bagage intellectuel qui passe d'un camp à l'autre, et qui peut s'acquérir et se perdre à peu près comme tout objet de commerce ; et comme l'intelligence ne reçoit pas d'idée, il n'y a point de développement vivant. » La célèbre méthode de Pestalozzi n'a pas d'autre but que d'introduire dans l'enseignement, ou l'éducation de l'intelligence, le principe fondamental qui doit diriger l'éducation entière de l'être libre et moral. Aussi Fichte disait, *qu'il attendait la régénération de la nation allemande, de l'institut de Pestalozzi.* Que nous aurions besoin, en France, d'un Pestalozzi !

On peut prendre connaissance de la méthode de ce grand homme, dans les ouvrages de M. Jullien, de Paris.

rendant maître de la nature, devient utile à lui-même et à ses semblables. Si l'intelligence n'est pas ouverte, instruite et exercée, elle ne peut vaquer aux différents travaux par lesquels l'homme apprend à se rendre maître de la nature pour son utilité et celle de ses semblables. Enfin, si l'âme n'a pas la connaissance de sa loi et de son but, si elle n'a point de sentiments qui l'y portent, l'homme, au lieu d'accomplir sa sublime destination, devient nuisible à lui-même et à ses semblables. Et ces trois sortes d'éducations, morale, physique, intellectuelle, ne sont que les trois branches de l'éducation intégrale; elles reposent toutes trois sur un même principe : le développement de la liberté morale; elles n'ont toutes trois qu'un même moyen : l'exercice de l'habitude ; elles n'ont toutes trois qu'un même but : la formation du cœur.

Enfin, si l'éducation tout entière a pour principe la liberté morale; si la liberté morale tout entière a pour but la formation du cœur, la formation du cœur à son tour a pour moyen et pour base la religion : nous savons bien qu'il s'agit ici de diviniser notre cœur! Et de là cette vérité répétée dans tous les siècles, que l'éducation repose sur la religion. Les anciens, qui n'étaient que des meneurs d'esclaves, en convenaient eux-mêmes, et leurs philosophes le disaient. En effet, jugez du levier qu'il faut pour arracher l'homme de la terre! Jugez quels biens il faut lui présenter en échange de ces biens rapprochés auxquels il s'attache si vite; et de quelle félicité il faut lui donner l'idée, pour qu'il oublie les plaisirs qui l'attirent au banquet de cette vie! Ah! pour que l'homme se détache de la terre, il faut qu'il soit soulevé par le Ciel! la liberté morale n'est que le battement de ses ailes pour le soutenir à cette hauteur où, échappant à l'attraction des sphères créées, il se voit entraîné par l'amour vers les sphères de l'absolu.

Ces puissants mobiles et ces grands sentiments dont nous parlions tout à l'heure, comment pourraient-ils venir d'ici-bas? D'ailleurs, si le motif du devoir était renfermé dans le court espace de cette vie, comment aurait-il sur notre âme plus d'empire que les passions? Qui sacrifierait des bornes à des bornes? Le cœur de l'homme est si faible et si avide de jouir que les instants de plaisirs cherchés dans les sens, l'emporteraient encore sur les jours de paix trouvés dans la conscience, si l'espoir du bien infini ne venait s'ajouter de tout son poids dans la balance. Et ne croyez pas que la pureté de la morale soit en rien altérée par la perspective de la récompense infinie : le sentiment qui nous fait aspirer à l'immortalité est le désintéressement même. Certainement la morale exige que nous agissions sans avoir en vue aucun bien; oui, aucun bien fini, car la vertu consiste au contraire dans l'amour et l'attente du bien infini. La religion devient l'objet sensible au dedans de nous, qui rappelle nos regards de la scène extérieure. Du reste on n'oppose pas au cœur des raisonnements, il n'y a qu'un sentiment qui puisse triompher d'un sentiment; la nature violente ne saurait être dominée que par la nature exaltée.

On voit bien que l'homme a été fait pour la vie absolue, puisqu'il n'y a que la considération des biens qu'elle lui promet qui puisse le décider à sortir de son repos et à briser les chaînes dorées de son esclavage! Il n'y a qu'une telle considération qui puisse le décider à livrer dans son cœur ensanglanté tous les combats par lesquels il repousse tant de sollicitations séductrices, et à reprendre sur sa liberté morale la route de l'absolu. Non, non, l'homme ne suit pas la raison parce qu'elle est la raison, mais parce qu'elle est la lumière du Ciel; il n'obéit point à la conscience parce qu'elle est la conscience, mais parce qu'elle est la voix de Dieu; et il n'écoute point la religion parce qu'elle est la religion, mais parce qu'elle l'entretient des promesses de l'infini! Dire que l'on peut faire l'éducation de l'homme sans la religion, c'est dire que l'on peut trouver dans les choses de ce monde des motifs de nous détacher des choses de ce monde.

Et, non-seulement les merveilleuses nouvelles dont la religion vient enchanter le cœur, sont seules capables de lui faire mépriser les séductions de cette vie; non-seulement cet amour des choses infinies peut seul lui faire repousser du pied cette terre et élever son âme vers les habitations éternelles, mais encore les hommes qui se sont consacrés par état à la religion sont seuls capables de tous les sacrifices et de toute la sainteté qu'exige l'éducation. Si Dieu a confié au père et à la mère l'éducation de l'enfant, songez à ce qu'il faut d'amour pour remplacer un père et une mère!

Alors, sans parler du danger des principes qui pourraient empoisonner l'âme de l'enfant, voyez si l'éducation peut être confiée à des mains mercenaires! Ah! Rousseau a écrit sur cette vérité des pages devant lesquelles je me prosternerai toujours. « Crois-tu, a-t-il dit, donner à ton
« fils un autre père avec de l'argent? Qui donc élèvera
« mon enfant? Je te l'ai déjà dit : toi-même. En vérité,

« pour faire un homme, il faut être ou père ou plus
« qu'homme soi-même. » Oui, Rousseau, il n'y a d'autre
éducateur possible que le père, ou celui qui est plus
qu'homme lui-même, c'est-à-dire celui qui a reçu de Dieu
des titres de paternité spirituelle. Le premier reçoit de
la nature les qualités qu'exige une aussi sublime entreprise, le second les reçoit de la religion. La mission de
père ne peut venir que de Dieu : ou directement, par voie
de nature; ou indirectement, par voie de grâce. Au sortir
des bras de sa mère, l'enfant ne saurait être confié qu'aux
ministres du Très-Haut. O mon Dieu ! vous avez envoyé
vos petits enfants sur la terre, il est bien juste que vous
leur envoyiez vos anges pour qu'ils commencent à délier
leur âme et à leur enseigner les choses éternelles !

Combien nous regrettons que la quantité des matières
qui doivent entrer dans notre travail, nous oblige ici de
quitter un sujet aussi précieux! Mais avant de finir, je veux
que vous considériez en vous-mêmes combien il faut de vertus, de tendresse, de zèle et de lumières pour remplir une
semblable tâche! Il suffit de jeter les yeux sur tant de soins
et de moyens à prendre pour étouffer dans leur germe les
caprices naissants, tout en ménageant l'amour-propre de
l'enfant; pour ne point le flatter, ni l'irriter ; pour lui
montrer de l'attachement sans faiblesse; pour lui persuader qu'on est plus raisonnable, et l'amener à obéir
sans contrainte; pour employer à temps la complaisance
et la sévérité, afin de prévenir l'obstination et la méchanceté; pour lui faire sentir l'empire de la nécessité, sans le
décourager ; pour développer en même temps sa sensibilité et son caractère, sa douceur et sa fermeté, sa prudence

DE L'EXISTENCE DE L'HOMME.

et son courage ; pour connaître ses impressions les plus fortes, et les employer à diriger ses inclinations ; pour s'observer en sa présence, et ôter de devant ses yeux tout ce qui pourrait apporter quelques déceptions à son innocence; enfin pour mettre l'enfant à l'abri, selon une expression sublime par sa vérité, de la *contagion* des mauvais exemples, et l'exposer à l'heureuse contagion des bons ; il suffit, en un mot, de considérer les mille soins, les mille dévouements, les mille moyens à employer quand il s'agit de former le cœur de l'homme, pour comprendre que l'éducation ne peut se faire que dans la Société. C'est là seulement que le père et la mère, ou tout autre envoyé de Dieu, peuvent prendre soin de cette précieuse plante. L'être moral ne peut germer, croître et fleurir qu'au milieu de ses semblables : la famille est son sol, et la Société son atmosphère.

« Nous naissons faibles, nous avons besoin de force ; nous naissons dépourvus de tout, nous avons besoin d'assistance ; nous naissons stupides, nous avons besoin de jugement ; enfin tout ce que nous n'avons pas à notre naissance et dont nous avons besoin étant grands, nous est donné par l'éducation, dit Rousseau [1]. » — Oui, et l'éducation nous est donnée par la Société.

La propriété qu'a l'homme de recevoir l'éducation, et la faculté qu'il a de la donner, prouveraient seules qu'il a été constitué pour vivre dans la Société ; car ce n'est que dans la Société qu'il peut profiter de ce double avantage. Mais l'éducabilité n'est pas seulement une préroga-

[1] J.-J. Rousseau, Émile, ou de l'éducation, Livre I.

tive attachée à l'individu, on la retrouve dans l'espèce entière, sous le nom de perfectibilité.

Et la perfectibilité de l'espèce humaine nous donne une preuve encore plus frappante de cette faculté. En effet, si la perfectibilité ne peut s'opérer que de génération à génération, de siècle à siècle, de peuple à peuple, qui lie un peuple à un peuple, une génération à une génération, un siècle à un autre siècle ? qui, d'une multitude d'hommes, de nombreuses générations, de plusieurs âges, ne fait qu'un seul être et qu'un seul âge ? qui ramasse ainsi les forces éparpillées de chacun pour les rapporter dans la circulation commune ? enfin qui est-ce qui recueille parcimonieusement les fruits des efforts universels, et les transmet à la postérité comme un inaliénable héritage ? qui, sinon la Société ?[1]

Comment la perfectibilité, qui n'est autre chose que l'éducabilité appliquée à l'espèce entière, aurait-elle été mise ainsi dans la constitution du genre humain, s'il n'avait pas été créé pour vivre dans la Société ? Oui, de même que la simple boule de neige détachée du sommet des Alpes, roule en s'amoncelant et arrive en avalanche au fond de la vallée ; de même l'homme isolé, lui, l'être le plus dépourvu de la création, s'élève au moyen de la vie sociale aux proportions de l'humanité.

---

[1] C'est pourquoi un philosophe a dit : « L'instruction peut commencer chez un peuple comme elle commence pour un homme ; mais l'éducation a commencé avec le genre humain, puisque aucun peuple ne naît tout-à-coup et sans ancêtres. L'éducation pour un peuple, comme pour un homme, est donc une tradition héréditaire, uniforme, et jamais interrompue d'habitudes et de sentiments. Si cette tradition s'arrête, le fil de l'éducation se rompt, et l'histoire ne nous apprend pas s'il est possible qu'il se renoue. Le défaut d'instruction constitue pour un peuple l'état d'ignorance ; et le défaut d'éducation, l'état de barbarie. »

Les petits patrimoines que les individus amassent lentement, et qui se transmettent dans les familles, toujours grossissant jusqu'à ce qu'ils deviennent ces fortunes colossales qui souvent disparaissent dans les mains du prodigue, sont une image exacte de cet héritage spirituel que se transmettent les générations et les peuples dans toute l'étendue du genre humain ; avec cette différence que l'humanité ne mange jamais son bien. Pour celui qui sait considérer ces choses, il n'y a pas eu, dans toute la race d'Adam, un homme qui n'ait apporté son grain de sable à l'édifice. Robinson lui-même, dans son île déserte, n'eût-il laissé que l'exemple de son industrieuse et persévérante activité, a fourni à l'humanité quelque chose dont elle profite aujourd'hui et dont elle se ressentira jusque dans le plus lointain avenir. L'homme vit des revenus de la Société. La Société est le grand et universel légataire du genre humain. [1]

On voit que la Société fait la force du genre humain, parce qu'elle le fait un. Il y a là, sur la nature de l'homme, quelque grand mystère cosmogonique, que peut-être nous découvrirons plus tard. Car, pourquoi l'humanité se trouverait-elle ainsi partagée en autant d'individus, quand ces individus, pour retrouver les avantages de leur nature, sont obligés de se réunir et de recomposer leur unité d'espèce ?

---

[1] C'est ainsi que s'écriait un grand philosophe de nos jours : « Que l'homme se hâte de planter, quand même il serait menacé de ne pas recueillir ; qu'il ne craigne pas de travailler pour autrui, puisque d'autres ont travaillé pour lui. L'homme n'a le temps de rien finir ; ses projets, même les plus raisonnables, sont trop vastes pour sa courte vie : mais la Société hérite de toutes ces entreprises commencées ; elle hérite de ces projets que la mort empêche d'achever, et qui ne seraient que de vaines pensées, d'inutiles conceptions, s'ils n'étaient pas recueillis par la Société, ce grand et universel légataire de tous les hommes.

Ballanche, *Essai sur les Institutions sociales*, chap. IX ; Edition de 1818.

Mais je crois que nous avons déjà soulevé cette observation ; pour le moment nous ne pouvons encore que constater ce fait, savoir : que Dieu, malgré l'innombrable variété des individualités que le genre humain renferme, a établi le moyen de le tenir un ; et que ce moyen, qui le rend de la faiblesse à la force, est la Société.

Par la Société, le genre humain entier avec la somme de ses forces acquises et toute son intelligence, reparaît dans chaque génération et dans chaque individu qui sait en profiter. Sans la Société, le genre humain serait toujours à recommencer. Par la Société, le genre humain devient comme un seul être ramassant ses forces depuis ses dernières extrémités vivantes, comme le lion qui va bondir. Un homme est plus fort qu'un autre et le tue : voilà l'état sauvage. Un homme est aussi fort que l'humanité et jouit de toute sa vie : voilà l'état social. Or, si l'état naturel d'un être est celui dans lequel ses facultés trouvent leur développement le plus étendu, lequel de ces deux est l'état naturel de l'homme ?

Ainsi, l'homme naît faible et ignorant, vicieux et misérable ; c'est-à-dire, en proie à l'assujettissement de la nature et à l'assujettissement de son semblable. La nature attaque sa liberté morale par les passions, et sa liberté physique par la misère ; son semblable attaque sa liberté personnelle par la violence, et sa liberté industrielle par le vol. Mais pour le premier cas, la Société lui fournit, d'abord l'éducation, l'éducation la vertu, la vertu la liberté morale ; ensuite l'apprentissage, l'apprentissage le travail, le travail la propriété, la propriété la liberté physique : et par ces deux sortes de libertés l'homme se délivre de la nature.

Pour le second cas, la Société lui fournit, d'abord la justice et le pouvoir public, le pouvoir public des lois protectrices, ces lois protectrices la liberté personnelle; ensuite le droit politique, le droit politique le droit civil, le droit civil le droit économique, le droit économique la liberté industrielle : et par ces deux sortes de libertés l'homme se délivre de son semblable.

Enlevez à l'homme tout ce qu'il tient de la Société, il retombe dans le quadruple esclavage que lui tendent la nature et ses semblables. Hors de la Société, l'homme est le plus misérable et le plus triste animal de la création. Il est donc clair que, sans la Société, tous les plans de Dieu sont manqués, l'homme est jeté hors des voies de sa destinée. On voit parfaitement ici que l'homme a été fait en vue de la Société, puisque sans elle il ne peut être ce que sa nature veut qu'il soit.

Dieu nous a fait naître dans l'état d'enfance, pour que de nous-mêmes nous devenions hommes. Pour cela, il faut que nous entrions dans la Société afin d'y recevoir l'éducation, sans laquelle nous ne pourrions opérer cette métamorphose. Dès-lors à ce principe fameux, mais malheureusement contraire aux faits : *L'homme est né libre, et partout il est dans les fers*, nous opposerons celui que l'observation de la nature humaine vient de nous découvrir : *L'homme naît partout dans les fers, afin qu'il puisse devenir libre*. Or, c'est dans la Société même que, bien loin de venir l'y perdre, il se procure cette liberté. Et, toujours pour continuer la réfutation du même philosophe, à cette autre pensée : « Nous étions faits pour être hommes, la Société nous a plongés dans l'enfance; » nous pouvons substituer à bon droit celle-ci : Nous étions plongés dans l'enfance, la Société nous a élevés à l'état d'hommes.

De sorte que si l'homme, venant au monde en proie à quatre causes d'assujettissement, les passions, la misère, la violence et le vol, trouve dans la Société les quatre libertés, morale, physique, personnelle et industrielle, nous pouvons répondre directement à la question de ce chapitre, que :

La Société est, dans le temps, la condition de l'existence et du développement de l'homme, comme être doué de volonté; ainsi qu'elle est déjà la condition de son existence et de son développement, comme être doué d'un corps. Enfin, la Société est son état naturel ici-bas, puisqu'elle est son état nécessaire.

Mais l'homme n'est pas seulement, 1° un être doué d'un corps, 2° un être doué de volonté; n'est-ce pas aussi un être doué d'intelligence? Alors, sous ce troisième point de vue, quel sera dans le temps la condition de l'existence de l'homme ?

Sommaire. — Si l'homme est mis sur la terre pour recueillir les mérites du bien qu'il accomplira avec sa liberté, l'état où il pourra le mieux remplir sa destination, comme être doué de liberté, ne sera-t-il pas celui qui offrira le plus d'avantages à l'exercice de cette importante faculté? — Or, la liberté ne peut être entravée dans le temps que par les choses avec lesquelles l'homme s'y trouve en contact; et ces choses sont : 1° la nature; 2° son semblable. — Alors, pour l'homme, deux sortes d'affranchissement : 1° celui qui le délivre de l'assujettissement de la nature; 2° celui qui le délivre de l'assujettissement de son semblable.

I. Quant à la nature, l'homme est assujetti de deux manières : 1° par les passions, qui attaquent son âme; 2° par la misère, qui attaque son corps. Il doit donc y avoir pour l'homme deux sortes de libertés : 1° celle qui le rend libre dans son âme; 2° celle qui le rend libre dans son corps. — La première de ces libertés, donnant à l'homme le pouvoir de se délivrer des passions qui attaqueraient son âme, est la liberté morale. La seconde de ces libertés, donnant à l'homme le pouvoir de se délivrer de la misère qui attaquerait son corps, est la liberté physique. — Or, le pouvoir avec lequel l'homme s'efforce de vaincre les passions, s'appelle *vertu*; et le pouvoir avec lequel l'homme s'efforce de vaincre la misère, s'appelle *travail*. — Par la première, l'homme chasse la nature de chez lui; par le second, il entre en maître chez elle. — Le moyen qui procure à l'homme le pouvoir de vaincre les passions, est l'éducation; le moyen qui procure à l'homme le pouvoir de vaincre la misère, est la propriété. — C'est par l'éducation qu'on prend soin des premiers besoins de l'âme; c'est elle qui surveille et hâte la naissance de la liberté morale, qui la développe, et finit par rendre l'homme maître de lui-même. — C'est par la propriété qu'on prend soin des premiers besoins du corps; c'est elle qui met à la disposition de l'homme les moyens indispensables à sa conservation, et qui finit par le rendre maître de la nature elle-même. — L'éducation et la propriété sont une véritable extension du droit de vie ; elles sont la citadelle de la liberté : par la première, l'homme se défend des passions, par où la nature faisait invasion dans son âme ; par la seconde, il se défend de la misère, par où la nature faisait invasion dans son corps. C'est la nature qui l'assujettissait, c'est lui qui l'assujettit à son tour.—Or, l'éducation et la propriété où se trouvent-elles, sinon dans la Société ? — La propriété ? par deux raisons : 1° parce que si des lois protectrices ne garantissaient pas à l'homme le fruit de son travail, il est clair qu'il ne voudrait pas travailler ; 2° parce que, si l'homme n'avait pas reçu de ses semblables les instruments nécessaires, et de l'apprentissage les moyens de s'en servir, il est clair qu'il ne pourrait pas travailler. — L'éducation ? par deux raisons : 1° parce qu'il faut pouvoir entourer l'homme dès le jeune âge d'une surveillance continuelle, et soigner tous les mouvements de son cœur, jusqu'à ce qu'il ait pris toutes ses inclinations vers le bien ; 2° parce que, comme ce sont les sentiments plutôt que les idées qui nous font agir, les bons exemples, qui s'adressent toujours au cœur, ont sur nous incomparablement plus d'empire que les bonnes raisons, qui ne s'adressent qu'à l'esprit. — Nous remarquerons que le bon exemple est tout à la fois ce qu'il y a de plus puissant sur la volonté et de plus doux pour la liberté.—Le conseil n'est jamais reçu sans une secrète résistance, il exerce une sorte de violence sur notre volonté, et celui qui le suit sent qu'il obéit ; le bon exemple descend jusqu'au fond du cœur, la volonté se passionne pour lui, et celui qui le suit sent qu'il est libre. — Or, 1° si la liberté morale vient de la vertu, la vertu de l'éducation, l'éducation des soins et des exemples, les soins et les exemples de la Société ; 2° si la liberté physique vient de la propriété, la propriété du travail, le travail de l'apprentissage et de la garantie, la garantie et l'apprentissage de la Société, la Société est donc la condition du premier affranchissement de l'homme, celui qui le délivre de la nature ?

II. Quant à son semblable, l'homme peut être assujetti de deux manières : 1º par la violence, qui attaque sa personnalité, c'est-à-dire la vie de son âme; 2º par le vol, qui attaque sa propriété, c'est-à-dire la vie de son corps. Il doit donc y avoir pour l'homme deux sortes de libertés : 1º celle qui garantit tout ce qui tient à son âme; 2º celle qui garantit tout ce qui tient à son corps. — La première de ces libertés, qui consiste à rendre l'âme maîtresse de son propre domaine, se nomme inviolabilité personnelle; la seconde de ces libertés, qui consiste à rendre le corps maître de son propre domaine, se nomme inviolabilité industrielle. — Or, le pouvoir par lequel l'homme est mis à l'abri de toute violence attentatoire à sa personnalité, est le droit personnel; et le pouvoir par lequel l'homme est mis à l'abri de tout dommage attentatoire à sa propriété, est le droit industriel. — Le droit personnel et le droit industriel sont une véritable déclaration du droit de vie; ils forment la citadelle de la personnalité : avec le premier, l'homme se défend de tout acte par lequel son semblable attenterait à ce qui tient à son âme; avec le second, l'homme se défend de tout acte par lequel son semblable attenterait à ce qui tient à son corps. — Mais le droit personnel et le droit industriel ne peuvent être établis s'ils ne sont reconnus et sanctionnés par des lois; et ces lois, si elles ne sont garanties par un pouvoir public. — De pareilles lois, pour protéger la double inviolabilité humaine, et un pareil pouvoir, pour protéger l'exécution de ces lois, où se trouvent-ils, sinon dans la Société? — Ce n'est pas tout : la liberté morale, en rendant à l'homme le sentiment de sa dignité, le conduit à réclamer de cette même Société toutes les prérogatives qui se rattachent à son être; et il obtient la liberté économique, la liberté civile et la liberté politique. — La première est le droit de travailler, conséquemment le pouvoir de fonder la propriété et la personnalité; la seconde est le droit de posséder, conséquemment le pouvoir de conserver la propriété et la personnalité; la troisième est le droit de légiférer, conséquemment le pouvoir de protéger soi-même sa propriété et sa personnalité. — Or, 1° si la liberté personnelle repose sur la bienveillance et la justice, la justice sur les lois civiles, les lois civiles sur le pouvoir, le pouvoir sur la Société ; 2° si la personnalité et la propriété reposent sur l'inviolabilité personnelle et industrielle, l'inviolabilité personnelle et industrielle sur le droit économique, le droit économique sur le droit civil, le droit civil sur le droit politique, et de pareils droits sur la Société, la Société est donc la condition du second affranchissement de l'homme, celui qui le délivre de son semblable.

Puisqu'il en est ainsi, jetons un coup d'œil sur l'éducation et sur l'apprentissage, de qui dérivent la vertu et le travail, ces deux libérateurs de l'homme.

Apprentissage. Comme la nature n'obéit qu'à ses lois, pour la faire servir à nos besoins c'est par ses lois qu'il faut lui commander ; pour lui commander par ses lois, il faut les connaître ; pour les connaître, en avoir fait la science ; et les sciences sont le résultat des travaux et des expériences séculaires de la Société. — La Société n'établit pas seulement une association actuelle entre tous les savants qui existent, elle forme comme une sublime Académie de tous les savants qui ont existé. — Or l'apprentissage repose sur l'industrie, l'industrie sur les sciences, les sciences sur la philosophie, qui est l'étude de l'instrument avec lequel on crée les sciences, et la philosophie, sur tous les systèmes qui se sont succédé dans le sein de la Société. — L'individu reçoit donc de son semblable : 1° la science, qui est la connaissance de la loi ; 2° l'art, qui en est l'application ; 3° l'apprentissage, qui en est l'exécution ; et son semblable a reçu ces précieuses communications de la Société. — Dans la Société chacun profite des expériences de tous, de tous ceux qui existent actuellement, comme de tous ceux qui ont existé antérieurement. On a plus tôt appris un procédé qu'on ne l'a découvert. — Pour superposer toutes nos découvertes, qui sont les divers degrés de pouvoir que nous avons acquis sur la nature, il a bien fallu que tous les siècles fussent dans une position à hériter les uns des autres.—Les différentes générations se présentent comme autant d'armées à la conquête du monde physique, et la Société est la grande et éternelle nation où viennent s'entasser les richesses de tant de puissances vaincues. — Enfin dans l'ordre spirituel, n'en est-il pas ainsi pour l'éducation; dans l'ordre civil, pour les législations; dans l'ordre politique, pour les révolutions; dans l'ordre intellectuel, pour les lumières; et dans l'ordre esthétique, pour les objets d'art?

Education. Ce mot seul, formé de *e ducere*, ne signifie-t-il pas déjà que l'homme est quelque chose d'enfermé et qu'il faut tirer de lui-même? Ce qui est enfermé dans l'homme, ce sont toutes ses facultés; l'éducation consiste à les en faire sortir. — Comme toutes nos facultés ne sont mises en jeu que par la volonté, la première faculté à laquelle l'éducation doit s'adresser est la volonté; en développant celle-ci, l'éducation développe toutes les autres. Or, le développement de la volonté est la liberté morale.—Il n'est point vrai, comme l'a cru Rousseau, que l'homme sorte libre des mains de son Créateur, il n'en sort qu'avec le pouvoir de le devenir. La liberté ne serait pas le pouvoir d'agir par soi-même, si elle ne se faisait pas elle-même. Si l'homme eût été créé avec une liberté toute faite, jamais il n'aurait été libre. — Dieu ayant créé l'homme sans liberté, mais avec le pouvoir de l'obtenir, puisque c'est en cela qu'elle consiste, l'éducation vient donc à point pour recevoir l'homme des mains du Créateur. Si la Société ne se trouve pas là pour fournir l'éducation, le plan de Dieu est manqué et sa créature reste inachevée. — Comme la liberté est une puissance qui se tire d'elle-même et s'accroît en proportion de ses efforts, et que Dieu a semé avec précaution sur le passage de l'enfant les difficultés qu'il doit vaincre : annuler la volonté de l'enfant en la soumettant à une volonté étrangère, c'est faire manquer le but du Créateur. C'est parce que la véritable éducation consiste à développer par des efforts la liberté morale, que selon l'histoire les peuples établis dans les lieux les plus difficiles, sont ceux qui ont eu le plus d'énergie. — Un système d'éducation où l'on parviendrait à enlever toute peine, n'en serait point un. Plus l'homme fait d'efforts, plus il développe sa volonté, conséquemment sa liberté morale, et plus il se rend libre. — La plus mauvaise éducation est celle qui habitue l'enfant à obéir à une autre volonté que la sienne. L'enfant n'aura pas toujours son précepteur avec lui; et lorsque cette volonté étrangère lui manquera, il sera la proie de toutes les impressions extérieures. — L'homme n'est fait pour obéir, ni à un autre, ni à lui-même. La liberté ne consiste pas à obéir, à soi non plus qu'aux autres; la liberté consiste à agir de soi-même, pour receuillir le mérite du bien que l'on fait. — Il y a une manière bien simple de savoir qui doit diriger la volonté, c'est de savoir qui Dieu en a chargé. Toute volonté n'a-t-elle pas un motif, une raison; et cette raison où peut-elle se puiser, sinon dans la raison ? — En sorte que le meilleur moyen de former la volonté, est de développer la raison. Lorsque l'enfant cède à une raison étrangère, il n'obéit pas à la sienne : alors il n'y a rien de fait. — Ainsi, au lieu de chercher tous les moyens de s'emparer de la volonté de l'enfant, il faut chercher tous les moyens de lui en laisser l'usage sans danger. — Ce n'est pas sa volonté, c'est sa raison qu'il faut captiver; car, tout en restant libre, il ne fera que vous obéir. Le meilleur moyen de conduire l'enfant, est de le tenir par la raison. — On arrive ainsi tout à la fois à obtenir deux avantages : former sa raison et développer sa volonté; et à éviter deux inconvénients : laisser sa raison dans l'enfance et condamner sa volonté à y rester. En prenant à l'enfant sa volonté on lui prend sa raison. — Voici pourquoi l'objet fondamental de l'éducation est le développement de la volonté. Trois sortes de mobiles président à nos actions : les passions, qui sont la voix du corps; l'égoïsme, qui est la voix du moi; la conscience, qui est la voix de Dieu. Or, comme il faut que la volonté échappe d'abord à la domination des sens pour passer sous sa propre puissance, sous la puissance du moi, et ensuite de la puissance du moi sous le libre empire de la conscience : afin que la volonté se délivre 1° de la domination des sens, 2° de la sujétion du moi, ne faut-il pas qu'elle ait la force de vaincre ces mobiles, qu'elle ait la liberté morale ? — Maintenant, comme la volonté n'est que le cœur en tant qu'il se décide, que le cœur se décide selon ses inclinations, que ses inclinations s'établissent d'après les sentiments qu'il a laissés pénétrer en lui, le grand objet de l'éducation est donc de former le cœur en veillant aux sentiments qui pénètrent en lui. — Et ces sentiments n'étant autre chose que l'impression en nous de la substance intelligible, former le cœur, c'est développer en lui les attributs de Dieu : ne dit-on pas indifféremment *élever* quelqu'un ou faire son éducation ? — Si la volonté se détermine d'après les inclinations, et si les inclinations s'établissent d'après les sentiments, les sentiments à leur tour se fixent d'après les habitudes, c'est-à-dire encore, d'après les actes répétés de la volonté. — Toute vertu n'est qu'un système de bonnes habitudes tout établi ; car nos vertus ne sont que des dispositions vers le bien, c'est-à-dire des habitudes de le faire. Et l'homme n'a à lui que ses vertus, son cœur ne lui appartient que lorsqu'il l'a refait. — Il ne suffit pas de recevoir la raison, il faut être raisonnable. Les sentiments intelligibles, c'est ce que Dieu nous fournit pour la composition de notre être : il faut prendre notre raison et la mettre dans notre cœur. — L'acte de la volonté est ce qui fait passer en nous la substance du bien, du beau et du vrai ; et la vertu est comme le sédiment sacré que cette substance divine laisse fixé aux parois de notre cœur. La vertu est la substance du bien à l'état solide. — Celui qui en est arrivé là ne trouve son plaisir que dans le bien ; en effet, le bien est agréable par sa nature. On doit donc considérer comme signe des habitudes ou des vertus, le plaisir ou la peine qui se joignent à nos actes. — Si donc l'enfant est arrivé à trouver du plaisir à faire le bien, vous pouvez être sûr qu'il le fera toute sa vie ; la divine métamorphose est accomplie, l'œuvre de l'éducation est achevée, le cœur de l'homme est réellement formé. — Enfin, comme pour suivre sa vie ici-bas le cœur est obligé d'employer le corps et l'intelligence, il faut mettre ces deux instruments en état de le servir ; le premier par la gymnastique, le second par l'instruction. — Mais ces diverses branches de l'éducation intégrale reposent toutes sur un même principe : le développement de la liberté morale ; elles n'ont toutes qu'un même moyen : l'exercice de l'habitude ; elles n'ont toutes qu'un même but : la formation du cœur. — Or, la formation du cœur a pour base la religion ; elle seule possède un levier suffisant pour arracher l'homme d'ici-bas : pour que l'homme se détache de la terre, il faut qu'il soit soulevé par le Ciel. — Non-seulement par cet amour des choses infinies qu'elle inspire à notre cœur, la religion est seule capable de nous faire repousser les séductions de cette vie ; mais les hommes qui se sont consacrés à son saint ministère, sont seuls capables de tous les sacrifices qu'exige l'éducation. — L'enfant a été confié à un père et à une mère ; songez qui peut les remplacer ! Pour faire un homme, dit Rousseau, il faut être père ou plus qu'homme soi-même : il n'y a en effet que celui qui est envoyé de Dieu pour cela, soit directement, dans la paternité naturelle, soit indirectement et par grâce, dans la paternité spirituelle. — Énumération des soins et des moyens à employer dans l'éducation. Tout ce que nous n'avons pas à notre naissance et que nous avons étant grands, nous est donné par l'éducation ; et l'éducation nous est donnée par la Société. — Ne retrouve-t-on pas la faculté de l'éducabilité dans l'espèce entière, sous le nom de perfectibilité ? Or, si cette dernière ne peut s'opérer que de génération à génération, de peuple à peuple, de siècle à siècle, qui lie une génération à une génération, un peuple à un peuple, un siècle à un siècle, sinon la Société ? — L'homme vit du revenu de la Société ; la Société est le grand et universel légataire du genre humain. Sans la Société, le genre humain serait tous les jours à recommencer ; par la Société, le genre humain grandit comme un seul être. — Nous ne voyons pas encore pourquoi cette humanité a été ainsi partagée en tant d'individus, lorsque ceux-ci sont obligés, pour recouvrer les avantages de leur nature, de chercher à se reconstituer dans leur unité.

Seulement nous savons maintenant que, malgré l'innombrable variété de ces individus, Dieu a trouvé, par la Société, le moyen de les tenir un. — Ainsi l'homme, né faible et ignorant, vicieux et misérable, c'est-à-dire soumis à la nature et à son semblable, reçoit de la Société, 1° l'éducation, de l'éducation la vertu, et de la vertu la liberté morale, par laquelle il se délivre de l'assujettissement de la nature; 2° l'apprentissage, de l'apprentissage le travail, du travail la propriété, et de la propriété la liberté physique, par laquelle il se délivre de l'assujettissement de son semblable. — La Société lui assure de plus le pouvoir public, lequel lui assure la justice, laquelle lui assure des lois protectrices, lesquelles lui assurent le droit politique, lequel lui assure le droit civil, lequel lui assure le droit économique, lequel lui assure la liberté et l'inviolabilité complète de sa personne. — Sans la Société, les plans de Dieu sur l'homme sont manqués. On voit parfaitement que l'homme a été formé pour elle, puisque sans elle il ne peut être ce que sa nature veut qu'il soit. Dès-lors, à ce principe fameux, mais qui ne se trouve point conforme aux faits : *Nous étions nés pour être hommes, la Société nous a plongés dans l'enfance*, nous pouvons de plein droit substituer celui-ci : *Nous étions plongés dans l'enfance, la Société nous a élevés à l'état d'hommes.*

Enfin si l'homme, venant au monde en proie à quatre assujettissements, les passions, la misère, la violence et le vol, trouve dans la Société les quatre libertés, morale, physique, personnelle et industrielle, nous devons répondre à la question de ce chapitre, que : La Société est, dans le temps, la condition de l'existence de l'homme, comme être doué de liberté, ainsi qu'elle est déjà la condition de son existence, comme être doué d'un corps. — Mais l'homme n'est-il pas aussi un être doué d'intelligence? Alors, sous ce troisième point de vue, quelle sera dans le temps la condition de son existence?

III.

Quelle est, dans le temps, la condition de l'existence de l'homme, comme être doué d'une intelligence ?

Du langage.

Nous avons vu comment l'homme reçoit la vie de la volonté; voyons comment il reçoit la vie de l'intelligence.

Puisque, sans la causalité et sans la rationalité, l'homme n'existerait pas plus pour l'absolu, que, sans le corps et sans l'intelligence, il n'existerait pour le temps ; et puisque, la causalité de l'homme ne pouvant se manifester ici-bas sans le corps, nous avons cherché quelles sont les conditions de la vie de ce corps, la rationalité, à son tour, ne pouvant se manifester ici-bas sans l'intelligence, nous allons chercher quelles sont les conditions de la vie de cette intelligence.

Si l'homme est déposé sur la terre avec une intelligence,

pour le service de sa rationalité, l'état où il pourra le mieux remplir sa destination comme être doué d'une intelligence, ne sera-t-il pas nécessairement celui qui offrira le mieux toutes les conditions de l'exercice de cet indispensable instrument? Si donc il est un état sur la terre, où l'intelligence de l'homme reçoive tout à la fois 1° la vie intellectuelle, 2° tous les moyens de la développer, 3° le loisir et les occasions de s'en servir, et où l'on va même jusqu'à former en lui cette faculté, comme l'une des plus précieuses de son être, ce sera bien assurément là l'état naturel de l'homme! Ce sera bien là son état naturel, puisque loin d'y avoir à souffrir de sa nature d'être doué d'intelligence, on viendra au contraire au devant de lui pour réveiller cette faculté et lui en apprendre l'usage, à supposer qu'il ne le connût pas.

Ce que l'expérience nous a montré de la faiblesse de l'homme comme être doué d'un corps, s'applique aussi exactement à l'homme comme être doué d'une intelligence: l'intelligence, comme le corps, n'a qu'une existence conditionnelle et subordonnée. La vie lui est transmise au moyen d'une génération que nous allons expliquer; génération spirituelle, aussi indispensable à l'existence de l'intelligence que la génération physique l'est à l'existence du corps. Aussi l'homme, de même que pour la vie du corps, sent bien l'impossibilité où il est de s'être donné la vie de l'intelligence, ou même de se la conserver. Si la conservation de l'intelligence eût dépendu de l'homme, il n'y eût jamais eu un seul fou ni un seul idiot.

Toutefois notre liberté se manifeste ici comme partout. Je veux dire qu'il dépend des efforts de notre volonté de développer les facultés et la vie de notre intelligence, quand une fois nous l'avons reçue; comme il dépend de notre volonté de développer les organes et la vie de notre corps, quand une fois nous le possédons. C'est dans ce sens que l'on dit vulgairement : Voici un homme qui a acquis beaucoup d'intelligence, en voici un autre qui a acquis beaucoup de force. Nous recevons l'existence, puisqu'il était impossible qu'avant d'être nous nous donnassions l'être, mais c'est nous qui la développons. Chez l'homme, l'intelligence et la force, la vigueur intellectuelle et la vigueur physique, sont toujours en raison de l'énergie de sa liberté.

Nous avons vu, dans le premier chapitre de ce III° Livre, comment l'homme reçoit la vie du corps, mais nous n'avons pas vu comment il reçoit la vie de l'esprit. Eh bien! si la vie du corps se transmet d'homme à homme, par une tradition corporelle, la vie de l'esprit se transmet pareillement de l'homme à son semblable par une tradition spirituelle. La tradition est une génération spirituelle, comme la génération est une tradition physique. Nous savons par quel moyen nous recevons de nos semblables la vie physique, voyons par quel moyen nous recevons de nos semblables la vie intellectuelle.

Comme déjà nous avons été bien souvent amenés à le dire, et comme l'ont prouvé jusqu'à présent tous les faits psychologiques, faits que le génie de l'auteur de la Palingénésie Sociale était venu éclairer d'avance par des vues historiques de la plus grande profondeur, l'homme, de tous points, n'est qu'en puissance d'être. Cette vérité va encore ressortir ici. L'homme, doué en naissant d'organes physiques et de facultés intellectuelles, n'apporte avec lui ni la vie qui anime les premiers, ni l'intelligence qui anime les secondes, si l'une ne lui est ménagée par les soins de ses semblables, et si l'autre n'est réveillée en lui par un moyen qui dépend également de ses semblables. Son corps sans doute est conformé pour vivre de la vie physique de la sensation et du mouvement, mais il faut que la possession lui en soit assurée par des moyens extérieurs. Son intelligence sans doute est conformée pour vivre de la vie spirituelle de l'imagination et du raisonnement, mais il faut aussi que la possession lui en soit assurée par des moyens également hors de lui. Assurément l'âme est faite pour vivre de la vie de l'intelligence, comme le corps est fait pour vivre de la vie animale; assurément l'âme porte en elle le principe de cette intelligence, comme le corps porte en lui le principe de cette vie, comme la pierre renferme l'étincelle que le choc doit en faire jaillir; mais cette intelligence s'ignore si une force extérieure ne vient imprimer le premier mouvement à ses facultés. Cette force extérieure est la parole.

C'est la parole qui révèle à l'homme qu'il est un être doué d'intelligence; et qui sollicite cette intelligence à la vie. La génération spirituelle s'opère donc par la parole; la parole est le canal par le moyen duquel la vie est transmise et circule dans toutes les intelligences. La transmission de cette vie, de parole en parole, jusqu'à nous, est ce qu'on appelle tradition; et nos pères nous transmettent cette vie, comme elle leur fut transmise par les leurs.

« Le langage, suivant un philosophe, est certainement un moyen spirituel plutôt que corporel de former nos idées. » Aussi l'expérience nous montre-t-elle que l'effet produit par le langage sur l'esprit de l'homme est positivement une révélation. Avant l'apparition du langage, l'intelligence, comme le fœtus enfermé dans le placenta, attend encore la lumière, la respiration et la vie.

Dans un instrument le son n'émane point de l'archet, mais l'archet fait vibrer la corde, il la rend sonore; de même, la parole ne crée point la pensée, mais, si l'on peut s'exprimer ainsi, elle fait vibrer l'esprit, elle le rend intelligent. On peut rigoureusement le dire, la parole fait que l'esprit accouche de la pensée. Mais aussi, comme sans une impression extérieure la corde d'un instrument ne rend jamais de son; de même l'intelligence n'ayant point reçu l'impression du langage, ne rend jamais de pensée, elle reste sans parole. Il est si vrai que l'homme privé de l'ouïe, par laquelle on reçoit le langage, reste sans parole, c'est-à-dire que le sourd reste muet, qu'on appelle *sourd-muet* celui qui de naissance est privé de l'ouïe [1]. Et le langage est tellement le moyen par lequel la vie est

---

[1] « La voix étant la conséquence de l'audition, elle ne peut se développer si les circonstances qui la produisent n'existent point. En effet, les enfants sourds de naissance, qui n'ont pu prendre aucune idée du son; les idiots qui n'établissent point de rapport entre les sons qu'ils perçoivent et ceux que leur larynx peut produire, n'ont point de voix, quoique l'appareil vocal des uns et des autres soit apte à former et à modifier les sons, aussi bien que celui des individus les mieux conformés. Par la même raison, les individus que nous nommons sauvages, parce qu'ils ont été trouvés errants depuis leur enfance dans les forêts, ne peuvent point avoir de voix (ils n'ont que des cris), l'intelligence ne se développant pas dans l'état d'isolement, et nécessitant la vie sociale. »

MAGENDIE, *Précis de Physiologie*. De la voix proprement dite ou acquise; — 2ᵉ édition.

transmise à l'intelligence, que la surdité, qui n'est qu'une interception de la parole, laisse le sourd-muet dans l'idiotisme, qui est la surdité de l'esprit. C'est un fait d'expérience qui se renouvelle et se vérifie tous les jours : que l'intelligence du sourd-muet reste dans l'engourdissement de l'idiotisme tant que le sourd-muet reste sans communication avec la Société, et qu'il n'est arraché à cet idiotisme que lorsque les hommes découvrent un langage approprié à son état. De là, aussitôt que, par les organes qui restent au sourd-muet, la Société a trouvé un moyen de communiquer avec lui, celui-ci renaît promptement à la vie intellectuelle, et prend l'usage de ses facultés. Le sourd-muet ne peut pas plus se donner de lui-même l'intelligence, qu'un instrument ne peut de lui-même se donner le son, ou qu'un être pris dans le règne minéral ne peut se donner la vie animale. Aussi l'homme qui, privé de toute communication intellectuelle avec ses semblables, est resté dans la stupidité, est-il appelé *Idiot*, du mot ἴδιος qui signifie *seul, isolé*; parce qu'en effet, cet homme est alors comme isolé au milieu de ses semblables, et son isolement fait son idiotisme.[1]

---

[1] « Le cerveau, les sens et les mains, tous ces instruments de l'art seraient inutiles, même avec l'attitude droite, si le Créateur ne nous eût accordé, pour les mettre en œuvre, *le don céleste de la parole*. C'est par elle que s'éveille la raison endormie, ou plutôt la capacité pure de la raison, qui, d'elle-même, condamnée à une éternelle oisiveté, acquiert par la parole une puissance et une efficacité vitale. L'exemple des sourds-muets de naissance prouve combien il est difficile à l'homme privé de la parole d'atteindre à des idées raisonnables, même au milieu d'autres hommes. Il faut donc considérer les organes délicats de la parole comme les instruments qui ont servi à l'éducation de notre raison, et le langage comme l'étincelle céleste qui enflamme par degrés notre pensée et nos sens. Un Dieu a enseigné à l'homme l'art d'exprimer ses idées par des articulations de la voix, et de gouverner la terre par la puissance de la parole. La raison et le perfectionnement de l'homme viennent du langage ; car c'est par là qu'il réalise

Mais, de ce que la parole procure à l'homme l'usage de l'intelligence, il ne faut pas conclure que sans la parole la vie spirituelle ne jetterait absolument aucune lueur dans son âme ! De sorte que, pour comprendre l'effet certain et déterminé du langage sur l'homme, il ne faut point commencer par confondre la raison, qui est la sagesse intelligible même, quoique à l'état créé, avec l'intelligence, qui est un instrument donné à l'homme pour faire le service de la raison dans cet état créé; par conséquent il ne faut point confondre le produit spirituel, tel qu'il sort de la raison, avec ce même produit lorsqu'il a été élaboré par l'intelligence et approprié au temps. En un mot, il ne faut point confondre le *sentiment*, qui est un phénomène rationel, avec la *pensée*, qui est un acte intellectuel.

Le sentiment, comme nous le savons, étant la sensation de l'âme, c'est-à-dire l'impression que la Réalité intelligible produit sur la raison, le sentiment, disons-nous, est un phénomène impersonnel, nécessaire, que nous ne faisons point, mais qui se fait en nous au passage de la Réalité intelligible. La pensée, au contraire, est une opération intellectuelle sur le sentiment, opération personnelle, arbitraire, qui dépend complétement de nous. Tous les hommes, par cela qu'ils sont hommes, éprouvent des

---

véritablement la réflexion et la liberté, pour lesquelles son organisation n'avait fait que lui donner des capacités oisives par elles-mêmes. Il peut, il doit exister des créatures supérieures dont la raison s'exprime par le regard ; mais l'homme de cette terre est instruit par l'oreille à comprendre le langage de l'œil. Les nations orientales ont un mot expressif pour désigner les animaux, qu'elles appellent *les enfants muets de la terre*. Au moment où l'homme reçut la parole, il reçut le souffle de la Divinité, le germe de la raison et de l'éternelle perfection ; en un mot, l'art céleste des idées, le père de tous les arts. »

Herder, *Idées philosophiques*, etc., p. 201 ; traduction de M. Quinet.

sentiments dans leur âme, comme ils éprouvent des sensations dans leur corps, en un mot comme ils digèrent, respirent ou sentent circuler leur sang; mais tous les hommes ne savent pas exécuter avec leur intelligence les opérations du penseur, comme tous ne savent pas exécuter avec leurs membres les opérations de l'artisan. Les sentiments, qui sont en nous les impressions de la Réalité intelligible, ne dépendent donc point du langage, ainsi qu'en dépendent les pensées, qui sont comme les figures que notre intelligence a découpées, par le moyen des *termes*, sur ces sentiments infinis que nous recevons de la Réalité. Car il est aussi vrai de dire qu'il ne peut exister une pensée sans ses paroles, qu'il est vrai de dire qu'il ne peut exister de figure sans ses limites. Aussi, l'homme ne peut penser sans le secours des mots.

Si plus tard, lorsque le langage a fait l'éducation de l'intelligence et lui a fourni toutes les conditions de la pensée, l'homme semble penser sans le secours des mots, c'est que la méditation n'est encore dans le fond qu'une silencieuse combinaison de mots. En effet, par la longue habitude qu'on a eue de s'en servir, les mots ont laissé d'une manière assez marquée dans l'imagination les traces des objets et des figures qu'ils représentent, pour que l'intelligence, dans ses opérations, puisse employer ces formules toutes faites : alors, si la parole ne se prononce tout haut, c'est que l'imagination retrace tout bas à l'intelligence l'empreinte que ces mots y ont laissée.

Cette vérité, qu'il ne peut y avoir de pensée sans parole, que dès-lors l'intelligence ne peut luire dans l'homme avant que son semblable l'y ait en quelque sorte allumée par le langage, et qu'au contraire, la raison et le cœur reçoivent tout naturellement, la première, l'intuition des trois notions du vrai, du bien et du beau, le second, le sentiment du saint, de l'amour et du bonheur ; de telle sorte que la vie de la raison et la vie du cœur sont invariablement assurées, tandis que la vie de l'intelligence et la vie du corps sont subordonnées à des circonstances contingentes ; cette vérité, dis-je, s'explique par une grande observation faite sur la nature de l'homme en général :

Comme nous avons eu déjà occasion de le remarquer à propos du pouvoir que le cœur a sur lui-même, il y a dans l'homme physique deux systèmes d'organes différents ; l'un se compose de ce qu'on appelle les *organes de nutrition*, par lesquels le corps reçoit la vie et la conservation, et l'autre de ce qu'on appelle les *organes de relation*, par lesquels le corps agit et se met en rapport avec ce qui l'environne. Le premier de ces systèmes, complétement soumis à l'empire des lois physiologiques de la nature, d'où il tire sa substance, opère indépendamment de nous les phénomènes de la digestion, de la respiration, de la circulation, en un mot tous les actes qui rentrent dans la vie de nutrition ; le second de ces systèmes, complétement soumis au contraire à l'empire des décisions arbitraires de la volonté, d'où il tire le mouvement, opère entièrement d'après nous tous les actes qui rentrent dans notre vie de relation. Le premier, auquel se rattachent tous les phénomènes qui sont le fondement de notre vie, agit donc tout-à-fait sans notre consentement : ce sont là les actes impersonnels du corps. Le second, auquel se rattachent tous les mouvements qui sont la conséquence de notre vie, agit donc tout-à-fait à notre gré : ce sont là les actes personnels du corps. Au reste, ces derniers actes sont précisément ceux pour lesquels notre corps a été livré en instrument à la volonté de l'homme, tandis que les premiers ne sont, à proprement parler, que les conditions de l'existence de cet instrument.

Car Dieu voulant donner à l'homme un instrument capable de servir sa causalité, a dû le lui livrer tout prêt et tout vivant, pour qu'il n'ait plus qu'à l'employer; c'est pourquoi la volonté n'a de pouvoir sur le corps qu'en tant qu'elle en exige l'action, le reste ne la regarde pas. Et puis, comme le fait remarquer un philosophe, « l'indépendance dans laquelle les organes de la vie purement animale sont à l'égard de la volonté, fait que l'abandon de la vie, même lorsqu'il est le plus volontaire, ne peut s'accomplir par un simple acte de la volonté. Il paraît d'abord contraire à la constitution morale de l'homme, et à la prééminence de l'âme sur le corps, que l'âme ne puisse exercer sur les organes de la vie animale l'empire absolu, la souveraineté immédiate qu'elle exerce sur les organes de la vie intellectuelle, et empêcher, par un acte intérieur de la volonté, l'estomac de digérer ou le sang de circuler, comme elle empêche l'organe cérébral de coopérer à la pensée, ou la langue d'en produire l'expression. Mais, en y réfléchissant, on voit que l'espèce n'aurait pu subsister avec cette faculté, que l'homme n'avait pas assez de pouvoir sur ses passions pour avoir un pouvoir si absolu sur sa propre vie, et pour qu'il lui fût permis d'en disposer à si peu de frais. En effet, comme dans cette hypothèse la mort n'eût été qu'une volonté de ne plus vivre, qui se serait accomplie sans le secours d'aucun acte extérieur, toutes les petites colères de l'enfance, tous les dépits amoureux de la jeunesse, tous les chagrins cuisants de l'âge mûr, auraient fini par le suicide chez les sujets naturellement emportés ou affligés d'une excessive sensibilité, et les premiers moments de nos passions auraient été presque toujours les derniers moments de notre vie. La tendresse paternelle aurait été sans fermeté, l'amour conjugal sans support et sans patience, les lois sans force, les fautes sans repentir et sans réparation. » De sorte que, sans parler de la douleur qui accompagne tout acte intenté contre soi-même, l'homme étant obligé pour se donner la mort, « d'armer son corps contre lui-même » et d'intervenir par des opérations qui, ne découlant plus aussi immédiatement de la volonté, exigent les difficultés d'une opération intermédiaire, tout cela donne au cœur le temps de revenir sur son premier mouvement, et empêche la liberté de se fermer si facilement sa propre carrière.

Eh bien ! il y a de même dans l'homme spirituel deux systèmes différents de facultés (et je m'étends ici à dessein, pour compléter ce qui a été dit précédemment à propos de l'influence de la volonté sur le cœur), dont les unes sont dites *impersonnelles* et les autres *personnelles*. Les facultés impersonnelles, par lesquelles l'âme puise la vie et se conserve, complétement soumises aux lois de la Nature intelligible, dont elles tirent leur substance, opèrent indépendamment de notre volonté les phénomènes de l'intuition, de la croyance et de l'amour, qui sont la sensation, la respiration et l'assimilation de l'âme : aussi ces facultés sont-elles les *organes de nutrition* de l'homme spirituel. Les facultés personnelles, complétement soumises au contraire aux lois de notre nature libre, dont elles tirent leurs mouvements, opèrent immédiatement et exclusivement d'après notre volonté, tous les actes de l'activité intelligente et libre : aussi ces facultés sont-elles les *organes de relation* de l'homme spirituel.

Les facultés impersonnelles de notre âme produisent donc des actes aussi indispensables à la vie spirituelle, que les organes de nutrition de notre corps à la vie matérielle; et à leur tour, les facultés personnelles de notre âme produisent donc des opérations qui sont à sa vie spirituelle, ce que les opérations volontaires de notre corps sont à sa vie de relation. Ces opérations sont les actes personnels de notre âme, ceux qu'elle exécute au moyen de sa liberté, ceux pour lesquels elle a reçu la vie. Car le premier de ces systèmes de facultés renferme aussi les conditions indispensables de l'existence de l'âme, les principes sans lesquels elle n'existerait pas; tandis que Dieu, ayant donné à l'homme un instrument capable de servir sa liberté, a dû lui confier une raison toute faite, pour qu'assuré de la vérité, il n'ait plus qu'à l'exploiter par son intelligence, qui n'est elle-même qu'un système d'organes de relations intellectuelles.

Il semble aussi que, d'après la souveraineté de notre liberté, nous devrions exercer sur les facultés de la vie rationnelle le même pouvoir que sur les facultés intellectuelles, et empêcher, par un simple acte de la volonté, la raison de croire et le cœur d'aimer; c'est-à-dire que nous devrions suspendre l'acte de respiration et de nutrition de notre âme, comme nous pouvons suspendre les actes d'attention, de comparaison et d'imagination, qui dépendent de notre activité. Mais on observera aussi que l'homme, enfermé dans le temps, n'aurait jamais eu la patience d'y rester pour accomplir sa destination, s'il eût dépendu d'un acte si simple de donner la mort à son âme. En effet, comme dans ce cas la mort de l'âme n'eût été qu'une volonté de ne plus respirer la Réalité, par l'intuition, la croyance et l'amour, tout mouvement désordonné des passions, tout acte de fureur, d'égoïsme ou de sensualité, étant obligé de se délivrer de la raison, eût détruit la vie rationelle par un simple désir. La mort de l'âme n'eût été qu'une volonté de ne plus croire ou de ne plus aimer ; le premier mensonge eût éteint en nous la lumière de la vérité, la première injustice anéanti la conscience, et la première haine étouffé le cœur. C'est alors qu'il serait vrai de dire que l'erreur et le mal eussent été irréparables, l'espoir sans fondement, les fautes sans repentir.

Actuellement, et c'est là que nous voulions en venir, nous remarquerons pour la vie spirituelle de l'homme, comme pour sa vie matérielle, cette grande loi, sentie de tous ceux qui se sont fait une idée de l'organisation des choses : les conditions nécessaires et indispensables de l'existence d'un être, ne sont jamais confiées à l'incertitude de son instinct ou de sa sagesse particulière ; tandis que les conditions d'existence qui découlent des premières, et qui composent la vie active, en un mot celles dont l'absence peut se faire sentir pendant quelque temps sans que la destruction s'en suive immédiatement, sont les seules que le Créateur ait livrées aux êtres, et les seules d'ailleurs qu'il leur soit utile de mettre en action.

Et remarquez également que cette loi, bien loin de nuire à la liberté, ne fait que lui donner une plus grande extension : en prolongeant la vie, elle en prolonge l'usage. D'autant plus que la liberté, ayant souvent à se repentir de ses actions, et formant alors la résolution d'en faire de tout opposées, doit nécessairement disposer du temps nécessaire pour revenir sur ses actes et profiter de son expérience. Eh bien ! voilà pourquoi la vie rationelle, qui est la vie de nutrition de l'âme, lui est invariablement assurée par le Créateur; tandis que la vie intellectuelle, qui est la vie de relation de l'âme, est au contraire entièrement livrée aux soins de l'homme, et se trouve ici subordonnée à la condition du langage.

C'est donc parce que tous les actes opérés par les facultés de nutrition de la vie rationelle doivent, en tant que conditions indispensables de notre existence, s'exécuter indépendamment de notre concours, que tous ces actes s'opèrent d'abord en nous, indépendamment de notre intelligence, c'est-à-dire sans le secours du langage.

Comme il est facile de l'observer, tous les phénomènes purement rationels s'opèrent en nous, et y sont parfaitement sensibles, sans que nous ayons besoin de recourir aux mots : ainsi le sentiment du juste et de l'injuste, du beau et du laid, du vrai et du faux, de l'amour ou de l'aversion, se déclarent en nous à l'occasion des réalités qui les éveillent, absolument de même que, dans le corps, la douleur ou le plaisir sont occasionnés par les objets qui les provoquent. Aussi, les hommes disent-ils : qu'*ils éprouvent* tels ou tels sentiments, et non pas qu'ils les produisent.

Mais, comme il est également facile de l'observer, les phénomènes purement intellectuels, et qui s'exécutent par notre propre concours, ne peuvent s'opérer en nous sans que nous fassions usage des mots. Qu'on essaie de comparer, d'analyser, de recomposer, de détruire, d'abstraire, de réfléchir, d'imaginer, sans que l'esprit se serve d'aucun mot ou d'aucune autre image prise dans le monde fini! Observez également que les hommes disent : qu'*ils font* des abstractions, des comparaisons, des raisonnements, et non pas qu'ils les éprouvent ; comme on le dit des sentiments, qui sont les impressions que l'âme reçoit inévitablement de la Réalité.

Mais l'impression de la Réalité sur notre âme doit conserver le caractère et de la Réalité qui l'envoie, et de l'âme qui l'éprouve ; par conséquent toute communication rationelle avec la Réalité, c'est-à-dire tout sentiment doit être absolu, infini, autant que la raison peut le comporter : alors, comment une pareille lumière peut-elle éclairer l'homme, qui ne comprend que par le moyen d'une intelligence relative, finie? C'est là précisément ce nouveau phénomène qui va s'expliquer par le langage. Rappelons-nous seulement ici ce que nous avons dit de la nature et des fonctions de l'intelligence. Ne craignons pas de nous étendre sur l'examen de la question du langage, parce que nous verrons bientôt de quelle importance elle est pour l'éclaircissement de notre sujet en général.

L'homme est un être immortel condamné à vivre de la vie du temps ; un être fait pour la lumière absolue, momentanément assujetti à ne connaître que par une lumière relative. Comment son âme, substance infinie faite pour l'éternité, pourra-t-elle, ainsi condamnée au fini, se retrouver et saisir son existence dans le temps? et comment cette lumière, que les conceptions infinies mettent en elle, pourra-t-elle se proportionner au mode de sa compréhension finie? L'homme éprouvera, il est vrai, l'impression d'une vague lumière; quelque chose d'indéfini agitera son cœur vers le bien, son intelligence vers le vrai, son imagination vers le beau; mais s'il doit se rendre compte ou faire part de ces conceptions, comment les formulera-t-il? S'il n'a, par exemple, que la conception générale du juste, et qu'il doive prononcer sur la valeur d'une action, comment exprimera-t-il le degré de justice qu'il y trouve? Par l'intelligence.

Oui, mais c'est l'intelligence elle-même qui demande cette lumière proportionnée au moi! C'est l'intelligence qui exige que le sentiment infini soit mesuré, limité, formulé, pour entrer sous sa perception finie! C'est donc l'intelligence qui cherche le moyen de faire passer les rayons de cette lumière intelligible par l'un de ses organes. Elle se précipite au-devant de ces rayons pour les saisir; mais la lumière lui échappe, parce qu'elle est infinie, et l'intelligence ne fait qu'éprouver de plus en plus le sentiment et le besoin du vrai. Alors, comment parvient-elle à se saisir du vrai?

Nous avons vu que l'espace et le fini sont les modes de perception de l'intelligence, et que l'attention est l'opération préliminaire sans laquelle elle ne peut rien. Mais qui dit attention, dit toutes les forces de l'esprit portées sur un point, puis analyse, décomposition, comparaison et recomposition de l'objet à connaître : or comment analyser, décomposer et recomposer ce qui est infini? Chaque fois que l'intelligence veut lui porter un coup d'analyse pour l'exposer à son attention, l'infini, comme un élément irréductible, ne fait qu'émousser l'intelligence ou la renvoyer dans le vague de la contemplation; et tel est le sort de l'intelligence livrée à elle seule. Eh ! comment concevoir que ce qui a la capacité du fini puisse recevoir l'infini dans son sein?

Cependant les sentiments n'existent pas seuls dans le monde : les sciences ne sont-elles pas pleines de pensées définies, de notions formulées ? Il doit donc y avoir pour l'intelligence un moyen de soumettre la Réalité à ses calculs, l'infini à ses décompositions? Il doit donc y avoir une sorte d'algèbre représentant par des signes finis des quantités infinies, et les ramenant ainsi sous son pouvoir de combinaison? Eh bien, c'est l'œuvre de la parole. C'est le verbe qui fait de l'infini une réalité proportionnée à l'intelligence humaine.

Tout mot est un signe qui représente un élément, une propriété de la réalité. Ainsi, le substantif indique l'être, ou l'objet; le verbe indique la manière dont cet être agit, ou l'action de sa loi; enfin l'adjectif indique la propriété, ou la qualité de cet être. Aussitôt qu'un être apparaît, il est nommé par un substantif; aussitôt qu'il agit, ou qu'il montre sa manière d'être, il est nommé par un verbe; et dès qu'il manifeste sa propriété particulière, elle est qualifiée par un adjectif. Or, remarquons qu'une réalité ne peut pas jouer d'autre rôle vis-à-vis de l'esprit, que d'apparaître, ou comme existant, ou comme agissant, ou comme produisant un effet quelconque par son action.

La Réalité peut continuer maintenant de parcourir son cercle éternel, la pensée la suivra dans tous ses mouvements. L'être représenté par un substantif produit-il, par exemple, des effets de deux sortes ? L'intelligence ne voit pas l'être lui-même, mais elle possède le mot qui le représente en elle : alors elle se pourvoit aussitôt d'un autre mot, laissant le premier pour exprimer ce qui dans l'être lui avait d'abord apparu, et appliquant le second aux nouveaux phénomènes qui viennent de la frapper. Il en est ainsi de tous les autres phénomènes. Et le verbe, aussi vivant, aussi actif, aussi ancien, aussi présent, aussi invariable que la loi, dira l'action; il la dira dans le passé, dans le présent, dans le futur; il suivra la Réalité dans toutes ses manières d'être. S'il s'agit de la réalité créée, il la suivra dans tous ses mouvements au milieu du temps et de l'espace.

Oui, le plus merveilleux de ces mots, si merveilleux qu'il a donné son nom à la parole, c'est le verbe. Le verbe ayant seul un esprit fait pour l'éternité, pouvait seul faire comprendre le temps. Nous disions que l'intelligence est un moyen de créaturaliser la pensée, ou de la rendre perceptible dans le temps, que l'intelligence ne pouvait arriver là sans le secours du langage, et que le langage était conséquemment l'instrument incarnateur de la pensée : eh bien ! c'est au verbe que le langage doit cette propriété.

En effet, n'est-ce pas le verbe qui, ayant la puissance de faire abstraction de l'éternité, ou du temps absolu, se partage selon les successions de la durée, ou du temps relatif, celui dans lequel nous sommes renfermés ? Aussi voyez avec quelle profondeur de langage la plus simple

grammaire nous dit : « Le verbe se divise en *trois temps*
« principaux : le présent, le passé et le futur; ces trois
« temps principaux se divisent en temps secondaires, etc.»
Tout le verbe se sacrifie au temps, tout y est pour lui ; le
verbe est ce qui met les choses infinies à la portée de
notre nature humaine.

Comme le verbe est obligé de se diviser selon les temps,
l'acte par lequel il réunit ensuite tous ses temps pour se
recomposer, jusqu'à ce qu'enfin il arrive à redevenir
éternel, cet acte est ce qu'on appelle conjuguer, de *cum
jungere*. Aussi les grammairiens avouent naïvement que *ce
n'est pas là un temps proprement dit*, et lui donnent le
nom d'INFINITIF, c'est-à-dire de temps infini. Le verbe
à l'infinitif, c'est le verbe pur, parce qu'il est au temps
éternel. Le verbe se présente donc à l'infinitif, ou au
temps éternel ; c'est par l'intelligence ensuite qu'il se divise
et se répand sur le temps successif. Voilà comment nous
recevons les idées rationelles à l'état absolu, et comment
avec l'intelligence nous les proportionnons au temps.

Par le moyen du substantif, du verbe et de l'adjectif,
l'intelligence aura donc en elle des signes qui représente-
ront tous les êtres, tous les mouvements et toutes les propriétés que la Réalité lui aura fait connaître ; et comme la
Réalité est vivante, qu'elle produit des actes, qu'elle a des
propriétés et des lois, l'intelligence opérera, sur les mots
qui représentent ces propriétés et ces lois, les mêmes
actes, les combinant de la même manière qu'ils le sont
dans la Réalité. Alors l'intelligence, au lieu de contempler
l'infini, ne s'occupe plus que de sa représentation en elle ;
et là elle le retrouve comme un petit monde construit de

mots. Dès que l'intelligence s'aperçoit qu'il y a ainsi entre ses inductions, ses déductions, enfin toutes les opérations qu'elle fait subir aux mots, et l'ordre des phénomènes de la Réalité, un certain parallélisme au moyen duquel sa pensée, sans sortir d'elle-même, c'est-à-dire sans sortir des opérations faites sur des mots, représente subjectivement, par l'ordre et les propriétés de ces mots, l'ordre et les propriétés des phénomènes objectifs, et que dans la logique les conséquences naissent des principes, comme dans la Réalité les effets naissent des causes, l'intelligence, disons-nous, reconnaît qu'elle possède un instrument explicatif applicable à tous les phénomènes de la Réalité, conséquemment à tous les besoins de la pensée humaine.

Ainsi, pour l'intelligence, chaque mot représente en quelque sorte l'échantillon d'un élément, ou d'une propriété de la Réalité. Le sentiment que nous en recevons nous dirige, par un secret instinct, dans la combinaison que nous devons faire des mots de la langue ; de sorte que la phrase, dans laquelle les mots sont combinés comme les éléments qu'ils représentent le sont dans la Réalité, la phrase, par le moyen de son substantif, de son verbe et de son attribut, donne à notre intelligence, sous une forme finie et achevée, la représentation de la vérité, quoiqu'elle soit infinie. C'est là le phénomène de la pensée. Les sciences qui ne sont, comme dit Condillac, *que des langues bien faites*, deviennent donc, par le moyen de signes sensibles, des systèmes de représentation de la Réalité.

Si la pensée est une réalité intellectualisée, la parole est une pensée incarnée. La parole est, comme l'a dit un versificateur français : « Cet art ingénieux de peindre la

« pensée et de parler aux yeux. » La pensée représente la Réalité par un signe intellectuel, et la parole représente la pensée par un signe corporel : le langage est à la pensée ce que la pensée est à la Réalité. C'est ainsi que la substance infinie a bien voulu que sa lumière divine se transformât suivant les besoins de notre nature, pour arriver, par le moyen du verbe humain, jusque sous la tangibilité de nos pauvres organes. Et la parole ne fait pas seulement descendre le Monde intelligible jusqu'à la portée de l'homme, elle élève encore jusqu'à lui le monde matériel. La parole unit le monde matériel au monde intellectuel, comme elle unit le monde intellectuel au Monde intelligible. Elle assure le regard de l'homme sur tous les mondes; elle conduit sa pensée à travers tous les espaces, et la fait aborder à toutes les sphères de réalités.

Penser, c'est combiner des paroles sur le plan et le mode que l'intuition, ou le sentiment, indiquent tout bas à notre âme; voilà pourquoi, dans une profonde méditation, on se surprend prononçant des mots tout haut. Ce sont les mots qui permettent à l'intelligence de saisir et de retenir la Réalité; car lorsque les mots ne viennent pas à l'esprit, la Réalité disparaît et la pensée avorte, c'est-à-dire que la vision de la Réalité n'arrive pas jusqu'à l'intelligence. Sans eux, où seraient par exemple les idées ontologiques, morales, mathématiques, esthétiques, presque toutes formées d'abstractions? Et d'abord, qu'est-ce qu'une idée abstraite? Un point de vue particulier, la vue d'une petite portion de la Réalité. Alors, si cette abstraction est la condition de notre intelligence, le commencement de la connaissance, comment au milieu de la Réalité retrouverons-nous cette abstraction, ce point de vue de l'esprit, sans le mot qui le limite? C'est donc le mot qui marque cette limite et qui trace à nos yeux l'abstraction, c'est-à-dire la pensée. Car, où trouver des pensées, des abstractions, des limites dans la Réalité? Que serait pour nous la substance, que nous concevons sous tout phénomène, si le mot substance n'existait pas? Ne finirions-nous pas par appliquer l'idée de substance, que la raison nous fournit, au phénomène que nous fournissent les sens, et par prendre le phénomène pour l'être et l'effet pour la cause, comme font les enfants? Que seraient pour nous, par exemple, l'idée de matière, l'idée de loi, l'idée de cause, l'idée du vrai et du beau absolu, enfin toutes les idées qui ne tombent pas sous nos sens, sans les mots qui conservent ces idées présentes à notre esprit? Qui a jamais vu la substance, même de la matière, ou bien celle d'une loi, d'une cause, ou encore du vrai, du bien, du beau? et qui cependant voudrait nier l'idée de matière, l'idée de loi, de cause, du vrai, du bien, du beau? Sans mot, l'on pourra bien se figurer un homme, parce que son corps est lui-même un signe représentatif, un mot; mais sans le mot *homme*, comment pourrions-nous avoir l'idée de l'homme en général? Enfin, comment se représenter une idée et la représenter aux autres, sans un mot qui la donne toujours la même à tous les esprits?

La science n'est souvent pour quelques intelligences exercées qu'une acquisition de mots. Ainsi, lorsque nous nous apercevons qu'un corps est composé, si nous n'avons pas le nom des éléments qui le composent, nous ne pourrons pas penser à chacun de ces éléments et chercher sa propriété spéciale. Le paysan voit, tout aussi bien que le savant, la différence qu'il y a entre des plantes diverses ; il ne lui manque, pour être botaniste, que de les nommer. Si, connaissant le nom substantif de l'une d'elles, il sait le mot du verbe qui exprime sa manière d'être, il unira ce verbe à son substantif et exprimera ce qu'il a vu toute sa vie sans avoir su le dire. Il en est ainsi de toutes les idées, jamais les mots ne nous donnent celles que nous n'avons pas ; c'est pourquoi on peut lire des ouvrages entiers sans les comprendre. La parole nous donne seulement la pensée de la lumière qui existait en nous à l'état de sentiment. Les pensées ne s'introduisent dans l'intelligence qu'avec les mots, parce que les mots sont les limites des pensées ; la pensée est un sentiment rationel limité par un terme du langage.

Avant que la parole ait fait jaillir la pensée, notre âme est pleine d'un sentiment vague de la vérité, mais qui échappe tout-à-fait à l'intelligence : c'est l'état de poësie de l'âme. Cet état d'inspiration peut certainement porter la volonté à l'action ; mais les passions, qui sont les inspirations du corps, peuvent aussi l'y porter ; et la volonté doit trop tenir à sa liberté, pour ne pas s'éclairer sur ces deux mobiles, et n'avoir pas besoin de reconnaître, à l'aide de l'intelligence, leur origine et leur valeur. On peut donc agir par sentiment, comme l'on peut agir par passion ; mais on n'agit pas avec pleine liberté comme lorsque l'on possède par la pensée la conscience de ce que l'on va faire. La pensée donne à la volonté une représentation de ce sentiment, en le circonscrivant par la parole. Un homme, par exemple, se sent porté par un mouvement de bonheur vers un de ses semblables, c'est là un sentiment; jusque-là il n'y a rien de clair pour son esprit, il sent qu'il est bien quand il est près de cet homme, et voilà tout. Puis, s'il entend dire par quelqu'un : l'amour est cette force qui nous attire auprès d'un être par le sentiment de bonheur que nous éprouvons à lui faire du bien; il se dit alors : c'est de l'amour que j'éprouve pour cet homme. Dès qu'il possède la pensée de l'amour, il peut faire subir à ce sentiment, ainsi analysé et fixé par la parole, tous les jugements de sa raison, afin de savoir si faire du bien à quelqu'un ou avoir de l'amour, est bien réellement ce qu'il veut. Tout-à-l'heure son cœur seul possédait le sentiment de l'amour, c'est-à-dire une impulsion qui lui était inconnue; maintenant, par le moyen de la parole, son intelligence est en possession de la pensée de l'amour. Ce n'est plus un vague mobile, une inspiration inconnue, c'est un motif conçu, apprécié, déterminé, qu'il peut soumettre à la méditation, à la logique, à l'expérience des hommes, aux jugements de la loi écrite.

La meilleure base pour l'homme, c'est un cœur rempli de sentiments; il ne s'agit plus ensuite que d'avoir une intelligence exercée à faire jaillir de ces sentiments des pensées circonscrites par la parole. Le sophiste est celui qui combine des mots et compose artificiellement des pensées par le seul moyen du langage, sans correspondance avec le sentiment d'une vérité; et le mystique est celui qui conserve en lui le sentiment de la Réalité, sans en détacher la pensée. Mais le poëte, ou le grand écrivain, est l'opposé du sophiste et du mystique; son génie traduit dans le verbe humain des vérités qui n'y sont pas encore descendues, et une fois qu'elles sont là, elles restent à jamais sous la puissance de l'homme. Le poëte et le grand écrivain sont de véritables conquérants ; aussi l'humanité paraît-elle indistinctement leur décerner la gloire !

Le langage est donc indispensable à l'homme pour qu'il se serve de son intelligence, c'est-à-dire pour qu'il conçoive d'une manière finie ce qui est infini. Le langage est une sorte de micromètre intellectuel qui ramène la Réalité à la mesure du regard de l'homme. Enfin, la parole lui rend visible sa pensée, parce qu'elle la réfléchit, et qu'il ne peut pas plus penser sans mots, qu'il ne peut voir sans lumière.

Il est si vrai que la pensée que l'intelligence nous donne, par le moyen du langage, n'est point la première ni la seule vue de l'esprit sur la Réalité, que la science, qui ne se compose que de ces sortes de connaissances intellectuelles, ne satisfait point complétement l'homme. La science ne l'enthousiasme pas comme le sentiment, c'est-à-dire qu'elle ne lui imprime point un si grand mouvement vers l'infini ; d'abord, parce qu'elle ne renferme que des parcelles de vérité, dont l'intuition seule donne la possession complète ; ensuite, parce que ce caractère du fini ne laisse pas de défigurer la vérité, quoique en même temps il la rende plus convenable à notre nature. Ce que la science perd en grandeur sur le mysticisme, elle le gagne en clarté. Aussi, lorsque la vérité n'est pas évidente pour l'homme, il se précipite dans la science, parce que là, malgré la petitesse des résultats de l'intelligence, la vérité tombe palpable sous ses mains, et l'assure de son existence d'une manière sensible. Mais lorsque la vérité, loin d'être un doute pour lui, est au contraire tout l'espoir de son âme, l'homme s'élève au mysticisme pour l'embrasser dans toute son étendue. Le mystique n'ayant pas besoin de la certitude, ne cherche point la clarté; au contraire, à mesure que la science empiète sur les sentiments, qui composent le domaine du mysticisme, le mystique, comme s'il craignait d'attrister son âme, en lui montrant l'objet de son amour garrotté dans la pensée humaine, se retire dans des régions plus élevées de poësie, c'est-à-dire dans l'intuition de plus en plus grande, mais aussi de plus en plus vague, de la Réalité. Et c'est précisément parce que la poësie est le plus grand effort de l'âme pour se délivrer des limites du temps, que le langage de la poësie est le plus grand effort de la parole pour sortir de ses propres limites: la langue ne permet de *licences* qu'à la poësie. Pendant que la parole cherche à arrêter les idées, à fermer des angles, à clore des points de vue, la poësie au contraire provoque le jet de l'idée, brise les clôtures de l'analyse, ouvre de nouveaux points de vue, force la langue, et par cet effort sublime fait entrer dans la pensée humaine quelque chose de plus de la lumière des Cieux. La poësie est un mouvement instinctif de l'esprit vers sa nature primitive. Dans les premiers jours du monde, ainsi que dans la jeunesse de l'homme, la poësie semble plus naturelle à la pensée; comme si l'esprit humain, nouvellement enfermé dans le langage, cherchait de tous côtés à s'échapper!

L'homme déborde de partout le temps, l'espace, la matière, le langage, par la force de ce cœur fait pour quelque chose au-delà du temps, de l'espace, de la matière, et de ce que le langage humain peut exprimer. Quoique enfermée dans des organes finis qui habitent le temps, l'espace et la matière, sa pensée hante déjà tout naturellement le Monde intelligible.

Le langage, en rendant possibles les opérations de l'intelligence, procure donc à l'homme la connaissance distincte et achevée de ce qui n'était en lui que sentiment vague et incertain, de ce qui le remplissait sans l'éclairer. Les sentiments rationels, faits primitifs de l'âme, sont bien antérieurs aux pensées, qui sont les faits de l'intelligence, puisqu'on voit le sourd-muet et l'enfant, avant que des pensées se soient formulées en eux, produire, dans leurs rapports avec les hommes, des actions qui sont le fruit de ces sentiments; que par conséquent le langage, en nous donnant l'usage de l'intelligence, fait passer la nature humaine de l'état de sentiment à l'état de pensée; et qu'enfin l'enfant, à qui le langage fait révélation, ne reçoit tout simplement que les pensées des sentiments qu'il avait. Il possédait la rationalité, mais le langage lui procure l'intelligence.

Cette dernière distinction servira beaucoup à éclaircir une grande question : la vie spirituelle tout entière a-t-elle pour condition le langage? ou, en d'autres termes, tous les actes spirituels de l'homme reposent-ils sur le langage; et, sans lui, l'homme serait-il comme la brute? Cette vérité, qu'il ne peut y avoir de pensée sans parole, a été exposée d'une manière trop absolue par l'homme de génie qui l'a découverte. Quoiqu'on supposât vulgairement alors que la vie spirituelle ne se composait que de pensées, on devait néanmoins répugner à croire, bien qu'on le fit prouver par le raisonnement, que la parole eût à elle seule versé en quelque sorte en nous tout ce qui compose notre vie spirituelle. On devait s'apercevoir qu'indépendamment du langage, la raison répandait en nous une lumière intérieure ; et, quoique l'on vît bien l'accroissement de cette lumière dès l'instant de son alliance avec la lumière révélée par le langage, on retrouvait encore trop de sentiments rationels, trop de vie morale dans le sourd-muet, ou dans tout homme privé des facultés intellectuelles, pour que l'on pût réellement douter qu'il y eût une lumière et une vie inhérentes à notre nature, et qui, quoique moins bien développées, existent cependant en nous avant l'apparition du langage.

Le langage, il est vrai, est la condition de tous les actes produits par notre intelligence et de notre intelligence elle-même, puisque, sans lui, elle fût restée inerte : mais c'est à ce titre seulement qu'il est indispensable à notre existence spirituelle. Car il est évident que les sentiments, produits en nous par le seul fait de la raison, existent bien sans le concours du langage, quoiqu'ils doivent leur élaboration, leur clarté, en un mot l'importance dont ils jouissent et dont ils doivent jouir, aux opérations de l'intelligence. En effet, indépendamment des mots et des formules qu'elle impose aux intuitions rationnelles, de toutes les idées de justice qu'elle en extrait pour remplir nos codes, de toutes les idées de vérité, pour composer nos sciences, de toutes les idées de beauté, pour inspirer nos arts, est-il possible à l'intelligence de former une seule idée sans qu'elle repose sur un axiome, sur un principe de la raison ; et par conséquent, de faire un seul acte sans en emprunter l'élément aux conceptions rationnelles ? Il est donc clair que l'intelligence, sans cesse obligée de recourir à ces mêmes conceptions, en accroît l'exercice, la connaissance et la fécondité. Ainsi nous ne devons au langage que la vie intellectuelle; seulement il est vrai de dire que sans celle-ci, la vie spirituelle resterait gravement compromise. Mais enfin, si c'est au langage que l'homme doit son intelligence, ce n'est point à lui qu'il doit sa raison, sa volonté et son cœur. C'est la parole qui fait l'homme un être intelligent, mais ce n'est pas elle qui le fait un être moral.

« Les conditions individuelles de l'existence des idées, dit M. Noirot, sont : 1° la sensibilité, 2° l'activité, 3° la raison. Il en est une quatrième, tout aussi importante que les précédentes, mais qui n'appartient point à l'homme, que l'homme ne trouve point en lui, qu'il ne fait point, mais qu'il reçoit de ses semblables : c'est le langage. Les anciens ne définissaient point l'homme comme on l'a fait dans les temps postérieurs, un *être doué de raison*, une *intelligence servie par des organes*, etc.; mais ils le définissaient *un être doué de la parole*, μέροποι ἄνθρωποι: par là ils voulaient indiquer que la parole était un caractère essentiel à l'homme. Bacon, Locke, Condillac, Charles Bonnet ont démontré, par l'expérience de faits incontestables, que nous n'aurions aucune idée relative, aucune idée abstraite, aucune idée générale, aucune idée déduite, si nous n'avions pas l'usage de la parole. D'autres sensualistes sont allés jusqu'à soutenir que si les animaux ne marchaient pas à l'égal de l'homme, c'était uniquement parce qu'ils manquaient du langage. Les preuves sur lesquelles ces philosophes ont fondé la nécessité du langage, reposent sur ce qu'il nous est impossible de fixer dans notre esprit une perception quelconque si nous ne lui associons l'expression ou le signe matériel pour lui donner une consistance que l'idée ne peut avoir par elle-même. La pensée, sans les signes, ne serait point perçue, et les hommes ne pourraient s'en rendre compte; c'est ce qui a fait dire à Condillac que les langues étaient des *méthodes analytiques*, c'est-à-dire que sans les langues l'analyse de la pensée serait en quelque sorte impossible. La pensée n'est point un phénomène simple, elle est au contraire infiniment complexe : point de pensée qui ne renferme un grand nombre de jugements, de perceptions et d'autres opérations intellectuelles; ces perceptions ne seraient jamais perçues distinctement par la conscience, parce qu'elles existent simultanément, que l'intelligence ne distingue un tout complexe qu'à la condition de l'analyse et de la décomposition de ses parties, et que le langage rend successif ce qui est simultané dans la conscience. Les paroles prononcées les unes après les autres représentent chacune un des éléments de la pensée, et à mesure que nous prononçons ces paroles, chacun de ces éléments vient s'offrir à l'attention de la conscience qui les perçoit et les saisit mieux parce qu'ils sont isolés et distincts des autres éléments. Ainsi, penser, c'est combiner des notions; mais point de combinaisons sans composition et décomposition, et point de composition et de décomposition sans le langage. Les créateurs et les réformateurs des sciences mathématiques, de la chimie, de l'histoire naturelle, ont senti que la pensée ne pouvait marcher qu'en s'appuyant sur le langage. En effet, toute science n'est qu'un système d'idées plus ou moins complexes; ces idées complexes sont elles-mêmes le résultat d'un petit nombre d'idées primitives, simples et élémentaires : or, en supposant que ces idées élémentaires soient désignées par des expressions bien définies, il suffirait, pour achever la langue et la composer de mots significatifs, de combiner ces mots élémentaires comme, dans la création de la science, l'esprit a combiné les idées primitives. Cette tentative, qui avait été indiquée par Descartes et développée par Leibnitz, a été appliquée avec le plus grand succès à la science. Les progrès qu'on a obtenus par l'invention de la nomenclature chimique, ont démontré tout ce que ces philosophes avaient dit de l'influence du langage sur le progrès des sciences. Pour créer cette langue, qui fût l'image parfaite de la science, voici comment on a procédé, en chimie par exemple : on a imaginé arbitrairement un certain nombre de mots pour exprimer les éléments simples, ou les premières combinaisons de ces éléments, comme les expressions *oxides*, *acides*, *sels*, etc.; puis, comme ces éléments se combinent d'après des lois fixes, immuables, on a combiné les mots primitifs d'après ces mêmes lois; de sorte que l'ordre de génération qui est dans la nature, se reproduit dans la formation de la langue ; chaque terme devient alors significatif, c'est-à-dire que l'analyse même d'un terme fait connaître l'analyse de la substance qu'il exprime. C'est d'après la même règle qu'on a réformé le langage des sciences naturelles. Une langue ainsi faite est un guide sûr et infaillible pour l'esprit humain : l'association des mots représente exactement l'association logique des idées, et l'association des idées, résultat de la science, représente exactement les êtres réels dans leurs rapports naturels. Condillac a dit qu'*une science n'était qu'une langue bien faite*; cette expression est extrêmement juste, si l'on entend par là que la langue est l'instrument nécessaire de toutes les opérations de l'esprit...... Mais d'où vient la parole? les hommes ont-ils parlé primitivement, ou n'ont-ils eu que le langage d'action? S'ils ont parlé primitivement, le langage était-il la création de l'homme, ou était-il donné à l'homme; était-il inventé ou reçu? Historiquement, ces questions ne présentent aucune difficulté: l'homme a reçu la parole, il ne l'a point inventée. Mais on peut traiter la question sous un autre point de vue, c'est-à-dire théoriquement, en la posant ainsi : L'homme aurait-il pu inventer la parole? Ici il y a divergence parmi les philosophes ; Rousseau a dit, *La parole me semble nécessaire pour inventer la parole*; et M. de Bonald, parlant dans le même sens, a dit , *L'homme pense sa parole avant de parler sa pensée*. Nous devons considérer la parole comme un moyen 1° d'acquérir des idées, 2° de les conserver, 3° de les réveiller là où elles existent. Nous remarquerons premièrement que le langage, ou l'art, est un moyen absolument nécessaire pour l'acquisition des idées. Cette vérité incontestable est facile à saisir, si l'on en fait l'application aux idées intellectuelles, abstraites, générales, à toutes les idées, en un mot, qui ne sont pas acquises immédiatement par les sens extérieurs. Pour comprendre cette vérité, il suffit d'essayer de combiner ses idées en les séparant des mots, et l'on voit que cette tentative est impossible; que si nous perdions le souvenir des mots, les idées nous échapperaient à l'instant;

et c'est par cette raison que le mot λόγος signifiait chez les Grecs : *pensée* et *discours*. Si nous n'avions aucun des mots dont nous nous servons habituellement pour exprimer, par exemple, les conceptions, ces idées traverseraient l'esprit comme des lueurs rapides et insaisissables, mais jamais nous ne pourrions y arrêter notre attention. Les idées abstraites, sans exception, sont absolument dans le même cas. Aussi les sciences mathématiques dépendent essentiellement du langage; les problèmes qu'on résout par l'algèbre, qui n'est autre chose qu'un système de signes particuliers, seraient la plupart insolubles pour l'arithmétique, et ceux qu'on résout par l'arithmétique seraient insolubles par tout autre système de signes. Une preuve qui est à la portée de tous les hommes, c'est que l'esprit, lorsqu'il se borne à la méditation ou à la réflexion, ne va jamais aussi loin que lorsqu'il emploie l'écriture ou la parole. On ne parle pas seulement pour dire ce que l'on pense, mais pour arriver à la conscience de sa pensée; on n'écrit pas non plus pour exprimer ce que l'on pense, mais l'écriture révèle à l'homme sa pensée. Il est certain que ce n'est point, comme l'ont prétendu quelques sensualistes, parce que l'homme possède la parole ou l'écriture, qu'il pense ; il pense parce qu'il est doué de la sensibilité, de l'activité et de la raison. Mais autre chose est de penser, autre chose est de voir nettement sa pensée, de la saisir complétement dans son ensemble et dans ses détails. La pensée, séparée du langage ou de l'art, est quelque chose d'infini, de vague, d'insaisissable; la parole lui donne une forme, elle la limite, elle lui donne le caractère du fini, elle la met au monde, si l'on peut ainsi parler. Il faut que la pensée soit réfléchie, et en quelque sorte condensée par l'art, pour être saisissable. La lumière pure n'éclaire point, la lumière réfléchie est seule visible ; de même, la pensée pure est bien réelle mais insaisissable ; *la pensée réfléchie, c'est-à-dire renvoyée à l'esprit par le langage, est aussi seule saisissable.* Indépendamment des conditions individuelles (indiquées plus haut) de l'existence des idées, il en est donc une quatrième tout aussi importante que les précédentes, mais qui n'appartient pas à l'homme, qui n'existe que dans la Société et par la Société. De là aussi, une nouvelle école de philosophie, qui place l'origine de toutes nos connaissances, non plus dans nos facultés individuelles, dans l'homme considéré isolément, mais dans la Société. D'après ce système, ce n'est plus l'homme qui crée et développe la Société, c'est la Société qui crée et développe l'intelligence individuelle. »

On voit, par ce qui précède, que le langage est indispensable à l'existence de l'intelligence ; or, avant de naître, celle-ci ne pouvait créer le langage. La parole étant nécessaire pour faire naître la pensée, comment la pensée aurait-elle inventé la parole ? Comment la pensée aurait-elle inventé la parole, puisque cette invention supposerait des pensées préexistantes, et ces pensées préexistantes une parole pour les constituer et les communiquer, en roulant toujours dans le même cercle ? De sorte que *la parole étant nécessaire pour inventer la parole*, l'homme, avant la parole, ne pouvait inventer la parole. La pensée se fait de la parole ; non que la pensée soit proprement fille de la parole, elle est bien le fruit de l'activité intellectuelle, mais celle-ci ne la produit qu'au moyen de la parole.

Avant la parole, l'intelligence n'est encore qu'une force inerte, toute enveloppée et fermée sur elle-même; la parole la frappe de vie, l'ouvre à la lumière, la développe, la dévide. *Verbum est lux vera quæ illuminat omnem hominem.* La Bible rapporte qu'au commencement, la parole de Dieu tira l'univers du chaos : la parole humaine opère le même phénomène dans le monde de la pensée.

« La parole, dit M. de Bonald, est le plus profond mystère de notre être, et, loin d'avoir pu l'inventer, l'homme ne peut pas même la comprendre. On peut démontrer *à priori* l'impossibilité de l'invention du langage, en considérant que la parole a été nécessaire pour penser même à l'invention du langage, que l'homme pense sa parole avant de parler sa pensée, ou autrement, que l'homme ne peut *parler* sa pensée sans *penser* sa parole. C'était donc l'objet de toute invention qu'il fallait commencer par inventer ; et comme la pensée n'est qu'une parole intérieure, et la parole une pensée rendue extérieure et sensible, il fallait de toute nécessité que l'inventeur du langage pensât, inventât l'expression de sa pensée, lorsque faute d'expression il ne pouvait avoir même la pensée de l'invention..... Cette philosophie du langage, de toutes les sciences peut-être la plus difficile, et dont les motifs si déliés échappent si aisément à l'attention, aurait-elle pu se présenter à l'esprit d'hommes sans asile constant, sans subsistance assurée, satisfaits de trouver chaque jour à soutenir contre les besoins du moment une existence précaire? N'est-il pas ridicule de faire de ces hommes placés dans un état de dénûment absolu, et de la plus profonde ignorance, de ces êtres dont on peut dire que l'entendement était aveugle, sourd et muet, autant de Descartes et de Newton [1], qui, riches de toutes les connaissances des siècles antérieurs, au sein de l'abondance, entourés de secours, disposant à volonté des langues toutes formées et des moyens d'en fixer les expressions par l'é-

---

[1] « On ne peut s'empêcher, quoi qu'il en soit, de remarquer une étrange contradiction dans nos idées sur les arts : nous voulons que la parole soit un art et que les hommes l'aient inventée ; et tandis que nous établissons des sociétés d'encouragement pour accueillir et propager les nouvelles découvertes, persuadés sans doute que l'art de parler ne peut plus faire de progrès, et que les hommes ne peuvent toucher à leur invention sans la corrompre, nous flétrissons par la qualification de *néologisme* tout ce qui s'écarte des usages reçus ; un nouveau mot, une construction inusitée sont des scandales. Nous mettons la langue sous la garde de tribunaux littéraires institués pour la maintenir telle qu'elle est, bien plus que pour la perfectionner ; et nous les chargeons de faire, dans un dictionnaire l'inventaire, exact de son état actuel, *ne varietur*....

« Il est, ce me semble, assez étonnant que la fable, bien moins circonspecte que l'histoire, nous ait laissé ignorer le nom des nombreux inventeurs de l'art de parler, lorsqu'elle nous a transmis plusieurs des inventeurs prétendus de l'art d'écrire. Le langage est nécessaire, dans ce sens que la société humaine n'a pu exister sans le langage, pas plus que l'homme hors de la société. L'homme découvre l'utile, mais il n'invente pas le *nécessaire*, par lequel il est, et qui existe avant lui et hors de lui. »

« Dans le premier état de civilisation, dit Condorcet, les hommes ont atteint le dernier terme du perfectionnement, c'est-à-dire une langue articulée, quoique l'idée d'exprimer les objets par des signes conventionnels paraisse au-dessus de ce qu'était l'intelligence humaine dans cet état de civilisation. »

« Quant à moi, dit Rousseau, effrayé des difficultés qui se multiplient, et convaincu de l'impossibilité presque démontrée que les langues aient pu naître et s'établir par des moyens purement humains, je laisse à qui voudra la discussion de ce difficile problème : lequel a été le plus nécessaire, de la société déjà liée à l'institution des langues, ou des langues déjà inventées, à l'établissement des sociétés. »

« Mais, ajoute M. de Bonald, le problème est moins difficile à résoudre que ne le dit le philosophe qui lui-même l'a résolu. Si le langage n'a pu être inventé ni par l'homme ni par les hommes, il a donc été primitivement donné au genre humain dans la personne d'un premier homme, transmis par lui à ses premiers descendants, et par ceux-ci à tous les autres et au genre humain. Adam et Ève, dit Condillac, ne durent pas à l'expérience l'exercice des opérations de leur âme ; ils furent, par *un secours extraordinaire*, en état de réfléchir et de se communiquer leurs pensées.

« La constitution une et identique du langage est une preuve que le langage vient d'un seul et premier être parlant, et l'unité de langage est une démonstration de l'unité de son origine, parce qu'il en est une conséquence. Une famille a pu former le genre humain et lui transmettre un langage, puisqu'il suffirait encore d'une famille pour recom-

criture, ne faisaient, au fond, que développer des vérités dont les éléments étaient connus? Il y avait, dans le monde, de la géométrie avant Newton, et de la philosophie avant Descartes; mais avant le langage il n'y avait rien, absolument rien que les corps et leurs images, puisque le

mencer le genre humain, si par quelque catastrophe il venait à être détruit; et cette famille transmettrait encore sa langue à tous les hommes qui naîtraient d'elle.

« Je le répète, tout s'explique par l'hypothèse d'une première langue, transmise par une première famille et diversement modifiée chez tous les peuples. Cette hypothèse est fortifiée par l'autorité la plus respectable qui puisse exister chez les hommes, par les croyances religieuses des sociétés les plus éclairées et les plus civilisées qui furent jamais, et même par les traditions des peuples barbares, qui donnent à l'homme et à ses connaissances une origine sur-humaine; elle s'appuie sur l'unité fondamentale du langage par toute la terre, et la conformité reconnue du plus grand nombre des langues; elle s'accorde enfin avec l'expérience journalière et jamais interrompue de la communication de la parole, et aussi féconde dans ses conséquences qu'elle est raisonnable dans son principe. »

« Tandis qu'au contraire l'hypothèse de l'invention du langage n'explique rien de ce qui est, rien de ce qui a été, rien de ce qui peut être. Elle n'est avancée ou soutenue qu'à force d'imaginations monstrueuses sur l'antiquité indéfinie du monde, sur la naissance spontanée de l'homme sous une forme étrangère à son espèce, et sur le premier état insocial et brut du genre humain; suppositions toutes démenties par l'histoire, la morale, la physique et la philosophie. Dans cette hypothèse, l'homme, la famille, la Société, le langage, l'intelligence, les connaissances nécessaires, tout,

jusqu'à la génération de l'homme, est d'invention et de circonstance, produit sans motif, perfectionné sans dessein, et conservé sans lois.

« D'après l'hypothèse de Condillac, deux enfants échappés, au berceau, de la catastrophe qui a englouti le genre humain, et égarés dans les déserts, vinrent à se rapprocher. » « Quand donc, « continue Condillac, ils vécurent ensemble, ils donnèrent plus d'exercice « aux premières opérations de leur âme, « parce que *leur commerce réciproque* « *leur fit attacher aux cris de chaque* « *passion les perceptions dont ils étaient* « *les signes naturels*. Celui qui souffrait « parce qu'il était privé d'un objet que « ses besoins lui rendaient nécessaires, « ne s'en tenait pas à pousser des cris, « *il agitait sa tête, ses bras et toutes les* « *parties de son corps pour l'obtenir;* « *l'autre, ému à ce spectacle*, fixait les « yeux sur les mêmes objets, et *sentant* « *passer dans son âme les sentiments* « *dont il n'était pas encore capable de se* « *rendre raison, il souffrait de voir souf-* « *frir ce misérable*. Dans ce moment il « se sent intéressé à le soulager, et il « obéit à cette impression autant qu'il est « à son pouvoir. Ce langage était peu « perfectionné, et ne *consistait vraisem-* « *blablement qu'en contorsions et en agi-* « *tations violentes*. Cependant les hommes, *ayant acquis l'habitude de lier* « *quelques idées à des signes arbitraires*, « *les cris naturels leur servirent de mo-* « *dèle pour se faire un nouveau langage*. « Ces premiers progrès du langage furent « nécessairement très lents. *Leur enfant*,

DE L'EXISTENCE DE L'HOMME.

langage est l'instrument nécessaire de toute opération intellectuelle, le moyen de toute existence morale. Nos philosophes, qui vivent au milieu d'hommes bien vêtus, bien logés, bien nourris, curieux et désœuvrés, dont l'esprit exercé dès l'enfance est avide de tout savoir et disposé à

« pressé par les besoins qu'il ne pouvait « faire connaître, agita toutes les parties « de son corps; *sa langue fort flexible*, « *se replia d'une manière extraordinaire* « *et prononça un mot tout nouveau*. Il est « vrai que, pour augmenter le nombre « des mots d'une manière considérable, « il fallut sans doute plusieurs généra-« tions, etc. »

« Mais, observe M. de Bonald, quel pouvait *être le commerce réciproque de deux enfants sans parole*, sans intelligence et par conséquent très indépendants l'un de l'autre pour leurs premiers besoins, les seuls qu'ils pussent éprouver? Quels pouvaient être le lieu et l'objet de ce commerce? Ce lieu, dit Condillac, était la bonté *native* de l'homme, la compassion naturelle, la *sensibilité*, en un mot, qui joue un rôle dans ce roman comme dans tous les autres. C'est que l'un criait de douleur et de faim *et agitait sa tête, ses bras et toutes les parties de son corps. L'autre, ému à ce spectacle, sentait passer dans son âme les mêmes douleurs et les mêmes désirs, il souffrait* en un mot *de voir souffrir ce misérable, il se sentait intéressé à le soulager*; et dans cette vie, toute de besoins et de privations, *la compassion était le besoin qui le pressait davantage.* En vérité, c'est un peu trop se jouer du lecteur. Est-ce là l'homme brut, ou l'homme social et civilisé? Si la sensibilité était en nous une qualité *native* et non point acquise par l'éducation, il serait aussi impossible à l'homme d'être cruel et impitoyable que de vivre sans manger et sans dormir. Des cris naturels devenus des signes arbitraires,

convenus avant que l'on pût s'entendre, produits par le hasard d'un mouvement extraordinaire de la langue d'un enfant, expliqués par des contorsions de toutes les parties de son corps.... *et c'est ce qui fait que nous ne sommes pas muets!* est-on tenté de dire en retournant le mot si connu de Molière. Mais si les cris étaient des signes naturels, qu'avaient besoin les hommes, pour se faire entendre, de convenir entre eux de signes arbitraires?

« Et puis, comment un mot, produit par le hasard d'un *pli* extraordinaire de la langue, eût-il été retrouvé une seconde fois dans le nombre infini de mouvements extraordinaires qu'un enfant sans intention, sans réflexion et sans intelligence, peut faire prendre à sa langue? Et comme tous les hommes, faute de temps et d'intelligence ou d'attention, n'ont pu convenir à la fois des mêmes signes, il s'ensuit qu'inégalement avancés dans cet art de nouvelle invention, les uns ont dû retenir leur ancien langage, tandis que les autres employaient le nouveau. Ainsi, les uns criaient, les autres parlaient; ceux-ci faisaient des contorsions, ceux-là des signes; les plus exercés *repliaient leur langue d'une manière extraordinaire*, les moins habiles la repliaient d'une manière plus extraordinaire encore; ce qui présente la pauvre espèce humaine à son premier âge, sous un aspect très philosophique sans doute, mais bien étrange et bien ridicule.

« Leurs enfants, ajoute Condillac, « répétèrent les mêmes sons, etc. » On voit que ce roman finit, comme tous les autres, par un mariage! etc. etc. »

tout écouter, ont pu leur communiquer leurs opinions, et ils avaient leurs raisons pour soutenir qu'au génie appartient la mission d'instruire les hommes : mais à des maîtres, enfin, il faut des disciples ; et peut-on concevoir les fabricateurs du langage enseignant, à mesure qu'ils inventaient, les premiers rudiments d'une langue informe à des hommes qui avaient vécu, jusque-là peut-être, des milliers d'années sans désir, sans idée même d'une langue, étrangers à toute notion intellectuelle, et pour qui une proie à dévorer était d'un tout autre prix que des pronoms et des verbes ! Et ce n'était pas sans doute à des enfants que s'adressaient ces leçons de grammaire : les enfants répètent un langage tout formé, mais ils n'apprennent pas un langage que l'on forme. » Dire, comme l'observe Rousseau, que la mère dicta à l'enfant les mots dont il devait se servir pour demander telle ou telle chose, cela montre bien comment on enseigne des langues déjà formées, mais cela n'apprend pas comment elles se forment.

On conçoit que, pour inventer le langage, il eût fallu :

1° Qu'un homme eût conçu l'idée d'un moyen susceptible de faire passer ce qui est au dedans de son âme dans l'âme de son semblable ; c'est-à-dire qu'il eût, sans l'avoir vu jamais, l'idée d'un phénomène dont la science, malgré l'observation, n'a pu encore se rendre compte.

Il eût fallu,

2° Que cet homme eût été conduit à l'idée d'un pareil moyen par cette autre idée : qu'une fois ce premier moyen découvert, de faire passer dans l'âme de son semblable les pensées qui sont dans la sienne, il pourrait lui faire comprendre ses propres besoins ; et qu'il

eût été conduit à cette dernière idée par cette autre :
qu'aussitôt son semblable serait invité à le soulager. Mais
avant le langage, personne n'ayant pu demander à un
autre ce dont il avait besoin, ni celui-ci le lui donner,
comment le premier qui chercha le langage eut-il l'idée
que ce que nous ne pouvons pas nous donner nous-mêmes,
nous puissions le recevoir d'un autre ? Tout animal attend-il
sa proie d'un autre que de lui-même ? Cet homme étant
persuadé, sans en avoir d'exemple, qu'il existe un moyen
de faire savoir à l'esprit de son semblable ce qui est au
dedans du sien, et que son semblable, ainsi averti, le
soulagera par cela seul qu'il connaîtra son besoin, il ne
restait plus qu'à découvrir ce moyen lui-même.

Pour cela il eût fallu,

3° Découvrir qu'il existe une faculté d'association des
idées et des impressions, qui, liant les idées aux idées,
les impressions aux impressions, et les idées aux impressions, liât par là même une idée spirituelle à l'impression
produite par un signe. Or, comment observer cette loi
d'association psychologique entre les idées et les signes,
lorsque les idées et les signes, qui sont les deux objets
entre lesquels l'association doit être établie, n'existent pas?
Et comment se peut-il qu'on ait eu la pensée de la possibilité d'un tel rapport entre des idées et des signes qui
n'existaient point encore, lorsque, depuis six mille ans que
ces idées et ces signes existent, on a seulement découvert, dans le siècle dernier, que le moyen de communication entre les hommes, repose sur cette association des
idées et des signes; et lorsque cette idée de créer d'après
la même loi un autre moyen de communication, n'a été

appliquée aux sourds-muets que depuis peu d'années?

Il eût fallu,

4° Choisir la voix pour produire ces signes; mais comment, alors, tirer ces signes de la voix plutôt que des pieds ou des mains, comme on le fait pour les sourds-muets; plutôt que du tact des objets, comme on le fait pour les aveugles? Pour choisir la voix afin de produire par ses cris les signes avec lesquels nos pensées doivent s'associer, il eût fallu savoir que ces cris étaient décomposables en plusieurs cris primitifs. Il eût fallu par conséquent faire subir aux cris de la voix l'analyse nécessaire pour rencontrer les cinq éléments irréductibles, ou les cinq sons élémentaires qui composent le son général de la voix, c'est-à-dire les cinq voyelles *a*, *e*, *i*, *o*, *u*, et leurs composés *an*, *au*, *ai*, *eu*, *in*, *on*, *ou*, sur lesquelles reposent toutes les langues du monde. Pour chercher ces cinq voyelles irréductibles, il eût fallu découvrir, sans avoir entendu de langue, qu'un si petit nombre de sons élémentaires, possibles à la voix, pouvaient former tous les mots nécessaires à une langue.

Pour cela il eût fallu,

5° Posséder l'idée de la composition et de la décomposition, l'idée mathématique de l'unité et de sa génération dans la multiplication, enfin de sa divisibilité dans la fraction; puis, sans pensée et sans parole, opérer l'analyse ainsi que la recomposition. Enfin le langage a dû nécessairement être complet à sa naissance, en ce qu'il n'a pu exister sans être composé du sujet, du verbe et de l'attribut, tout comme un animal ne peut passer à la vie sans être doué d'une substance, d'une organisation, et d'une

DE L'EXISTENCE DE L'HOMME.

vie, c'est-à-dire d'une substance organisée vivante. Car sans le substantif, comment nommer l'être ; sans le verbe, comment exprimer sa manière d'être ; et sans l'adjectif, comment exprimer son attribut ? « Toute langue [1] a été « complète dès qu'elle a été parlée, et c'est le sentiment « confus de cette vérité qui a fait dire à Duclos, de la « langue fixée par l'écriture : *Elle est née tout-à-coup,* « *comme la lumière.* » [2]

---

[1] *Le langage* a dû être complet, oui, mais non pas *les langues*, comme le soutient M. de Bonald ; puisque les peuples passent au contraire leur vie à former celles-ci, à les enrichir, et qu'on ne les regarde comme complètes que lorsque ces peuples sont morts, parce que celui qui les faisait n'est plus là pour les continuer.

On voit que M. de Bonald a toujours laissé confondre le langage, qui n'a pu être effectivement créé par l'homme, avec les langues, qui n'ont pu au contraire être créées que par les hommes. Cette confusion a été la source de toutes les objections qu'on devait naturellement lui opposer. M. de Bonald n'a pas vu la limite de sa découverte, ce qui fait qu'il a appliqué aux langues ce qui n'est vrai que du langage.

[2] « A quelque époque que nous prenions une langue, dit le docteur Wisman, nous la trouvons complète quant à ses propriétés essentielles : elle peut recevoir plus de perfection, devenir plus riche et d'une construction plus variée ; mais son principe vital, son âme, si l'on peut l'appeler ainsi, paraît entièrement formé, et ne peut plus changer. (*Parce que cette âme est le langage.*) Quant à leur personnalité et leur principe d'identité, on trouve les langues aussi parfaites dans les plus anciens écrivains que dans les plus modernes. L'égyptien antique, comme il est écrit en hiéroglyphes sur les plus anciens monuments, se retrouve, après trois mille ans d'intervalle, dans la liturgie cophte, d'une parfaite identité dans sa structure essentielle. On observe la même chose en comparant les plus anciens écrivains avec les plus récents, soit grecs, soit romains ; et quoique les premiers aient appris aux grossiers habitants du *Latium* à arrondir les formes de leurs périodes, cependant ils n'ont jamais ajouté un temps à leur grammaire, ou une lettre à leur alphabet.... S'il y avait dans la structure des langues quelque chose qui ressemblât à un développement naturel, certainement un si grand nombre de siècles l'aurait manifesté. Il est tout-à-fait contre l'expérience de parler de l'état secondaire des langues, et de supposer qu'il leur a fallu des milliers d'années pour arriver à un point donné de développement grammatical. Les langues sont jetées au moule, mais moule vivant, d'où elles se dégagent avec toutes leurs belles proportions. J'ai éprouvé une grande satisfaction en trouvant les mêmes vues, mais beaucoup plus philosophiquement exprimées, dans ce traité si concis sur la philosophie du langage, que G. de Humboldt avait annoncé depuis longtemps à ses amis, comme son dernier codicille : « Je ne regarde pas, dit-il, les formes « grammaticales comme le fruit des pro- « grès qu'une nation fait dans l'analyse de « la pensée, mais plutôt comme un résultat « de la manière dont une nation consi- « dère et traite sa langue. »

Conséquemment, il eût fallu,

6° Que l'homme qui aurait inventé le langage eût en lui la connaissance complète des notions fondamentales de l'ontologie : qu'il eût l'idée de l'être, l'idée de l'action de l'être, et l'idée des attributs de l'être; de plus, l'idée de l'existence dans le temps, pour douer le verbe de la vie passée, de la vie présente et de la vie future, de manière à ce qu'il pût suivre toutes les propriétés de la loi. Il aurait fallu enfin que cet homme eût toutes ces pensées sans penser; puisque penser c'est combiner des termes pour arrêter les sentiments que nous avons de la Réalité, et qu'il ne peut pas plus y avoir de pensée sans ses paroles, que de figure sans ses limites. Si l'on ne peut penser sans langage, comment l'inventeur du langage a-t-il pu former toutes les pensées nécessaires à l'invention du langage ?

De ce que l'homme pense sa parole avant de parler sa pensée; de ce que la parole est par conséquent nécessaire pour inventer la parole; de ce que l'homme ne peut inventer la parole sans mettre en usage son intelligence, et de ce qu'il ne peut précisément mettre en usage son intelligence sans la parole, il résulte nécessairement que l'homme reçoit de ses semblables la parole, cette vie de l'intelligence, comme il en reçoit la vie organique. Ainsi, pour la transmission de la vie de l'intelligence, on pourrait tourner dans le même raisonnement que pour la transmission de la vie du corps, en disant : L'homme n'a pu se donner la vie, car pour se donner la vie il aurait fallu qu'il existât, c'est-à-dire qu'il possédât la vie avant de posséder la vie; alors comme, ne possédant pas la vie avant de la posséder, il n'a pu se la donner, et que cependant il en jouit, il faut donc qu'il l'ait reçue. Mais si nous recevons de nos pères la vie intellectuelle, parce que nous n'avons pu nous la donner, par la même raison nos pères l'ont reçue de leurs pères, et en remontant ainsi jusqu'à celui qui reçut tout à la fois dans son être la semence animale et la semence intellectuelle du genre humain.[1]

Aussi n'y a-t-il que deux choses sur lesquelles les hommes sont d'accord, parce que ce sont deux choses qu'ils n'ont point faites : le langage, et la raison. Tous emploient également un nom, un verbe et un adjectif pour exprimer leurs pensées, à moins qu'ils ne soient muets; de même, tous prétendent fonder leurs pensées sur les axiômes de la raison, à moins qu'ils ne soient fous. Toutes les langues, c'est-à-dire toutes les diverses manières de se servir du langage, sont au fond identiques, comme les éléments de la raison le sont chez tous les hommes. Seulement la langue est plus ou moins parfaite, selon qu'elle repose plus ou moins exactement sur les principes invariables de tout langage, c'est-à-dire selon qu'elle est

---

[1] « A parler vrai, l'histoire de l'espèce humaine présente un grand nombre d'événements qu'il m'est impossible de comprendre sans le concours d'une influence supérieure. Par exemple, il me paraît inexplicable que l'homme ait pu commencer la carrière du perfectionnement et inventer le langage sans un guide supérieur ; et plus il eût tardé à recevoir cet appui tutélaire, plus il faudrait supposer qu'il est resté longtemps dans un état grossier et sauvage, etc. »
Herder, *Idées philosophiques sur l'histoire de l'humanité*, tome 1er.

C'est aussi la pensée de G. de Humboldt : « Plutôt, dit-il, que de renoncer, dans l'explication de l'origine des langues, à l'influence d'une Cause première, et de leur assigner à toutes une marche mécanique, il faut embrasser la pensée de ceux qui rapportent l'origine du langage à une révélation immédiate de la Divinité. Ils reconnaissent au moins l'étincelle divine qui luit à travers tous les idiômes. »
G. de Humboldt, *Lettres à Abel de Rémusat, sur la nature des formes grammat.*, pag. 51 et 53.

plus ou moins bien *parlée* ; et la pensée est plus ou moins vraie, selon qu'elle repose plus ou moins exactement sur les principes invariables de toute raison, c'est-à-dire selon qu'elle est plus ou moins bien *raisonnée*. Ainsi que la même raison donne un fondement à toutes les espèces de pensées, quel que soit l'ordre de réalité auquel elles se rapportent; ainsi le même langage donne naissance à toutes les espèces de langues, quelles que soient les nations auxquelles elles appartiennent. Le langage est parlé ici en français, là en anglais, ailleurs en allemand; mais cela ne fait rien au langage, cela fait seulement qu'il y a plusieurs langues. Les différences de mots et de tournures, qui constituent les langues, ne sont que les différents costumes affectés par le langage suivant les différents climats.

Car on sait que les mots qui composent les langues se font par onomatopée; que l'onomatopée est prise sur les phénomènes de la nature ; que par conséquent là où les phénomènes de la nature sont différents, là doivent différer les onomatopées, là doivent différer les langues. *Volens Deus homines diversis uti linguis*, dit S. Grégoire, *naturam dimisit ut pergeret pro arbitrio, apud singulos sonum articulare ad explanationem nominum*. De sorte que, si le langage est un et identique dans son universalité, en ce qu'il repose sur la constitution même de la Réalité, qu'il doit représenter, et sur la constitution de l'esprit humain, pour l'usage duquel il la représente, il n'en est pas moins vrai que les langues, ou mots spéciaux que le langage emploie sur les différents points de la terre, deviennent aussi variables que les circonstances de climats et de peuples, suivant en cela les variétés de la cause où elles puisent leurs onomatopées. C'est ce fait qu'un philologue a admirablement exprimé par ces mots : Les langues sont autochtones.

Il ne faut donc pas confondre le langage avec les langues. Cette confusion, qui a fait attacher à la découverte de M. de Bonald un caractère systématique, est cause qu'elle a été contestée; et ceux qui soutiennent la théorie de la révélation, comme ceux qui l'attaquent, ne s'entendant plus, ont été obligés de laisser là la discussion. Le langage est le pouvoir, au moyen de l'association, de rendre nos pensées par des mots : c'est ce pouvoir qui a été révélé à l'homme; les langues sont l'ensemble des mots qu'emploie le langage pour rendre nos pensées : ce sont ces mots qui ont été faits par l'homme. Il semble que nous retrouvions cette importante distinction dans la Genèse, lorsqu'elle nous parle de l'unité de langage et de l'unité de langue de la race humaine à son origine : « N'y « ayant sur la terre qu'un langage, il n'y avait aussi qu'une « seule langue; *erat autem terra labii unius, et sermonum* « *corumdem.* »

Ces divers costumes que le langage revêt lui sont si indifférents, que tout enfant en venant au monde est prêt à parler la première langue qu'on lui apprendra. Cependant, au milieu de cette diversité des langues, il est resté, même entre les mots principaux, une analogie trop frappante pour que l'on ne se doute pas qu'il y ait eu, aux premiers jours de l'homme, non pas simplement un seul langage, mais aussi, comme le rapporte la Genèse, une seule langue, que les premières familles, en se disséminant, emportèrent avec le sang de leurs premiers pères. Puis, cette langue fut soumise, comme leur sang même, à toutes les vicissitudes qui, dans une même espèce, ont produit la variété que l'on remarque aujourd'hui dans les races humaines : variété de races qui, sans la raison et l'histoire, pourrait assurément faire douter de l'unité primitive du genre humain, comme la variété des idiòmes pourrait faire douter de l'unité d'une langue primitive. Toutefois beaucoup de philologues, sans partir *à priori* de l'unité nécessaire du langage, ont été amenés par la simple inspection des mots et des alphabets à conclure que toutes les langues sont sorties d'une seule langue [1], comme beaucoup de naturalistes, sans partir *à priori* de l'unité nécessaire du genre humain, ont été amenés par la seule observation des faits à conclure que toutes les races sont sorties d'une seule race.

---

[1] C'est ce qui résulte, par exemple, des travaux de MM. Abel de Rémusat et Klaproth. Ce dernier surtout a démontré, par des faits, que toutes les langues du genre humain n'en formèrent qu'une seule à leur origine. Il suffit, d'ailleurs, de jeter les yeux sur le tableau des alphabets comparés (alphabet hébraïque : *aleph, beth, ghimel, daleth*, etc. Alphabet grec : *alpha, betha, gahma, deltha*, etc. Alphabet latin : *a, b, g, d,* etc.) ; il suffit de voir les vocabulaires polyglottes qui suivent l'*Atlas ethnographique* de Balbi ; les *Lettres* de Humboldt à Abel de Rémusat, *sur la nature des formes grammaticales*; et la *Paléographie* de Lepsius.

Humboldt et Schlégel prouvent par des faits que les langues n'ont pas le pouvoir de changer leur constitution grammaticale, ce qui les a mises dans l'impossibilité de se faire des emprunts ; et que, dans toutes, les éléments essentiels ne varient pas. Ainsi, les noms de nombre, et en général les noms de primitive nécessité et qui expriment les idées fondamentales, se ressemblent dans toutes les langues ; aussi, sont-ce ces mots qui ont été choisis par les ethnographes dans leurs tableaux des langues comparées.

« Comme l'affinité qui existe dans l'essence même des langues, l'impossibilité où elles sont de varier sur ces points exclut toute idée que l'une ait pu faire des emprunts à l'autre, nous sommes arrivés forcément à cette conclusion, que ces langues doivent avoir été originairement amenées à une seule, dont elles ont tiré ces éléments connus et essentiels à chacun d'eux. »

De ce que l'homme n'a pas plus inventé le langage que la raison, parce que l'un et l'autre, en tant que conditions indispensables de sa vie, n'ont pu être livrés à l'incertitude de ses facultés individuelles; en un mot, de l'impersonnalité du langage, comme de l'impersonnalité de la raison, il résulte un fait bien grave, à savoir : le langage et la raison n'étant pas le produit de l'individu, premièrement ne sont point soumis, quant à leur existence, aux découvertes fortuites de l'intelligence; et secondement ne sont point soumis, quant à leur formation, à cette diversité des esprits qui fait que si peu d'hommes parviennent à s'entendre sur tout ce qui dépend de leurs facultés personnelles. Tandis que, impersonnel, un, et absolu comme la raison, le langage est non-seulement le même pour toute une nation, mais il est encore le même pour toutes les nations; puisque toutes les langues, sans exception, sont susceptibles d'être traduites les unes par les autres.

Cette traduisibilité universelle des langues, s'il est permis de parler ainsi, est une preuve de l'identité et de l'impersonnalité du langage ; car toutes les choses qui émanent de l'activité personnelle sont aussi diverses dans les résultats, que ces individualités elles-mêmes.

Ainsi, sans consulter les traditions historiques que le genre humain a conservées sur l'origine de la parole, l'homme a dû recevoir le langage, par deux raisons : la première, parce qu'il lui était impossible de l'inventer ; la seconde, parce qu'il était nécessaire qu'il ne l'inventât point. En effet, à quoi bon donner à tous les hommes une même raison pour qu'ils s'accordent, si on ne leur donne pas l'impersonnalité et l'universalité du langage pour qu'ils se comprennent ? Où en serions-nous si au milieu du genre humain le langage devenait aussi divers, aussi varié, aussi original que le sont les diverses langues dont les différents peuples ont revêtu le langage commun ; et si au milieu d'un peuple il se formait des langues aussi multipliées, aussi diverses, aussi indépendantes que le sont les pensées individuelles qui naissent de chaque personnalité ? Il en est du langage comme de la raison : de même que la raison ne serait plus la raison si elle n'était impersonnelle, de même le langage ne serait plus le langage s'il n'était impersonnel ; et il ne saurait être impersonnel s'il venait de l'homme.

De sorte que, l'homme tient de sa nature des organes tout prêts à exécuter la parole ; mais il faut qu'on lui révèle le langage, c'est-à-dire la faculté qu'il a de se servir de la parole. Ainsi, ce qui a été *révélé* à l'homme, c'est son pouvoir de parler, c'est le langage ; ce que l'homme a *créé*, c'est son pouvoir de nommer, ce sont les langues. Car les langues ne sont que les différents mots ou les différentes onomatopées, avec lesquelles les différentes réalités sont représentées par suite de la faculté de l'association des signes aux idées, signes qui sont à leur tour représentés par des sons que produit l'organe vocal.

Mais le langage n'est pas seulement un instrument fait pour ramener les conceptions impersonnelles et infinies que nous recevons de la Réalité, aux proportions finies et personnelles de notre intelligence ; car, si c'est là un phénomène indispensable que celui de cette communication établie entre l'homme et la Réalité, l'homme n'est pas seulement en relation avec la Réalité, et il reçoit de ses sem-

DE L'EXISTENCE DE L'HOMME.

blables plus de vérités, de principes, d'expérience qu'il n'en trouve immédiatement lui-même dans sa propre conception. De sorte qu'il s'opère un second phénomène, non moins étonnant, mais plus connu, plus apparent, et dont la merveille découle de la première : c'est celui de la communication établie entre l'homme et ses semblables [1]. Cette communication, non plus seulement entre

---

[1] La parole est-elle autre chose que du son ; autre chose que de l'air modifié, mis en vibration ; ou si l'on veut, des impressions, c'est-à-dire des modifications organiques produites par les sons ; ou si l'on veut, des sensations, c'est-à-dire des modifications psychologiques occasionnées par ces impressions ?

Cela posé, comprend-on comment des faits psychologiques, qui par leur nature diffèrent absolument du son, soit comme phénomène psychologique, soit comme phénomène physiologique, peuvent être représentés par ces phénomènes ?

Entre deux interlocuteurs qu'y a-t-il autre chose que des sons produits, ou de l'air modifié alternativement par l'un et par l'autre ? et comment peut-on comprendre qu'au moyen de ces modifications de l'air qui vont et viennent de l'un à l'autre, les faits psychologiques qui sont renfermés dans la conscience, faits qui ne peuvent d'aucune manière tomber sous les sens, peuvent cependant être révélés de l'un à l'autre, de manière que l'un d'eux voit dans la conscience de son adversaire, comme il voit dans la sienne par le sens intime ?

Les faits psychologiques, ou les idées, peuvent-ils traverser les organes et l'atmosphère, pour aller de l'un à l'autre ? ou bien ces faits, restant dans la conscience de chacun d'eux, sont-ils représentés par des sons ou modifications que chacun d'eux imprime à l'air ? ou bien, au moyen de ces sons, ces faits de conscience sont-ils produits par celui qui parle dans la conscience de celui qui l'écoute ? Cette hypothèse, généralement admise, n'est-elle pas au moins aussi absurde que la première ? Y a-t-il rien de plus faux que les idées qu'on se forme vulgairement du langage ?

En effet, on s'imagine que le langage a surtout pour objet de transmettre la pensée. La pensée, sous quelque point de vue qu'on la considère, est intransmissible ; ni la lecture, ni les leçons orales, ne transmettent réellement la pensée de celui qui écrit ou qui parle ; dans ces deux cas, l'art ou le langage ne peut servir qu'à réveiller des pensées si elles existent, ou à mettre celui qui écoute ou qui lit dans le cas de se faire lui-même des pensées par son propre travail intellectuel. Mais lorsqu'on écoute ou lorsqu'on lit passivement et que l'on manque d'idées, le résultat se borne à une suite de sensations des yeux et des oreilles, qui peut être plus ou moins agréable selon que le style est plus ou moins harmonieux.

Si les idées ne peuvent passer d'un esprit dans un autre, ni être représentées par des sons et transportées par des mots, toute communication entre deux êtres intelligents est donc impossible ; c'est-à-dire le langage, si on le considère comme l'un des deux moyens que nous venons d'examiner, est donc impossible ? N'est-ce pas dans l'association des idées

l'homme et la lumière de la Réalité, mais entre l'homme et toutes les vérités qui reposent dans l'esprit de ses semblables, est encore l'œuvre du verbe. Mais, en terminant, pour avoir une idée un peu complète de la théorie de la parole, prenons-la à son origine logique.

L'homme a besoin de connaître la Réalité, car la Réalité est ce qui renferme les conditions absolues de l'existence; et l'homme a besoin de connaître ces conditions de l'existence, parce qu'il a besoin de les mettre en pratique pour conserver la sienne. La connaissance de ces conditions de l'existence spirituelle, s'appelle vérité : la vérité est donc pour l'homme ce qu'il y a de plus précieux. Mais,

D'abord, si la vérité ne passe pas de l'état rationel infini à l'état fini, elle est premièrement imperceptible à l'intelligence, secondement intransmissible d'une intelligence à l'autre, troisièmement presque irréalisable dans le monde extérieur. Ensuite, comme l'homme ne reçoit pas seule-

qu'il faut chercher la véritable solution de cette question?

1° Sans la loi de l'association des idées le langage, en supposant qu'il fût possible, exercerait-il la même influence sur les âmes? L'éloquence n'a-t-elle pas son plus essentiel ressort dans l'auditeur lui-même? N'y a-t-il pas des esprits pour lesquels il ne peut point y avoir d'éloquence? Les langues mortes peuvent-elles être éloquentes?

2° N'est-ce pas en partant du phénomène de l'association des idées qu'on a pu faire une des plus grandes découvertes des temps modernes, l'invention du langage pour les sourds-muets et les aveugles? En vertu de l'association, non plus des idées mais des impressions, n'est-on pas parvenu à soumettre des êtres dépourvus d'intelligence, à une discipline qui leur donne toute l'apparence de l'intelligence?

3° La mnémotechnie, l'amour de la patrie, le charme que l'homme éprouve en voyant des ruines, la sympathie et l'antipathie, les sentiments de terreur qu'inspirent les ténèbres, le sentiment de mépris pour soi-même qu'on éprouve lorsqu'on ne sait pas venger une injure ; tous ces faits, comme celui du langage, sont-ils autre chose que des applications de cette loi de l'association des idées?

Cours de philosophie.

ment la vérité de la Réalité, par une révélation intérieure, mais qu'il la reçoit aussi de ses semblables, par une révélation extérieure ; que les esprits qui découvrent et formulent eux-mêmes des vérités, sont excessivement rares ; que cependant tous les hommes ont besoin de la vérité, et qu'effectivement l'humanité en possède un bon nombre de toutes formées, il faut bien que les hommes aient un moyen de se les communiquer.

Ainsi, il était donc nécessaire que les hommes possédassent un instrument au moyen duquel ils pussent tout à la fois, et faire passer la vérité infinie de la conception rationelle dans la perception de l'intelligence, et faire passer entre eux, à mesure qu'ils naissent, les vérités qu'ils ont acquises le long des siècles ; en un mot il était nécessaire qu'il existât pour eux, indépendamment de leur communication immédiate avec la Réalité, une communication secondaire, par laquelle ils se transmissent les vérités qu'ils ont puisées à la même source.

Mais, pour que le langage produisît son double phénomène, premièrement de la formation de la pensée par la descente de la Réalité dans la raison, puis dans l'intelligence ; secondement de la transmission de cette vérité toute faite dans l'esprit de ceux qui n'en possédaient que le sentiment, ne fallait-il pas que, pour le premier cas, le langage pût contenir toutes les notions ontologiques de la Réalité, et que, pour le second cas, il fût un instrument au moyen duquel l'homme parvînt à faire savoir ce qu'il pense à son semblable, et à savoir lui-même ce que son semblable pense ?

S'il faut que ce moyen de communication puisse contenir toutes les notions de la Réalité, l'idée de la Réalité ne se compose-t-elle pas de trois notions, ni plus ni moins? Ces trois notions ne sont-elles pas, 1° celle de la substance, 2° celle de la vie de la substance, 3° celle des propriétés de la substance? Or, le substantif n'exprime-t-il pas la substance, n'établit-il pas dans la pensée la réalité de l'être? Le verbe n'exprime-t-il pas la vie de la substance, n'établit-il pas dans la pensée les modalités de l'être? L'adjectif ne qualifie-t-il pas la nature de la substance, n'exprime-t-il pas dans la pensée les propriétés de l'être?

Mais le substantif, le verbe et l'adjectif, ne sont que des mots, les mots des sons, les sons des vibrations de l'air, les vibrations de l'air des phénomènes physiques, et non point des phénomènes psychologiques.

Alors ne fallait-il pas, premièrement que l'intuition devînt intellectuelle, c'est-à-dire une pensée; secondement que cette pensée devînt matérielle, c'est-à-dire une parole, pour qu'agissant d'une manière matérielle sur les sens de celui qui l'écoute, elle pût redevenir intellectuelle en remontant dans l'intelligence de celui-ci, et retourner enfin à l'état rationel en rentrant dans sa raison, qu'elle met en possession de la connaissance de la Réalité? Mais comment tout cela se fait-il?

Pour que la Réalité infinie tombe sous notre perception finie, ne faut-il pas qu'elle prenne une forme, qu'elle soit imagée? Eh bien! l'imagination fournit l'image; et, par suite des lois merveilleuses de l'association des idées, l'image reste attachée à l'idée, la maintient à l'état de pensée, c'est-à-dire empêche qu'elle ne retourne jamais à l'état vague de sentiment, à moins que le lien qui associe les idées n'ait disparu par absence de mémoire.

La psychologie va nous fournir quelques renseignements sur cette première faculté : « En vertu d'une loi inhérente à notre constitution psychologique, il s'établit entre les divers éléments de la pensée une sorte d'affinité qui les associe et les enchaîne comme en un faisceau et d'une manière presque indissoluble. Ainsi, par exemple, si nous sommes témoins d'un fait qui nous a vivement frappés, si notre attention a été assez fortement excitée pour que les circonstances principales de ce fait aient laissé en nous des souvenirs distincts, toutes les fois qu'une cause quelconque réveillera un de ces souvenirs, à l'instant même l'ensemble des circonstances s'offrira à notre mémoire et nous retracera le tableau tout entier des émotions que nous avons éprouvées, comme si l'événement était encore présent à nos sens. Il faut conclure de cette observation que, toutes les fois que plusieurs idées ont existé en nous, une seule de ces idées suffit pour faire renaître toutes les autres. Une fois que les faits divers de la pensée sont ainsi associés dans l'esprit, il en résulte que les objets extérieurs, que les circonstances morales ne réveillent plus telle ou telle idée seulement, mais une longue série de pensées avec lesquelles elles n'ont aucun rapport direct. Ce mouvement de la pensée est purement mécanique, le moi est en quelque sorte étranger à ce qui se passe en lui. L'association des idées est le principe qui joue le plus grand rôle dans la pensée ; ce principe est une des conditions de la possibilité du langage. »

Mais s'il faut que le sentiment prenne une forme, qu'il

devienne une pensée pour tomber dans le domaine de l'intelligence, ne faut-il pas que cette pensée ainsi formulée prenne un signe, et que ce signe soit un son pour tomber dans le domaine des phénomènes physiques, et être reçu par l'oreille? Ainsi, il ne suffit pas que l'homme ait associé une image à son idée, pour la rendre intellectuelle, il faut encore qu'il associe un signe à cette image, pour la rendre matérielle; signe qui s'offre à l'œil quand l'homme fait de la peinture, signe qui s'offre à l'oreille quand il produit des sons.

Eh bien! si la possibilité de l'intellectualisation de la Réalité repose sur la merveilleuse faculté de l'association des signes aux idées, la possibilité de la manifestation de ces signes par le moyen des sons, repose sur la non moins merveilleuse faculté de la vocalisation.

La philologie va nous fournir quelques renseignements sur cette seconde faculté : « L'homme tient de la nature animale la propriété de la vocalisation. Il a, par-dessus toutes les espèces, l'heureuse conformation d'un organe admirablement disposé pour la parole, instrument à touches, à cordes et à vent, dont la construction sublime fera le désespoir éternel des facteurs, et qui module des chants si supérieurs à toutes les mélodies de la musique artificielle, dans la bouche des Malibran et des Damoreau! L'homme a dans ses poumons un souffle intelligent et sensible; dans ses lèvres un limbe épanoui, mobile, extensible, rétractile, qui jette le son, qui le modifie, qui l'assouplit, qui le contraint, qui le voile, qui l'éteint; dans la langue un marteau souple, flexible, onduleux, qui s'accourcit, qui s'étend, qui se meut et s'interpose entre les valves selon qu'il convient de retenir ou d'épancher la voix; dans ses dents un clavier ferme, aigu, strident; à son palais, un timpan grave et sonore ; il a des touches qui correspondent à toutes les voix de la nature. »

De sorte que la parole repose sur deux propriétés de l'homme : la première est la faculté de l'association des idées, la seconde est la faculté de la vocalisation. Par la première il rend intellectuelles ses conceptions, il les met à sa portée ; par la seconde il les rend matérielles, il les met à la portée de son semblable.

Avec la première, il n'est pas de phénomène intellectuel, il n'est pas d'idée (qu'elle lui vienne soit à l'occasion du Monde intelligible, soit à l'occasion du monde physique) à laquelle l'homme ne puisse attacher un signe, et la présenter à son intelligence. Avec la seconde, il n'est pas de son (pris comme signe de représentation de l'idée soit intelligible soit physique) que l'homme ne puisse prononcer, et par conséquent présenter à l'intelligence de son semblable.

La parole intellectuelle se fait au moyen de l'imagination, qui image les phénomènes rationels ; la parole matérielle se fait au moyen de la vocalisation, qui articule les images intellectuelles.

Comme l'homme, la parole est douée d'un esprit et d'un corps ; et comme l'homme, elle n'apparait aux sens et n'est de quelque effet dans ce monde que par cette enveloppe extérieure. C'est pourquoi les littérateurs, semblables à ceux que la nature a disgraciés sous le rapport de l'esprit, courent après les beaux mots et les belles phrases, comme ceux-là après de beaux habits; ils comptent sur le vêtement de l'idée, pour produire encore quelque effet dans le monde intellectuel. Ainsi,

1° Par l'intuition, la Réalité tombe sous la conception de la raison humaine, elle se rationalise. C'est ce phénomène qu'on nomme le sentiment. Le sentiment est la sensation que la Réalité produit sur l'être créé ; et cette sensation spirituelle reste en lui par suite de la permanence de la fonction rationnelle.

2° Par l'imagination, le sentiment tombe sous la perception de l'intelligence humaine, il s'intellectualise. C'est ce phénomène qu'on nomme la pensée. La pensée est un sentiment formulé, une conception imagée ; et cette image lui reste attachée par suite de la permanence de l'association des idées.

3° Par le son, l'image tombe dans le domaine des faits extérieurs, elle se vocalise. C'est ce phénomène qu'on nomme la parole. La parole est une pensée exprimée ; et cette expression lui reste attachée par suite de la permanence de la langue.

Enfin l'organe inépuisable de la voix peut articuler ces expressions avec une rapidité qui suit souvent la formation de la pensée.

Telle est, dans son ordre chronologique, l'opération au moyen de laquelle l'homme établit une communication intellectuelle avec ses semblables : d'abord sa voix articule des sons que ses semblables entendent; ensuite ces sons, pris pour des signes convenus par tous ceux qui parlent la même langue, réveillent des images dans leur esprit; et puis ces images ou ces signes amènent aussitôt la pensée à laquelle ils sont liés par suite de l'association psychologique. Or la pensée est une connaissance claire et distincte de la conception, et la conception est une connaissance de la Réalité.

Ainsi, du son à l'image, de l'image à la pensée, de la pensée à la conception, de la conception à la Réalité, qu'elle représente en nous, l'homme fait remonter l'esprit de son semblable sur les ailes de la parole jusqu'à son imagination, puis de là sur les ailes de sa pensée jusqu'à l'intuition, puis de là sur les ailes de la raison jusqu'à la Réalité. N'avions-nous pas raison de dire que, si le langage est un moyen merveilleux de communication entre l'homme et la Réalité, il produit le phénomène non moins merveilleux et tout aussi nécessaire de la communication entre l'homme et son semblable?

Une fois que l'homme sut que le substantif exprimait l'existence de l'être, que le verbe exprimait la vie de l'être, que l'adjectif exprimait les propriétés de l'être; que le substantif, le verbe et l'adjectif, représentés par des signes, ces signes représentés par des sons, ces sons et ces signes attachés à des pensées, les réveillaient inévitablement par la puissance de l'association; enfin que ces sons produits par les articulations de la voix pouvaient être prononcés successivement et distinctement, de manière à les lier quand les propositions se lient, à les détacher quand les propositions se détachent, à les déduire les unes des autres quand les propositions se déduisent, l'homme vit qu'il était en possession du langage. Il vit qu'il était en possession tout à la fois d'un médiateur pour établir, entre lui et la Réalité, la communication qui lui est nécessaire pour sa vie spirituelle, et d'un verbe pour établir, entre lui et ses semblables, la communication qui lui est nécessaire pour sa vie dans le temps.

Une fois en possession de la théorie du langage, il ne manque plus à l'homme, non pour compléter ce merveilleux mécanisme mais pour lui donner son application, que d'ajouter la langue au langage; c'est-à-dire d'imposer un nom substantif à chaque être, un verbe à chaque manière d'être, un adjectif à chaque propriété des êtres : de manière qu'il n'y ait pas un phénomène, soit dans le monde physique, soit dans le monde moral, soit dans le Monde intelligible qui ne trouve son image dans l'intelligence, pas une image qui ne trouve son mot dans la langue, pas un mot qui ne trouve son articulation dans la voix, et que l'homme puisse penser et parler sur toutes choses, parce que toutes choses l'intéressent.

On voit qu'une fois la propriété du langage connue de l'homme, les langues viennent toutes seules. A mesure que les êtres se présentent, que les phénomènes se manifestent, que les idées se déclarent, que les émotions se font sentir en lui, l'homme n'a qu'à les nommer, c'est-à-dire n'a qu'à profiter de la faculté qu'il a de produire un son qui, par suite de l'association, rappelle et signi-fie ces êtres, ces phénomènes, ces idées, ces émotions.

Mais, pour que le son soit un mot et qu'il représente un phénomène intellectuel ou un objet physique, il faut autant que possible qu'il y ait entre ce son et l'objet un certain rapport. Tous les sons ne peuvent être pris indifféremment ; s'ils n'ont aucun rapport avec l'objet, le fait de l'association ne s'opère point, l'homme ne se les rappelle plus; il recommencerait ainsi perpétuellement sa langue, sans pouvoir jamais l'achever ni s'en servir. Chacun ferait ses mots de son côté, et les hommes, au lieu de s'entretenir, produiraient un ramage aussi incompréhensible que les cris confus de mille oiseaux divers.

Eh bien! par une propriété inexplicable, ou plutôt qui s'explique fort bien, puisque tout est en harmonie dans la création, il y a des mots qui rappellent la vitesse, tandis que d'autres rappellent la lenteur; il y a des sons pour exprimer la légèreté, et pour exprimer la pesanteur; pour l'élévation, et pour la profondeur; pour la clarté, et pour l'obscurité; pour l'amertume, et pour la douceur; pour la proximité, et pour le lointain; pour la douleur, et pour le plaisir; pour la tristesse, et pour la joie; pour l'indignation, et pour l'admiration; pour le remords, et pour la satisfaction; etc., etc.

Le mot est toujours, autant que cela se peut, le représentant d'une propriété de l'objet qu'il nomme. Épelons tous les mots, nous verrons que les meilleurs sont les plus représentatifs: nous reconnaîtrons dans la seule prononciation que le plomb, par exemple, est plus lourd que la plume; que le fluide est plus subtil que le flot, le fleuve plus ambulant que la fleur, le daim plus léger que la dalle, l'airain plus dur que l'érable, le papillon plus mobile que le papier, l'âcreté pire que l'acidité, le vaisseau plus vaste qu'une vessie, la braise plus ardente que la brise, l'accent moins harmonieux que l'accord, l'éclair plus brillant que l'éclipse, le rouge plus vif que le rose, les noms de femmes plus doux que les noms d'hommes, etc., etc. Dans la merveilleuse construction d'une langue, il semble que tous les êtres de la nature prennent une voix pour exprimer la pensée de l'homme; et les langues ressemblent à une seconde nature. C'est pourquoi les littérateurs s'en amusent, et lui demandent la poësie et les charmes de la nature véritable.

Cela se fait sans doute en partie par suite de la propriété poëtique du son, dont une certaine disposition, connue sous le nom de musique, suffit, sans même qu'on y ait attaché d'avance aucune idée intellectuelle, pour éveiller en notre âme des sentiments de gaîté ou de tristesse, de courage ou de terreur, d'affection ou de légèreté, de sainteté ou de plaisir. Qui n'a regardé la musique comme une langue plus mystérieuse, plus infinie, que toutes les plus poëtiques langues de la terre; et qui n'a éprouvé combien elle s'adresse aussi à propos aux sentiments du cœur, que la langue vocale aux pensées de l'intelligence? Elle parle, on l'entend, chacun se sent ému, et cependant ses paroles discrètes ne révèlent aucun mystère; elle dit à l'âme des choses qu'elle ouït, et qu'elle ne saurait répéter. C'est une langue à demi-voilée que le cœur seul comprend, tandis que ses sons vont frapper l'oreille avec autant de charme et de douceur que la lumière de la lune en met à frapper nos yeux. Les sons portent donc avec eux une musique particulière, et sont eux-mêmes une langue.

La langue ordinaire, celle qui s'adresse non aux sentiments mais à l'intelligence, bien qu'elle ne soit pas dépourvue de toute poësie, c'est-à-dire de toute action sur les sentiments et les conceptions, la langue ordinaire, disons-nous, est plus claire et plus formelle; elle a l'exactitude et le fini des mathématiques, elle a en un mot tous les caractères d'une science bien faite. Et quoique, dans ses parties élevées, la langue conserve quelques rapports avec l'infini, parties dont les savants ont soin de ne pas se servir, la poësie est toujours obligée d'échapper à la langue, soit par des licences, soit en se réfugiant tout-à-fait dans la musique, comme pour les hymnes religieux et les chants patriotiques.

Cette représentation d'une propriété de l'objet par le caractère du son est ce que l'on appelle, comme l'indique d'ailleurs l'étymologie du mot lui-même, une onomatopée, ou imitation d'un bruit de la nature. Les mots sont donc tous plus ou moins onomatopés, surtout dans les langues primitives. Quant aux langues dérivées, une filiation nombreuse leur impose arbitrairement des mots qui ont été successivement altérés par la traduction; mais c'est qu'alors ces mots sont bien et généralement connus pour avoir telle ou telle signification, et ils remplissent ainsi le but de l'onomatopée. L'étymologie tient lieu de l'onomatopée; elle parle aussi clairement à l'esprit que l'onomatopée à l'oreille. Le mot à étymologie est un mot qui révèle lui-même sa signification, c'est un mot tout intellectuel, c'est une pensée toute faite. Tout mot qui n'est pas pur, c'est-à-dire onomatopé, ou qui n'est pas traduit, c'est-à-dire étymologique, est un mot arbitraire et sans grande valeur, à moins que l'usage ne lui en ait donné une marquée. Les bons écrivains et surtout les poëtes choisissent toujours de préférence dans les deux premières classes de mots.

La valeur d'un mot est toujours en raison de l'onomatopée ou de l'étymologie; de sorte que former une langue, ou pourvoir des mots nécessaires la faculté du langage, c'est trouver des mots à onomatopée, ou former des mots à étymologie. Voilà pourquoi nous entendrons dire, par un philologue déjà cité, que l'écrivain n'a pas grand'peine à rendre son style pittoresque, métaphorique, représentatif; que les mots font eux-mêmes tous les frais de ce charme du style, et qu'il ne s'agit que de les choisir pour cela :

« Le poëte ne peut se dérober à la nécessité d'une imitation qui surgit des éléments mêmes de la parole; il trouverait une immense difficulté à nommer autrement les êtres sensibles : qu'il essaye, qu'il fasse bruire les brises à travers les bruyères; murmurer les ruisseaux qui roulent lentement leur cours; soupirer les scions ondoyants qui se balancent et gémissent; frémir et frissonner le frais feuillage; roucouler la tourterelle et hurler au loin le hibou; qu'il fasse se lamenter les vents plaintifs, qu'il les fasse rugir furieux; qu'il mêle leurs clameurs effrayantes à la sourde rumeur de l'ouragan, au fracas des torrents qui se brisent de roc en roc, au tumulte des cataractes qui tombent, aux éclats du tonnerre qui gronde, aux cris des pins qui se rompent, etc., ce n'est pas le poëte qui fait les frais de cette harmonie technique et symétrisée de l'imitation, c'est la langue elle-même qui est peintre, qui est poëte, qui est artiste avant lui. Pourquoi les langues seraient-elles si naïvement imitatrices, si ce n'est parce que l'imitation les a faites? La flèche vibre, siffle et fuit; la fronde froisse l'air et gronde; le toscin tinte et sonne ses grands bonds; le marteau retentit; la cognée tombe; la scie grince; l'escopette éclate; le canon ronfle;

le bronze du bourdon s'ébranle en mugissant, etc. Tout cela n'est pas l'œuvre du style, il serait trop aisé s'il était là-dedans ; c'est tout bonnement la parole comme l'homme la trouve et comme il l'a prise. Les noms des êtres créés furent en effet les vrais noms dans la langue d'Adam, à qui fut accordée la première communication de la parole. C'est qu'Adam les formait d'après sa sensation, c'est-à-dire en raison de l'aspect le plus saillant sous lequel les choses lui apparaissaient. La sensation du bruit, la première qui frappe l'enfant, fut la première qui dut frapper la famille humaine dans son âge d'enfance. L'enfant ne fait plus sa langue, parce que ce grand travail, qui a dû exiger une longue succession de siècles, lui est épargné aujourd'hui, par la faculté d'imiter immédiatement. » [1]

---

[1] « Nommer par la mimologie, s'enrichir par la comparaison, les langues ne sortent pas de là. L'onomatopée a été l'agent mécanique de la langue, et la comparaison son agent intellectuel. Les mœurs, les inclinations, les habitudes, les manières d'être impressionné, sont d'une grande conséquence dans la formation du dénominateur ; elles varient comme les aspects sensibles, les formes, les qualités, les usages, dans l'objet dénommé, comme le lieu, le temps, les circonstances où le nom s'impose.

« Chaque peuple a donc fait sa langue suivant son organisation et les influences prédominantes des localités qu'il habitait. Il y a, par conséquent, autant d'aptitudes innées à la composition d'une langue, et de langues plus ou moins diverses, qu'il y aura de peuples attachés à un sol particulier. C'est pour cette raison que la confusion des langues et la dispersion des peuples sont présentés par l'Écriture comme deux événements synoptiques dans la magnifique histoire de Babel.

« La formation de la parole à l'imitation des sons naturels, l'onomatopée, principe des langues parlées, est un fait si évident que toutes les observations des linguistes anciens et modernes concourent à l'établir. L'espèce humaine ne serait jamais arrivée à un certain degré de perfectionnement, si elle n'était née poète. L'homme ne reçoit pas même aujourd'hui une nouvelle perception du monde sensible, sans être obligé de recourir à l'onomatopée pour la représenter. Voilà pourquoi les langues diffèrent les unes des autres par de certaines articulations, et c'est ce qui nous rend peu capables de nous approprier ceux de ces artifices dont la nature ne nous a pas fourni le type. » Suivent les exemples.

Charles Nodier, *Notions élémentaires de linguistique.*

Quoique nous ayons dit que les langues viennent assez et comme d'elles-mêmes quand la théorie du langage est révélée à l'homme, elles n'en sont pas moins l'œuvre la plus intelligente des peuples. Comme les sons comportent une certaine analogie avec les caractères des objets, analogie rendue par l'onomatopée, phénomène aussi surprenant que celui de l'association et de la vocalisation, la formation d'une langue, ou l'opération par laquelle on pourvoit les êtres et leurs propriétés de mots onomatopés ou étymologiques, n'en est pas moins très délicate et très ingénieuse. Que d'esprit et de bon sens ne faut-il pas pour nommer les choses d'un nom qui leur reste ! Aussi, il n'y a qu'un peuple qui puisse laisser une langue. Chaque peuple a sa langue, et on ne sache pas qu'il existe au monde une langue faite par un seul homme : elle ne serait, dans tous les cas, qu'une langue sourde-et-muette.

Pour former une langue, il faut un peuple et ses nombreuses générations; encore ne comptons-nous pas les mots presque tout faits qu'il emprunte par la traduction au peuple dont il tire son origine, à la civilisation qui lui a inoculé la vie sociale. Les langues primitives, nécessairement originales, furent presque toutes formées d'onomatopées; mais, comme disent les philologues, « les langues postérieures sont, dans leur ordre de filiation, légitimes, bâtardes, adultérines et plagiaires; leurs titres remontent à toutes les langues dont elles ont subi l'amalgame. » Cependant on conçoit qu'un peuple ne prend pour sa langue un mot qui appartenait à une langue antérieure, que lorsque ce mot se trouve doué d'une onomatopée excellente, ou lorsqu'il est généralement admis. Au fond, dans cette formation des langues, et dans leur filiation jusqu'à nous, l'onomatopée la plus parfaite fait toujours tomber en désuétude celle qui l'est le moins.

Ce n'est pas à dire qu'il y ait un progrès d'étymologies et un perfectionnement d'onomatopées de langue en langue, à mesure qu'elles se succèdent avec les peuples qui les produisent ; car chaque peuple a son climat, et chaque climat ses onomatopées spéciales qui ne peuvent s'éloigner du terroir sans perdre leurs propriétés. Là par exemple il n'y a que des vents furieux, des montagnes escarpées, des abîmes profonds, des torrents impétueux, des cataractes bruyantes, un ciel brumeux, de rigoureux hivers ; tout est sauvage et terrible, tout respire la tempête, la nature est dure pour ses enfants et la vie difficile. Là, le tempérament et l'imagination de l'homme correspondent jusqu'à certain point à tous ces caractères.

Ici, au contraire, sont des plaines fertiles, des coteaux riants, des brises légères, de tranquilles eaux, des prairies charmantes, des arbres odoriférants, un ciel pur et serein ; ici tout respire l'espérance, la vie est douce et facile. Le tempérament des fils de ce climat ne sera plus le même ; l'imagination, qui se forme sur la nature et s'enrichit de ses images, aura d'autres caractères ; l'homme y écoute d'autres bruits, y voit d'autres couleurs, et par imitation prononcera d'autres sons. Evidemment les onomatopées ne peuvent se ressembler dans ces deux climats, ni les langues y être les mêmes.

Les onomatopées ne peuvent même se transporter d'un pays dans un autre, elles ne seraient plus des onomatopées. La finale gracieuse, féminine, naîtra par exemple en

Italie; elle naîtra où chantèrent Virgile et le Tasse. La syllabe dure et bruyante, toute bardée de w, de k et de z, sera prononcée, au milieu de la Scandinavie, par les héros d'Ossian [1]. Si l'on transportait les peuples italiens en Norwège, et les habitants de la Norwège en Italie, après quelques générations, les deux langues subiraient insensiblement les modifications de la nature à laquelle elles emprunteraient alors leurs images et leurs sons. Les mots prendraient bientôt un autre accent, l'onomatopée reparaîtrait toute naïve comme auparavant, et les mêmes échos finiraient par répéter les mêmes sons. En un mot les deux langues s'acclimateraient, comme les deux peuples qui les parlent, quelles que fussent les traces d'origine qui leur resteraient. Car enfin c'est ainsi que cela s'est fait au commencement, et il n'y a pas d'autre raison pour expliquer dans leur origine la différence de la langue italienne et de la langue scandinave, de la langue arabe et de la langue anglaise, enfin de toutes les langues possibles.

Oui, le rapport qui existe entre la couleur des animaux et celle des lieux qu'ils habitent; ce rapport qui fait, par exemple, que le lézard est vert dans les bois et gris dans les murailles, que la robe du lièvre et celle de la perdrix deviennent blanches dans les Alpes pendant l'hiver, et qu'elles reprennent leur teinte grisâtre lorsque ces animaux habitent les chaumes, ce rapport n'est vraiment

---

[1] « Toutes les langues parlées dans la région Caucasienne, selon de Balbi, sont excessivement âpres, et se distinguent par la réunion extraordinaire de certaines consonnes, et par l'accumulation de voyelles et de diphthongues obscures, larges et prononcées du gosier. »

Atlas ethnographique ; 11ᵉ *Tableau des langues Caucasiques.*

pas plus exact que celui qui s'établit entre la langue d'un peuple et la nature de son territoire. Tenez, une observation que vous trouverez juste, c'est que l'on peut dire à cet égard que les langues se trouvent tout-à-fait dans la même hypothèse que les diverses architectures des peuples.

Pour se rendre compte aisément de ce phénomène, il suffit d'observer comment chez le peuple le plus nationalisé en fait de langue, en fait de territoire, de religion, de mœurs, de lois et de police, comment en France la même langue subit les différents *accents* des diverses latitudes de son territoire. Tout le monde reconnaît l'accent du Midi de l'accent du Nord, l'accent gascon de l'Ouest de l'accent alsacien de l'Est. C'est pourquoi nous disions précédemment que les diverses langues n'étaient que les différents costumes affectés par le langage selon les différents climats.

Ceci doit nous faire observer que les linguistes exigent en général une trop complète filiation des mots pour s'assurer de l'origine d'une langue; car c'est précisément dans la différence des mots que consiste la langue nouvelle, le langage et ses principes nécessaires restant toujours les mêmes. Certainement les langues se sont donné le jour les unes aux autres; mais il est impossible qu'elles héritent de tous leurs mots, puisque alors ce ne serait que la continuation de la même langue. Certainement dans toute langue il y a une forme grammaticale essentielle et un certain levain de la langue dont elle tire son origine; mais la nouvelle langue a aussi ses mots nouveaux qu'elle a créés, qui lui appartiennent exclusivement et qui font qu'on la distingue parfaitement de sa mère. Ainsi la langue française ne se trouve pas seulement composée de mots grecs, latins ou germains, elle est aussi composée de mots français. Il ne faut donc pas s'abuser sur ce point.

La formation d'une langue, comme celle d'une science, exige le concours de mille et mille travailleurs ingénieux. Dans la formation d'une science, à mesure qu'on observe mieux, les idées remplacent les idées, les nouvelles théories se substituent aux anciennes explications, jusqu'à ce que l'incontestable reste. Dans la formation d'une langue, les mots maladroits, insignificatifs, les mots faux tombent, et les mots heureux font naturellement fortune : combien de mots essayés avant de trouver la meilleure onomatopée? Où est le registre mortuaire qui les renferme? les dictionnaires ne contiennent que les vivants.

Quand une langue se forme, chacun énonce spontanément son mot, sans savoir qu'il est ouvrier linguiste; le meilleur mot est celui qui reste, et il reste nécessairement: c'est-à-dire que chacun l'emploie, parce qu'il rappelle le mieux l'objet, et par conséquent qu'il est le plus facile à retrouver en présence de cet objet, c'est là ce qui assure son règne. L'onomatopée dans les langues, comme la vérité dans les sciences, est invincible et immortelle ; elles sont ainsi l'une et l'autre par leur simplicité même, par l'accès facile qu'elles offrent à l'esprit.

Le premier qui a dit que les agneaux bêlaient, que les bœufs meuglaient, que les lions rugissaient, que le cheval hennissait, que les oiseaux gazouillaient, que le ramier roucoulait, que la tempête mugissait, etc., était bien sûr que ces mots prévaudraient : les choses qu'ils exprimaient étaient prêtes à les rappeler au besoin. Ne pourrait-on pas dire que ce sont les objets eux-mêmes qui se donnent leur nom, et que l'homme n'a qu'à l'écouter attentivement pour le répéter après eux ? Platon dit bien que les noms ne sont point arbitraires, qu'ils sortent de la nature des choses, et il voulait en quelque sorte ôter à l'homme une partie du mérite de les avoir nommées.

Entre les sciences et les langues, entre la vérité et l'onomatopée, il y a bien une autre analogie. La faculté qui nomme est la même que celle qui étudie les propriétés d'un être et qui les définit. L'opération qui étudie pour connaître, et celle qui observe pour nommer, sont une suite l'une de l'autre ; elles appartiennent à la même faculté. Comme on s'en aperçoit, la faculté de nommer est la faculté de définir, et la faculté de définir est la faculté de connaître ; c'est le même attribut de l'esprit humain à ses différents âges.

Une langue est une science intégrale ; elle renferme dans ses étymologies, et dans la manière dont son peuple l'emploie, des explications sublimes sur les êtres et sur leurs lois. Une science n'est qu'une langue plus détaillée, qui vient ensuite se partager les richesses de la langue vulgaire et donner plus d'étendue, de perfection et de clarté aux faits inaperçus ou laissés sans explication.

Il faut donc toutes les conditions du sens commun réunies, pour former une langue, encore plus que pour former une science. Pour celle-ci, de l'intelligence et beaucoup d'observation suffisent ; tandis que pour la première, il faut du génie, c'est-à-dire du bon sens dans toute sa force. Or l'esprit humain, ainsi pourvu de tous ses avantages, ne peut se rencontrer dans un seul homme; les langues comme les sciences ne se sauvent que par la quantité de leurs ouvriers. Ceux qui donnèrent à une langue quelques mots significatifs, sont aussi rares que ceux qui découvrirent, pour une science, quelques vérités; parce qu'il y a exactement de part et d'autre la même opération à faire. Celui qui donne le véritable nom d'une chose, dit ce qu'elle est, il dit la vérité ; et celui qui explique ce qu'elle est, ne fait que donner la démonstration scientifique de son nom. Les sciences tout entières se retrouvent dans les langues; seulement, pour ne pas tenir la vérité de seconde main, et ne pas recevoir les erreurs qui ont dû nécessairement se glisser dans le peuple, enfin pour donner à la pensée scientifique cette supériorité d'exactitude qu'elle a sur la pensée obscurément renfermée dans la langue, les sciences vont récolter la vérité de leurs propres mains, dans le champ même où les langues l'ont recueillie, le champ de l'observation : de l'observation de la nature matérielle, pour les sciences physiques, de l'observation de la nature humaine, pour les sciences morales.

La langue est le chef-d'œuvre du génie d'un peuple, les sciences sont le chef-d'œuvre de son intelligence. Les langues ont sur les sciences, quant à l'élévation et à la profondeur, toute la supériorité du sens commun sur la philosophie ; les sciences ont sur les langues tous les avantages de clarté, de démonstration et de classification que la philosophie possède sur la poësie, dont elle est issue. La philosophie, chez un peuple, n'est que la reconstruction scientifique de ses croyances spontanées et poëtiques ; aussi voit-on toujours la poësie marcher avec l'œuvre de la formation des langues, tandis que l'esprit philosophique et l'esprit scientifique viennent ensuite, en se tenant par la main.

Il ne serait pas plus possible à un homme de créer une langue avec tous ses mots, que de créer une science avec tous ses faits, toutes ses lois et toutes ses applications. Les sciences ne se forment que lentement, il faut que de nombreuses générations y aient travaillé; et l'on n'en compte pas beaucoup qui soient achevées. Par les mêmes raisons, aucun homme n'a pu créer une langue avec tous ses mots, toutes ses règles, et toutes ses tournures. Remarquons également que les sciences n'ont presque jamais réformé de mots, tandis qu'elles ont souvent demandé aux langues de leur ouvrir leurs étymologies pour s'éclairer des lumières du sens commun, dont elles vivent, surtout les sciences morales ; car celles-ci se retrouvent toutes dans les langues.

La faculté de nommer ou de faire une langue, est une des plus nobles attributions de l'esprit humain; c'est la faculté même de savoir, c'est la connaissance à l'état verbal. Il y a des mots véritables, fruit du sens commun, qui sont tellement profonds et justes dans leur signification, qu'ils ont porté de grands écrivains à soutenir sérieusement que Dieu avait aussi révélé les langues, et qu'il avait lui-même enseigné les mots, tant cette puissance de nommer semble au-dessus de la puissance humaine! Platon, et dernièrement de Maistre, de Bonald, et Ballanche, étaient de ce sentiment; mais nous avons déjà dit la cause qui les a amenés à cette erreur. Ce dernier, conduisant cette opinion à toutes ses conséquences, est allé

jusqu'à dire : « Nommer, c'est constater l'existence; or
« ceci me paraît au-dessus de l'homme. La parole est une
« révélation qui n'a jamais quitté le genre humain; j'oserai
« donc dire que les langues sont une révélation continue, et
« toujours subsistante au milieu des sociétés humaines. »
C'est qu'une langue est l'œuvre du bon sens de tout un
peuple; et quand une fois le bon sens parle, c'est-à-dire la
raison dans toute son impersonnalité, il est bien permis,
au moins en ce monde, de la prendre pour la Sagesse
divine! C'est pour le coup que S. Grégoire se fût écrié :
« Est-ce que Dieu s'est jamais réduit à l'office de maître
d'école? Dieu a fait les choses, et non pas les noms. »

L'histoire nous fait voir qu'avec chaque nouveau peuple
naît une nouvelle langue. Cette seule réflexion coupe court
à toutes les hypothèses qu'on a élevées dernièrement sur
la nécessité de la révélation des langues elles-mêmes.
Cette idée, que Dieu a révélé les langues, basée sur la profondeur du sens des mots qu'elles renferment, est bien
opposée aux faits, puisque tous les jours nous avons la
preuve du contraire. Mais les motifs qui ont conduit à de
telles hypothèses, ne pouvaient être que d'un homme de
génie : nous disons cela à cause de M. de Bonald. Du reste,
on ne découvre pas à la fois deux vérités de cette importance; il est déjà assez glorieux d'en découvrir une. Tous
les jours les peuples font de nouveaux mots, c'est-à-dire
continuent la création de leur langue; c'est seulement
pour le premier usage de cette faculté que l'homme avait
besoin d'être mis sur la voie. Il n'y a eu, je le répète, que
le langage de révélé; encore cela s'est-il fait d'une manière
beaucoup plus simple qu'on ne le pense.

Dieu n'a pas livré à l'homme un dictionnaire tout fait, comme le suppose le système d'une prétendue langue primitive révélée ; ce que Dieu a donné à l'homme, c'est : 1° la faculté de l'imagination, 2° la faculté de l'association des images aux idées, 3° la faculté de la prononciation des sons qui rappellent ces images. Ce que Dieu a révélé à l'homme, c'est un fait qu'il ne pouvait connaître sans en avoir eu l'expérience, un fait qu'il ne pouvait voir dans l'expérience s'il ne le produisait lui-même : c'est la propriété de parler sa pensée en profitant de l'imagination, de l'association et de la vocalisation. Les traditions ne nous disent pas autre chose. Je ne vois pas pourquoi il faudrait être plus traditionnel que les traditions, pour le plaisir de soutenir que Dieu n'a pas seulement révélé le langage, mais qu'il a aussi fait à l'espèce humaine la langue dont elle devait se servir, et qu'il lui a appris le *b*, *a*, *ba*. Dans ce cas on devrait dire, comme cela est vrai de la morale, de la science, de la religion, qu'il n'y a qu'une langue véritable, celle que Dieu a révélée, et que toutes les autres langues sont fausses, impies, hérétiques ! Cependant jusqu'à ce jour on ne s'est pas fait scrupule de parler toutes les langues qui existent; en fait de mots, il n'y a jamais eu que les barbarismes de défendus.

La nécessité, pour faire des mots, de posséder le sens commun avec tous ses avantages, et l'impossibilité de rencontrer ainsi chez un homme la raison dans toute son impersonnalité, c'est-à-dire dans toute son infaillibilité, font qu'on est obligé, pour trouver le créateur d'une langue, de recourir à un peuple, appuyé de toute cette partie du genre humain qui l'a précédé. L'individu, s'il n'était aidé par ses semblables, ne parviendrait pas même à laisser un mot; car la première condition pour qu'il soit un mot, c'est qu'on s'en serve. Il faut dire avec un écrivain déjà cité : « Un père n'a jamais donné un nom à son fils, le fils l'a toujours reçu de la Société. Nul ne peut changer son nom, si la Société elle-même ne le change pas. » De quelque manière qu'on le considère, une langue ne peut et ne doit être que le fruit d'un concours, l'œuvre commune d'un peuple. « Il n'y a qu'un peuple qui sache « nommer les êtres créés, parce que c'est à lui qu'il a été « donné de faire des langues, parce que lui seul a hérité « du brevet d'invention d'Adam. »[1]

Si l'individu est dans l'impossibilité de créer une langue, le genre humain, avant que la parole le tirât de son idiotisme, eût été dans la même impossibilité pour créer le langage. Mais une fois le langage connu, cette révélation a été pour le monde moral ce que la première impulsion a été pour le monde physique : le monde moral s'est mis en mouvement. Si Dieu avait lui-même créé les mots et enseigné les langues, nous aurions encore besoin de lui tous les jours ; car ce n'est pas en un moment que le Créateur, comme un maître d'école exact à ses leçons, fût parvenu à faire apprendre par cœur au premier homme tous les mots de la langue ; et il serait resté à celui-ci bien de l'ouvrage pour l'enseigner à ses petits enfants. Je ne sais s'il a jamais existé un homme qui ait su de mémoire tous les mots de son dictionnaire. Nous avons bien la faculté de nous servir de tous les mots, mais c'est à con-

---

[1] Notions de linguistique.

dition que nous les entendions continuellement répéter.

En fait de mots, Dieu, suivant l'histoire, en a cependant donné quelques-uns. Mais il y en a un surtout que la réflexion seule suffirait pour lui attribuer, parce qu'il n'y a que Dieu qui pût connaître l'être que ce mot devait nommer. Ce nom est le sien, lorsqu'il a dit : Moi *Je-ho-vah*, je suis celui qui suis.[1]

Ainsi, la pensée est l'art de représenter des phénomènes rationels par des phénomènes intellectuels qui les formulent. Le langage est l'art de représenter ces phénomènes intellectuels par des signes sensibles ou pittoresques qui les rappellent. La parole est l'art de représenter ces signes sensibles par les sons de la voix qui les articulent. Les sons de la voix rappellent les phénomènes sensibles, lesquels rappellent les phénomènes intellectuels, lesquels rappellent les phénomènes rationels, lesquels rappellent les réalités intelligibles qui se sont présentées à nous par l'intuition, ou les réalités physiques qui se sont présentées à nous par les sensations.

Rappelons-nous que ce qui a été révélé à l'homme, c'est le langage, c'est-à-dire le pouvoir de penser et de parler; puis, que l'homme s'est mis à penser et à parler, c'est-à-dire à former les langues, pour mettre en œuvre sa faculté du langage.

Le premier homme apprit que par une faculté particulière de son âme, et par un organe spécial de son corps, il

---

[1] Le mot *Jehovah* est composé du présent, du passé et du futur du verbe י־הוה: *Je suis dans le passé, dans le présent et dans l'avenir.*

avait le pouvoir d'associer des signes aux idées, de rendre ces signes par des sons, et de prononcer ces sons par la voix ; puis, que ces sons ainsi prononcés lui rappelleraient les idées de son esprit et réveilleraient les mêmes idées dans l'esprit de son semblable : tel est le fait de la révélation du langage. Ce n'était pas long à apprendre. L'homme avait des facultés organisées exprès : Dieu n'eut qu'à l'en faire servir une seule fois devant lui, et l'homme tout émerveillé, comme un enfant à qui l'on vient de donner le secret d'un joujou, s'est mis à faire substantifs, verbes et adjectifs.

Du reste, je suis heureux d'être arrivé à ces résultats, car je m'aperçois que le livre sacré de nos traditions rapporte le fait exactement de la même manière : « Le « Créateur, dit-il, après avoir formé tous les animaux de la « terre et des airs, les fit passer devant le premier homme, « et il lui ordonna de les désigner par leur nom : *et les noms* « *dont il les désigna furent leurs véritables noms.* »[1]

La Genèse ne dit pas que Dieu les nomma, mais qu'il ordonna au premier homme de les nommer ; et le premier homme les nomma, par suite de la faculté de l'imagination, de l'association des signes aux idées, et de la vocalisation. Il ne faut pas chercher là d'autres mystères ; l'histoire ne viendrait pas nous le dire, que l'observation de la

---

[1] « Formatis igitur, Dominus Deus, de « humo cunctis animantibus terræ, et « universis volatilibus cœli, adduxit ea « ad Adam, ut videret quid vocaret ea : « omne enim quod vocavit Adam animæ « viventis, ipsum est nomen ejus. » *Liber Genesis*, caput II, v. 19.

Il n'est pas possible de voir plus clairement mentionné, 1° que l'homme possède la faculté de créer les langues, en donnant aux êtres les mots qui les nomment ; et 2° que l'homme ne fit usage de cette faculté que lorsque Dieu lui eut révélé le langage !

DE L'EXISTENCE DE L'HOMME.

nature psychologique de l'homme nous l'apprendrait, comme du reste nous nous en sommes aperçus au commencement de ce chapitre. Oui, la psychologie ne nous le démontrerait pas que nous l'apprendrions de l'expérience du sourd-muet, que la Société par une semblable révélation enlève tous les jours à son idiotisme natal.

Dieu a fait au premier homme ce que la Société fait au sourd-muet; avec cette différence que le premier homme, pourvu de tout son organe de vocalisation, a pu trouver dans la nature tous les sons dont il avait besoin, tandis que le sourd-muet, privé d'entendre de pareils sons, n'a pas pu par l'imitation exercer sa voix. Dès que l'homme s'aperçut de la faculté qu'il avait de parler, elle fut connue pour toujours. Croyez-le, Dieu ne fut pas obligé d'y revenir à deux fois, la découverte fut appliquée de suite, les mots vinrent tous seuls, et l'homme ne put s'empêcher de parler ! On n'a jamais reproché à l'homme ou à sa compagne de se taire.

Un phénomène intellectuel d'origine ontologique ou d'origine physique se passe-t-il dans l'esprit de l'homme ; pour fixer ce phénomène devant son intelligence, l'homme au moyen de l'imagination y compare un phénomène sensible plus connu, et celui-ci s'attache comme signe au premier par l'association; mais ce phénomène de la nature physique a un son, une couleur, un caractère quelconque; l'homme, au moyen de la voix, lui assigne un son imitatif, et ce son s'attache comme mot à ce phénomène. Le premier de ces faits est celui de la formation de la pensée, le second est celui de la formation de la parole.

Le langage est un et identique, il est partout le même;

partout il faut associer un signe physique à un phénomène psychologique, et associer un son à ce signe ; partout il faut faire un substantif pour l'être, un verbe pour sa vie, un adjectif pour sa propriété. Le langage est nécessairement le même pour tout le genre humain, parce que d'une part on ne peut changer la constitution de la Réalité, et que d'une autre part la constitution de la nature humaine ne change pas. Ce qui change c'est ce que l'homme fait, ce sont les langues, qui se composent des mots que le langage a recueillis sous les différents climats.

Ainsi, pour résumer, comme le genre humain a reçu, par la révélation que Dieu lui a faite, la connaissance du langage, qu'il lui eût été impossible d'inventer ; de même l'individu reçoit, par la révélation que lui font ses semblables, la connaissance de sa langue, qu'il lui eût été également impossible d'inventer. Dieu a donné le langage au genre humain, le genre humain donne la langue à l'individu. Si l'individu ne trouvait, déjà toute formée et en usage partout autour de lui, la langue qu'il doit parler, il serait dans l'impuissance, premièrement de la faire, secondement de la répandre, à supposer qu'il fût parvenu à la faire. Quand un homme découvre une vérité scientifique, c'est qu'il connaît déjà la science à laquelle cette vérité doit appartenir, puisqu'il est parti du point où la science même était arrêtée. Enfin, pour propager sa découverte, il a à sa disposition une langue qui en ouvre l'accès à tous les esprits ; encore quel travail, de la part de celui qui découvre cette vérité, pour la bien démontrer, et de la part de ceux à qui on la démontre, pour la bien comprendre ! Mais sans une langue si un homme inventait une langue, avec quoi la transmettrait-il? Une langue ne peut être que le résultat du concours d'une multitude d'hommes assemblés dans l'espace par le territoire, et dans la durée par la filiation.

Le genre humain ne pouvait inventer le langage, il l'a reçu du seul être qui pût le lui donner, le Dieu qui l'a créé; l'individu ne pouvait inventer une langue, il la reçoit du seul être qui peut la lui donner, le peuple où il est né. Et ce peuple est né lui-même d'un autre peuple, lequel descend du genre humain, lequel descend de Dieu. Dieu a été au genre humain ce que le genre humain est à chaque peuple; et le genre humain est à chaque peuple ce que chaque peuple est à l'individu auquel il donne le jour.

L'homme a reçu par sa nature spirituelle et matérielle la possibilité de parler, et il en a reçu la puissance par la révélation du langage; le langage est donc d'origine divine, les langues seules sont filles de l'humanité. C'est pourquoi, ainsi que nous avons trouvé le langage, comme la raison, divin dans son origine et universel dans sa nature; de même nous avons trouvé les langues, comme les intelligences, variables et individuelles dans leur origine et dans leur nature, parce que les langues fruits de l'activité humaine, sont au langage, fait absolu et universel, ce que l'intelligence fruit de l'activité humaine, est à la raison, organe absolu et universel.

Répétons-le en finissant, ce qui a été donné à l'homme avec l'existence, c'est une nature douée de la faculté de la parole; ce qui lui a été révélé à sa naissance, c'est le langage, ou l'idée de se servir de cette faculté; enfin ce que l'homme a créé, ou plutôt ce que les peuples ont créé, ce sont les langues, c'est-à-dire l'ensemble des mots dont ils ont nommé les choses, au moyen de la faculté d'imitation, et qu'ils ont prononcés, au moyen de l'organe de la vocalisation, diversifié selon les lieux et les climats : les lieux par leur influence immédiate sur l'imagination, les climats par leur influence également positive sur la constitution organique.

Ainsi, nous savons comment la parole est un moyen de communication entre l'homme et la Réalité, et comment elle est un moyen de communication entre l'homme et l'humanité.

De plus, à cause de la faiblesse et du peu de durée de chaque intelligence individuelle, toutes les sciences, toutes les expériences, tous les arts d'application, sans lesquels l'individu n'existerait pas, ne pouvant être que le fruit des siècles; et toutes ces conditions de l'existence humaine ne pouvant être rassemblées et conservées parmi les hommes de manière à ce que les découvertes d'un seul puissent servir à tous, si les hommes n'avaient un moyen de se les transmettre et qu'ainsi l'humanité se continue au lieu de se dissoudre, il fallait donc aux hommes un moyen de communication. Or, le verbe établit précisément cette communication merveilleuse entre les intelligences; d'abord entre l'intelligence de l'homme et celle de Dieu, ensuite entre les intelligences des hommes. D'où il résulte que c'est par le moyen de la parole que chaque découverte, chaque vérité, chaque nouvelle puissance, devient le bien de tous. Le verbe humain établit donc une communion entre les intelligences; car la communion n'est autre chose que la communication solidaire de tous les biens entre les membres d'un même corps. Et la communion humaine donne à chacun les forces et les avantages de tous.

Quel beau résultat! rendre à l'individu la puissance de l'espèce. Quel moyen important que celui qui fait l'homme individuel aussi puissant que l'humanité! N'avions-nous pas raison de dire que la parole, comme moyen de communication entre l'homme et son semblable, était presque aussi nécessaire que comme moyen de communication entre l'homme et la Réalité, puisque Dieu a constitué les choses de telle sorte qu'il n'envoie immédiatement à chacun que les éléments indispensables de l'existence, et qu'il veut que tout homme ne trouve que dans ses semblables le complément de sa vie, et les avantages dont il peut jouir ici-bas. Nous verrons plus tard ce qu'un pareil fait signifie, et pourquoi Dieu n'a pas créé l'homme aussi indépendant que l'animal, ou du moins ne relevant que de celui-là seul dont il tient l'existence première.

Au moyen du langage, l'humanité n'élève-t-elle pas tout-à-coup le plus petit de ses membres à la hauteur de son expérience séculaire? ne le place-t-elle pas dans le domaine de la vérité qu'elle cultive et fertilise si généreusement? enfin ne rend-elle pas à l'individu la puissance, non-seulement de tous ceux qui existent, mais de tous ceux qui ont existé?

Or, ce phénomène de la concentration de la puissance de l'espèce en chacun des êtres qui la composent, ne se produit-il pas par communication, c'est-à-dire par union commune, c'est-à-dire par sociation? Lorsque nous saurons ce qu'est l'homme individuel par rapport à l'humanité et quelle est leur destinée commune, nous verrons pourquoi l'individu doit avoir les prérogatives et les avantages de l'espèce entière; et pourquoi nous avons dit à ce propos, *rendre* et non pas *donner* à l'homme la puissance de l'humanité.

Si l'union commune fait toute la puissance de l'homme, et si le verbe est le médiateur au moyen duquel cette union s'opère dans le temps, combien ne sera-t-il pas important de chercher quel est dans l'absolu le motif de cette reconstitution de l'unité humaine brisée, motif qui est tout le mystère cosmogonique de l'humanité?

Mais en attendant, commençons à conclure de ce que nous savons de la nécessité où est l'homme de s'arracher à l'idiotisme pour établir sa communication spirituelle soit avec la Réalité, soit avec ses semblables :

Premièrement que le langage est une condition indispensable de l'existence de l'homme ; de là par conséquent la nécessité, pour le genre humain, de se placer dans les conditions propres à le recevoir et à en user;

Secondement que l'homme n'a pu inventer le langage; de là par conséquent la nécessité, pour les peuples, de se placer dans les conditions propres à se le révéler les uns aux autres dans toute l'étendue du genre humain ;

Troisièmement que l'homme individuel ne peut inventer sa langue; de là par conséquent la nécessité, pour les individus, de se placer dans les conditions propres à se l'apprendre les uns aux autres.

De sorte que, comme les peuples seuls ont le temps et le pouvoir de créer des langues, il est aussi indispensable à l'individu de se rattacher à un peuple pour en recevoir la langue, qu'il l'est à un peuple de se rattacher au genre humain pour en recevoir le langage, et qu'il l'est au genre humain de se rattacher à Dieu pour qu'il lui en fasse la révélation. Dans la distribution de ses dons, la parole, vie intellectuelle, suit la même filiation que la vie matérielle : Dieu la donne d'abord au genre humain qui vient de lui, le genre humain la transmet aux peuples qui sortent de lui, les peuples aux individus qui naissent dans leur sein.

Puisque, pour profiter du langage et de tous les biens qui en découlent, l'homme est obligé de se placer dans la seule disposition où l'établissement du langage est possible, cette disposition, cet ordre, cette communion, cette sociation des êtres humains entre eux, est donc non-seulement pour l'homme l'état naturel ou la condition nécessaire de son existence physique, mais encore l'état naturel ou la condition nécessaire de son existence intellectuelle. Si, de même que pour la vie physique, les hommes se transmettent ainsi de génération en génération toute leur vie intellectuelle, l'homme appartient donc nécessairement à un tout, à un grand être vivant, comme des branches à un tronc, comme l'organe à un corps organisé ; et la famille n'est que l'extrémité de l'artère par où le genre humain verse la vie à chacun de ses membres.

Or, cette communication des hommes au milieu du temps par les générations, et au milieu de l'espace par le territoire ; ce sein tout garni de familles comme d'autant de mamelles par lesquelles l'individu reçoit la vie que Dieu envoie au genre humain, ne compose-t-il pas, au milieu du monde moral, ce magnifique et universel phénomène qu'on nomme la Société ?

D'ailleurs l'homme, étant nécessairement un être intelligent, a dû dès l'origine être doué du sens intellectuel de la parole. Car si l'intelligence est indispensable à l'homme, la parole est indispensable à l'intelligence ; et si l'homme n'a pu exister qu'avec l'intelligence, l'intelligence n'a pu exister qu'avec la parole, comme la parole n'a pu exister qu'avec la Société. Conséquemment l'origine de l'homme, l'origine de l'intelligence, l'origine de la parole et l'origine de la Société sont identiques. « L'homme donc, comme le dit un illustre traditionaliste, n'est jamais né hors de la Société ; car la Société a été nécessaire pour qu'il naquît, qu'il devînt un être intelligent, et pour que sa vie fût utile à lui-même en l'étant aux autres : il ne peut être séparé de la Société sans cesser d'être ce que Dieu a voulu qu'il soit. L'homme, s'il était seul, serait un être incomplet, un être sans facultés, sans but, sans avenir. »

En effet, sans le langage, que serait l'homme ? il ne communiquerait ni avec Dieu ni avec l'humanité, il serait idiot ! Et sans la vérité, où est l'homme ? que fait-il ici-bas ? qu'y devient-il ? à quoi sert la création ? que s'y fait-il ?... Comme le dit excellemment M. Lortet dans sa Géographie, le langage est une nécessité de la création. Or si le langage, qui vient de Dieu, ne peut nous être transmis et conservé que par la Société, la Société était dans le plan de la création.

Ainsi, puisque tout homme reste idiot sans le langage ; puisque le langage est le seul moyen par lequel l'homme entre en possession de son intelligence et du reste de sa vie spirituelle, c'est-à-dire se met en communication avec la Réalité et avec son semblable ; puisque le langage demande des langues toutes prêtes pour l'employer; puisque les langues demandent des peuples tout faits pour les créer; et puisque la propagation des langues demande que les individus se rattachent les uns aux autres pour se les communiquer: comme cette communication, soit entre les différents peuples du genre humain, soit entre les différents individus d'un même peuple, s'appelle Société, nous pouvons donc répondre directement à la question de ce chapitre, que :

La Société est, dans le temps, la condition de l'existence et du développement de l'homme, comme être doué d'intelligence ; ainsi qu'elle est déjà la condition de son existence comme être doué d'un corps et comme être doué de volonté. Enfin la Société est son état naturel ici-bas, puisqu'elle est son état nécessaire.

Mais l'homme n'est pas seulement 1° un être doué d'un corps, 2° un être doué de volonté, 3° un être doué d'une intelligence, n'est-ce pas aussi un être doué de raison, puisque cette intelligence n'en est que l'instrument? Alors, sous ce quatrième point de vue, quelle sera dans le temps la condition de l'existence de l'homme ?

Sommaire. — La vie se transmet à l'intelligence au moyen d'une génération spirituelle aussi indispensable à l'existence de l'intelligence que la génération physique l'est à l'existence du corps. Cette génération spirituelle est la tradition. — Doué de facultés physiques et spirituelles, l'homme n'apporte ni la vie qui anime les premières, ni l'intelligence qui anime les secondes, si l'une ne lui est ménagée par les soins de ses semblables, et si l'autre n'est réveillée en lui par un moyen également dépendant de ses semblables. Ce moyen est la parole. — Comme le montre l'expérience, l'effet produit sur l'intelligence par la parole est positivement une révélation; si la parole ne crée point la pensée, la parole fait accoucher l'esprit de la pensée. — Le sourd-muet reste dans l'idiotisme tant que ses semblables ne trouvent pas un langage approprié à son état. Aussi celui qui, privé de communication avec ses semblables, est resté dans la stupidité, est-il appelé *idiot*, de ιδιος *seul*. — Mais de ce que l'homme doit au langage la vie intellectuelle, il ne faut pas croire qu'il lui doive la vie rationnelle. Les sentiments, qui sont les impressions impersonnelles que nous recevons de la Réalité intelligible, ne dépendent point du langage comme les pensées, qui sont les opérations intellectuelles que nous exécutons sur les sentiments. — Mais il ne peut pas plus exister de pensée sans ses paroles, que de figure sans ses limites; si, lorsque le langage a fait l'éducation de l'intelligence, l'homme semble penser sans le secours des mots, c'est que la méditation n'est au fond qu'une silencieuse combinaison de mots. — Ce fait, que la vie de la raison et la vie du cœur, dépendant de Dieu, nous sont invariablement assurées, tandis que la vie de l'intelligence, dépendant de l'homme, est subordonnée à des conditions contingentes, ce fait, disons-nous, repose sur une loi générale. — Ainsi dans le corps, tous les organes de la vie de nutrition, qui sont le fondement de son existence, sont soumis à des lois physiologiques invariables : ce sont là les actes impersonnels de notre corps; et tous les organes de la vie de relation, qui sont le but de son existence, sont soumis à l'empire de la volonté : ce sont là les actes personnels de notre corps. — Du reste, Dieu, voulant donner à l'homme un instrument qui fît le service de sa volonté, a dû le lui livrer tout prêt ; et c'est pourquoi la volonté n'a de pouvoir sur le corps qu'en tant qu'elle en exige l'action. — Si la volonté avait eu le même pouvoir sur les organes de nutrition, le suicide du corps eût été trop facile, car la mort n'eût été que la volonté de ne plus vivre. — De même dans l'âme, tous les organes de la vie de nutrition, c'est-à-dire ceux qui exécutent les phénomènes de l'intuition, de la croyance et de l'amour, sont complétement soumis aux lois intelligibles : ce sont là les actes impersonnels de notre âme ; et tous les organes de la vie de relation, c'est-à-dire ceux qui exécutent les opérations intellectuelles, sont complétement soumis à l'empire de la volonté : ce sont là les actes personnels de notre âme. — Du reste, Dieu, voulant créer l'homme un être tout prêt à faire le bien, a dû lui livrer une raison toute prête à le lui enseigner ; et c'est pourquoi l'homme n'a de pouvoir que sur les facultés de relation de son âme. — Si l'homme avait eu le même pouvoir sur les facultés de nutrition, le suicide de l'âme eût été trop facile, car sa mort n'eût été que la volonté de ne plus croire ou de ne plus aimer. — La loi dont nous voulions parler est donc celle-ci : tout ce qui est indispensable à l'existence des êtres ne leur a point été confié ; mais tout ce qui tient à leur vie d'action et peut leur devenir un mérite, est mis au contraire à leur disposition. — Ainsi, tous les actes des facultés de nutrition de la vie rationnelle, tels que les sentiments du juste, du vrai, du beau, de l'amour, s'opèrent en nous indépendamment de nous et sans le secours des mots ; mais tous les actes des facultés de relation de la vie intellectuelle, tels que la perception, la comparaison, l'imagination, l'abstraction, la déduction, etc., ne peuvent s'opérer indépendamment de nous et sans le secours des mots. — D'ailleurs, le sentiment que la Réalité intelligible fait éprouver à notre âme, est infini comme la Réalité qui l'envoie et comme l'âme qui l'éprouve ; alors comment serait-il perçu de l'intelligence, qui ne peut percevoir que sous le mode relatif et limité du temps et de l'espace? — Il faut donc que l'intelligence possède une sorte d'algèbre représentant par des signes finis des quantités infinies : c'est l'œuvre du verbe. C'est le verbe qui fait de l'infini une réalité proportionnée à l'intelligence humaine. — Chaque mot est un signe qui représente un élément, une propriété de la Réalité. Le substantif indique l'être, le verbe la vie de l'être, l'adjectif la propriété de l'être. De là, aussitôt que l'être apparaît, son existence est nommée par un substantif; aussitôt qu'il agit, son action est nommée par un verbe; aussitôt qu'il produit un effet, sa propriété est qualifiée par un adjectif. — Le plus merveilleux de ces mots est donc le verbe; et c'est lui qui a donné son nom à la parole. Le verbe ayant un esprit fait pour l'éternité, ou le temps absolu, pouvait seul faire comprendre la durée, ou le temps relatif. C'est lui qui se divise, suivant le temps relatif, en passé, présent et avenir. — L'acte par lequel le verbe réunit tous ses temps pour redevenir éternel, s'appelle conjuguer, de *cum jungere*. Les grammairiens disent naïvement que ce n'est point là un temps proprement dit, et ils l'appellent INFINITIF, c'est-à-dire temps infini. Le verbe à l'infinitif c'est le verbe pur, parce qu'il est au temps éternel. — Alors, l'intelligence s'aperçoit qu'il y a, entre toutes les opérations qu'elle fait subir aux mots et l'ordre des phénomènes de la Réalité, un certain parallélisme au moyen duquel la pensée, sans sortir d'elle-même, a en elle la représentation des faits de la Réalité. — La pensée est une réalité intellectualisée; la parole est une pensée incarnée. La parole est à la pensée ce que la pensée est à la réalité. Les langues sont des systèmes entiers de représentation de la Réalité. — La parole unit le monde matériel au monde intellectuel, comme elle unit le monde intellectuel au Monde intelligible; elle fait aborder l'esprit de l'homme à toutes les sphères de réalité. — Sans les mots, où seraient les idées ontologiques, morales, mathématiques, esthétiques, presque toutes formées par abstraction; sans eux que deviendraient les idées de substance, de matière, de cause, de loi, etc.? — La science n'est souvent pour quelques esprits exercés qu'une acquisition de mots; les pensées ne se forment dans l'intelligence qu'avec les mots, parce que les mots sont les formes et les limites des pensées. — On ne parle pas seulement pour dire ce que l'on pense, mais pour arriver à saisir sa pensée; on n'écrit pas non plus pour dire ce que l'on pense, mais pour que l'écriture révèle à l'homme sa pensée. Si nous perdons le souvenir des mots, les idées nous échappent. — Il faut que la pensée soit réfléchie et condensée par l'art, pour être saisissable. La pensée pure est réelle, mais elle n'est pas visible; la pensée réfléchie, c'est-à-dire renvoyée à l'esprit par le langage, est seule saisissable. — Les pensées ont aussi sur les sentiments l'avantage d'éclaircir aux yeux de la volonté les actes qu'elle doit faire; ce ne sont plus des mobiles vagues, des inspirations inconnues, qui peuvent se confondre avec les passions, mais des motifs déterminés et faciles à apprécier. — C'est par le moyen du langage que l'homme conçoit d'une manière finie ce qui est infini: le langage est un micromètre intellectuel qui ramène la Réalité à la mesure du regard de l'homme. — La poësie seule a la licence d'échapper quelque peu aux limites de la langue; et c'est parce que la poësie est le grand effort de l'âme pour échapper au temps, que son langage est le grand effort de la parole pour échapper à ses limites. — Le langage fait passer l'homme de l'état impersonnel de sentiment à l'état personnel de ses pensées; et l'enfant à qui le langage fait révélation reçoit la pensée du sentiment qu'il avait. — Toute la vie spirituelle n'a donc pas pour condition le langage; seulement, sans lui, elle ne recevrait pas le développement qu'elle doit à l'exercice de l'intelligence. — De sorte qu'indépendamment 1° de la sensibilité, 2° de la causalité, 3° de la rationalité, il y a une quatrième condition de l'existence de la pensée, condition que l'homme ne trouve point en lui, qu'il ne fait point, mais qu'il reçoit de ses semblables, le langage. — Mais l'homme a-t-il primitivement inventé le langage, ou l'a-t-il reçu ? Historiquement la question ne présente aucune difficulté, l'homme a reçu le langage ; mais on peut prendre la question théoriquement et dire : L'homme aurait-il pu inventer le langage ? — Sans la parole, a dit Euler, nous ne serions pas capables de penser ; la parole, a dit Rousseau, est nécessaire pour inventer la parole ; l'homme, a dit de Bonald, pense sa parole avant de parler sa pensée. En effet, la parole étant nécessaire pour donner la vie à l'intelligence, comment l'intelligence aurait-elle donné la vie à la parole ? — Pour que l'homme inventât le langage, il eût fallu d'abord que l'homme sût, sans l'avoir jamais vu, qu'il y a un moyen possible de faire passer dans l'esprit de son semblable ce qui est au dedans du sien ; ensuite, que ce moyen repose sur la faculté que nous avons de l'association des idées aux signes ; enfin, que nous possédons un organe de vocalisation capable de rendre tous ces signes par des sons ; puis, comme le langage a dû nécessairement être complet, il eût fallu que l'homme découvrît qu'il se composait de trois éléments ni plus ni moins, le sujet, le verbe, et l'attribut ; en un mot, qu'il eût toutes ces pensées sans penser. — L'homme, n'ayant pu inventer la parole, reçoit de ses semblables cette vie de l'intelligence, ainsi qu'il reçoit d'eux la vie organique ; de sorte que pour trouver l'origine de l'une comme de l'autre, il faut remonter jusqu'au premier homme, qui les reçut de Dieu pour le genre humain entier. — Aussi n'y a-t-il que deux choses sur lesquelles les hommes sont d'accord, parce qu'il n'y a que deux choses qu'ils n'ont pas faites : la raison et le langage. — Le langage est et devait être un et universel comme la raison ; les langues sont et devaient être variées et particulières comme les intelligences. — Les diversités de mots et de tournures qui constituent les langues ne sont que les divers costumes affectés par le langage suivant les divers climats ; costumes si indifférents au langage, que l'enfant est prêt à parler la première langue qu'on lui apprendra. Les langues sont autochtones,

— Il ne faut donc pas confondre le langage avec les langues : le langage est le pouvoir de rendre nos pensées par des mots; les langues sont l'ensemble des mots qu'emploie le langage pour rendre ces pensées. — L'impersonnalité du langage, comme l'impersonnalité de la raison, impliquait qu'il ne fût point un produit du moi, sans quoi les hommes ne se seraient point entendus. La traduisibilité universelle des langues prouve aussi l'unité et l'impersonnalité du langage. — Ainsi, ce qui a été *révélé* à l'homme, c'est son pouvoir de parler, c'est *le langage*; ce que l'homme a *créé*, c'est son pouvoir de nommer, ce sont *les langues*. — Le langage n'est pas seulement un moyen de communication entre l'homme et la Réalité infinie, mais aussi entre l'homme et son semblable. Car l'homme ne reçoit pas seulement la vérité de la Réalité, par une révélation intérieure, il la reçoit aussi de son semblable, par une révélation extérieure. — En même temps que la conception infinie passe à l'état de pensée définie, elle devient susceptible d'être représentée par des signes, ces signes d'être exprimés par des sons, ces sons d'être prononcés par la voix, et d'être ouïs de tous les hommes. — Après que l'homme a associé une image à son idée pour la rendre intellectuelle, intellectualisation qui repose sur la faculté de l'association, il associe un son à cette image pour la rendre corporelle, incarnation qui repose sur la faculté de la vocalisation. — Par la première de ces deux facultés, l'homme met les conceptions à sa portée, il communique clairement avec la Réalité; par la seconde, il met ses conceptions à la portée de ses semblables, il communique directement avec eux. — La Réalité se réfléchit par l'intuition dans la raison, c'est là le sentiment; le sentiment s'image par l'imagination dans l'intelligence, c'est là la pensée; l'image se matérialise par la vocalisation dans le monde extérieur, c'est là la parole. — Du son à l'image, de l'image à la pensée, de la pensée au sentiment, du sentiment à la Réalité qu'il représente, l'homme fait remonter l'esprit de son semblable, sur les ailes de la parole, jusqu'à la Vérité. — Une fois en possession de la théorie du langage, pour lui donner son application, il ne manque plus à l'homme que d'ajouter la langue au langage, c'est-à-dire de pourvoir ce dernier de tous les mots qui lui sont nécessaires pour rappeler tous les faits physiques et psychologiques. — Pour que ces mots rappellent ces faits, il faut que, par une certaine analogie d'harmonie imitative, ces mots rappellent quelques propriétés de ces faits. Cette imitation du caractère d'un fait par le caractère d'un son, est ce qu'on appelle onomatopée. — Dans les langues primitives, les mots furent donc presque tous plus ou moins onomatopés; mais dans les langues dérivées les mots devinrent presque tous plus ou moins étymologiques. — L'étymologie parle à l'esprit, comme l'onomatopée à l'oreille; le mot étymologique renferme lui-même sa signification, c'est un mot tout intellectuel, une pensée toute faite. — La formation d'une langue, ou l'opération par laquelle on pourvoit les faits soit physiques soit psychologiques de mots onomatopés ou étymologiques, ne peut être que l'œuvre d'un peuple. — Chaque peuple a sa langue, parce que chaque peuple a ses onomatopées qui correspondent avec la nature des lieux qu'il habite; l'onomatopée scandinave ne peut être l'onomatopée italienne. — Les langues ne peuvent donc être transportées d'un pays dans un autre, parce que les onomatopées ne le peuvent point : elles ne seraient plus des onomatopées. — Il n'y a pas d'autre raison pour différencier les mots des langues. Les différentes langues par rapport aux lieux et aux climats, sont tout-à-fait dans la même hypothèse que les différentes architectures. — La faculté qui observe pour nommer, ou faire une langue, et celle qui étudie pour connaître, ou faire une science, est dans l'homme la même faculté à ses différents degrés. La faculté de nommer est la faculté même de savoir : une langue est déjà une science. — Celui qui donne le véritable nom d'une chose, dit ce qu'elle est, il dit la vérité; et celui qui explique ce qu'elle est, donne la démonstration scientifique de son nom. Les sciences tout entières, surtout les sciences morales, se retrouvent dans les langues. — La langue est le chef-d'œuvre du génie d'un peuple, les langues sont le chef-d'œuvre de son intelligence; et il ne serait pas plus possible à un homme de faire une langue avec tous ses mots, que de créer une science avec tous ses faits. — Les langues renferment des mots si justes, si profonds, qu'ils ont porté de grands écrivains à soutenir que Dieu avait lui-même créé les mots et révélé les langues toutes faites. — Mais l'histoire nous montre que chaque nouveau peuple se forme une nouvelle langue. Si c'était Dieu qui fit lui-même les mots, nous aurions besoin de lui tous les jours; encore faudrait-il supposer qu'il fût parvenu à les faire tous apprendre par cœur au premier homme. En fait de mots, Dieu a fait celui qui le nomme. — Rappelons-nous que ce que Dieu révèle à l'homme, c'est le langage, c'est-à-dire le pouvoir qu'il a, par une faculté de son âme, d'associer des signes aux choses, et, par un organe de son corps, de rendre ces signes par des sons. Et ce pouvoir, une fois révélé, fut connu pour toujours. — Enfin, comme le genre humain a reçu de Dieu la révélation du langage, ainsi l'individu a reçu de ses semblables la révélation des langues. Sous ce rapport, Dieu est au genre humain ce que le genre humain est à chaque peuple; et le genre humain est à chaque peuple ce que chaque peuple est à l'individu. — Le langage étant d'origine divine, et les langues filles de l'humanité, il n'est pas étonnant que nous ayons trouvé le premier un, impersonnel et invariable, comme la raison; et les secondes diverses, personnelles et variables, comme les intelligences. — Nous savons maintenant comment la parole est un moyen de communication 1° entre l'homme et la Réalité, 2° entre l'homme et l'humanité. Le verbe humain établit donc entre toutes les intelligences, à commencer par celle de Dieu, cette merveilleuse communion dans laquelle l'individu profite des avantages de tous. — Plus tard nous verrons pourquoi l'individu devait presque autant dépendre de l'humanité que de Dieu, et pourquoi nous avons dit qu'il fallait *rendre* à l'individu les propriétés de l'espèce. — L'homme ne pouvant établir sa communication spirituelle avec Dieu et avec son semblable, sans la parole, de là la nécessité pour lui de la posséder ; l'homme n'ayant pu inventer le langage, de là la nécessité pour les peuples de se le transmettre les uns aux autres ; et l'individu ne pouvant inventer la langue, de là la nécessité pour les hommes de se l'apprendre les uns aux autres. De là par conséquent la nécessité pour le genre humain, pour les peuples, pour les individus, de se placer dans les conditions propres à se transmettre le langage et les langues, c'est-à-dire de se placer dans la Société. — Cette communication de tous les hommes à travers l'espace et le temps, et qui les réunit tous en un seul être, comme une multitude d'organes au corps auquel ils appartiennent, ne compose-t-elle pas ce magnifique et universel phénomène du monde moral, qu'on appelle Société ? — L'intelligence est indispensable à l'existence de l'homme, la parole est indispensable à l'existence de l'intelligence, la Société est indispensable à l'existence de la parole : l'origine de l'homme, de l'intelligence, de la parole, de la Société, sont conséquemment identiques.

Enfin, puisque le langage, qui est indispensable à l'existence de l'intelligence, ne peut nous être transmis et conservé que par la Société, la Société fait donc partie du plan de la création ; et nous pouvons répondre directement à la question de ce chapitre, que : La Société est, dans le temps, la condition de l'existence et du développement de l'homme, comme être doué d'une intelligence ; ainsi qu'elle est déjà la condition de son existence, comme être doué d'un corps et comme être doué de volonté. — Mais l'homme n'est pas seulement un être doué d'un corps, d'une volonté et d'une intelligence, il est aussi doué de raison. Alors, sous ce quatrième point de vue, quelle sera la condition de son existence ?

IV.

Quelle est, dans le temps, la condition de l'existence de l'homme, comme être doué de raison ?

De la Certitude.

Nous avons vu comment on procure à l'homme l'usage de son intelligence ; voyons comment on entretient l'usage de sa raison.

Si l'homme arrive sur la terre doué de raison, afin que son cœur puisse connaître la loi qu'il doit accomplir pour arriver à son but, l'état où il pourra le mieux remplir sa destination comme être doué de raison ne sera-t-il pas nécessairement celui qui offrira le plus de garantie de certitude à cette importante faculté ? Si donc il est un état sur la terre où la raison de l'homme trouve tout à la fois 1° le moyen de s'exercer, 2° une lumière extérieure à la lueur de laquelle elle peut juger de la certitude de la sienne, et même où l'on forme autour d'elle comme une atmosphère où elle s'entretient infaillible et divine, ce sera bien assurément là l'état naturel de l'homme. Ce sera bien là son état naturel, puisque sa raison, loin d'y perdre ses sublimes prérogatives, se verrait sans cesse ramenée vers la vérité, dans le cas où elle la perdrait de vue.

Il me semble que la question de savoir quelle est, dans le temps, la condition de l'existence de l'homme, comme être doué de raison, a dû être considérablement mûrie par les deux solutions précédentes, c'est-à-dire par la théorie du langage et par celle de l'éducation.

Quant à la première de ces solutions : s'il est vrai que le langage soit le seul moyen par lequel l'homme entre en possession de son intelligence, d'un usage plus éclairé de sa raison, et par conséquent du reste de sa vie spirituelle ; si enfin tout ce qui s'opère d'intellectuel en l'homme a pour condition le langage, et si le langage, à son tour, a pour condition le contact de l'homme avec ses semblables, on peut espérer déjà que les résultats auxquels nous devons être conduits sur la question qui fait l'objet de ce chapitre, ne viendront point contredire ceux que nous avons obtenus jusqu'à présent.

Quant à la seconde de ces solutions : s'il est vrai que la raison se développe à mesure que le cœur s'agrandit, comme l'éducation agrandit le cœur, elle développe par là même la raison. En effet, si la raison se développe lorsqu'elle trouve un cœur plus grand pour la recevoir, parce que c'est le cœur qui attire et recueille en lui les sentiments du bien, du beau et du vrai; et si le cœur attire et recueille en lui ces sentiments à mesure que la liberté morale devenant plus puissante donne à sa volonté plus de facilité pour les réaliser, il est clair que l'éducation, agrandissant le cœur en ce qu'elle accroît l'énergie de sa volonté, provoque par là même, et d'une manière presque immédiate, l'exercice et le développement de la raison.

Indépendamment de cela, si toutes les facultés de l'homme obéissent à la volonté, qui est le cœur en tant qu'il se décide; si c'est la volonté qui les fait toutes mouvoir; si en un mot le développement de toutes nos facultés est en raison de celui de la volonté, on conçoit que l'éducation, ayant pour objet de développer la volonté, doit être aussi favorable à la raison qu'à toutes les autres facultés. Enfin, si le développement de la volonté a pour condition l'éducation, et si l'éducation, à son tour, a pour condition le contact de l'homme avec ses semblables, nous trouvons ici un second motif d'espérer que les résultats auxquels nous devons être conduits, sur la question de savoir quelle est dans le temps la condition de l'existence de l'homme comme être doué de raison, viendront probablement encore corroborer ceux que nous avons déjà obtenus.

Ici cependant il faut faire un aveu. Si le corps, si la volonté, si l'intelligence, sont des facultés qui se développent par des moyens humains, en ce qu'elles ont leur point de départ et la source de leur activité dans l'homme, en ce que c'est lui qui les exerce, que ce sont en un mot ses facultés personnelles, subjectives, c'est-à-dire dérivant de la personne, du sujet, et qu'enfin ce qui dépend de l'homme ne peut se former que successivement et par les secours multipliés de ses semblables : il ne peut plus en être de même pour la raison, en ce que la raison a au contraire son point de départ et la source de sa lumière en Dieu, en ce que c'est lui qui s'en est chargé, qui la prépare et la sustente, en ce qu'elle constitue en un mot une faculté qui nous est impersonnelle, objective, c'est-à-dire dérivant de la Réalité absolue, et qu'enfin ce qui dépend de Dieu ne peut pas être subordonné à la succession temporelle, ne peut pas attendre son développement de l'homme, ni conséquemment des secours de ses semblables.

On conçoit donc que si des facultés toutes personnelles, toutes humaines, dépendent de l'homme, une faculté toute impersonnelle, toute divine, dépend par là même de Dieu ; et que si les premières trouvent dans la Société des secours humains qui viennent en aide à leur développement graduel, la seconde, venant de Dieu et ne pouvant être que complète, ne saurait avoir besoin de pareils secours. Aussi semble-t-il au premier coup d'œil que les lumières de la raison, qui dépendent de Dieu, ne sauraient être, comme les lumières de l'intelligence, qui dépendent de l'homme, soumises aux conditions de la Société; de telle sorte que l'individu, même dans l'isolement, serait toujours assuré de jouir d'une faculté qui procède uniquement de Dieu. En effet la raison, dans sa source, entièrement confiée aux soins de Dieu, ne peut pas dépendre aussi complètement de la Société que les trois facultés que nous venons d'étudier; néanmoins la raison, dans son effet, dépend tellement de l'usage que nous en faisons, que Dieu l'enverrait vainement à l'homme si celui-ci ne savait la recevoir, la reconnaître et la conserver dans sa pureté.

Car, ainsi que nous l'avons déjà observé, autre chose est de dire que l'homme est un être doué de raison, et autre chose de dire qu'il est raisonnable. Il ne suffit pas que Dieu ait mis en nous une faculté sur laquelle il peut envoyer la lumière rationnelle, ne faut-il pas aussi que l'homme reçoive cette lumière sans l'altérer, et qu'il la fasse entrer jusque dans son cœur? Mais le cœur, asile de l'individualité, est inviolable; rien n'y pénètre que ce que lui-même y fait entrer. Or ce n'est cependant que lorsque la raison est entrée dans le cœur, qui est le siége de la personnalité, que l'homme est vraiment raisonnable. Il dépend donc de Dieu que l'homme soit doué de raison, mais il ne dépend pas de Dieu qu'il soit raisonnable; et sous ce rapport l'individu retombe complètement dans la situation précaire où nous l'avons trouvé comme être doué d'intelligence, comme être doué de volonté et comme être doué d'un corps.

Aussi remarquez bien que notre question a été prudemment posée ainsi : Quelle est dans le temps la condition de l'existence de l'homme comme être *doué de raison*, et non pas, comme être *doué de rationalité*. Car, si nous nous rappelons la distinction que nous avons établie dans le troisième chapitre du II° Livre, la rationalité serait l'extrémité de la raison, la partie la plus voisine de l'Absolu, cette partie toute passive qui reçoit l'impression de la lumière intelligible sous le nom d'intuition : et c'est là que tout est impersonnel, nécessaire, divin. La raison, au contraire, serait le centre de la même faculté, la partie la plus voisine du cœur, cette partie toute active qui adhère volontairement à la vérité rationelle sous le nom de croyance : et c'est ici que tout redevient personnel, contingent, humain. De sorte que si l'homme ne peut pas ne pas recevoir les idées rationelles, il peut ne pas les reconnaître et ne pas s'en servir ; si l'intuition ne peut manquer à l'homme, l'homme peut manquer à la croyance.

La rationalité est cette première partie qui ne dépend que de Dieu et qui va bien sans nous ; mais la raison proprement dite, en ne sortant pas du sens où nous la prenons ici, est, comme toutes nos facultés, sujette à s'accroître en nous, conséquemment sujette à toutes les conditions d'une éducation. C'est ainsi que l'homme, quelque assuré qu'il soit de tenir de Dieu la rationalité, peut être cependant privé de raison. Car la folie n'est pas l'absence de la rationalité, mais l'absence de raison ; quoique ce soit peut-être bien en repoussant les lumières de la rationalité que l'homme arrive à perdre la raison. Nous allons donc examiner quelles sont les conditions nécessaires pour que l'homme conserve la raison, ou plutôt pour qu'il la possède dans toute sa plénitude. Afin que la question soit plus claire, prenons-la dès le principe.

Lorsque nous avons étudié la rationalité, vous vous souvenez de quelles propriétés remarquables nous la trouvâmes douée. Ainsi nous savons,

Que cet organe spirituel, lorsqu'il reçoit les impressions du Monde intelligible, ne peut pas plus être modifié ou trompé que ne peuvent l'être les organes matériels, lorsqu'ils reçoivent les impressions du monde sensible;

Que si par les organes sensibles, tels que l'œil, l'ouïe et l'odorat, la réalité physique se manifeste à nous comme couleur, comme bruit et comme saveur; par les organes rationels, tels que la conscience, l'entendement et le goût, la Réalité intelligible se manifeste à nous comme justice, comme vérité et comme beauté;

Que, comme nous ne pouvons trouver que le noir soit le blanc ou que le blanc soit le noir, que la lumière soit l'obscurité ou que l'obscurité soit la lumière, que l'amer soit le doux ou que le doux soit l'amer, nos sens ne nous le permettant pas; de même nous ne pouvons trouver que le juste soit injuste ou que l'injuste soit juste, que le bien soit mal ou que le mal soit bien, que le vrai soit faux ou que le faux soit vrai, nos organes rationels ne nous le permettant pas;

Que tout ce que nous pouvons faire pour repousser le bien, le vrai et le beau, c'est d'y fermer notre conscience, notre entendement et notre goût; comme nous pouvons fermer nos yeux aux couleurs, nos oreilles aux bruits, nos narines aux odeurs, mais sans jamais réussir à modifier ces choses dans la réalité;

Que par conséquent ce n'est point nous qui faisons telles les idées du bien, du vrai et du beau; et une preuve que nous ne pouvons rien sur ces idées, c'est qu'on les retrouve exactement et invariablement les mêmes chez tous les hommes, absolument comme les notions fournies par les sens;

Que par conséquent les conceptions intelligibles sont

imposées à l'homme aussi nécessairement que les sensations physiques. En effet, puis-je me soustraire à l'évidence lorsque la vérité m'est formellement prouvée ? lorsqu'on me présente un axiome mathématique, puis-je faire que mon entendement le trouve absurde ? lorsqu'un acte de justice a lieu en ma présence, puis-je faire dire à ma conscience qu'il est injuste ? J'aurai beau mentir, ma dénégation ne dépassera pas mes lèvres, et ma conscience dans le fond n'en sera jamais dupe ;

Que par conséquent le juste s'établit en moi malgré moi, et que le beau et le vrai, c'est-à-dire l'admiration et l'évidence, y prennent le même empire. Tout ce qui me paraît évident, tout ce qui me paraît juste, tout ce qui me paraît admirable, que je le veuille ou que je ne le veuille pas, il faut que je le trouve vrai, que je le trouve bien, que je le trouve beau. Tout ce que je puis faire, si cela m'offusque, c'est d'empêcher ma bouche d'avouer qu'en moi la justice est juste, la beauté belle, et la vérité vraie ;

Que par conséquent les idées rationnelles ne sont point sous notre dépendance comme les idées de notre intelligence et les actes de notre volonté [1], puisque ces idées et ces

---

[1] La raison, dit l'école rationaliste, est-elle humaine, à parler rigoureusement; ou bien, n'est-elle humaine que par cela seulement qu'elle fait apparition dans l'homme? En effet, la raison vous appartient-elle, est-elle vôtre? Qu'est-ce qui vous appartient, qu'est-ce qui est vôtre, sinon la volonté et ses actes ? Je veux mouvoir mon bras, et je le meus; je prends telle résolution, elle est exclusivement mienne, elle m'appartient ; et cela est si vrai que, s'il me plaît, à l'instant même je prends une résolution contraire, je veux autre chose, je produis un autre mouvement ; parce qu'il est de l'essence même de ma volonté de faire ou de ne pas faire, de commencer une action ou de la changer, quand et comme il me plaît. En est-il de même de ma raison ? La raison conçoit une vérité mathématique : peut-elle changer cette conception, comme ma volonté a changé tout-à-l'heure ma résolution ? peut-elle concevoir que deux et deux ne font pas quatre ? Vous n'y parviendrez

DE L'EXISTENCE DE L'HOMME.

actes, nous les faisons ce que nous voulons qu'ils soient; et de là vient qu'ils se trouvent différents chez tous les hommes. Aussi ces idées, qui composent ordinairement les systèmes, les opinions et les sciences, ne peuvent se rencontrer les mêmes dans plusieurs esprits que lorsqu'elles y ont été introduites par un même enseignement;

Que si les hommes diffèrent tous sous le rapport des idées intellectuelles, parce qu'elles dépendent d'eux, les hommes se ressemblent tous sous le rapport des idées rationelles, parce qu'elles ne dépendent pas d'eux; et de là vient que ces dernières sont les mêmes chez tout le genre humain. Aussi le mathématicien qui veut enseigner sa science est-il sûr de trouver dans son écolier les axiomes mathématiques; il n'a pas besoin de les y mettre, il ne fait que les lui rappeler afin d'asseoir sur eux les vérités acquises qu'il doit lui démontrer. Le père qui veut faire l'éducation de son fils n'a pas besoin de jeter dans sa conscience l'idée du juste, comme on jetterait les culées

jamais; non-seulement en mathématiques, mais dans toutes les autres sphères de la raison, le même phénomène a lieu. En morale, essayez de concevoir que le juste n'est pas obligatoire, etc., etc.! Qu'est-ce à dire? C'est que vous ne constituez pas votre raison, qu'elle ne vous appartient pas. Tout ce qui est libre est vôtre; ce qui n'est pas libre en vous n'est point à vous. On ne peut s'empêcher de sourire quand de nos jours on entend parler contre la raison en tant qu'individuelle. En vérité, c'est un grand luxe de déclamation; car il n'y a rien de moins individuel que la raison : si elle était individuelle, elle serait personnelle, elle serait volontaire et libre, nous la maîtriserions comme nous maîtrisons nos résolutions et nos volontés, et nous changerions à tout instant ses actes, c'est-à-dire ses conceptions.... Mais les choses ne vont pas ainsi; nous déclarons tout-à-fait en délire ceux qui n'admettent pas les rapports mathématiques, ceux qui n'admettent pas la différence du beau et du laid, du juste et de l'injuste. Pourquoi? Parce que nous savons que ce n'est pas l'individu qui constitue ces conceptions, ou, en d'autres termes, que la raison en soi (la rationalité) n'est pas individuelle, mais universelle et absolue; que c'est à ce titre qu'elle oblige tous les individus. La raison n'est donc pas individuelle; donc elle n'est pas nôtre, elle ne nous appartient pas, elle n'est pas humaine.

d'un pont; il est sûr de trouver dans cette jeune conscience les notions du bien et du mal, il ne fait que les réveiller afin d'asseoir sur ces notions toutes les qualités personnelles qu'il doit lui inspirer;

Que par conséquent si la rationalité est tout-à-fait indépendante de notre volonté, si elle est en nous sans être à nous, si elle est une lumière qui éclaire l'homme et que l'homme ne fait ni n'altère, ni ne peut repousser, si en un mot la rationalité reste telle que Dieu nous l'envoie, il est clair que les idées qu'elle renferme sont de la plus parfaite exactitude, qu'elles sont éminemment vraies, que dis-je? qu'elles sont la vérité elle-même, puisqu'elles nous viennent directement de Dieu. Aussi l'observation psychologique nous a-t-elle démontré que la rationalité a pour caractère indispensable d'être certaine, universelle, nécessaire, immuable, absolue, impersonnelle, en un mot d'être positivement divine. Voilà ce que nous savons.

Mais une chose sur laquelle nous ne nous sommes pas arrêtés et sur laquelle nous aurions dû insister lorsque, étudiant la lumière rationelle, nous reconnûmes ainsi son origine, ses caractères et ses fonctions dans l'homme; une chose cependant bien simple et bien remarquable, c'est que la raison est la lumière pure de la Réalité, en un mot qu'elle est infaillible.

En effet, qu'entendons-nous par infaillibilité, sinon le pouvoir de reconnaître sûrement la vérité ? or, comme nous le savons, la vérité est la connaissance de la Réalité. C'est pourquoi il n'y a pas besoin de dire que Dieu est infaillible; car puisqu'il est lui-même la Réalité, il fait bien plus que de se connaître. Dieu n'est pas plus infaillible que l'or n'est riche : est infaillible celui qui a l'assurance de posséder le vrai, comme est riche celui qui possède l'or. Dieu n'a pas plus besoin d'être infaillible, que la sagesse n'a besoin d'être sage : est sage celui qui possède la sagesse.

L'infaillibilité ne pouvant se dire de Dieu, puisque ce serait une espèce de pléonasme ontologique, l'infaillibilité ne saurait se rapporter qu'à un être qui, n'étant pas Dieu, se trouve à même ou de connaître ou de ne pas connaître Dieu, c'est-à-dire d'obtenir ou de ne pas obtenir la vérité. Pour qu'on puisse dire de Dieu qu'il est infaillible, il faudrait que la vérité fût autre chose que Dieu, et qu'il n'eût que la certitude de la connaître quand il le voudrait. Ne peut être infaillible que celui qui, n'étant pas la vérité elle-même, a cependant le moyen d'arriver à la vérité. L'infaillibilité suppose donc son contraire, la faillibilité; on ne ferait pas la remarque que l'infaillible existe, si le faillible n'était pas possible ; si le mal n'existait pas, on n'aurait pas besoin de signaler l'existence du bien. C'est comme le néant, qui, exprimant la négation de l'existence, ne se conçoit que par l'existence même.

Ainsi l'infaillibilité ne peut s'appliquer qu'à l'homme, qui, n'étant point la Réalité, en peut prendre connaissance par la vérité. La créature spirituelle est seule dans une position à pouvoir posséder une idée infaillible; ce qui ne veut pas dire encore qu'elle la possède, puisqu'elle peut aussi ne pas la posséder, et se trouve ainsi exposée à la faillibilité. Enfin, la créature spirituelle est seule dans la position où le phénomène de l'infaillibilité puisse avoir lieu, puisque n'étant pas elle-même la vérité, mais ayant pour but de la connaître, elle peut se trouver dans le cas où il est possible de la connaître. L'idée d'infaillibilité, par opposition à l'idée de faillibilité, ne peut donc être applicable que dans le temps, parce que ce n'est que sur la terre que l'on se trouve dans l'alternative ou de posséder la vérité ou de ne pas la posséder ; c'est-à-dire de connaître la Réalité ou de ne pas la connaître. Car pour l'Absolu il ne s'agit pas de vérité, il ne s'agit pas de connaître ou de ne pas connaître la Réalité, puisque Dieu est lui-même la Réalité. Vérité, infaillibilité, connaître, ne peuvent se dire que de celui qui, n'étant pas la Réalité, est obligé d'en prendre connaissance : ce n'est pas à Dieu d'être infaillible, mais à celui qui a besoin de le connaître.

Maintenant il est bien certain que si ce n'est pas Dieu qui est infaillible, puisqu'il est lui-même cette Réalité dont la connaissance certaine constitue l'infaillibilité ; il est bien certain, disons-nous, que si ce n'est pas Dieu qui est infaillible, c'est de lui seul que peut dériver toute infaillibilité. Car l'infaillibilité n'étant que la certitude de connaître la Réalité, si Dieu, qui est la Réalité, nous envoie lui-même les idées qui le représentent, comme personne ne peut mieux savoir ce qu'est Dieu que Dieu lui-même, ces idées ne peuvent manquer d'être infaillibles.

Il est donc bien clair que la lumière rationelle, qui se compose des rayons que nous envoie la substance intelligible, est nécessairement infaillible ; c'est-à-dire que cette lumière nous donne réellement la vue de choses positives; en un mot, que l'idée du bien, l'idée du vrai et l'idée du beau ont une valeur objective, qu'elles représentent dans notre esprit des propriétés véritables de la Réalité.

En effet, dire que la raison pure n'est pas infaillible, ce serait dire que la raison n'est pas la raison, qu'elle n'est pas la lumière de Dieu. Car la rationalité n'étant que l'intuition du vrai, c'est-à-dire la vérité connue, il s'ensuit que cette question : Qu'est-ce que la vérité ? revient à celle-ci : Qu'est-ce que la rationalité ? De sorte que, là où se trouve la rationalité pure, là est aussi la vérité pure, la vérité certaine, la vérité infaillible.

Et dire que la raison pure n'est pas infaillible, ce serait dire que la faculté de connaître n'est pas la faculté de connaître. Car la rationalité n'étant que la faculté de connaître, il s'ensuit que cette question : Qu'est-ce que connaître ? revient à celle-ci : Qu'est-ce que la rationalité ? De sorte que, là où se trouve la rationalité pure, là se trouve la connaissance pure, la connaissance certaine, la connaissance infaillible.

Soutenir que la raison pure n'est pas infaillible, c'est-à-dire que la raison n'est pas la raison, c'est-à-dire que la lumière que Dieu nous envoie pour connaître ne nous fait pas connaître, ce serait soutenir que Dieu se trompe, et que, quand il croit nous éclairer, il ne nous éclaire point du tout. Soutenir que la raison pure est faillible, c'est soutenir que Dieu, qui veut nous donner une faculté pour connaître le vrai, n'a pas su faire cette faculté comme il faut. Soutenir que la lumière rationnelle est sujette à l'erreur, c'est soutenir, j'en demande pardon pour ceux qui s'exposent à cette conséquence, c'est soutenir que Dieu est assez maladroit, au milieu de sa toute-puissance, pour n'avoir pas su nous envoyer la vérité. Car, dans cette hypothèse extrême, ne vaudrait-il pas mieux encore croire que Dieu se trompe, que de croire qu'il veut nous tromper? S'il eût voulu nous tenir dans l'erreur, il ne nous eût pas ainsi manifesté l'intention de nous donner précisément une faculté pour connaître le vrai.

Mais, comme Dieu ne peut ni nous tromper ni se tromper; que l'idée du bien, qu'il nous envoie par la lumière rationelle, est réellement l'idée du bien; que l'idée du juste, qu'il nous envoie, est réellement l'idée du juste; que l'idée du vrai, qu'il nous envoie, est réellement l'idée du vrai; que les idées du saint, du beau et du bonheur, qu'il nous envoie, sont bien réellement les idées du saint, du beau et du bonheur, et comme toutes ces idées conservent dans la rationalité leurs caractères originels, c'est-à-dire restent impersonnelles, nécessaires, immuables, absolues, en un mot divines, toutes ces idées sont donc infaillibles.

La rationalité, nous le voyons, ne peut pas ne pas être infaillible. Et s'il fallait, après tout ce que nous savons, en donner la preuve expérimentale, ce serait facile; nous n'aurions qu'à observer si les conséquences que l'on tire directement de ses axiomes sont infailliblement conformes aux faits. Il est bien clair que, si les conséquences logiques que l'on tire des principes de la raison sont infailliblement justes, les principes qui les contenaient le sont aussi. Or, pour en prendre l'exemple le plus simple, nous savons bien que si à l'aide d'un principe rationel nous faisons une opération sur un nombre abstrait, et qu'ensuite pour vérifier nous allions dans la nature faire la même opération sur un même nombre d'objets, nous trouverons un résultat semblable. Dans toutes les mathématiques il en est de même ; ici, la démonstration est de faire voir que la chose ne peut pas être autrement dans le fait qu'elle n'est démontrée dans la pensée. Après avoir exécuté, au moyen de la raison, des opérations sur des lignes, sur des triangles, sur des cercles, je suis bien sûr, si j'ai bien raisonné, de retrouver les choses exactement telles dans la nature. Bien plus, je n'ai pas même besoin de savoir qu'il y en ait de telles dans la nature, car n'y fussent-elles pas, je sais que c'est ainsi qu'elles devraient y être, et qu'il serait impossible qu'elles y fussent autrement.

Mais il ne faut pas s'en tenir là. Nous l'avons vu et nous ne pouvons plus l'oublier, la raison humaine est une participation temporelle de la raison divine ; à ce compte, la raison ne peut être fausse, ou bien Dieu lui-même le serait. Si l'homme était à lui-même sa propre lumière [1], on pourrait s'étendre à loisir sur sa faillibilité ; mais comme c'est Dieu qui est la lumière de l'homme, on ne peut soupçonner la raison d'infidélité sans en soupçonner Dieu. La certitude de la raison humaine ne repose rien moins que sur la certitude de la raison de Dieu. Rappelons-nous aussi ces mots de Bossuet, dont nous n'avons fait en quelque sorte que donner la démonstration dans nos chapitres sur la raison : « Dieu est la vérité même, et c'est de lui que la vérité dérive. C'est donc en lui que je vois les vérités éternelles. Ces vérités éter-

---

[1] « Ne dites pas que vous soyez à vous-même votre propre lumière, dit S. Augustin ; car il n'y a que Dieu qui soit à lui-même sa lumière, et qui puisse envoyer à l'homme une lumière véritable. »

nelles que tout entendement aperçoit toujours les mêmes, par lesquelles tout entendement est réglé, sont quelque chose de Dieu, ou plutôt sont Dieu même. » [1]

Ainsi, jusque-là rien de plus simple, tout se réduit à une question de fait : ou la raison est humaine, ou elle est divine. Si, ne pouvant pas être humaine et étant essentiellement divine, la raison se compose des idées que Dieu lui-même nous envoie, il est clair que ces idées ne peuvent être qu'essentiellement vraies. En sorte que le jour où l'on a reconnu que la raison est impersonnelle, on a démontré qu'elle vient de Dieu ; et le jour où l'on a démontré qu'elle vient de Dieu, on a prouvé qu'elle est infaillible. — Maintenant si la raison est infaillible, et qu'elle ne puisse point ne pas l'être à moins de n'être plus la raison, comment se fait-il que l'homme soit faillible ? Si la raison nous procure si infailliblement l'idée du vrai, l'idée du bien, l'idée du beau, comment se peut-il que l'homme se tromper continuellement sur le vrai, sur le bien, sur le beau ? Car si d'un côté, rien n'est plus clair que l'infaillibilité de la raison, de l'autre, il ne faudra pas longtemps pour prouver que rien n'est plus faillible que l'homme, et que *errare humanum est ;*

---

[1] *Traité de la connaissance de Dieu et de soi-même*, chap. IV, p. 307.

Si ces vérités ne sont pas Dieu même, comme le disent Bossuet et Malebranche, elles sont du moins positivement quelque chose de Dieu, elles sont sa propre lumière. Or c'est à la lueur de cette lumière que, comme lui, nous voyons ce qui est, et le voyons comme il est. Car la vérité n'est pas ce qui est, comme le disait aussi Bossuet conformément à la même idée ; la vérité est seulement la *connaissance de ce qui est* ; ce qui est, c'est la Réalité. Il ne faudrait pas, même dans les termes, confondre la pensée et l'objet, la raison et la réalité, comme le fait Hégel.

ce qu'on peut traduire par ces mots de Bossuet, parlant des philosophes : « Sans doute ils ont pu facilement ou se tromper, ou tromper les autres, *car il n'y a rien de plus humain.* » Pour se tromper, disait Cicéron, il ne faut qu'être homme.

L'homme est donc tout à la fois, d'abord le seul être auquel on puisse appliquer le titre d'infaillible, ensuite le seul qui ait reçu une faculté pour être infaillible, enfin le seul qui ait besoin d'être infaillible, et avec tout cela, le seul précisément qui ne le soit pas ! De sorte que la question se présente ainsi : comment d'une part, la raison, qui n'a été faite que pour éclairer l'homme, est-elle infaillible ; et comment d'autre part, l'homme, qui a été fait pour s'éclairer de cette raison, est-il faillible ? Comment la raison, qui est, comme rayon de la lumière divine, ce qu'il y a de plus certain, peut-elle devenir, dans l'homme pour qui elle est faite, ce qu'il y a de plus incertain ? Enfin, comment se fait-il que l'homme, expressément doué de la faculté de connaître le vrai, soit aussi exposé à l'erreur ? C'est ce que nous allons concevoir de suite en nous rappelant la situation de la rationalité dans le sein de l'homme, où elle est exposée à l'interprétation de l'intelligence.

D'abord, ce n'est pas nous qui voulons nier que la rationalité reçoive de l'absolu même une lumière toute pure et toute divine ; mais telle qu'elle en descend, c'est-à-dire infinie et absolue, elle ne peut servir à l'homme, enfermé comme il l'est dans la création, et condamné à ne rien concevoir que sous la notion de l'espace et du temps. Il faut que cette lumière, dont l'homme a besoin pour se conduire dans ce monde, puisse y être appliquée aux faits. Et afin qu'il soit possible à cette lumière d'éclairer les faits de ce monde, ne faut-il pas qu'elle prenne le caractère du temps et de l'espace, qui renferment ces faits sous leur condition ?

Ainsi, n'avons-nous pas vu que la rationalité avait besoin d'un instrument pour ramener ses conceptions infinies aux proportions du fini ; et que cet instrument, comme une sorte de filière par laquelle la lumière naturellement faite pour éclairer les sphères absolues arrivait jusque sur notre sphère temporelle, était l'intelligence ? qu'alors la fonction de cette intelligence est précisément de rendre successives, multiples, personnelles et relatives les idées éternelles, unes, impersonnelles et absolues de la rationalité, pour que nous puissions par ce moyen les appliquer au milieu de l'espace et du temps ? qu'enfin l'homme, par ses diverses facultés intellectuelles, perçoit, image, définit, divise, recompose, identifie, généralise, personnifie, en un mot créaturalise de toute manière l'idée rationelle pour pouvoir en faire usage ici-bas ?

Or, si l'homme porte aussi rudement les mains sur les conceptions rationelles (sans parler de l'influence que les passions et les caprices peuvent exercer sur elles); et si toutes les fois qu'il veut se servir de ces conceptions il est obligé de leur faire subir une pareille opération, que deviennent leur impersonnalité, leur absoluité, leur infaillibilité ? Si, en un mot, l'intelligence n'est faite que pour rendre humaine et temporelle la lumière divine et éternelle de la raison, comment compter encore sur son infaillibilité? Certainement ce n'est pas de la raison dont je doute, mais de celui qui s'en sert. Comme le dit M. Cousin, « faites attention que cette raison, qui en elle-même est universelle et absolue et par conséquent infaillible, tombée qu'elle est dans l'homme, et par là en rapport avec les sens, les passions et l'imagination, d'infaillible qu'elle était en soi, devient faillible. Ce n'est pas elle qui se trompe, mais ce en quoi elle est l'égare ; de là toutes ses aberrations, elles sont nombreuses et inévitables. Et il ne reste plus, ajoute ce philosophe, qu'à recourir à la raison non encore tombée dans l'humanité, à la raison universelle, absolue, infaillible, à la raison éternelle. »

Mais est-ce à dire que la lumière intelligible ne puisse décidément pas arriver jusqu'à nous avec ses précieuses propriétés ? Hélas ! il faut bien l'avouer, l'être spirituel ne peut avoir toutes ses aises au milieu du temps ! Et comment les rayons de la lumière intelligible, en venant éclairer l'homme, pourraient-ils traverser le milieu temporel sans être déviés, lorsque, dans leur propre milieu, les rayons du soleil subissent une si grande déviation en traversant le fluide atmosphérique qui enveloppe ce globe sur lequel ils doivent répandre leur lumière ? Au reste, nous trouvons dans la théorie de la lumière physique une comparaison frappante de ce qui se passe par rapport à la lumière intelligible lorsqu'elle est reçue par la rationalité, et de ce qu'elle devient lorsqu'elle a traversé l'intelligence.

Nous rappelons-nous encore les deux points de conformité que nous avons déjà signalés ? D'abord, dans le monde physique, la lumière pure ne se voit pas, il faut qu'elle soit réfléchie pour devenir visible : il en est de même de la lumière intelligible. Ensuite, les corps qui réfléchissent cette lumière physique deviennent eux-mêmes visibles par les rayons qu'ils renvoient : il en est de même des réalités intelligibles, qui deviennent visibles pour nous par les idées que nous en recevons. Maintenant observons que la rationalité, qui reçoit sa lumière de la sphère absolue et infinie, ne peut également donner qu'une lumière absolue et infinie à l'homme, que la création renferme dans le relatif et le fini. Or, comme cette lumière pure ne se voit pas et que pour devenir visible elle a besoin d'être réfléchie, il faut qu'elle le soit par les objets de ce monde. La prendrez-vous dans l'expérience, c'est-à-dire réfléchie par les objets finis? mais les objets finis ne peuvent la réfléchir que d'une manière analogue à leur nature, ils ne peuvent la renvoyer que finie : alors, quelle lumière nous reste-t-il à la place de la lumière infinie? La prendrez-vous dans l'intelligence, c'est-à-dire réfléchie par le moi? mais l'intelligence est un instrument d'optique, et il y a nécessairement en elle une aberration de sphéricité qui provient aussi de ce qu'elle ne voit que d'une manière relative : alors, quelle lumière nous reste-t-il à la place de la lumière absolue? Il se passe ici un fait tout semblable en quelque sorte à celui de la réfraction de la lumière sensible, pour laquelle, lorsque le second milieu à traverser est plus dense que le premier, l'angle de réfraction est plus petit que l'angle d'incidence. Descartes avait reconnu que lorsque le passage de la lumière sensible se fait de l'air dans le verre, par exemple, le sinus d'incidence est au sinus de réfraction comme 3 est à 2. Nous devons reconnaître ici que le même fait a lieu à sa manière lorsque la lumière spirituelle passe de la sphère intelligible dans la sphère du temps.

Enfin, pour achever cette comparaison, lorsque la lumière solaire s'arrête sur un corps à surface polie qui la renvoie, ce corps devient visible par suite de la réflexion : et ici l'angle que forme le rayon d'incidence est égal à l'angle formé par le rayon de réflexion. Mais si la lumière pénètre dans un corps transparent, le rayon se détourne de sa direction primitive par suite de la réfraction : et ici l'angle que forme le rayon de réfraction est plus petit que l'angle formé par le rayon d'incidence. Eh bien ! de même que le miroir plan, la rationalité ne change rien à la direction du rayon qui tombe sur elle, elle réfléchit avec pureté le rayon de la lumière intelligible ; aussi trouve-t-on au fond de la raison l'idée pure du vrai, du bien et du beau, qui sont une représentation exacte de trois attributs de Dieu. Mais lorsque la lumière rationelle pénètre à son tour dans l'intelligence, le rayon se détourne de sa direction primitive par suite de la subjectification que celle-ci lui fait subir ; aussi la lumière que l'on trouve dans l'intelligence n'est-elle ni de la même pureté ni de la même valeur objective que la lumière donnée par la raison. L'intelligence produit la réfraction de la lumière intelligible ; et dans ce cas, comme dans celui de la lumière physique, le phénomène de la dispersion accompagne celui de la réfraction, avec lequel il est toujours en raison directe.

En un mot, les idées rationelles sont bien certainement infaillibles ; mais l'homme ne pouvant s'en servir sans les faire passer à travers son intelligence, elles subissent là, comme la lumière pure qui traverse un corps, une aberration de sphéricité qui rend indispensable l'existence d'un moyen propre à la redresser. Du reste, on conçoit bien qu'il en doit être de l'esprit de l'homme ainsi que d'un miroir qui défigure les images des objets selon la nature de sa coupe et selon la composition du verre ; car les idées que nous avons des réalités n'en sont, après tout, que des sortes de représentations en nous.

Mais, dira-t-on, si la lumière rationelle, après avoir traversé l'intelligence, a perdu son impersonnalité, sa rectitude, son infaillibilité, il faut retourner la chercher dans la raison ! — Oui, mais pour cela il faut repasser par le ministère de l'intelligence ; et n'y cût-il qu'à énoncer la conception rationelle, ce serait encore l'intelligence qui la percevrait et la formulerait : alors nous retombons dans les mêmes inconvénients. Exposez-vous donc à être compris et parfaitement rendu par une intelligence essentiellement personnelle, par une intelligence qui n'est intelligence qu'à condition de subjectiver, de relativer la lumière absolue ! Il est bien clair que, quelles que soient les manipulations de l'intelligence, les idées rationelles en soi n'en sont pas altérées, et qu'on les retrouvera toujours aussi pures au fond de la raison : mais il faut aller les y chercher ! et pour cela se servir de l'intelligence; intelligence qui ne s'est peut-être formé jusqu'alors que des notions fausses; intelligence qui ne s'est peut-être nourrie que de ses propres produits, au lieu d'emprunter ses idées à la raison, et qui, ne la comprenant plus, ne la voyant plus, se trouve peut-être même réduite à la nier ! Ou bien, cherchez quelque autre organe sûr pour faire parler la raison, un organe qui vous en rapporte fidèlement les arrêts ! Y aurait-il pour la consulter un autre moyen que l'intelligence ? Ah ! j'en sais bien un : ce serait, si cela était possible, de faire interpréter la raison par la raison !.... alors on serait bien sûr de son affaire; on ne pourrait plus dire que c'est l'intelligence, que c'est le moi qui l'altère ! Cette fois ce serait la lumière infaillible qui serait chargée de nous faire passer la lumière infaillible ; enfin ce serait tout simplement donner une voix à Dieu. Oui, mais trouvez donc sur la terre une pareille voix !

Cependant ce n'est que dans le cas où, pour desservir les conceptions rationelles, il existerait un autre moyen que l'intelligence ; ce n'est que dans ce cas seulement que nous pourrions croire l'homme encore en possession de l'éminente propriété que semble lui promettre la raison. Mais si la raison reste à jamais exposée ainsi à la discrétion de l'intelligence, comment espérer que l'homme puisse réellement recouvrer l'infaillibilité ?

Et néanmoins il le faut bien ; car si Dieu nous a donné la lumière rationelle telle qu'elle sort de lui, pure, absolue, infaillible, c'est qu'il est indispensable que nous la possédions telle [1] ; et s'il est indispensable que nous possédions cette lumière, Dieu a dû nécessairement nous en assurer le moyen ; il ne s'agit que de le trouver. Dieu n'envoie pas une lumière infaillible pour que l'homme se

---

[1] Si l'homme ne connaissait pas la vérité, il ne saurait pas ce qu'il a à faire : alors il serait inutile qu'il fût ici-bas. C'est elle qui lui apprend comment il peut profiter de son existence. Si la vérité est ce qu'il y a de plus précieux pour l'homme dans cette vie, puisque sans la vérité il serait inutile que Dieu lui eût donné cette vie, Dieu a dû certainement le pourvoir d'un moyen et d'un bon moyen de posséder la vérité.

trompe. Car si cette lumière en elle-même a été faite universelle et absolue, ce n'est pas pour elle, mais bien pour celui en faveur de qui elle a été faite. Qu'importe que la lumière rationelle soit en elle-même parfaitement absolue et infaillible, si toutes les fois que je veux m'en servir elle devient relative et faillible? Il vaudrait mieux n'en point avoir! au moins on ne compterait pas sur elle.

Comment échapper à cette pensée : si Dieu tire avec soin de lui-même cette lumière pure pour la faire descendre continuellement vivante au sein de l'homme, ce n'est pas pour qu'elle lui soit continuellement inutile; si la Réalité éternelle ne cesse pas d'envoyer à l'homme cette lumière intelligible, c'est que celui-ci a un moyen d'en profiter. Je ne sortirai pas de là. Dieu ne fait point ce qui est absurde : il ne donne pas à l'homme une raison infaillible, pour que l'homme s'égare avec cette raison. Certes! parce que nous nous croyons privés de la raison, ce n'est pas un motif de la refuser à Dieu...

Ainsi, que nous le découvrions ou non, nous sommes d'abord obligés d'avouer qu'il y a nécessairement un moyen de profiter de l'infaillibilité de la raison. Si nous sommes obligés d'avouer que ce moyen existe, nous ne devons pas craindre de le chercher. Non, l'on ne nous fera jamais entendre que Dieu nous envoie une lumière infaillible pour qu'elle se perde! Elle doit se retrouver quelque part, et si ce n'est pas dans l'individu, il faudra bien que ce soit ailleurs.

Essayons de nous confier un peu plus aux résultats que nous avons obtenus jusqu'à présent ; récapitulons. Toutes les fois que nous avons voulu prendre l'homme comme individu, nous l'avons trouvé incomplet et incompréhensible; toutes les fois que nous l'avons rattaché à ses semblables, nous l'avons retrouvé complet et en possession de toutes ses prérogatives. C'est ce qui est arrivé pour son corps, c'est ce qui est arrivé pour son intelligence, c'est ce qui est arrivé pour sa volonté; ne pourrait-il pas en être de même pour sa raison? Voyons donc ce qui résultera pour cette dernière faculté, lorsque l'homme sera replacé au milieu de ses semblables.

Comprenons bien l'état de notre question. La raison en elle-même, c'est-à-dire dans son origine et dans sa nature, est impersonnelle, absolue; comme telle elle est divine, et comme telle infaillible. Mais, employée par l'homme, elle devient aussitôt personnelle, relative; comme telle elle est humaine, et comme telle faillible. Si la raison pouvait se manifester sans subir la métamorphose de la personnalisation et de la subjectification, elle se conserverait donc impersonnelle, absolue, puis divine, puis conséquemment infaillible? Alors le problème se présente ainsi : Chercher dans quelle circonstance et comment la raison peut se manifester sans subir les inconvénients auxquels l'expose notre intelligence personnelle. Car si, comme nous le disions, nous ne pouvons espérer de découvrir une seconde raison pour interpréter la raison et préserver ainsi l'infaillibilité de toute solution de continuité, voici cependant ce que nous pouvons faire : l'homme ne se trompant que parce que la raison, partie impersonnelle de son être, est obligée de passer par l'intelligence, partie personnelle de son être, c'est-à-dire que parce que la partie impersonnelle se trouve ainsi subordonnée à la partie personnelle, si l'on pouvait trouver un cas au contraire où ce qui est personnel en lui fût dominé par ce qui est impersonnel, où la lumière pure fût soustraite à l'influence de l'individualité, il semble que l'on se rapprocherait déjà notablement de la solution que l'on désire.

Il faut donc chercher dans quel cas l'homme peut faire taire sa personnalité, de manière à ne plus laisser parler en lui que cette partie impersonnelle, commune à tout le monde, conséquemment universelle et absolue? La cause d'où peut naître l'erreur ne provenant que de l'individualité, il suffira naturellement pour retrouver le vrai de replacer l'homme dans son état de généralité. Arrivé à ce point, le problème semble cependant se dénouer, car voici ce qui se présente :

Les hommes ne peuvent s'unir que par le point qui leur est commun. En effet, lorsqu'ils se réunissent, ce ne peut être que par les côtés qui prêtent le plus à cette réunion : or, les côtés qui prêtent le plus à cette réunion sont nécessairement ceux qui ont entre eux de l'affinité; et les côtés qui ont entre eux cette affinité ne peuvent être que les côtés semblables. Ceux qui se ressemblent s'attirent, disait Aristote, le semblable cherche son semblable. *Pares cum paribus facillimè congregantur*, dit Cicéron. Et ceci n'est pas seulement vrai de l'homme, on retrouve cette loi dans le règne animal et jusque dans le règne minéral; c'est la loi de la formation des cristaux, c'est la loi de toute formation, de toute agrégation, de toute organisation dans la nature; il ne pourrait pas en être autrement.

Pour que les hommes s'unissent, il faut donc naturellement qu'ils cherchent le côté qu'ils ont de commun. S'ils s'approchent par le côté qu'ils ont d'individuel, de spécial, de particulier, bien loin de trouver des motifs d'union, ils ne rencontrent que des motifs de désunion, de dissémination, et d'une mutuelle incompatibilité. D'ailleurs, l'individualité étant ce qui fait qu'un être est distinct d'un autre, elle est conséquemment incommunicable ; il y aurait contradiction à ce que des individualités vinssent se combiner en un tout. C'est là tout à la fois un fait de raison et un fait d'expérience.

Qu'on nous permette de prendre dans la nature un exemple bien simple. Si, dans un parc composé d'un pré, d'un étang et d'un bois, on mettait un certain nombre de moutons, tous bien disséminés, ne les retrouverait-on pas bientôt tous ensemble, au milieu du pré, ne formant qu'un troupeau? Et on les rencontrerait ainsi réunis parce qu'ils ont un côté commun, le besoin de brouter l'herbe du pré, et que par là leur nature est semblable, compatible, conciliable. Si au contraire, dans ce parc, on mettait des moutons, des oies et des lièvres tous ensemble, ne les retrouverait-on pas bientôt tous disséminés, les moutons au pré, les oies à l'étang, les lièvres au bois ? Et on les rencontrerait ainsi séparés parce qu'ils ont un côté opposé et individuel, le besoin de paître chacun ce qui lui convient, et que par là leur nature est spéciale, différente, inconciliable.

Mais, sans établir de comparaison, ces deux faits se passent l'un et l'autre d'une manière bien autrement frappante chez les êtres moraux. Comme nous le savons, il se trouve tout à la fois dans la nature humaine deux parties bien distinctes : la première qui est particulière, personnelle, spéciale, et conséquemment diverse et incompatible; la seconde qui est commune, impersonnelle, générale, et conséquemment semblable et compatible. Si les hommes ne se rencontrent que par le premier de ces côtés, ils ne seront pas longtemps ensemble ; le désaccord et l'inconciliabilité les tiendront bientôt séparés. Mais s'ils se rencontrent par le second de ces côtés, ils seront d'abord ensemble ; l'accord et la conformité les tiendront bientôt réunis. Si l'on trouve des hommes réunis, c'est donc parce que s'étant approchés par le côté commun et impersonnel de leur nature, ils ont instinctivement fait taire, autant qu'il est en eux, le côté personnel.

Ainsi, les hommes ne peuvent s'unir que par le côté qui leur est commun ; et conséquemment, en neutralisant en eux, jusqu'à un certain point, la partie individuelle. Or, remarquons bien ceci : quelle est dans l'homme la partie individuelle, différente en chacun, sinon *l'intelligence ?* et, quelle est la partie commune, semblable chez tous, sinon la *rationalité ?* Donc, lorsque l'on trouve des hommes réunis, ce ne peut être que parce qu'ils ont fait taire la partie personnelle, différente en chacun, pour laisser parler la partie impersonnelle, semblable chez tous; ou en d'autres termes, parce qu'ils ont fait taire l'intelligence pour ne laisser parler que la raison.

En sorte que, plus les hommes seront unis et en grand nombre, plus la partie impersonnelle sera prédominante, et la partie individuelle neutralisée; du moins en tant que l'on considère ces hommes comme un ensemble, car si l'on en détachait un de la masse, naturellement on ne retrouverait plus en lui que l'individu. Partout donc où des hommes sont unis, la partie impersonnelle règne sur la partie individuelle, puisque c'est par cela même qu'ils sont unis. Et si la partie impersonnelle règne sur la partie individuelle, la raison règne sur l'intelligence; la raison se trouve dégagée, autant que cela se peut eu égard à la nature humaine, des atteintes de la personnalité, la raison rentre dans toute la pureté de sa nature. En effet, soustraire l'élément impersonnel à l'élément personnel, dégager ce qui vient de la raison de ce qui vient de l'intelligence, qu'est-ce autre chose que soustraire la lumière pure à l'influence de l'individualité?

Mais, n'est-ce pas là précisément ce que nous cherchions tout-à-l'heure? ne demandions-nous pas dans quelle circonstance et comment la raison, afin de conserver sa pureté première, pourrait se manifester sans être exposée aux inconvénients de l'intelligence individuelle; en un mot, comment la raison resterait la raison?

Si donc la raison pure, c'est-à-dire non encore tombée dans le domaine de l'homme et non encore passée à travers l'intelligence, conserve ses caractères d'absoluité et d'impersonnalité, partout où il y aura des hommes naturellement et depuis longtemps unis, (naturellement et depuis longtemps, parce qu'une multitude d'hommes pourraient momentanément, pour une opinion toute relative, se soulever comme un seul homme, et n'avoir d'autre autorité que celle d'un homme seul, ce qui du reste ne saurait jamais être de longue durée), partout, disons-nous, où il y aura des hommes naturellement unis, là aura disparu le particulier, ou ce qui est sujet à l'erreur, et là aura reparu la raison pure, ou ce qui est la certitude du vrai. Du reste, l'individualité étant précisément ce qui est incommunicable, du moment que des hommes se sont unis pour mettre quelque chose en commun, on est bien sûr que ce qu'ils se sont communiqué appartient à la partie impersonnelle de leur être, c'est-à-dire à cette raison universelle, qui est la même chez tous. Ainsi, de la neutralisation de l'élément individuel naît la prédomination de l'élément universel, et la pensée particulière et faillible de chaque individu vient s'évanouir dans la pensée commune et infaillible de la généralité.

Eh bien! nous venons d'exposer là le phénomène certainement le plus remarquable de la Société! Phénomène tout à la fois et le plus simple dans sa cause, et le plus sublime dans ses résultats; phénomène qui fait la gloire de l'humanité, et auquel Dieu reconnaît avec joie sur la terre la créature sortie de son sein; phénomène qui en dit plus sur la nature et l'origine de l'homme que toutes les histoires; phénomène qui porte un nom révéré dans toutes les langues, que dis-je! c'est lui qui est le père non pas du langage mais de toutes les langues; phénomène, en un mot connu, admiré et vénéré de tous les hommes sous le nom de Sens-Commun.

Et le Sens-commun est précisément ce cas dans lequel la raison se retrouve délivrée des atteintes de la personnalité; il est précisément ce moyen, autre que l'intelligence, de desservir la raison; ce moyen qu'elle a de redevenir impersonnelle, absolue, divine, conséquemment infaillible, c'est-à-dire douée de la précieuse propriété pour la

DE L'EXISTENCE DE L'HOMME. 1253

quelle le Créateur l'a faite; en un mot ce moyen qu'a la raison de rester la raison. De là, la réputation de certitude dont jouit le Sens-commun ; tout le monde y croit, veut y croire et doit y croire. Le Sens-commun est la retraite de la raison pure, le siège de l'infaillibilité, le sanctuaire où l'on entend véritablement la voix de Dieu.

Car, si de la nature humaine on ôte la personnalité, la relativité, ce qui est de l'homme, en un mot ce qui est faillible; reste l'impersonnalité, l'absoluité, ce qui est de Dieu, en un mot ce qui est infaillible. Or, si toutes les fois qu'un grand nombre d'hommes se trouvent unis, ils ne le sont que parce que le côté commun et impersonnel de leur nature tient réprimé le côté spécial et personnel, l'intelligence, qui est de l'homme, garde donc le silence pendant que la raison, qui est de Dieu, fait entendre sa Voix? Et comme ce magnifique phénomène a lieu toutes les fois que les hommes forment un peuple, nous trouvons ici l'explication de cette vérité si profonde de l'Ecriture : Vox POPULI, vox DEI; que l'on peut traduire par ces mots : *La voix du Sens-commun est la voix de Dieu.*

---

[1] Il ne faudrait pas aller confondre, comme on l'a dit d'ailleurs, le *sens commun* avec le sens de la multitude, qui est le *sens du commun*. Le premier seul est véritablement commun, car seul il est le partage de tous, depuis l'homme de génie, jusqu'au plus ignorant ; le fou seul en est privé. Au lieu que le *sens du commun* n'est que celui d'un certain nombre d'esprits peu cultivés, et se compose des idées grossières que se forment, sur des vérités secondaires, les intelligences qui n'ont pas eu le loisir de recevoir de l'instruction. Le *sens du commun* se compose des notions toutes particulières que le peuple se forme, par exemple, sur toutes les idées qui appartiennent aux sciences physiques, pour la connaissance desquelles il faut avoir observé et avoir fait un grand usage des calculs de l'intelligence ; le *sens commun* au contraire se compose des notions impersonnelles que les peuples possèdent sur toutes les idées qui appartiennent à la morale, pour la connaissance de laquelle il n'est pas nécessaire d'avoir observé ni calculé. En un mot, le *sens du commun* est ce qui dérive des intelligences les plus incultes, et le *sens commun* ce qui dérive de la raison la plus impersonnelle.

LIV. III. — DES CONDITIONS

Mais!.... ici nous rencontrons, je crois, la solution complète de notre problème, nous retrouvons l'infaillibilité toute pure! Nous cherchions une raison qui fût extérieure à l'homme, et qui vînt interpréter sa raison intérieure; le Sens-commun n'est-il pas la raison extérieure à l'homme, et dans le Sens-commun n'avons-nous pas la raison interprétée par la raison? De sorte que, la raison étant l'infaillibilité par elle-même, si nous n'avons besoin pour l'interpréter que d'une autre raison, nous retrouvons l'infaillibilité dans le Sens-commun. Le Sens-commun, c'est la raison parlée. Si le Sens-commun est la voix de la raison, il n'est pas étonnant qu'il ait été appelé la voix de Dieu!

Voici le fait : la raison est de Dieu, comme telle elle est infaillible, et elle est le moyen dont Dieu se sert pour enseigner à l'homme sa loi. Dans le sein de l'individu, où elle se trouve en contact avec la personnalité, la raison est nécessairement altérée; dans le sein d'un peuple, où elle recouvre son impersonnalité, la raison reprend naturellement sa pureté. De sorte que, interprétée par la voix d'un homme, elle peut perdre tous ses caractères; mais interprétée par la voix d'un peuple, on la retrouve telle qu'elle nous vient de Dieu. Cette proposition de l'Écriture, *La voix du peuple est la voix de Dieu*, est donc mathématiquement vraie. Or, la Voix du peuple n'est autre chose que le Sens-commun.

Et nous admirerons ici combien le nom même que porte le Sens-commun est juste et lumineux; car lorsque les hommes s'unissent et forment un peuple, n'est-ce pas par le sens qui leur est commun? or, quel est ce sens spirituel qui est commun à tous les hommes; ce sens qui reste le même dans tous, parce que personne ne peut en modifier les opérations; quel est-il ce sens universel et conséquemment impersonnel, sinon la raison ? Le Sens-commun s'appelle ainsi, parce qu'il est en effet un sens commun, un sens qui appartient à tout le monde.

Et maintenant, si ce sens commun à tous les hommes est précisément la raison, comme c'est par la raison que nous vient la lumière pure, absolue, infaillible, il n'est point étonnant que nous ayons trouvé, pour solution de notre problème, que la vérité pure, absolue, infaillible doit se retrouver dans le Sens-commun ! Aussi, d'après la langue, un homme qui a du sens commun, ou un homme *sensé*, signifie un homme qui a beaucoup de raison. On dit indifféremment, un homme sensé ou qui a de la raison, et un homme in-sensé ou qui a perdu la raison; tant il est vrai que le Sens-commun n'est autre chose que la raison, mais la raison dans sa véritable position, la raison délivrée des atteintes de la subjectivité.

Voyez comme dans ce cas la lumière intelligible quitte à propos le nom de raison, qui indiquait seulement sa nature psychologique, pour prendre celui de Sens-commun, qui exprime sa nature essentielle et générale ! La raison, c'est la lumière intelligible telle qu'elle descend de Dieu, en tant qu'on la retrouve dans le sein de l'individu ; le Sens-commun, c'est la lumière intelligible telle qu'elle est descendue de Dieu, en tant qu'on la retrouve au sein de la Société. Ce mot de *Sens-commun* jouit donc de la merveilleuse propriété d'indiquer que la lumière véritable est commune et impersonnelle, et que ce n'est point auprès de l'individu qu'il faut venir la chercher. Ce mot rappelle surtout que ce n'est point parce qu'elle se trouve en chacun de nous qu'elle est commune et générale, mais que c'est parce qu'elle est commune et générale qu'elle se trouve en chacun de nous. Remarquez-le bien, la raison générale ne se forme pas de la collection des raisons particulières ; car qu'est-ce que des raisons particulières ? la raison générale n'est que la raison de l'individu passée dans un état qui lui assure toute l'universalité et toute l'impersonnalité qui lui appartiennent. La raison ne peut donc pas porter un nom plus juste et plus glorieux que celui de Sens-commun, puisque c'est en lui qu'on la retrouve avec tous ses caractères et parée de toute sa divinité. Le Sens-commun, c'est la raison dépouillée de tout alliage ; aussi l'appelle-t-on admirablement le *bon sens*, car c'est là en effet qu'il est réellement *bon!*

Mais qui produit ce surprenant et précieux phénomène ? l'union des hommes, la Société. La cause d'où provient l'erreur ne pouvant subsister que dans l'état d'individualité, il a suffi pour retrouver le vrai de replacer l'homme dans l'état de Société. C'est ainsi qu'en prenant l'homme non plus comme individu, c'est-à-dire incomplet, mais comme rattaché à ses semblables, c'est-à-dire complété, nous le voyons jouissant de toutes les prérogatives de sa raison ; ainsi que, dans le même cas, nous l'avons déjà vu recouvrant toutes les prérogatives qui appartiennent à son corps, à son intelligence et à sa volonté. Ici nous retrouvons tout le plan de Dieu.

Toute vérité est une chose conforme au Sens-commun. Une science n'est réellement, comme nous l'avons déjà remarqué, qu'un ensemble d'explications conformes aux principes du Sens-commun. Sans le Sens-commun, il serait impossible à l'homme de prouver quelque chose à son semblable, ou même de se faire comprendre. La grande difficulté ne consiste-t-elle pas à être clair et logique ? or qu'est-ce qu'être clair et logique, sinon ramener avec lucidité à des principes reconnus de tout le monde ? et quels sont ces principes reconnus de tout le monde, sinon les principes du Sens-commun¹ ? Aussi remarquez que chaque intelligence se tient toujours à une certaine portée du Sens-commun, sans cela elle ne se comprendrait plus elle-même. Supposez que le Sens-commun, qui fait le point de départ et le point de retour de toutes les intelligences, n'existe pas, celles-ci n'auront plus aucun point de ralliement. Indépendamment donc de ce qu'il renferme les principes véritables, il renferme les principes communs, qui, devenant la base et la loi de tous les esprits, leur donnent une parenté sans laquelle les hommes seraient tous étrangers les uns aux autres. C'est par le Sens-commun que l'homme trouve son semblable.

Si tous les hommes diffèrent sur les idées, les habitudes,

---

[1] « Si les premières vérités ou les vérités de Sens-commun, dit un philosophe, n'étaient répandues dans l'esprit de tous les hommes, il serait impossible de les faire convenir de rien. Les caractères essentiels auxquels on reconnaît les vérités de Sens-commun sont : 1° qu'elles sont si claires que, quand on entreprend de les prouver ou de les attaquer, on ne peut le faire que par des propositions moins claires et moins certaines; 2° d'être si universellement reçues parmi les hommes de tous les temps et de tous les lieux, que ceux qui les attaquent se trouvent considérés comme des fous, ou au moins comme des extravagants ; 3° d'être si fortement imprimées en nous, que nous y conformions notre conduite malgré les raffinements de ceux qui imaginent des opinions contraires. »

Traité des premières vérités et de la source de nos jugements, chap. VII. Par le P. B. D. L. C. D. J.

les manières de voir, en un mot sur tout ce qui dépend du moi; tous les hommes aussi sont d'accord sur les conceptions, les principes, les axiomes, en un mot sur tout ce qui dépend de la raison. Mais si la raison, ainsi exposée dans la personnalité de chacun, n'avait pas dans le Sens-commun un moyen constant de combattre cette influence, la partie impersonnelle disparaîtrait bientôt étouffée sous la partie personnelle; et la partie personnelle étant précisément ce qu'il y a de plus varié, de plus opposé, tous les hommes seraient bientôt les uns vis-à-vis des autres comme sont les fous. Sans le Sens-commun, le monde ne présenterait plus que le spectacle d'une maison d'aliénés.

C'est à quoi il faut songer si l'on veut se faire une idée de toute l'importance du Sens-commun. Sans la Société, où se forme le Sens-commun, le genre humain entier serait à l'état d'idiotisme. Dans la Société, au contraire, tous les hommes puisant simultanément au Sens-commun, se trouvent naturellement ralliés par les principes qu'ils en rapportent, en ce que tous les reconnaissent pour vrais. La raison, qui est notre lumière intérieure, nous a été donnée autant pour reconnaître le Sens-commun, qui est notre lumière extérieure, que le Sens-commun pour reconnaître à son tour en nous-mêmes les véritables lumières de la raison.

La confiance qu'on ajoute au Sens-commun, n'est autre chose que la confiance qu'on ajoute au moyen que nous avons de connaître, dépouillé de tout ce qui peut l'altérer. Car la raison est la faculté que Dieu nous a donnée de connaître; et si nous trouvons une circonstance où la raison soit sans altération, nous trouvons une occasion de connaître immédiatement ce que Dieu nous enseigne. Il faut donc venir dans la Société pour entendre la voix de Dieu. Si la Société n'est pas là pour offrir à l'homme le Sens-commun, les plans de Dieu sont manqués, l'homme reste privé de la vérité, il n'est point ce que sa nature veut qu'il soit.

D'après ce que nous avons vu sur le phénomène du Sens-commun, il ne faut pas nous étonner si la vérité sort de la bouche de toute multitude dans un état normal. Car toute multitude ne s'assemble que parce que la partie individuelle et relative se neutralise en elle, tandis que la partie impersonnelle et commune opère cette réunion. Ce n'est pas la multitude qui est infaillible, mais ce qui est en elle ; la formation de la multitude ne fait que donner lieu à la manifestation de la raison pure, elle ne fait que donner à la raison l'occasion de rester impersonnelle. Car remarquez que l'homme, au milieu d'une assemblée, ne va pas chercher dans son fond individuel, parce qu'il serait bien sûr de n'être pas compris, mais dans sa raison, parce quelle est la seule chose que ses auditeurs ont de commun avec lui. Et chacun faisant sans se le dire un pareil effort en lui-même, il en résulte que dans une assemblée tout homme est naturellement ramené à la raison. Ce qu'on a appelé la raison générale n'est donc pas la réunion des raisons particulières, mais la raison telle que Dieu l'envoie et non encore modifiée par l'homme. Quand vous cédez à la raison générale, vous ne cédez pas à la raison du plus grand nombre, vous ne cédez pas à la force, vous n'obéissez qu'à la raison elle-même. Le Sens-commun n'est que le moyen de nous faire retrouver la raison.

Nous avions bien raison de dire que Dieu ne pouvait envoyer à l'homme une lumière pure du vrai, sans lui assurer le moyen de la recueillir, de la reconnaître et de la conserver ! Si Dieu lui a fait une raison infaillible, c'est pour qu'il lui soit possible de ne pas se tromper. Le Sens-commun est le phénomène dans lequel la rationalité se dégage des servitudes de l'intelligence individuelle pour reprendre toute son impersonnalité. Et ce fait lui-même résulte de toute réunion d'hommes, puisque celle-ci ne peut avoir lieu que lorsque les hommes s'approchent par le côté qu'ils ont de commun, qui est la raison.

Ainsi toute réunion d'hommes est l'indice de la prédominance de la partie commune et impersonnelle de l'homme, sur la partie particulière et personnelle; car si la partie impersonnelle ne prédominait pas, il n'y aurait point de réunion, la personnalité étant ce qui est opposé et incommunicable. On peut donc affirmer que, partout où il y a société, le phénomène du Sens-commun s'opère aussi nécessairement que, partout où il y a un cristal, s'est opéré le phénomène de la cristallisation, pour lequel les molécules se sont rattachées par le côté qui prêtait le plus à leur réunion. Le Sens-commun est un fait nécessaire, il naît du contact même des esprits; il naît de toute société humaine, et ne peut pas n'en pas naître; car s'il n'était pas il n'y aurait pas société humaine. Toutes les fois que des hommes sont réunis en Société, le Sens-commun se trouve au milieu d'eux.

Toutefois le Sens-commun ne se forme pas tout-à-coup; certainement le phénomène de l'impersonnalisation de la raison, par suite de la réunion des hommes, peut produire sur un point donné un bon jugement. Mais un jugement n'est pas tout le Sens-commun ; le Sens-commun se ramasse avec le temps. Vous vous rappelez ce que nous disions précédemment sur la formation d'une langue par un peuple, que les mots heureux, les expressions justes restent, tandis que les autres sont oubliés ; et que tout ce qui compose une langue a passé par le crible du Sens-commun. Eh bien ! il en est de même de toutes les maximes, de toutes les pensées, de tous les jugements qui composent le Sens-commun. Le Sens-commun n'est pas un être abstrait, c'est l'ensemble de toutes ces maximes, de toutes ces pensées, de tous ces jugements recueillis pendant des siècles ; c'est le trésor de sagesse qu'a ramassé le genre humain. Le Sens-commun est le légataire universel de toutes les bonnes idées qui sont venues aux hommes.

Par exemple, quelqu'un énonce une maxime, cette maxime est trouvée bonne, celui qui l'entend la répète à un autre, ce dernier à un autre encore ; autant il y a d'individus qui la trouvent bonne, autant il y a d'individus qui l'adoptent, et elle devient universelle. Si tout le monde l'a admise, c'est que tout le monde l'a trouvée bonne ; si tout le monde l'a trouvée bonne, c'est que tout le monde l'a trouvée conforme à la raison : dès-lors elle appartient au Sens-commun. Et cette maxime prend le nom de *Proverbe*. Pourquoi a-t-elle été trouvée généralement bonne ? C'est qu'elle a été trouvée généralement vraie. Or une chose admise généralement, ne peut l'être que par la raison, parce qu'il n'y a que la raison qui soit généralement, et la même chez tous les hommes. Une chose qui serait purement de l'intelligence ne pourrait trouver un pareil crédit, parce que toutes les intelligences, dépendant du moi, sont individuelles, variées, opposées et inconciliables : c'est une maxime de Sens-commun qu'il y a autant de sentiments que de têtes. Ce que l'un admet, l'autre ne l'admet pas ; aussi, n'y a-t-il rien de plus particulier que l'erreur. L'erreur ne devient jamais générale, à moins qu'elle n'ait une forte apparence de vérité qui séduise l'opinion ; mais l'opinion n'est pas encore le Sens-commun.

Il n'y a donc de général que ce qui est nécessairement conforme à la raison ; et la raison étant la lumière de Dieu, il ne peut y avoir de conforme à la raison que ce qui est nécessairement vrai. Par là même, il n'y a donc de particulier que ce qui est rejeté par la raison, et il ne peut y avoir de rejeté par la raison que ce qui est contraire au vrai. Je suis sûr que si l'on venait à enlever de la Société toutes les idées individuelles, il n'y resterait pas une erreur. Non que parmi ces idées individuelles, il n'y en ait aucune qui soit vraie et qui puisse être admise par le Sens-commun ; mais parce que s'il est des erreurs, elles ne peuvent être que là. Du reste, nous en avons bien l'expérience, la formation de notre intelligence, comme toute la vie de la pensée, n'est qu'un perpétuel combat avec le Sens-commun ; nous tendons continuellement à admettre quelque chose d'individuel, de particulier, de conforme avec nous, tandis que le Sens-commun travaille continuellement à nous faire admettre quelque chose d'universel, de reconnu, de conforme avec lui.

Le caractère de tout esprit résulte du point où se fait en lui l'intersection de ces deux tendances. Ceux chez qui le sens individuel prédomine un peu sur le Sens-commun, sont ce qu'on appelle les *originaux*, parce que c'est d'eux seuls que leurs idées tirent leur origine. Ceux chez qui le sens individuel prédomine davantage sur le Sens-commun, sont ce qu'on appelle les *extravagants*, parce que leurs idées, comme dit le latin, *extra vagant*. Ceux chez qui le sens individuel prédomine entièrement sur le Sens-commun, sont ce qu'on appelle les *a-liénés*, parce qu'ils sont en effet détachés de tous les hommes et comme en dehors du genre humain [1]. Ceux, au contraire, chez qui le Sens-commun prédomine tout-à-fait, sont les hommes sensés, et qui ont ce qu'on appelle *la droite raison*.

Nous avons dit que l'opinion n'est pas toujours le Sens-commun; oui, parce qu'il est certaines vérités auxquelles il faut du temps pour se développer dans la nature humaine. Voici la distinction qui existe entre ces deux choses. L'opinion, comme le Sens-commun, est la pensée du peuple; mais avec cette différence que l'opinion est sa pensée à telle ou telle époque, et que le Sens-commun est sa pensée de tous les temps. Toute opinion ne rentre pas dans le Sens-commun, quoique je sache bien que le Sens-commun se forme de la superposition de toutes les opinions qui ont été admises successivement.

---

[1] Nier ce que tous les hommes admettent, admettre ce que tous les hommes nient, n'est-ce pas là ce qu'on appelle la folie, ou l'opposition au Sens-commun? Ne dit-on pas d'un homme qui, sur les principes universels, croit comme le reste des hommes, qu'il a le Sens-commun? Ne dit-on pas d'un homme qui doute des principes généralement admis, ou qui en tire des conséquences totalement opposées à celles qu'en tire le reste des hommes, qu'il n'a pas le Sens-commun, qu'il a perdu la raison, qu'il est fou? A-t-on raison contre le Sens-commun? a-t-on raison sans le Sens-commun? Se peut-il qu'on n'ait pas raison, quand on est d'accord avec le Sens-commun?
Du fondement des connaissances humaines, par J. B***, chap. IV. Du moyen le plus sûr que la nature donne pour nous garantir de l'erreur.

Mais autant une pensée individuelle a besoin de subir de modifications avant d'être à l'unisson de l'opinion, autant l'opinion elle-même a souvent besoin de subir de modifications avant de pouvoir être admise par le Sens-commun. S'il est permis de faire cette comparaison, une nouvelle opinion chez un peuple est comme le vin de l'année, elle a besoin d'être épurée; et il faut attendre qu'elle ait jeté toute sa lie pour pouvoir se mêler à l'inaltérable vin vieux du Sens-commun.

Avant le christianisme, l'idée de l'égalité de l'homme devant Dieu n'était ni dans l'opinion ni dans le Sens-commun. L'Evangile, au moment où il a paru, a mis cette idée dans l'opinion, et de l'opinion elle a peu à peu passé dans le Sens-commun, d'où elle ne sortira plus. A l'époque de la première Révolution française, l'idée de l'égalité devant la loi civile n'était que dans l'opinion, tout le monde ne la partageait pas; à cette heure elle est complètement entrée dans le Sens-commun, où elle restera à jamais. Enfin aujourd'hui, l'idée de l'égalité devant la loi politique et devant la loi économique n'est encore que dans l'opinion, tout le monde ne la partage pas; mais ne viendra-t-il pas un moment où elle ira s'asseoir dans le Sens-commun? Le Sens-commun est le dépôt de la civilisation. L'opinion de chaque époque n'entre pas tout entière dans le Sens-commun, il faut qu'elle se dépouille de ses parties individuelles; il n'y a absolument que ce qui reste de pur et de conforme à la raison, qui va grossir ce patrimoine précieux du genre humain.

Le Sens-commun est le bien de la Société. Tous les principes, toutes les maximes, toutes les vérités, toutes les expériences, tous les bons usages qui nourrissent la civilisation, sont en lui. C'est comme un sol inépuisable travaillé et engraissé des sueurs de nos pères, et où chaque intelligence va mettre sa racine et puiser la vie temporelle de l'esprit. Le Sens-commun est ouvert à tout le monde; il ne faut ni posséder ni payer pour avoir un jour sur lui, c'est un domaine public. Les champs du Sens-commun sont les pâturages communaux de l'intelligence.

Il y a donc une certaine partie du Sens-commun qui ne naît pas du contact actuel d'une grande réunion d'hommes, mais qui se ramasse avec le temps et l'expérience. Aussi rien n'est plus difficile que de pervertir le Sens-commun d'un peuple; les nations que nous avons vues périr dans l'antiquité ont mis, pour tomber en décadence, c'est-à-dire pour détruire leur Sens-commun, plus de temps peut-être qu'il ne leur en avait fallu pour l'établir. Sur les vérités d'expérience, sur les vérités pratiques, en un mot sur toutes les vérités de déduction, il faut donner au Sens-commun le temps de se former. Croyez-vous, par exemple, qu'à l'époque de la fondation de la monarchie française, il y eût beaucoup de Sens-commun? A l'état de barbarie le Sens-commun est perverti; l'homme alors, quoiqu'il possède intérieurement la lumière rationelle, est sans justice et sans équité; et ce n'est certes pas l'exemple de ses semblables qui pourrait lui en inspirer, car ici la raison extérieure ne vient point développer ou justifier en l'homme les idées qu'il puise dans sa raison intérieure. La différence qui existe entre un peuple barbare et un peuple développé, est dans le Sens-commun. Le Sens-commun marche avec la Société; il se grossit avec les siècles de civilisation, et la raison de l'homme baigne dans un plus grand élément de vérité. C'est ainsi que l'homme voit sa raison se développer, et devenir de plus en plus infaillible à mesure qu'il avance dans la Société.

Le Sens-commun est l'atmosphère du monde moral ; son développement en est la température. L'homme naissant en Société se trouve aussitôt plongé dans ce fluide vital, qui devient comme l'eau-mère dans laquelle se forme son esprit. Le Sens-commun est une lumière préservatrice dont Dieu a la prévoyance d'environner l'homme qui naît en Société ; car là où chacun, obsédé par le travail du corps, n'a pas toujours le temps de permettre à l'esprit le saint labeur de la vérité, il fallait qu'une fontaine toujours jaillissante vînt lui en offrir les intarissables et limpides eaux. Le Sens-commun sert de précepteur à l'homme, avant de servir de certificateur à sa raison ; il vient nourrir celle-ci et la solliciter à la vie de la lumière, avant de lui en offrir le criterium indélébile. Aujourd'hui il lui donne en quelque sorte la raison, et demain s'il la perd de vue, il lui donnera le moyen de la retrouver.

Qui peut fausser un jugement ? Personne ne l'ignore : l'intérêt individuel ou les passions. Mais l'intérêt et la passion de celui-ci ne sont pas l'intérêt et la passion de celui-là ; et si l'on met celui-ci et celui-là ensemble, leur premier soin pour pouvoir s'entendre, sera de faire taire l'un et l'autre leur intérêt et leur passion particulière. De sorte que les hommes neutralisant, par leur réunion, l'intérêt et la passion de chacun, il reste le jugement sans intérêt et sans passion, ce jugement est celui de la raison. Il ne faut donc pas dire que dans le Sens-commun nous avons trouvé une raison meilleure, dans le Sens-commun nous avons trouvé la raison.

En effet, une chose bien remarquable et qui ne nous laissera aucun doute sur l'identité de la raison et du Sens-commun, c'est que nous retrouvons dans le Sens-commun tous les caractères de la raison. Pour reconnaître la nature de la raison nous avons étudié ses produits, c'est-à-dire les conceptions; pour connaître la nature du Sens-commun, nous n'avons qu'à observer ses produits, c'est-à-dire les proverbes. Eh bien! les proverbes ont précisément tous les caractères des idées rationelles. Ainsi, lorsqu'on rencontre une idée rationelle chez un homme, on est sûr que tous les hommes la possèdent, et qu'ils la possèdent sans se l'être communiquée; de même, lorsqu'on rencontre un proverbe chez un peuple, on est sûr que tous les peuples le possèdent, et qu'ils le possèdent sans se l'être communiqué. Car c'est là le fait remarquable, que les proverbes des peuples n'ont pas été pris les uns chez les autres, et la preuve c'est qu'il serait impossible de les traduire les uns par les autres.

Si les peuples s'étaient emprunté leurs proverbes, ils auraient fait comme lorsque les langues empruntent des mots à d'autres langues, ils les auraient traduits; tandis que les proverbes portent un cachet d'originalité si bien en rapport avec le caractère du peuple chez lequel on les trouve, qu'il est impossible de leur attribuer une origine étrangère. Prenez un de ces proverbes, il est le même partout quant au fond : preuve qu'il est parti d'un principe qui est partout le même; il est différent partout quant à la forme : preuve que nulle part il n'a été traduit. Il suffit, pour s'en apercevoir, d'en citer un parmi les plus familiers.

Les Français disent : L'oisiveté est la mère de tous les vices. Les Anglais : Le travail est le bon moyen de ne pas se laisser prendre par le diable. Les Allemands : La paresse est la racine de tout mal. Les Italiens : L'oisiveté est l'oreiller du diable. Les Espagnols : En ne faisant rien, on apprend à mal faire. Les anciens disaient : Le fainéant porte sur lui-même ses propres mains. Voyons-en un autre. Les Français disent : Avec du temps et de la patience on vient à bout de tout. Les Allemands : Le temps apporte les roses. Les Italiens : Avec du temps et de la paille les nèfles mûrissent. Les Orientaux : Avec de la patience le verjus devient doux. Les Espagnols : A force de tourner, la pierre moût le grain. Les Chinois : Avec du temps et de la patience, les feuilles de mûrier deviennent de la soie. Les anciens disaient : Quoique tard, Troie fut prise une fois [1]. Ces deux proverbes suffisent

---

[1] Cette impersonnalité des proverbes est un fait si remarquable que je me suis amusé à le constater sur cinq ou six des plus ordinaires : on les trouvera à la suite de ce Chapitre. J'y ai ajouté aussi quelques exemples de l'application des proverbes à tous les cas de la vie. Ainsi, il y a des proverbes sur la providence, sur la morale, sur la sagesse, sur la psychologie, sur l'économie publique, sur la prudence, sur l'expérience, etc., car ils s'étendent, comme la raison, sur toutes les branches de la sagesse humaine. Je n'en ai donné que fort peu, ceux que je connaissais.

Un tableau des proverbes comparés de tous les peuples serait un ouvrage bien intéressant et bien philosophique. Il y a eu France tant d'esprits laborieux, possesseurs de toutes les langues, d'une érudition considérable, enfin aimant les belles-lettres par nature et leur consacrant les loisirs que leur donne la fortune : ne pourraient-ils pas s'occuper d'un pareil travail ? Ils feraient certainement plus pour la philosophie que beaucoup d'esprits vagues, qui ne sont pas encore parvenus à tirer de toutes leurs investigations une notion claire et conforme au Sens-commun. Le tableau des proverbes comparés serait une preuve historique de l'unité de la sagesse et de l'impersonnalité de la raison ; ce serait tout à la fois le chapitre des pièces justificatives de la théorie du rationalisme, et le chapitre d'introduction de la théorie du traditionalisme.

pour nous donner une idée des autres. Si l'on voulait mettre ainsi en regard les proverbes comparés, il faudrait les recueillir tous ; car aussitôt que l'on en verrait un chez un peuple, on serait sûr de le retrouver chez les autres peuples, sans qu'ils se le fussent emprunté. Cette observation avait déjà frappé beaucoup de philologues polyglottes; et ils en avaient été d'autant plus surpris, qu'ils ne savaient à quelle cause l'attribuer. Cette cause est bien simple :

Les mêmes chez tous les peuples, sans y avoir jamais été importés par la traduction, il faut bien que les proverbes soient le fruit d'une faculté commune, la même chez tous les peuples. En effet, les proverbes sont nés spontanément et simultanément chez tous les peuples, par le seul fait du Sens-commun, comme les conceptions naissent spontanément et simultanément chez tous les hommes, par le seul fait de la raison. Si donc le même proverbe apparaît spontanément chez tous les peuples, comme la même conception chez tous les hommes, c'est que les proverbes, comme les conceptions, sont premièrement universels, secondement nécessaires. S'ils sont universels et nécessaires, ils ne dépendent de personne, ils sont impersonnels et absolus. S'ils sont impersonnels et absolus, ils ont tous les caractères de la raison, ils sont infaillibles.

Ainsi, comme nous avons reconnu l'infaillibilité de la raison à l'impersonnalité et à l'universalité de ses conceptions, de même nous reconnaissons l'infaillibilité du Sens-commun à l'impersonnalité et à l'universalité de ses proverbes. Car les proverbes sont le fruit du Sens-commun, les formules par lesquelles il prononce les arrêts de sa sagesse. Si les produits du Sens-commun ont les mêmes caractères que les produits de la raison, le Sens-commun et la raison sont donc une même chose. Le Sens-commun, c'est la raison délivrée des servitudes de la personnalité.

On conçoit maintenant pourquoi les proverbes ne sont point la création de l'individu. Les proverbes de Salomon, remarque Grotius, ne sont pas des proverbes qu'il a faits, mais seulement qu'il a recueillis lui-même. « Ce prince, dit-il, fit faire une compilation de tout ce qu'il y avait de plus beau en fait de morale; sous Ezéchiel, on grossit ce recueil de ce qui avait été dit d'utile depuis Salomon ; et ce fut Eliacim, Sabna et Joake qui firent cette nouvelle compilation. Au commencement du quinzième chapitre on lit ces mots : « Voici les proverbes qui « furent recueillis et compilés par les gens d'Ezéchiel, « roi de Juda. » « Le sage, dit l'*Ecclésiaste*, aura soin de rechercher la sagesse des anciens, il tâchera de pénétrer dans le sens des proverbes et des sentences, et il découvrira ce qu'il y a de plus caché dans les paraboles. » Platon disait : « On pourrait faire un cours de morale en voyageant dans l'Attique, si l'on voulait lire les inscriptions gravées sur les pierres placées le long des grandes routes et au centre des villages; ces inscriptions, ajoutait-il, contiennent les germes de la sagesse et les éléments de la philosophie. » « Les proverbes, disait Aristote, ne peuvent être que les restes de cette ancienne philosophie primitive perdue à travers les temps ; aussi faut-il les méditer, comme recelant les étincelles de la sagesse divine. » « Les proverbes, dit Plutarque, doivent être comparés aux mystères de la religion, dans lesquels les objets les plus graves sont figurés par les cérémonies les plus minutieuses; dans les proverbes est le germe de la morale que les princes et les philosophes ont recueilli et développé en tant de volumes. » « De toutes les connaissances, dit Erasme, il n'y en a pas de plus ancienne que celle des proverbes; d'ailleurs toute la raison humaine est contenue dans quelques proverbes, et l'adage est certainement le meilleur rudiment de l'instruction. Les proverbes sont le *compendium* des vérités humaines. » M. de Bonald a dit : « L'instruction des hommes a dû commencer par des proverbes. » « Les proverbes, dit Boccoli, sont des vérités pratiques dictées aux nations par l'expérience et le bon sens; ils sont le résultat des observations générales faites sur la morale. » M. de Méry, auteur d'une Histoire générale des proverbes, fait remarquer : que le peuple est celui qui conserve le plus scrupuleusement la tradition des proverbes; le défaut d'exercice des facultés intellectuelles hors du cercle de ses besoins, le ramène toujours aux idées les plus simples. Les proverbes, ajoute-t-il, sont la richesse et la sagesse des nations; aussi je ferai remarquer, dit le même, que parmi tous les proverbes, les dictons, les adages, qui sont le résultat de l'expérience des peuples, il n'en est aucun à l'appui de l'athéisme. » « Peut-on avoir une assez haute idée des proverbes, s'écrie l'abbé Tuet, eux qui, pendant des siècles, servent d'asile à la morale, que l'homme aurait entièrement perdue sans eux! » Goujet, l'auteur de la Bibliothèque française, dit que dans toutes les langues les proverbes contiennent la morale vulgaire du pays; que de là naît l'importance qu'il y a à les consulter et à en donner l'intelligence. » « Quoi qu'on dise contre les proverbes, qu'on voudrait renvoyer au bas peuple, dit Sénecé, il est hors de doute qu'ils renferment la quintessence de la raison et du bon sens; c'est par un consentement universel de tous les âges et de toutes les nations qu'ils ont pu transmettre ainsi le dépôt qui leur a été confié. » L'Encyclopédie définit le proverbe : « Une maxime concise renfermant beaucoup de sens, et énoncée dans un style populaire; c'est pour cela, ajoute-t-elle, qu'on a donné le nom de Proverbes à cet excellent recueil de maximes qui fait partie des livres de l'ancien Testament. » Cambden définit le proverbe : « Un discours concis et sage fondé sur une longue expérience, et qui contient quelque avis important. » Roubaud définit le proverbe : « Une sentence populaire qui énonce naïvement une grande vérité. » Rivarol définit les proverbes : « Le bon sens de tous les siècles réduit en formules. » Etc., etc.

Enfin, tous ceux qui se sont occupés des proverbes sont unanimes sur leur nature, leur caractère et leur origine; tous les attribuent au Sens-commun, à la raison des peuples; et nous venons nous-mêmes d'en trouver la preuve dans leur impersonnalité et leur universalité. Mais il est sur ce point une preuve bien plus saillante, c'est l'origine que les Ecritures assignent aux proverbes en les attribuant à la Sagesse, nom antique de la raison; encore ont-elles soin de dire que cette Sagesse est la lumière même de Dieu. Ainsi, on lit au Livre des Proverbes : « Proverbes de Salomon, fils de David, roi d'Israël, pour connaître la sagesse, pour donner la lumière, l'intelligence, la justice et le jugement. » Et après

DE L'EXISTENCE DE L'HOMME. 1273

que Salomon a dit que les proverbes sont la voix de la Sagesse, et qu'on la rencontre sur les hauteurs, le long des chemins, sur les places publiques, à la porte des maisons, il lui fait prendre ainsi la parole à elle-même : « Le « Seigneur m'a possédée au commencement de ses voies; « avant ses œuvres j'étais ! Les abîmes n'étaient pas, et « j'étais engendrée avant les sources d'eau ! » etc. Nous avons reproduit ce magnifique morceau à la suite de ce chapitre.

En voilà assez pour prouver que les proverbes sont les formules du Sens-commun, et que le Sens-commun est la voix de la Sagesse éternelle. Les proverbes, par leur impersonnalité et leur universalité, attestent l'impersonnalité et l'universalité du Sens-commun, dont ils sont les arrêts. Et l'impersonnalité et l'universalité du Sens-commun attestent son identité d'origine et de nature avec la raison, dont il est l'interprète. Enfin, le Sens-commun ne promulgue pas seulement des décisions toutes faites, comme celles qu'il a renfermées dans les proverbes, il n'est pas seulement une loi morte, un code formulé et à jamais fixé; le Sens-commun est une loi vivante qui porte tous les jours de nouvelles décisions ; il est à tout instant consulté, et à tout instant il répond; il est tout à la fois le législateur, et le juge; la loi écrite, et le tribunal toujours prêt à en faire l'application.

Mais nous ne pouvons juger encore de toute l'importance de la proposition dont nous venons seulement d'asseoir la base. Jusqu'à présent nous n'avons fait que prouver, 1° qu'il existe une infaillibilité, 2° que cette infaillibilité vient de la raison, 3° que la raison se trouve dans le Sens-commun. Mais tout cela n'est que la question préjudicielle de la plus importante et de la plus difficile de toutes les questions, celle de la certitude, qui est elle-même la question préjudicielle de toutes les questions possibles, puisqu'elle est le fondement des connaissances humaines.

Le premier point, pour l'homme qui veut s'assurer du vrai, n'est-ce pas de savoir à quelle marque il pourra le reconnaître ? Cette marque du vrai s'appelle *criterium* en langage de philosophie ; et le critérium donne la certitude, c'est-à-dire l'infaillible assurance que l'on possède la vérité. Il faut donc chercher le critérium du vrai. Depuis qu'il y a eu des hommes occupés à la recherche de la vérité, il y a eu des hommes occupés à la recherche de ce critérium. La découverte de ce critérium est non-seulement la première question de la philosophie, elle est aussi la première question de toute science ; car le premier acte de toute science est de s'assurer du moyen par lequel elle reconnaitra la vérité, c'est-à-dire du moyen par lequel elle deviendra science. Nos plus grands philosophes ne sont autre chose que ceux qui ont découvert quelque nouveau critérium, qui ont trouvé quelque nouveau fondement aux connaissances humaines. Car de chacun de ces critérium est née une méthode, et de chacune de ces méthodes est née une philosophie. Toute philosophie n'est que la recherche des moyens par lesquels on peut parvenir à la connaissance de la vérité. Ainsi l'expérimentalisme de Bacon, le rationalisme de Descartes, l'idéalisme de Leibnitz, et le traditionalisme de La Mennais, ne sont que quatre moyens différents de connaître : les sens, la raison, le sens-intime et la tradition.

Effectivement, il doit y avoir pour l'homme autant de sources de vérités qu'il a de sortes de perceptions, et autant de sortes de perceptions qu'il y a de sortes de réalités à percevoir. Ces réalités sont : 1° la nature, que l'on perçoit par les sens; 2° Dieu, que l'on perçoit par la raison; 3° l'homme, que l'on perçoit par le sens-intime; 4° les faits passés, que l'on perçoit par la tradition. Conséquemment il doit y avoir la méthode qui part de l'observation externe des sens, la méthode qui part de l'observation interne du sens-intime, la méthode qui part des conceptions de la raison, et la méthode qui part des témoignages de la tradition.

Mais s'il y a pour l'homme autant de sources de vérités qu'il y a de sortes de perceptions, il doit y avoir aussi autant d'occasions d'erreurs qu'il y a de sortes de vérités : l'homme peut se tromper sur l'observation des sens, sur l'affirmation du sens-intime, sur l'intuition de la raison, et sur le témoignage de la tradition. Il est bien certain que l'idée que nous avons existe, soit que cette idée repose sur une chimère, soit qu'elle repose sur une réalité; car cette idée ne fût-elle qu'une illusion, du moins est-il que nous l'avons. L'idée est toujours réelle, dans son rapport avec le sujet; l'idée ne peut être fausse que dans sa valeur représentative, c'est-à-dire dans son rapport avec l'objet.

L'idée est donc toujours réelle dans son rapport avec le sujet, c'est-à-dire qu'il est bien réel que le sujet a cette idée; mais elle n'est pas toujours réelle dans son rapport avec l'objet, c'est-à-dire qu'il n'est pas toujours réel qu'elle représente l'objet. L'homme ne peut pas douter de son idée, mais il peut douter de la valeur objective de son idée. De ce que nous avons une pensée, il ne suit nullement qu'elle soit conforme à la réalité, c'est-à-dire que cette pensée soit vraie, il suit seulement qu'il est vrai que nous avons cette pensée. Mais comme nous ne voulons d'une pensée qu'en tant qu'elle est la représentation d'une réalité, la vérité d'une pensée ne consiste donc pas dans son rapport avec le sujet qui la possède, mais dans son rapport avec l'objet qu'elle représente. Or l'assurance que la pensée est conforme à son objet, c'est-à-dire qu'elle est vraie, c'est ce qu'on nomme la certitude. Quand le rapport entre la pensée et son objet peut être saisi, la certitude devient possible; quand ce rapport ne peut pas être saisi, la certitude devient impossible. C'est là le fond de la théorie du vrai et du faux.

Ainsi, il y a cette différence entre une idée vraie et une idée fausse, que la première est conforme à son objet, et que la seconde n'y est pas conforme. L'erreur, l'illusion, est la dissimulation d'une réalité; la vérité, l'idée vraie, est la représentation d'une réalité. L'erreur, c'est l'idée sans objet; la vérité, c'est l'idée révélant son objet. La vérité se trouve dans la conformité de notre pensée avec la réalité. On conçoit donc que la difficulté consiste en ce que l'homme ne peut se placer hors de sa pensée; qu'il ne peut pas voir d'un côté sa pensée et de l'autre la réalité, pour juger si sa pensée est conforme à la réalité. Cependant la certitude n'est autre chose que l'assurance de la conformité de nos idées avec les réalités. Mais la certitude ne signifie pas seulement cet état de l'esprit qui possède une telle assurance, elle signifie aussi le moyen à l'aide duquel l'esprit reconnaît la conformité de ses pensées avec la réalité ; et c'est là proprement ce qu'on appelle le critérium. Le critérium est la marque de la vérité, il est conséquemment la source de notre certitude. Alors voici comment se présente la question : à quelle marque peut-on reconnaître la vérité ?

Et d'abord, toutes nos facultés ne nous ont-elles pas été données pour connaître la réalité? les sens, pour connaître la réalité sensible, ou la nature ; le sens-intime, pour connaître la réalité intime, ou nous-mêmes ; la raison, pour connaître la Réalité intelligible, ou Dieu ; la tradition, pour connaître les réalités passées, ou l'histoire. Toutes nos facultés ne sont donc que des facultés de connaître. Mais ces facultés de connaître ne sont-elles pas soumises dans leur exercice à certaines conditions ? Et une fois ces conditions accomplies, nos facultés ne doivent-elles pas connaître, par cette raison qu'elles ne sont autre chose que des facultés de connaître ? Autrement il faudrait supposer que l'erreur résulte d'une loi même de l'esprit humain.

Si donc nous n'avons des facultés que pour arriver à la vérité, nous devons avoir un moyen de la reconnaître. S'il y a un moyen spécial de reconnaître la vérité, quel est-il ? les philosophes sont-ils d'accord sur ce critérium du vrai ? D'abord, quel est le critérium du vrai d'après le sensualisme, ou l'école de Bacon ; quel est le critérium du vrai d'après l'idéalisme, ou l'école de Leibnitz; quel est le critérium du vrai d'après le rationalisme, ou l'école de

Descartes ; quel est le critérium du vrai d'après le traditionalisme, ou l'école de La Mennais ?

D'après le Sensualisme, l'expérience est le criterium du vrai. On entend par expérience tout ce qui peut tomber sous la perception des sens. Le principe de l'expérience est celui-ci : *Tout ce qui est perçu par les sens est vrai* [1]. De là deux conséquences : 1° tout, absolument tout ce qui est perçu par les sens, a le caractère du vrai ; 2° tout, absolument tout ce qui n'est point perçu par les sens, ne peut avoir le caractère du vrai. Premièrement, si tout ce qui est perçu par les sens est vrai, autrement dit si les rapports des sens sont infaillibles, il faudra, suivant un homme d'esprit, ajouter une foi entière, d'abord aux vieilles femmes toutes les fois qu'elles assurent avoir vu, entendu et touché des esprits nocturnes ; ensuite, au peuple entier lorsqu'il voit d'après ses sens que le diamètre du soleil est d'un demi-pied ; ou bien il faudra trouver un moyen de redresser les sens eux-mêmes, un moyen de discerner quand ils perçoivent bien et quand ils perçoivent mal, en un mot trouver un autre criterium que l'expérience pour juger précisément de la valeur de l'expérience. Car un fait vrai peut bien être perçu tel qu'il est par les sens, mais un fait tel qu'il est perçu par les sens peut ne pas être vrai. Secondement, si tout ce qui n'est pas perçu par les sens n'est pas

---

[1] Expressions mêmes de Bacon ; voir le *Novum organ.* et le *De augmentis scientiarum* : « Le vrai doit être demandé « à l'expérience externe ; il n'y a de « vrai que ce qui est du ressort des « sens. Les moyens de découvrir la vé- « rité sont l'observation externe, et « l'expérimentation, etc. »

vrai, comme les faits d'attention, de comparaison, d'imagination, de déduction, en un mot toute l'intelligence; les actes de délibération, d'adoption, de détermination, d'intention, de volition, en un mot toute la causalité; la notion du bien, du vrai, du beau, en un mot toute la raison; l'idée du bonheur, de l'amour, et du Dieu qu'il convoite, en un mot tout le cœur; les faits qui se sont écoulés avant nous, en un mot toute l'histoire; comme tous ces faits, disons-nous, ne peuvent tomber sous les sens, tous ces faits ne sont pas vrais; ou bien il faudra trouver un autre moyen que les sens pour les percevoir, et un autre critérium que l'expérience pour reconnaître s'ils sont vrais. S'il n'y avait d'autre critérium du vrai que l'expérience des sens, les sciences logiques, psychologiques, morales, religieuses et historiques, dont les faits ne tombent pas sous les sens, ne seraient point vraies. L'expérience n'est donc point le critérium général du vrai, elle ne peut être tout au plus qu'une source spéciale de connaissances; c'est l'expérience au contraire qui a besoin d'être constatée vraie.

D'après le Rationalisme, l'évidence est le critérium du vrai. On entend par évidence tout ce qui s'offre clairement à la conception de la raison. Le principe de l'évidence est celui-ci : *Tout ce que l'on conçoit d'une manière claire et distincte est vrai* [1]. De là deux conséquences : 1° tout, absolument tout ce qui est évident pour le moi, a le caractère du vrai; 2° tout, absolument tout ce qui n'est point évident pour

---

[1] Expressions mêmes de Descartes : « Je crois donc pouvoir dès-lors établir pour règle générale de certitude, que ce que je conçois d'une manière claire et distincte est vrai, etc. » *Méditations métaphysiques*, IIIe.

le moi, ne peut avoir le caractère du vrai. Premièrement, si tout ce qui est évident pour le moi est vrai, autrement dit, si les perceptions évidentes du moi sont infaillibles, il faudra ajouter une foi entière, d'abord à toutes les erreurs débitées de bonne foi, ensuite à toutes les visions et les illuminations des enthousiastes et des visionnaires, et y croire d'autant plus qu'ils seront plus en délire, car alors ces illuminations leur seront d'autant plus évidentes; ou bien il faudra trouver un moyen de vérifier l'évidence elle-même, un moyen de discerner le cas où elle se trompe de ceux où elle ne se trompe pas, en un mot trouver un autre critérium que l'évidence pour juger précisément de la valeur de l'évidence. L'évidence est censée la vue de la réalité; mais comme on ne voit que par la pensée, l'évidence n'est pas toujours le caractère de la vérité : l'évidence est toute personnelle, elle peut ne pas sortir du sujet, et ne rien prouver quant à l'objet. Toute idée vraie peut bien être évidente, mais toute idée évidente n'est pas toujours vraie ; autrement l'erreur serait impossible. Secondement, si tout ce qui n'est pas évident ne peut avoir le caractère du vrai, comme il n'y a d'évident que ce qui a été démontré, et que les axiomes de mathématique, les principes de la morale, les lois de la physique, les notions de l'ontologie ne se démontrent pas, puisque c'est avec eux au contraire que l'on démontre, ces notions, ces lois, ces principes, ces axiomes, n'étant pas dès-lors évidents, ne sont point vrais ; ou bien il faudra trouver une autre voie que la démonstration pour en avoir d'évidence, et un autre critérium que l'évidence pour reconnaître s'ils sont vrais.

S'il n'y avait d'autre critérium du vrai que l'évidence de la démonstration, toutes les sciences logiques, morales, mathématiques et religieuses, dont les axiomes ne peuvent être démontrés, ne seraient point vraies. On comprend que l'évidence peut tout au plus dériver de la certitude, mais non point la précéder. L'évidence n'est donc point le critérium général du vrai ; c'est l'évidence au contraire qui a besoin d'être constatée vraie.

D'après l'Idéalisme, le raisonnement est le critérium du vrai. On entend par raisonnement toute conséquence logiquement tirée d'un axiome. Le principe de la logique est celui-ci : *Toute proposition qui découle directement d'un principe est vraie* [1]. De là deux conséquences : 1° tout, absolument tout raisonnement logique, renferme le vrai ; 2° tout, absolument tout ce qu'on n'a pas établi sur un raisonnement logique, n'a pas le caractère du vrai. Mais si tout ce qui est établi par le raisonnement est vrai, autrement dit, si toutes les conclusions tirées d'après la logique sont infaillibles, il faudra ajouter foi, d'abord à toutes les erreurs pourvu qu'elles soient appuyées sur un raisonnement, ensuite à tous les systèmes les plus compliqués quoique les plus opposés au bon sens, pourvu que leurs propositions soient déduites selon les règles de la logique ; ou bien il faudra trouver un moyen de vérifier le raisonnement lui-même, un moyen

---

[1] C'est ce que dit Leibnitz : « Voici mon sentiment sur le critérium ou la marque de la vérité. Pour passer des vérités de raison aux vérités de déduction, il faut considérer si nos perceptions sont bien liées entre elles ; en ce cas on doit les tenir pour réelles. Le critérium des vérités abstraites consiste dans un usage exact des règles de la logique. »
Remarque sur le livre de l'origine du mal.

de discerner le cas où le raisonnement établit une vérité, des cas où il aboutit à une erreur ; en un mot, trouver un autre critérium que le raisonnement pour juger précisément de la valeur du raisonnement. Du reste, voici comment ce système a été jugé sous le nom *d'esprit scolastique* : « L'esprit scolastique proprement dit consiste à exclure l'observation interne ou externe, pour se renfermer exclusivement dans la déduction. Les véritables scolastiques ne connaissent qu'une voie pour arriver au vrai, le raisonnement ; et qu'une règle pour bien raisonner, c'est que la conséquence soit renfermée dans le principe. Tout principe est vrai ; c'est-à-dire, qu'il suffit qu'une proposition ait la forme d'un axiome pour en avoir la valeur. Les propositions les plus incertaines sont regardées comme incontestables, et on ne s'inquiète nullement de leur origine et de leur valeur : *contendenti principia respondere nefas*, était une maxime reconnue dans les écoles. » Pour arriver au vrai, il ne suffit pas de déduire, il faut une autre condition plus importante, c'est de partir d'un principe vrai. On doit donc s'occuper de la recherche d'un critérium pour découvrir les véritables principes, avant de s'occuper de la recherche d'un critérium pour en déduire les véritables conséquences. Car toute idée vraie peut bien reposer sur un raisonnement, mais toute idée qui repose sur un raisonnement n'est pas toujours vraie. Secondement, s'il n'y a d'autre critérium du vrai que le raisonnement, comme tous les principes, toutes les lois, tous les axiomes qui sont la source des mathématiques, de la philosophie, de la morale, etc., ne peuvent pas reposer sur des raisonnements, puisque c'est au contraire sur eux que les raisonnements reposent, tous ces principes, toutes ces lois, tous ces axiomes, ne sont point vrais; ou bien il faudra trouver un autre moyen que la logique pour arriver à ces principes, et un autre critérium que le raisonnement pour reconnaître s'ils sont vrais. On voit que le raisonnement doit être déduit de la certitude, et non point en être le principe. Le raisonnement n'est donc point le critérium général du vrai; c'est le raisonnement au contraire qui a besoin d'être constaté vrai.

D'après le Traditionalisme, la tradition est le critérium du vrai. On entend par tradition tout ce qui nous est rapporté par le témoignage de nos semblables. Le principe du traditionalisme est celui-ci: *Tout ce qui est rapporté par la tradition est vrai.* De là deux conséquences: 1° tout, absolument tout ce qui est rapporté par la tradition, a le caractère du vrai; 2° tout, absolument tout ce qui n'est point rapporté par la tradition, ne peut avoir le caractère du vrai. Premièrement, si tout ce qui nous est rapporté par la tradition est vrai, autrement dit, si les témoignages des hommes sont infaillibles, il faudra ajouter une foi entière, d'abord à toutes les narrations populaires, ensuite à tous les récits les plus inconcevables des historiens, pourvu qu'ils soient constatés sur leur témoignage; ou bien il faudra trouver un moyen de vérifier la tradition elle-même, un moyen de discerner les cas où elle se trompe des cas où elle ne se trompe pas; en un mot, trouver un autre critérium que la tradition pour juger précisément de la valeur de la tradition.

Car tout fait vrai nous est bien rapporté par une tradition, mais un fait rapporté par une tradition n'est pas toujours vrai. Secondement, si tout ce qui n'est pas rapporté par la tradition n'est pas vrai, comme les phénomènes physiques, chimiques et physiologiques, les principes psychologiques, éthiques et logiques, les notions mathématiques, esthétiques et ontologiques, ne sont point du domaine de l'histoire, tous ces phénomènes, ces principes et ces notions ne sont point vrais; ou bien il faudra trouver un autre moyen que l'histoire pour percevoir tous ces faits, et un autre critérium que la tradition pour reconnaître s'ils sont vrais. S'il n'y avait d'autre critérium du vrai que la tradition de l'histoire, les sciences physiques, logiques, morales, ontologiques, dont les vérités ne nous viennent pas par la tradition, ne seraient point vraies. La tradition n'est donc point le critérium général du vrai, elle ne peut être qu'une source spéciale de connaissances; c'est la tradition au contraire qui a besoin d'être constatée vraie.

Telles sont donc les quatre méthodes qui ont été proposées : l'observation des sens, l'intuition de la raison, l'affirmation du sens-intime, et le témoignage de l'histoire; avec leurs quatre critérium : l'expérience, l'évidence, le raisonnement, et la tradition.

Maintenant éliminons, et voyons où il faudra nous arrêter pour trouver réellement le critérium du vrai. Premièrement, les observations des sens nous révèlent les phénomènes sensibles; mais il faut précisément un critérium pour vérifier la vérité de ces observations. Secondement, les conceptions de la raison nous révèlent les notions intelligibles; mais il faut précisément un critérium pour vérifier la vérité de ces conceptions. Troisièmement, les raisonnements du sens-intime nous révèlent les vérités de déduction, mais il faut précisément un critérium pour vérifier la vérité de ces raisonnements. Quatrièmement, les traditions de l'histoire nous révèlent les faits passés; mais il faut précisément un critérium pour vérifier la vérité de ces traditions.

Ainsi, loin de chercher le critérium du vrai dans l'expérience, en tant qu'elle nous révèle les phénomènes sensibles, il faut au contraire chercher le critérium de l'expérience. Loin de chercher le critérium du vrai dans l'évidence, en tant qu'elle nous révèle les notions intelligibles, il faut au contraire chercher le critérium de l'évidence. Loin de chercher le critérium du vrai dans le raisonnement, en tant qu'il nous révèle les vérités de déduction, il faut au contraire chercher le critérium du raisonnement. Loin de chercher le critérium du vrai dans l'histoire, en tant qu'elle nous révèle les faits passés, il faut au contraire chercher le critérium de l'histoire. On ne peut donc trouver le critérium du vrai, ni dans les observations des sens, ni dans les intuitions de la raison, ni dans les raisonnements du sens-intime, ni dans les traditions de l'histoire, puisque ce sont précisément les observations des sens, les intuitions de la raison, les raisonnements du sens-intime, les traditions de l'histoire qui ont besoin de ce critérium. Mais nous remarquerons une chose : comme les rapports des sens, les rapports de la raison, les rapports du sens-intime et les rapports de la tradition, ne sont recueillis en définitive que par le moi, que c'est le moi qui, en vertu de sa propre lumière, les reçoit ou les refuse, c'est-à-dire juge s'ils sont vrais ou s'ils sont faux, il semble que toute la question se reporte vers le moi, et qu'il faut chercher dès-lors quelle peut être cette lumière du vrai dont le moi doit se servir pour juger avec certitude.

La première solution donnée à cette question, était celle qui se présentait naturellement la première.

C'est la raison qui éclaire le moi ; ainsi la source où le moi puise sa certitude ne peut être que la raison. Or, comme la raison est la lumière du vrai, lorsque la raison éclaire un fait, ce fait devient visible à l'esprit, et cette visibilité pour l'esprit étant ce qu'on appelle évidence, l'évidence est le critérium du vrai. « Je me suis aperçu, dit Descartes, que dès mes premières années j'ai reçu une quantité de fausses opinions pour véritables ; et dès-lors j'ai bien jugé qu'il me fallait entreprendre sérieusement de me défaire de toutes ces fausses opinions et commencer par le fondement, si je voulais établir quelque chose de constant dans les sciences. Mais, pour cet effet, la raison me persuade déjà que je ne dois pas moins soigneusement rejeter les choses qui ne sont pas entièrement certaines, que celles qui me paraissaient tout-à-fait fausses. » Descartes, après avoir établi que la seule connaissance dont il eût une parfaite certitude, est celle de son existence, cherche quel est le caractère de cette certitude, afin qu'elle puisse être appliquée à toutes les autres connaissances. « Or, ajoutait-il, dans cette première connaissance, il n'y a rien qui m'assure de la vérité que la

DE L'EXISTENCE DE L'HOMME.

claire et distincte perception de ce que je dis; ce qu'il ne me serait point permis de conclure, s'il pouvait jamais arriver qu'une chose que je concevrais aussi clairement et distinctement se trouvât fausse. Ainsi, je puis établir pour Règle générale : *Toutes les choses que nous concevons fort clairement et fort distinctement sont vraies.* » [1]

De là il résulte que tout ce qui nous paraît clair est vrai; ce qui revient à ceci, tout ce qui nous paraît vrai est vrai. Ainsi l'homme peut croire vrai tout ce qui lui paraît vrai, et faux tout ce qui lui paraît faux. Mais il me semble que nous ne sommes pas plus avancés que nous ne l'étions. Avant de s'être assuré d'un principe de certitude, l'homme ne fait pas autre chose, il croit vrai ce qui lui paraît vrai, et faux ce qui lui paraît faux. Cependant l'erreur ne repose pas sur un autre principe : car il est certain que lorsqu'un homme croit une erreur, c'est parce qu'il est bien persuadé que c'est une vérité, autrement il n'y croirait pas; et s'il est bien persuadé que c'est une vérité, c'est qu'elle lui apparaît clairement et distinctement comme telle. L'homme croit toujours vrai ce qui lui paraît vrai, ce n'est pas là qu'est la difficulté, mais de savoir si ce qui lui paraît vrai est réellement vrai. Ce n'est pas de croire au vrai qui l'embarrasse, mais de le reconnaître.

Est vrai tout ce qui me paraît clair et distinct, dit Descartes ! Je vous le demande, quel critérium est-ce là? Jamais homme ne commit d'erreur que parce qu'il crut avoir une perception claire et distincte de son idée. Ainsi

---

[1] Descartes, *Méditations métaphysiques touchant la première philosophie.*

qu'on l'a dit, l'essence de la méprise consiste précisément à la méconnaître. Comment alors savons-nous que nous nous méprenons, puisque la première condition de la méprise est de porter tous les caractères du vrai, sans quoi elle ne méprendrait personne ? Puisque l'homme qui se trompe croit avoir une idée aussi claire et aussi distincte que celui qui ne se trompe pas, quel moyen de discerner avec certitude le cas où l'homme se trompe du cas où il ne se trompe pas ?

Enfin si tout homme est ainsi abandonné à son sens individuel, si chacun doit croire vrai tout ce qui lui paraît vrai, les bornes de son ignorance traceront pour lui les bornes de l'empire de la vérité. Tout homme a le droit de dire : voici qui me paraît clair et vrai, donc voilà qui est vrai; voici qui ne me paraît ni clair ni vrai, donc voilà qui n'est pas vrai; tandis qu'un autre homme pourra justement trouver clair et vrai ce que le premier trouve obscur et faux, et obscur et faux ce qu'il trouve clair et vrai. Comment faire ? Puisque l'un et l'autre sont sûrs de voir clairement et distinctement, il faudra de toute nécessité une autre Règle générale pour discerner les perceptions véritablement claires et distinctes de celles qui ne le sont pas. Nous avons donc besoin maintenant de savoir ce que c'est qu'une chose claire et distincte.

Et en effet, Descartes trouvant de nouveaux motifs de douter malgré sa Règle générale, s'empresse aussitôt d'ajouter pour l'expliquer : « La connaissance par laquelle on veut établir un jugement indubitable doit être, comme nous l'avons dit, non-seulement claire, mais encore distincte. Or, *j'appelle claire celle qui est manifeste* à un esprit attentif, c'est ainsi que nous disons voir clairement les objets lorsque nos yeux sont bien disposés à les regarder ; et *j'appelle distincte celle qui est différente* de toutes les autres, à ce point qu'elle n'a en elle que ce qui paraît manifeste à celui qui la considère comme il faut pour en bien juger. »[1]

Si Descartes appelle clair *ce qui est manifeste*, et distinct *ce qui est différent*, il aurait pu tout aussi bien dire : J'appelle clair ce qui est clair, et distinct ce qui est distinct ! Au moins il se serait aperçu de son pléonasme. Car voici à quoi se réduit sa seconde Règle : Je cherche une marque pour juger de ce qui est clair et distinct ; or ce qui est clair et distinct est ce qui me paraît clair et distinct, donc ce qui est clair et distinct est la marque de ce qui est clair et distinct. Puis, appliquant cette Règle au principe de certitude, il en résulte cette proposition : Tout ce que nous croyons manifestement clair est clair ; et comme tout ce qui est clair est vrai, tout ce que nous croyons invinciblement être vrai est vrai, il ne s'agit pour cela que de *considérer les choses comme il faut pour en bien juger*. Mais quelle croyance plus invincible que celle des fous sur le point de leur folie ? La croyance la plus invincible ne prouve nullement la vérité de ce qu'on croit, à moins que l'on ne soit sûr de ne pas être dans l'erreur. Or nous cherchons effectivement la marque à laquelle nous reconnaîtrons que nous ne sommes pas dans l'erreur, l'impossibilité de reconnaître qu'on est dans l'erreur étant précisément l'essence de l'erreur [2]. Aussi Descartes est-il obligé d'avouer plus loin : « Qu'il y a des personnes qui pendant

---

[1] Descartes. *Les principes de la philosophie*, N° 45.

[2] Voir la *Défense de l'Essai sur l'indiff.* chap. IX.

toute leur vie n'aperçoivent rien comme il le faut pour en bien juger », c'est-à-dire des personnes qui pendant toute leur vie ne pourront avoir la certitude d'aucune vérité. Alors lequel de nous est sûr de ne pas être une de ces personnes, *qui pendant toute leur vie n'aperçoivent rien comme il le faut pour en bien juger ?* Voyons comment Malebranche, le plus illustre disciple de Descartes, aurait à son tour établi le critérium du cartésianisme : « On ne doit jamais, dit-il, donner de consentement entier qu'aux propositions qui paraissent si évidemment vraies qu'on ne puisse le leur refuser sans sentir des reproches secrets de la raison [1]. » Essayez, répond un illustre écrivain, de réduire ces paroles à une proposition précise, et vous trouverez celle-ci : Voulez-vous éviter l'erreur, ne donnez jamais de consentement qu'à la vérité. Mais qu'est-ce que la vérité ? c'est ce qui vous paraît évidemment vrai. Enfin la marque de la vérité que donne Descartes est donc : 1° incertaine, puisqu'elle ne la prouve pas; 2° insuffisante, puisqu'elle a besoin d'une nouvelle marque; 3° fausse, puisqu'elle consacre tous les rêves de la folie et toutes les illusions de l'erreur.[2]

Aussi Leibnitz, s'emparant de nouveau de la question de la certitude, ne put se contenter du critérium laissé par le cartésianisme, et voici ce qu'il dit dans ses Remarques sur le livre de l'origine du mal : « L'auteur cherche un critérium, une marque de la vérité; et il le fait consister dans cette force par laquelle nos proposi-

---

[1] Malebranche, *Recherche de la vérité*, livre I, chapitre II, page 20.

[2] De la Mennais, *Défense de l'Ess. sur l'indifférence*, chap. IX, pag. 112.

tions internes, lorsqu'elles sont évidentes, obligent l'esprit à leur donner son consentement. Il fait voir que *la marque des Cartésiens, savoir, une perception claire et distincte, a besoin d'une nouvelle marque pour faire discerner ce qui est clair et distinct;* parce que la convenance des idées peut être trompeuse, puisqu'il y a des convenances réelles et des convenances apparentes. C'est pourquoi il avoue que celui qui fournirait un autre critérium aurait trouvé quelque chose de fort utile au genre humain. J'ai tâché, continue Leibnitz, d'expliquer ce critérium dans un discours sur la vérité et sur les idées, publié en 1684; et quoique je ne me vante point d'y avoir donné une nouvelle découverte, j'espère y avoir développé des choses qui n'étaient connues que confusément. Je distingue entre les vérités de fait et les vérités de raison. Les vérités de fait ne peuvent être vérifiées que par leur confrontation avec les vérités de raison, et par leur réduction aux *perceptions immédiates*. Mais pour juger si ces vérités de raison ont quelque réalité dans les choses, il faut considérer si nos perceptions sont bien liées entre elles avec d'autres que nous avons eues; en ce cas on doit les tenir pour réelles. Ainsi le critérium des vérités de raison consiste dans un usage exact des règles de la logique [1]. » Maintenant par quel critérium nous assurer que nous avons fait un usage exact des règles de la logique? D'ailleurs, comme le remarque Bacon, la logique est la première source de nos erreurs; inventée, dit-il, pour remédier à la faiblesse de l'esprit humain, elle

[1] Leibnitz. *Opera theologica*, tome Ier.

est plus propre à établir et à affermir les erreurs fondées sur des notions vulgaires qu'à conduire à la vérité ; car, à supposer que la déduction soit vraie, qui nous dira si le principe d'où elle est partie est vrai? « La logique, ajoute Descartes lui-même, n'est qu'une dialectique qui enseigne souvent le moyen de dire plusieurs choses touchant celles qu'on ne sait pas; ainsi, elle corrompt le bon sens plutôt qu'elle ne l'augmente. » Pourtant si nous voulons arriver à la certitude, selon Leibnitz, il faut que nous distinguions ce qui nous paraît des vérités de fait d'avec ce qui nous paraît des vérités de raison; il faut ensuite que nous réduisions ces vérités de fait aux perceptions immédiates qui sont en nous, et tout cela selon les règles de la logique; il faut enfin que nous ayons soin de bien lier nos perceptions entre elles, et surtout avec celles que nous avons eues et dont on ne saurait douter. Mais qui m'assure que j'ai bien fait cette distinction et cette réduction ? qui m'assure que j'ai bien lié mes perceptions entre elles, et surtout avec ces perceptions immédiates dont on ne saurait douter? Et pourquoi n'en saurais-je douter? Si l'on veut que je n'en puisse douter, il faut, ou que l'on me donne la marque de leur vérité, ou bien que, pour en finir, on m'engage une fois pour toutes à les supposer vraies. Aussi, comme l'observe un écrivain, voici à quoi se réduit ce que dit Leibnitz : « Supposez
« que vos perceptions immédiates sont vraies, voilà le
« fondement de vos connaissances ; raisonnez bien sur
« ces perceptions, voilà la règle de vos jugements. »
Or n'est-ce pas dire : « Vous cherchez la certitude que
« vos notions premières ne sont pas fausses, supposez

« qu'elles sont vraies; vous cherchez un moyen sûr
« pour empêcher que votre raisonnement ne s'égare,
« ne vous trompez jamais. » J'avoue que cette règle est
infaillible! mais je ne vois pas clairement et distinctement en quoi elle me servira pour discerner avec certitude les cas où je me trompe de ceux où je ne me trompe
point. »

Si donc l'homme peut se tromper sur les choses même
qui lui paraissent le plus évidentes, il faut chercher un
autre critérium que l'évidence. Si l'homme peut être mis
dans l'erreur par le moyen même avec lequel il reconnaît
la vérité, il faut chercher un autre moyen de discerner
avec certitude le cas où le premier le conduit à l'erreur
du cas où il le conduit à la vérité. La marque des Cartésiens ayant besoin d'une *nouvelle marque*, cherchons ce
critérium définitif qui, selon Leibnitz, *serait si utile au
genre humain.*

La seconde solution donnée à la question était celle que
présentait naturellement le défaut de la première.

Un grand esprit est venu de nos jours apporter la
réponse à la demande que le génie de Leibnitz avait
posée. Puisque nous ne pouvons, a dit M. de la Mennais,
trouver en nous la règle de nos jugements, il faut la
chercher hors de nous. Or l'homme n'ayant de rapports
extérieurs ici-bas qu'avec les autres hommes, il s'ensuit ou que la raison de l'individu est la règle infaillible,
ou que cette règle est la raison de tous les hommes,
la raison générale. Si l'on avoue que le principe de
certitude n'est pas dans l'homme individuel, il faut

nécessairement qu'il soit dans la société, ou bien il n'y a point de certitude. Si la raison individuelle est faillible, il faut recourir à la raison générale ; au sens privé il faut substituer le sens-commun. En effet, au lieu de se renfermer en soi et de se perdre dans des recherches sans fin, il suffit d'ouvrir les yeux pour reconnaître que, dans l'appréciation du vrai et du faux, les hommes se déterminent d'après le sens-commun. Oui, il est de fait que nos sens nous trompent, que le sens-intime nous trompe, que la raison nous trompe, et que nous n'avons en nous-mêmes aucun moyen de connaître quand nous nous sommes trompés, aucune règle infaillible du vrai ; mais il est aussi de fait que, par suite d'un penchant de notre nature, nous sommes portés à juger de ce qui est vrai ou faux d'après le consentement commun. C'est ce consentement qui détermine notre adhésion, et nous n'avons pas d'autre certitude. Pleins de défiance pour les jugements dépourvus de cet appui, nous attachons la certitude à l'accord des jugements ; et si cet accord est universel, on cesse d'écouter les contradicteurs et on les regarde comme des esprits malades. Tous les hommes règlent naturellement leur croyance sur le sens-commun ; il est tellement considéré comme le sceau de la vérité, que les hommes dont les opinions sont contraires au sens-commun sont regardés comme des fous ; et c'est même l'unique preuve qu'on ait de la folie de ceux que l'on renferme. En effet, nier ce qu'affirme le sens-commun, n'est-ce pas précisément la folie ? A-t-on raison contre le sens-commun ? a-t-on raison sans le sens-commun ? Se peut-il qu'on n'ait pas raison quand on est d'accord avec le sens-commun ? Le sens-commun est donc la règle du sens individuel, sans lui on ne sait à quoi reconnaître la vérité. Rappelée ainsi à son origine, la raison humaine s'affermit inébranlablement; on la voit étendre ses fortes racines jusque dans la raison de Dieu. Aucune intelligence ne pouvant exister qu'à l'aide de certaines vérités nécessaires, on doit retrouver ces vérités dans toutes les intelligences, et la raison générale ne saurait errer. La raison est la règle de l'homme ; plus la raison qui rend témoignage est générale, plus la certitude est grande ; la plus grande autorité ne peut être que la plus haute raison. Ainsi, de ce que nous disons que la raison individuelle ne saurait conduire l'homme qu'à un doute profond, qu'on ne nous accuse point d'ébranler la raison humaine ; si nous insistons sur la faiblesse de la raison particulière, c'est pour établir la raison générale, où la raison individuelle trouve seulement une règle sûre de ses propres pensées. Loin de détruire la raison, nous la plaçons au contraire sur une base inébranlable. [1]

Mais voici les objections que soulève cette nouvelle école. Vous dites que vous ne détruisez pas la raison ! il faut bien pourtant que vous la supposiez détruite, ou du moins bien chancelante, puisque vous lui cherchez une base ; il faut bien que vous supposiez que la raison n'est pas la lumière de Dieu, qu'elle n'a aucune autorité, puisque vous recourez à une autre lumière, à une autre autorité. Cependant si la raison individuelle est faillible, comment la raison générale, qui ne vient pas d'une

[1] M. DE LA MENNAIS, *Essai sur l'indifférence en mat. de relig.*, tom. II ; passim.

autre source, serait-elle infaillible? Si le sens individuel est privé de certitude, comment le Sens-commun, qui se compose de la réunion des divers sens individuels, renfermera-t-il toute certitude; peut-il y avoir dans le tout ce qui ne se trouve pas dans ses parties? Ou la raison est la lumière de Dieu, ou elle ne l'est pas. Si la raison n'est pas la lumière divine, c'est-à-dire si elle est humaine, qu'on la prenne dans l'individu ou qu'on la prenne dans l'espèce, elle reste humaine, conséquemment faillible : et si elle est faillible, il n'y a point de certitude possible. Si la raison est la lumière divine, c'est-à-dire si elle ne dépend point de l'homme, qu'on la prenne dans l'individu ou qu'on la prenne dans l'espèce, elle reste divine, conséquemment infaillible : et si elle est infaillible, il y a certitude complète partout où il y a la raison. Choisissez donc une de ces deux hypothèses, et restez conséquent. Dites-vous que la raison est individuelle, conséquemment faillible? eh bien, partout où est la raison, partout elle est humaine, partout elle est faillible; alors qu'espérez-vous trouver de plus dans le Sens-commun? Dites-vous que la raison est divine, conséquemment infaillible? eh bien, partout où est la raison, partout elle est divine, conséquemment infaillible; alors qu'avez-vous besoin d'aller la chercher dans le Sens-commun? Si vous allez la chercher dans le Sens-commun, c'est parce que vous croyez qu'elle n'est pas dans l'homme; et si la raison n'est pas dans l'homme, par quelle sorte d'abstraction réalisée la trouverez-vous hors de lui?

« Le traditionalisme, a dit M. Cousin, a opposé le sens-commun au sens privé, la raison générale à la raison individuelle. Mais d'abord nous soutenons que ce qu'il plaît à cette école d'appeler raison individuelle, est la raison générale, universelle, qui dans chaque homme est en abrégé le sens-commun du genre humain. Nous soutenons que si ce sens-commun existe en effet dans le genre humain, il ne peut se composer de fragments de diverses raisons individuelles combinées entre elles; car il ne peut pas y avoir plus dans la collection que dans chacun de ses éléments, et mille raisons individuelles impuissantes ne peuvent recevoir l'infaillibilité de leur réunion. Qui fera, d'ailleurs, cette réunion ? Du reste, pour que chacun soumette son sens individuel au sens-commun de l'espèce, il faut au moins que chacun puisse reconnaître ce sens-commun. Mais alors comment, avec ce sens individuel faillible, reconnaître infailliblement le sens-commun? On ne le peut, sous peine de se prendre soi-même pour mesure de certitude. Il faudrait donc avoir en soi d'abord une mesure de certitude, pour reconnaître celle qu'on nous propose; toute l'éloquence du monde ne peut masquer ce perpétuel paralogisme. C'est donc, en dernière analyse, à la raison qu'il faut en revenir; c'est son témoignage qui mesure tous les autres témoignages; c'est sur son autorité que reposent toutes les autres autorités. Si cette autorité est purement individuelle, comme on le prétend, il n'y a plus de certitude au monde, plus de vérité universelle. Mais s'il y a de la certitude, s'il y a des vérités universelles, c'est que la raison, qui nous les enseigne, a en elle-même une autorité souveraine et universelle » [1].

---

[1] V. Cousin, Fragments philosophiques, page 46, 2ᵉ édition.

Comment sortir de là : ou la raison est divine et infaillible, alors elle porte en elle toute certitude; ou la raison est individuelle et faillible, alors il n'y a point de certitude possible. Si la raison est infaillible, à quoi sert le Sens-commun? Si la raison est faillible, avec quoi se composera le Sens-commun? D'abord il faudrait donc que la raison soit infaillible pour que le Sens-commun existe; ou, en d'autres termes, que le rationalisme ait raison pour que le traditionalisme soit possible? Mais si la raison est infaillible, pourquoi recourir au Sens-commun? Comment deux systèmes contradictoires, et qui se nient l'un l'autre, n'existent-ils précisément qu'en s'affirmant l'un l'autre? Il me semble que le traditionalisme a raison, puisqu'il soutient que l'homme, quoique doué de raison, se trompe; et il me semble que le rationalisme a également raison, puisqu'il soutient que la lumière rationelle ne peut se tromper. Comment se peut-il donc que le traditionalisme, qui a raison puisqu'il soutient que l'homme doué de raison se trompe, ait tort à nos yeux lorsque nous le mettons en présence du rationalisme? et que le rationalisme, qui a raison puisqu'il soutient que la raison est infaillible, ait tort à nos yeux lorsque nous le mettons en présence du traditionalisme? Comment se peut-il, en un mot, que le traditionalisme et le rationalisme aient tous deux raison et tous deux tort? Il y a certainement là quelque chose de caché.

Maintenant que nous voyons où en est la question entre le rationalisme et le traditionalisme, nous sommes obligés d'avouer que le problème, tel qu'il est posé et au point où il a été de part et d'autre amené, est devenu de part et d'autre insoluble. Le rationalisme et le traditionalisme se méprenant sur les expressions l'un de l'autre, cette méprise dans les mots en a introduit une dans les choses, qui a suffi pour dénaturer les conclusions, au point que les deux grands représentants des deux éléments inséparables du problème, M. de La Mennais et M. Cousin, s'apercevant que leurs idées devenaient incompatibles, se sont vus obligés de faire chacun système à part pour défendre le vrai qui restait à chacun d'eux. Ces deux systèmes soutenant quelque chose de vrai, tout en demeurant incompatibles, on n'a plus vu le moyen de se tirer d'embarras, et la question en est restée là. C'est-à-dire que ceux qui comprenaient mieux le rationalisme, se sont enfermés dans les conclusions de M. Cousin; ils ont considéré le Sens-commun comme une superfétation, et du reste comme entièrement subordonné à la raison. Tandis que ceux qui comprenaient mieux le traditionalisme, se sont enfermés dans les conclusions de M. de La Mennais; ils ont considéré la raison intérieure comme faillible, et par là entièrement subordonnée au Sens-commun.

Et cependant la raison intérieure est infaillible, et le Sens-commun indispensable à la raison! Alors quelque mal entendu s'est glissé entre les deux éléments du problème, puisque la raison, pour conserver ses droits, est obligée de supposer le Sens-commun inutile, ce qui n'est point; et que le Sens-commun, pour remplir son rôle, est obligé de supposer la raison sujette à l'erreur, ce qui ne peut pas être. D'abord, d'un côté, n'aurait-on pas pris pour la raison ce qui n'est point la raison, et ne lui aurait-on pas imputé des faits qui ne lui appartiennent point?

Ensuite, d'un autre côté, n'aurait-on pas demandé à la raison, et ce qui est de la raison et ce qui est du Sens-commun ; de manière que le point de vue opposé se serait vu obligé de demander à son tour au Sens-commun, et ce qui est du Sens-commun et ce qui est de la raison ? D'une part, s'apercevant que c'était au nom de la raison qu'on enlevait toutes ses fonctions au Sens-commun, n'aurait-on pas voulu rejeter complètement la raison ; d'une autre part, s'apercevant que c'était au nom du Sens-commun qu'on enlevait tous ses caractères à la raison, n'aurait-on pas voulu rejeter complètement le Sens-commun ?

Et n'est-ce pas ce qui a eu lieu? Ainsi, dans l'école traditionaliste on a confondu la raison avec l'intelligence, la raison qui est impersonnelle, avec l'intelligence qui est essentiellement personnelle. Dès-lors, tout ce qu'on peut reprocher à l'intelligence on l'a mis sur le compte de la raison; enfin on a dit qu'elle était faillible, et conséquemment sujette à caution. Comme il fallait après cela trouver à la raison, prise pour l'intelligence, cette lumière du vrai dont celle-ci a naturellement besoin, et comme cette lumière est la raison même, et qu'on ne pouvait plus la retrouver après l'avoir confondue avec l'intelligence, on a cherché cette lumière dans le Sens-commun, et on lui a attribué psychologiquement, au sein de l'homme, le même rôle qu'à la raison. L'école rationaliste effrayée, et voyant que la raison était au contraire essentiellement impersonnelle et infaillible, mais oubliant que sa lumière était obligée de passer par le canal d'une intelligence essentiellement personnelle et sujette à l'erreur, a soutenu que l'homme portait dans son sein la source de la certitude, puisque en dernière analyse c'est sur l'autorité de la raison que reposent toutes les autres autorités, et on lui a attribué, parmi les hommes, le même rôle qu'au Sens-commun.

Mais si, d'après le traditionalisme, la raison est faillible par essence, il est tout-à-fait inutile de chercher quelque certitude dans le Sens-commun, car la lumière du Sens-commun n'est autre chose que celle de la raison. Et si, d'après le rationalisme, la raison dans l'individu est infaillible par essence, il est tout-à-fait inutile de chercher la certitude hors de l'homme, car il n'est plus possible à celui-ci de se tromper. C'est en vain que le traditionalisme veut fonder la nécessité de la raison générale, sur la faillibilité de la raison individuelle : tous les coups qu'il porte à la raison individuelle retombent sur la raison générale, et le traditionalisme se détruit en construisant sa base. C'est en vain que le rationalisme veut fonder l'inutilité de la raison générale, sur l'infaillibilité de la raison dans l'individu : toutes les erreurs que commet l'homme retombent alors sur la raison, et le rationalisme attaque l'infaillibilité en voulant la défendre.

Ainsi, tous les reproches que M. de La Mennais fait à la raison portent sur l'intelligence, avec laquelle il l'a confondue; de sorte que l'on voit déjà que si le traditionaliste n'eût adressé ses reproches qu'à l'intelligence, le rationaliste ne se serait point vu obligé de défendre les droits de la raison, sans laquelle assurément il ne saurait y avoir de Sens-commun. Toutes les prérogatives que M. Cousin trouve dans la raison peuvent être perdues par le fait de l'intelligence, dont il a oublié la coopération ; de sorte que l'on voit que si le rationaliste eût avoué que l'intelligence, en se servant de la raison, est sujette à l'erreur, le traditionaliste ne se serait point vu obligé de défendre le rôle du Sens-commun, sans lequel assurément on ne saurait retrouver la raison.

Le fait est, dans tous les cas, qu'il faudrait savoir ce qu'est la raison par rapport au Sens-commun, et ce qu'est le Sens-commun par rapport à la raison. Ensuite, puisque la raison est infaillible, comment l'homme peut-il se tromper? Et si l'homme se trompe avec la raison, comment se trompera-t-il moins avec le Sens-commun? Que l'homme se trompe avec la raison, je le sais; mais que le Sens-commun soit plus infaillible que la raison, qu'il soit un meilleur gage de certitude, ce n'est encore pour nous, d'après le système précédent, qu'une assertion.

Lorsqu'on a dit à M. de La Mennais : Si l'homme réduit à lui-même ne peut être assuré d'aucune vérité, comment pourra-t-il être assuré de cette vérité que la raison générale est la règle infaillible de la certitude? M. de La Mennais a répondu : « Je ne chercherai pas à le prouver, je ne développe pas un système, je constate des faits [1]. Cette foi invincible au Sens-commun est un fait incontestable. Or, c'est de ce fait que je pars, sans essayer de l'expliquer, sans prétendre démontrer que tout ce que les hommes croient invinciblement soit nécessairement vrai. Seulement nous savons que cette foi est tellement conforme à notre nature et à notre raison, qu'il nous est impossible

---

[1] DE LA MENNAIS, *Essai sur l'indifférence*, tom. II, page 29.

de la surmonter à moins d'anéantir notre raison elle-même. Demandez ce que c'est qu'un fou, on vous répondra que c'est un homme qui n'a pas le Sens-commun. Quand donc on nous demandera comment nous prouvons l'autorité du Sens-commun, notre réponse est bien simple: *Nous ne la prouvons pas.* Mais si vous ne la prouvez pas, comment donc l'établissez-vous ? Nous ne l'établissons pas, c'est un fait; et nous croyons à ce fait comme tous les hommes y croient, comme vous y croyez vous-mêmes, parce qu'il nous est impossible de ne pas y croire. » [1]

Cependant, si le Sens-commun est le critérium du vrai, vous avouerez qu'il faut que nous comprenions comment il l'est, pour que nous puissions nous y fier. Quand il s'agit d'une vérité, et d'une vérité sur laquelle reposent toutes les autres, c'est là, ou jamais, qu'il est nécessaire de comprendre. Ce que les hommes appellent vérité étant une chose comprise, il faut bien que le critérium de la vérité soit une chose qu'ils comprennent ! On nous a dit qu'il n'y a pas d'autre règle de certitude que le Sens-commun, parce que le Sens-commun est la raison générale par opposition à la raison de l'individu : mais on ne nous a pas encore dit comment la raison générale peut être plus infaillible que la raison dans l'individu: c'est cependant ce qu'il faut que nous sachions pour croire avec certitude à la raison générale. Le traditionalisme n'apporte d'autre preuve de la supériorité de certitude de l'espèce sur l'individu, sinon que la raison générale est évidemment plus infaillible que la raison dans l'indi-

---

[1] Défense de l'Essai sur l'indifférence, chap. x et chap. xiv.

vidu [1]; mais c'est là précisément ce qu'il faudrait prouver....... Ici donc, si le Lecteur veut savoir comment et pourquoi la raison générale offre plus de garantie de certitude que la raison dans l'individu, qu'il se ressouvienne de la démonstration que nous avons donnée précédemment du phénomène du Sens-commun; qu'il se rappelle ce qui se passe entre la partie individuelle et la partie impersonnelle toutes les fois qu'a lieu une réunion d'hommes. Mais on ne peut laisser la question dans cet état; il faut nécessairement la reprendre par le pied.

Voici au surplus ce qu'en récapitulant les travaux de sa vie, M. de La Mennais a pensé, quinze ans après, de sa Théorie de la certitude : « Il faut savoir s'il est possible à l'homme de reconnaître certainement le vrai, et à quel signe il le reconnaît. Supposé qu'il n'existât aucun moyen de parvenir à cette connaissance certaine, il est évident que le doute universel, absolu, serait logiquement le seul état raisonnable de l'esprit. Si, au contraire, il existait un moyen de reconnaître certainement le vrai, le doute, à l'égard de ce qui aurait ce caractère de vrai, deviendrait logiquement déraisonnable, et la croyance serait le seul état conforme à la raison. Cette question, antérieure à toutes les autres, reçut une solution que rien jusqu'ici n'a ébranlée en nous; mais, il faut le dire aussi, à la place que l'ordre des idées nous forçait de lui assigner, elle ne pouvait être qu'une question logique, préalable à toute

---

[1] Ainsi M. de Bonald, dans sa Défense de l'Essai sur l'indifférence, s'exprime de la sorte : « Le raisonnement, les sens, le sentiment de chaque homme, sont faillibles; mais les sens, le sentiment, le raisonnement de l'universalité des hommes, sont infaillibles, *parce qu'ils sont appuyés sur l'autorité de la raison générale.* »

conception des choses en elles-mêmes. Or l'esprit humain n'est jamais pleinement satisfait par des formules abstraites, quelque rigoureuses qu'elles soient, parce qu'au-delà de ces formules il y a des réalités qu'il veut concevoir, et, jusqu'à ce qu'il les ait conçues à quelque degré, il hésite et retient son acquiescement définitif. La pure logique ne fait rien concevoir : mathématique de la raison, elle détermine les rapports divers que soutiennent entre eux les éléments donnés, et, sans examiner en soi ces éléments, elle opère sur eux selon des lois fatales qui la conduisent à des conclusions irrévocables, mais hypothétiques en ce sens qu'elles n'expriment que des relations, et n'apprennent rien sur l'effective réalité des choses mêmes entre lesquelles ces relations abstraites subsistent. La question de la certitude résolue par nous logiquement, nous le croyons, attend donc encore une autre solution qui ne pouvait venir qu'après la première et qui devra la justifier; c'est-à-dire une solution philosophique, fondée cette fois sur la conception des choses en elles-mêmes. Tant que celle-ci manquera, la première, obscure à certains égards, laissera de vagues inquiétudes et une multitude de difficultés de détail dans beaucoup d'esprits....... »

Pour répondre au besoin de notre propre esprit, en même temps qu'à l'appel de l'illustre écrivain, nous nous sommes mis en mesure de donner cette solution philosophique fondée sur la conception des choses en elles-mêmes, et qui, venant s'ajouter à la solution logique, serve à la justifier; de telle sorte que l'esprit humain, voyant au-delà des formules abstraites de la solution du problème les réalités qui en sont le fondement, puisse les concevoir jusqu'à ce degré qui décide son assentiment définitif.

Commençons par bien voir où en sont les choses. Viennent d'abord ceux qui ne veulent admettre d'autre certitude que l'évidence ; ceux-là prétendent que toutes les vérités qui ne découlent pas de l'intuition sont incertaines; par là ils détruisent d'un seul coup la base des sciences physiques et historiques : c'est le rationalisme. Viennent ensuite ceux qui ne veulent admettre d'autre certitude que l'expérience ; ceux-là prétendent que toutes les vérités qui ne découlent pas de l'observation des sens sont incertaines; par là ils détruisent d'un seul coup la base des sciences morales, législatives et philosophiques : c'est l'expérimentalisme. Viennent enfin ceux qui ne veulent admettre d'autre certitude que la foi; ceux-là prétendent que toutes les vérités qui ne découlent pas de la tradition sont incertaines ; par là ils détruisent d'un seul coup la base des sciences physiques et philosophiques : c'est le traditionalisme. Quant à l'idéalisme, c'est-à-dire au système qui prétend que toute certitude découle d'un raisonnement logique, il a disparu avec ce qu'on appelle l'esprit scolastique.

On renverse le système de l'évidence comme unique moyen de certitude, en démontrant que l'homme ne se trompe que lorsqu'il croit voir avec évidence qu'une chose est vraie quand cette chose ne l'est pas; et que du reste il n'existe d'erreurs que parce qu'elles nous apparaissent comme des vérités. Aussi l'expérimentalisme et le traditionalisme se réunissent-ils pour attaquer le rationalisme : le premier, parce qu'il ne veut pas admettre les faits qui ne peuvent tomber sous les sens; le second, parce qu'il ne veut pas admettre les faits que rapporte la tradition.

On renverse le système de l'expérience comme unique moyen de certitude, en démontrant que les faits de conscience, comme les notions du juste et de l'injuste, du bien et du mal, du droit et du devoir, sont des faits bien réels, et que cependant ils ne peuvent tomber sous l'œil de l'expérience externe. Aussi le rationalisme et le traditionalisme se réunissent-ils pour attaquer l'expérimentalisme : le premier, parce qu'il ne veut pas admettre les faits qui sont du ressort de l'observation interne; le second, parce qu'il ne veut pas admettre les faits qui sont du ressort de la tradition.

On renverse enfin le système de la foi comme unique moyen de certitude, en démontrant qu'il y a des faits recueillis soit par l'observation externe des sens, soit par l'observation interne du sens-intime, qui ne sont nullement du ressort de la tradition. Aussi l'expérimentalisme et le rationalisme se réunissent-ils pour attaquer le traditionalisme : le premier, parce qu'il admet des faits qui ne peuvent tomber maintenant sous les sens ; le second, parce qu'il admet des faits que la raison prétend être opposés à l'évidence.

Tels sont les trois systèmes qui se disputent encore aujourd'hui la question de la certitude, et qui par là même sont devenus les trois grandes écoles qui se partagent le domaine de la pensée. Hors de ces trois écoles il n'en est aucune autre possible, parce qu'elle rentrerait nécessairement dans l'une d'elles. Il faut nécessairement arriver à la vérité, ou par le moyen de la raison, ou par le moyen des sens, ou par le moyen de la tradition.

Mais de nouveaux philosophes, moins systématiques et mieux placés que les premiers, ont pu venir, qui auraient dit : Premièrement il faut bien qu'il y ait quelque chose de vrai dans le critérium du rationalisme, car les rationalistes ne le soutiennent que parce qu'ils se sont vus amenés à des vérités par ce moyen ; dès-lors les nouveaux philosophes ont cherché quelles étaient les vérités auxquelles on pouvait arriver par le moyen de la raison. Secondement il faut bien qu'il y ait quelque chose de vrai dans le critérium de l'expérimentalisme, car les empiriques ne le soutiennent que parce qu'ils se sont vus amenés à des vérités par ce moyen; dès-lors les nouveaux philosophes ont cherché quelles étaient les vérités auxquelles on pouvait arriver par le moyen de l'expérience. Troisièmement il faut bien aussi qu'il y ait quelque chose de vrai dans le critérium du traditionalisme, car les traditionalistes ne le soutiennent que parce qu'ils se sont vus amenés à des vérités par ce moyen; dès-lors les nouveaux philosophes ont cherché quelles étaient les vérités auxquelles on pouvait arriver par le moyen de la foi.

Et ces philosophes ont pu précisément s'apercevoir, 1° que les vérités auxquelles on arrivait par la raison, sont les vérités morales, philosophiques, mathématiques, et en un mot toutes les sciences qui reposent sur des axiomes fournis par la raison; 2° que les vérités auxquelles on arrivait par l'expérience, sont les vérités physiques, physiologiques, astronomiques, et en un mot toutes les sciences qui reposent sur des faits fournis par les sens; 3° que les vérités auxquelles on arrivait par la foi, sont les vérités historiques, sociales, révélées, et en un mot toutes les sciences qui reposent sur des faits fournis par le témoignage des hommes. De sorte que les sciences morales ont dû leur paraître reposer sur une certitude rationelle; les sciences physiques, sur une certitude expérimentale; les sciences traditionnelles, sur une certitude historique.

De là, ces nouveaux philosophes ont pu dire : Il doit exister plusieurs espèces de certitudes, et ces différentes certitudes doivent être déterminées par la nature même de leur objet. Ainsi, il doit y avoir la certitude rationelle, la certitude expérimentale, et la certitude historique. La certitude rationelle est l'assentiment de l'esprit aux affirmations fondées sur le témoignage de la raison; la certitude expérimentale est l'assentiment de l'esprit aux affirmations fondées sur le témoignage des sens; et la certitude historique est l'assentiment de l'esprit aux affirmations fondées sur le témoignage des hommes.

Il y a dans ce point de vue quelque chose de bien positif, quelque chose qui domine et le rationalisme, et l'expérimentalisme, et le traditionalisme. Qui domine le rationalisme, puisque l'on voit ce qui échappe aux yeux du rationaliste, c'est-à-dire les faits qui nous viennent par la tradition et par l'expérience. Qui domine l'expérimentalisme, puisque l'on voit ce qui échappe aux yeux de l'empirique, c'est-à-dire les faits qui nous viennent par la raison et par la tradition. Qui domine le traditionalisme, puisque l'on voit ce qui échappe aux yeux du traditionaliste, c'est-à-dire les faits qui nous viennent par la raison et par les sens. Enfin, ce qui ressort de bien positif de ce point de vue, et ce qu'on ne peut nier, c'est que tout un ordre de vérités nous vient par la raison, tout un ordre de vérités nous vient par l'expérience, et tout un ordre de vérités nous vient par la tradition. En un mot nous ne sommes pas exclusivement réduits à la raison, comme le veut le rationalisme; ni exclusivement réduits aux sens, comme le veut l'expérimentalisme; ni exclusivement réduits à la tradition, comme le veut le traditionalisme; mais au contraire, nous devons à la raison les sciences morales, aux sens les sciences physiques, et à la tradition les sciences religieuses.

Ces trois différents principes, dépouillés de la sorte de ce que leur fondateur leur avait ajouté de systématique, pourraient maintenant prendre le nom de méthodes. Ainsi, il y aurait la méthode de certitude qui part de l'évidence de la raison, la méthode de certitude qui part de l'expérience des sens, la méthode de certitude qui part du témoignage de la tradition. Ces trois méthodes, au lieu d'être fausses, sont au contraire toutes trois véritables; il ne s'agit que de les approprier à l'ordre auquel elles se rapportent. L'erreur n'est pas de se confier à l'une d'elles, mais de ne pas faire l'application de chacune d'elles à son ordre naturel. L'erreur consiste à les appliquer hors de leur domaine légitime ; c'est-à-dire à demander à l'expérience les vérités qui sont du domaine de la raison ou de la tradition, à demander à la raison les vérités qui sont du domaine de la tradition ou des sens, à demander à la tradition les vérités qui sont du domaine des sens ou de la raison. Il ne faut être ni empirique, ni rationaliste, ni traditionaliste, mais il faut consulter l'expérience, la raison et la tradition : la première, pour le monde physique ; la seconde, pour le monde intelligible ; la troisième, pour le monde moral.

C'est donc bien simple, il y a en nous trois moyens de connaître, parce qu'il y a autour de nous trois mondes à connaître. Et c'est parce que ces mondes sont de nature différente que le moyen donné pour aborder l'un d'eux ne peut être employé pour aborder les autres.

Mais que venons-nous d'apprendre? Nous venons d'apprendre parfaitement quelles sont les sources de nos connaissances. Maintenant, où se trouvera la source de la certitude de ces connaissances ? car c'est là notre problème. La certitude n'est pas, comme on vient de le dire, l'assentiment de l'esprit soit aux témoignages de la raison, soit aux témoignages des sens, soit aux témoignages de l'histoire; la certitude est la cause de l'assentiment de l'esprit à ces différents témoignages. Car l'assentiment de l'esprit, soit aux affirmations de la raison, soit aux affirmations des sens, soit aux affirmations de l'histoire, pourrait fort bien avoir lieu sans que pour cela les faits affirmés fussent vrais, sans par conséquent qu'il y eût certitude. La certitude n'est pas l'assentiment de l'esprit, mais au contraire ce que cherche l'esprit pour donner son assentiment.

Il faut l'avouer, ici la question des différentes sources de nos connaissances vient d'être parfaitement établie; mais la question de la source de notre certitude reste encore tout entière. Voici la proposition du point de vue précédent : il y a trois sortes de certitudes, la certitude rationelle, la certitude expérimentale, la certitude historique. Si nous nous entendons bien, cela signifie : il y a trois moyens infaillibles de connaître, la raison, les sens et l'histoire ; car, par certitude, on entend un moyen infaillible de reconnaître la vérité. Conséquemment la raison, quand elle agit dans l'ordre des vérités morales, philosophiques, mathématiques, est toujours infaillible ; les sens, quand ils agissent dans l'ordre des vérités physiques, physiologiques, astronomiques, sont toujours infaillibles, etc.

Mais d'abord il est bien clair que la raison ne peut agir ailleurs que dans l'ordre des vérités morales ; car si elle voulait constater des phénomènes sensibles, comment ferait-elle ? ce n'est pas en se servant de l'intuition qu'on voit le monde physique. Il est bien clair également que les sens ne peuvent agir ailleurs que dans l'ordre des vérités physiques ; car s'ils voulaient constater des faits moraux, comment feraient-ils ? ce n'est pas en ouvrant les yeux qu'on voit le monde moral. D'ailleurs, il me semble que nous ne faisons précisément que chercher la marque à laquelle on reconnaîtra la vérité des affirmations données, dans l'ordre moral par la raison, dans l'ordre physique par les sens, et dans l'ordre traditionel par l'histoire.

Supposons encore un instant qu'il y a trois moyens infaillibles de connaître, la raison, les sens, l'histoire, tous trois bien appliqués. Prenons par exemple la raison, qui est infaillible, dit-on, pourvu qu'elle s'exerce dans l'ordre des vérités morales, et faisons-lui élever un système de morale. A cette morale elle va donner ses lois ; à ces lois elle va assigner leur but ; à ce but elle va trouver dans l'absolu un dogme pour fondement. Mais s'il arrive que cette morale donnée par la raison, se trouve en un grand nombre de points opposée à la morale donnée par la tradition, que faire ?... Dira-t-on que la tradition ne peut s'être trompée ? je le sais, puisqu'elle est la certitude traditionnelle, c'est-à-dire le moyen infaillible de connaître les vérités religieuses. Mais on dira aussi que la raison ne peut se tromper, puisqu'elle est la certitude rationnelle, c'est-à-dire le moyen infaillible de connaître les vérités morales. Et le même conflit peut se répéter entre les sens et la raison, entre la raison et l'histoire, entre l'histoire et les sens. Je demande alors où sera le juge entre ces trois sources de certitude ? Et qu'est-ce à dire, le juge de la certitude !!! En reconnaissant trois espèces de certitudes, n'avons-nous pas reconnu trois espèces d'infaillibilité ?... Si cependant leurs résultats se contredisent, il faudra bien une autre certitude pour juger de leur certitude ; et celle-là sera donc la certitude de la certitude ? Mais, si nous nous comprenons bien, voilà trois espèces d'infaillibilités qui ne sont point infaillibles, puisqu'elles ont besoin d'une autre infaillibilité !

Eh bien ! oui, voilà le fait. C'est que les principes que l'on vient de nommer sont si peu trois sources de certitude, que ce sont précisément eux trois qui ont besoin de cette certitude. Car voici ce qui vient d'avoir lieu : ce que l'on a appelé *Les trois sources de certitude*, n'est pas autre chose que *Les trois sources de nos connaissances* ; de sorte que, pour savoir si ces connaissances sont certaines, il faut nécessairement recourir à un autre moyen que celui par lequel elles nous sont venues. La confusion qui s'est mise ici dans les mots en a introduit une dans les idées, qui a donné le change sur la solution désirée. Et notre problème, quoique bien posé par suite de l'analyse du point de vue précédent, n'en reste pas moins encore tout entier à résoudre, comme il l'était tout-à-l'heure entre les trois écoles.

Le Lecteur voit bien comment cela s'est fait; en disant qu'il nous vient tout un ordre de vérités par la raison, tout un ordre de vérités par les sens, et tout un ordre de vérités par l'histoire, on affirmait qu'il y avait trois sources de vérités; en disant qu'il y avait trois sources de vérités, on affirmait qu'il y avait trois sortes de certitudes; en disant qu'il y avait trois sortes de certitudes, on affirmait qu'il y avait trois moyens infaillibles de connaître; en disant qu'il y avait trois moyens infaillibles de connaître, on déclarait par avance infaillibles toutes les idées qui nous seraient fournies par ces trois moyens. Or, comme toutes nos idées ne peuvent nous être fournies que par ces trois moyens, on déclarait par là, sans s'en douter, que toutes nos idées sont infaillibles. Si au contraire, exprimant les choses exactement, on eût dit : Il nous vient tout un ordre d'idées par la raison, tout un ordre d'idées par les sens, et tout un ordre d'idées par l'histoire, on aurait seulement déclaré qu'il existe trois sources d'idées ou de connaissances, mais non pas trois sources de vérités, ni dès-lors trois sortes de certitudes, ni conséquemment trois moyens infaillibles de connaître. Et reconnaissant, comme cela est en effet, qu'il existe trois sources d'idées ou de connaissances, on se serait de suite demandé où est le moyen de reconnaître la vérité de ces différentes connaissances, en un mot, où est la source de leur certitude. Au moins on serait resté sur la voie de ce que l'on poursuivait.

Ainsi, retirant ce qu'il y a de vrai dans la discussion précédente, ne disons plus : Il est trois sources de certitudes, autrement, trois moyens infaillibles de connaître; mais disons : Il est trois sources de connaissances, autrement, trois moyens de connaître. Maintenant, il n'y a plus à s'y tromper; nous savons distinctement quel est le principe de toutes nos connaissances, cherchons le principe de leur certitude.

Nous venons de dire qu'il y a trois sources de connaissances, les sens, la raison et l'histoire. Il faut cependant que nous sachions comment cela doit s'entendre. Il est vrai que tout un ordre de faits nous vient par les sens; mais ce ne sont pas les sens qui les perçoivent. Le phénomène physique frappe bien les yeux, par exemple, mais son image ne va pas au-delà du nerf optique; une fois là, ne faut-il pas que ce soit l'intelligence, ou le moi, qui le perçoive [1] ? Il est vrai également que tout un

---

[1] « D'où me vient la connaissance de la vérité? me vient-elle des choses mêmes? est-ce le soleil qui s'imprime en moi pour me faire connaître ce qu'il est, lui que je vois si petit, et qui est cependant si grand! que fait-il en moi ce soleil si grand et si vaste, par le prodigieux épanchement de ses rayons? que fait-il que d'exciter dans mes nerfs quelque léger tremblement, d'imprimer quelque petite marque dans mon cerveau? Mais n'ai-je pas vu que la sensation qui apparaît alors ne me représente rien de ce qui se fait ni dans le soleil, ni dans mes organes? de sorte que si je comprends que le soleil est si grand, que ses rayons sont si vifs et qu'ils traversent en moins d'un clin-d'œil un espace immense, je trouve toutes ces vérités dans une lumière intérieure, c'est-à-dire dans ma raison, par laquelle je juge et des sens, et de leurs organes, et de leurs objets. »

BOSSUET, *Conn. de Dieu et de soi-même*, chap. IV. L'âme qui entend la vérité reçoit une impression divine qui la rend conforme à Dieu.

ordre de faits nous vient par la tradition, et ce sont les oreilles qui les reçoivent ; mais ce ne sont pas les oreilles qui les comprennent. Le récit oral frappe bien l'ouïe, mais il ne va pas au-delà du nerf auditif ; une fois là, ne faut-il pas que ce soit l'intelligence, ou le moi, qui l'adopte ? Et il en est ainsi de la raison. Car la raison, ce n'est pas le moi, mais la lumière qui éclaire le moi, ou l'intelligence ; de sorte qu'il faut bien également que l'intelligence perçoive la lumière de la raison.

En sorte que les sens, le sens-intime et la raison ne sont des moyens de connaître, qu'autant que notre intelligence perçoit les faits rapportés par les sens, le sens-intime et la raison. Les trois ordres de nos connaissances sont donc condamnés, en définitive, à en passer par la perception de l'intelligence ; tandis que la raison, de son côté, lui fournit la lumière en vertu de laquelle elle pourra percevoir. Ainsi, de quelque côté que viennent nos connaissances, ce sera toujours à l'intelligence et à la raison qu'il faudra nous en prendre. Il fallait être prévenu de cela pour ne pas être étonné lorsque l'on s'apercevra que toute la théorie de la certitude va porter sur la manière dont le moi, ou l'intelligence, fera usage de la lumière de la raison dans la perception des faits fournis par les trois sources de nos connaissances. Nous prenons donc la question à sa source :

Comme il y a trois sphères de réalités, il y a trois moyens d'arriver à la connaissance de ces réalités. Ces trois sphères de réalités sont le monde physique, le monde moral, le monde intelligible ; ces trois moyens de les connaître sont les sens, le sens-intime, et la raison. Les sens, par lesquels nous prenons connaissance de la nature ; le sens-intime, par lequel nous prenons connaissance de nous-mêmes ; la raison, par laquelle nous prenons connaissance de Dieu. De là, nous croyons à la nature, que nous révèlent nos sens ; au moi, que nous révèle le sens-intime ; à Dieu, que nous révèle la raison ; enfin, nous croyons à tous les faits qui nous viennent par ces trois moyens de connaître.

Mais tout ce que nous croyons n'est pas vrai par cela que nous le croyons ; autre chose est la croyance, autre chose est la vérité. Ne pouvons-nous point, tout en écoutant nos sens, croire à des faits qui ne seraient pas dans la nature ? Ne pouvons-nous point, tout en écoutant notre sens-intime, croire à des faits qui ne seraient pas dans le moi ? Et ne pouvons-nous point, tout en écoutant la raison, croire à des choses qui ne seraient pas en Dieu ? Si, pour rendre nos idées certaines, il suffisait qu'elles nous fussent venues à propos des sens, du sens-intime, ou de la raison, comme toutes nos idées nous viennent nécessairement à propos des sens, du sens-intime, ou de la raison, il n'y aurait pas d'erreur possible. La croyance n'est donc pas encore la vérité ; la vérité suppose la certitude de la croyance.

De sorte que, si ces trois moyens sont suffisants pour conduire l'homme à la croyance des trois sphères de réalité, ces trois moyens sont insuffisants pour le conduire à la certitude, c'est-à-dire à l'assurance infaillible que ce qu'il croit est la vérité. Il ne faut donc pas confondre la croyance avec la certitude. Comme le dit M. de Bonald,

« On croit beaucoup de choses ; la croyance peut suffire à un homme pour ce qu'il veut entreprendre, mais pour donner des lois et imposer des croyances à la Société, il faut la certitude. Lorsque Christophe Colomb allait chercher un nouveau monde, il avait la croyance de le trouver, et cette croyance, tout impérieuse qu'elle était, n'était pas une certitude. » Il peut donc arriver dans l'homme que la croyance précède la certitude, et existe sans elle ; mais ce n'est point là une croyance légitime, car cette croyance pourrait n'être que l'admission d'une erreur. La croyance réelle est précédée par la certitude, et repose sur elle ; et c'est là la croyance légitime, car cette croyance est l'admission de la vérité. Or, on ne doit croire que la vérité. Nous avons les trois moyens de connaître, cherchons le moyen de croire.

Qu'est-ce que croire ? N'est-ce pas donner l'assentiment de son esprit à une vérité ? Et qu'est-ce que la vérité ? ne doit-elle pas être considérée sous deux faces : dans son rapport avec l'objet dont elle est la perception, et dans son rapport avec le sujet dont elle est perçue ; c'est-à-dire, en elle-même, et vis-à-vis de l'homme ? Qu'est-ce que la vérité en elle-même ; n'est-ce pas la connaissance d'une réalité ? Qu'est-ce que la vérité vis-à-vis de l'homme ; n'est-ce pas la certitude de posséder la connaissance de cette réalité ? La vérité vis-à-vis de l'homme, c'est-à-dire dans son rapport avec le sujet qui la perçoit, n'est donc que la possession de la vérité en elle-même, c'est-à-dire dans son rapport avec l'objet dont elle est la perception. La croyance n'est que la vérité connue.

Alors ne se trouve-t-il pas deux choses dans l'homme :

la vérité, ou ce qui est à percevoir, et la lumière, ou ce avec quoi l'on perçoit? Il existe donc une lumière à la lueur de laquelle on voit la réalité, c'est-à-dire à la lueur de laquelle on possède la vérité? Et cette lumière n'est-elle pas la lumière du vrai? Mais une pareille lumière peut-elle venir de l'individu qui veut croire? s'il la portait avec lui, ne porterait-il pas avec lui la vérité, la certitude; alors aurions-nous besoin de la chercher? Cette lumière est donc supérieure et impersonnelle à l'individu; et, bien loin de venir de lui, n'est-ce pas elle au contraire qui le domine? Comme dit Bossuet : « Nous voyons les vérités éternelles dans une lumière supérieure à nous-mêmes, lumière qui ne s'accommode point aux jugements humains, mais à laquelle s'accommodent, au contraire, les jugements humains. »

Et il faut bien que cette lumière ait tous les caractères opposés à ceux du moi : si elle était comme l'homme, ne serait-elle pas faillible comme l'homme? Ce sera donc à cette lumière que nous reconnaîtrons la vérité, ce sera donc en elle que nous trouverons la certitude de nos connaissances? Or, quelle est cette lumière impersonnelle et supérieure à l'homme, qui ne vient point de lui, mais qui le domine, qui ne fait point son esprit, mais qui fait au contraire son esprit ce qu'il est; quelle est en un mot cette *lumière du vrai*, sinon la lumière de la raison, qui n'est effectivement en elle-même que la lumière absolue du vrai, du bien et du beau? Ainsi la question de savoir où est la vérité, n'est autre chose que la question de savoir où est la raison?

Mais auparavant, puisque c'est la raison qui est la vérité, ne peut-on pas demander quelle est à son tour la certitude de cette vérité? en un mot, ne peut-on pas demander sur quel fondement repose la vérité qui doit servir de fondement ontologique à toutes les autres ? car voici comment on pourrait raisonner : « Ne dit-on pas « qu'une vérité est la preuve d'une autre vérité lorsque la « première sert à établir la seconde ? Pour démontrer une « vérité il en faut donc toujours une autre qui lui serve de « preuve ? Prouver, c'est donc déduire une vérité d'une « vérité déjà prouvée ? Mais, pour que cette vérité soit « prouvée, ne faut-il pas qu'elle ait été déduite d'une « autre également prouvée; et en remontant ainsi jusqu'à « une vérité première dont la certitude serve de fonde- « ment à toutes les vérités ? Celui donc qui entreprend « d'élever l'édifice des connaissances humaines, doit s'as- « surer d'abord d'une vérité première, dont la certitude « serve de fondement à toutes les vérités, sans quoi il « bâtirait un édifice en l'air. Or la certitude de cette vérité « première ne peut pas se déduire de la certitude d'une « vérité antérieure, puisqu'elle est la première. Mais cette « vérité première, sans laquelle la raison ne peut rien « prouver, pourrait-elle être elle-même démontrée par « la raison? alors, pour prouver cette vérité première « il faudrait donc chercher la raison de la raison? » Point du tout! il n'est nullement besoin de chercher la raison de la raison : car la raison repose sur Dieu! ou plutôt, la raison est Dieu même, selon Bossuet. *In lumine tuo videbimus lumen*, a dit l'Ecriture.

Au reste, nous cherchions la vérité première, et la vérité première est Dieu, puisque Dieu est la Réalité.

Aussi telle est la Vérité qui sert de fondement à toutes les autres; l'objet de la pensée n'est pas de la prouver, mais de la concevoir. Quand donc nous arrivons à la raison, nous touchons au tuf ontologique, à Dieu, à la Vérité même. De là sans doute ces paroles de Leibnitz : « C'est dans l'en-
« tendement de Dieu que subsiste la réalité des vérités pre-
« mières. » Et Dieu se trouve tout naturellement le fondement de la vérité, comme le fondement de l'existence.

De sorte que ceux qui disent : que l'homme prétendant élever avec la raison l'édifice des connaissances humaines, doit s'assurer d'une vérité première qui serve de fondement à toutes les autres ; mais que l'erreur qu'il y a dans une pareille proposition est de ne pas comprendre que cette vérité première, sans laquelle la raison ne peut rien démontrer, ne saurait elle-même être démontrée par la raison ; que, par conséquent, l'homme décidé à ne croire que sur la certitude devrait chercher la raison de la raison à l'infini ; et qu'alors toute philosophie commence nécessairement par admettre sans preuve une première vérité, c'est-à-dire par admettre une vérité supposée ; tous ceux, dis-je, qui raisonnent ainsi ne sont arrivés eux-mêmes à prouver qu'une chose, c'est qu'ils ne savent pas ce que c'est que la raison. Des gens qui s'imaginent que l'homme n'a point de fond !. Des gens qui n'ont jamais réfléchi à l'idée de l'être, qui n'ont aucune ontologie dans l'esprit et qui veulent se mêler de faire de la philosophie ! C'est donc admettre sans preuve une première vérité, que de l'admettre sur Dieu ! Quoi ! vous vous êtes servis jusqu'à présent de votre raison sans savoir sur quelle autorité elle reposait ? vous avez fait beaucoup d'honneur à ceux avec lesquels vous raisonniez !

Ils disent qu'*il faut chercher la raison de la raison à l'infini* ; assurément ils ont dit vrai sans le savoir : ils devraient chercher la raison de la raison à l'infini, car l'Infini la leur donnerait ! [1]

A cette heure que nous savons qu'il y a un moyen de croire, qu'il y a un fond à la vérité, c'est-à-dire une certitude, une raison, inaltérable source de l'infaillibilité,

---

[1] Aussi, je veux me plaindre de ce qu'un grand écrivain vient tout récemment de dire : « Parmi les causes d'erreur, il en est une première sur laquelle il est superflu d'insister, parce qu'elle est irrémédiable : nous parlons du caractère même de notre raison finie, et conséquemment faillible. Alors même que parvenu au dernier terme de la certitude, on affirme quelque chose comme vrai, il faut bien entendre que cette affirmation n'a de valeur logique que relativement à la raison humaine. Elle signifie seulement que l'homme est placé dans l'alternative ou de renoncer à sa raison, ou de tenir pour vraie la chose affirmée, sans qu'il ait le droit d'en conclure sa vérité intrinsèque, ou une parfaite similitude entre la perception et l'objet perçu. Néanmoins, ceci n'ébranle en aucune façon le *fondement de la connaissance*, et même il serait contradictoire d'en demander un plus solide ; car il y a contradiction à demander une certitude qui ne soit pas relative à la nature de l'être qu'elle doit affecter. Or, tout est fini dans l'être fini. »

Du reste, je m'explique parfaitement ce langage de la part du grand négateur de la raison dans l'individu ! Non, il n'est point vrai que la certitude n'ait qu'une valeur logique relativement à l'intelligence humaine ; la vérité a une valeur positive relativement à la réalité, autrement elle ne serait pas la vérité. L'homme se contenterait-il de savoir qu'au fond il lui suffit *de tenir pour vraie la chose affirmée, sans qu'il ait le droit d'en conclure sa vérité intrinsèque, ou une parfaite similitude entre la perception et l'objet perçu !* Mais la vérité ne peut pas être autre chose que la similitude entre la perception et l'objet perçu ; ou, comme nous l'avons dit, une équation entre la pensée et la réalité. Si la vérité n'est pas intrinsèque, elle n'est pas ; car si nous ne voyons pas la chose telle que Dieu la voit, nous n'avons pas la vérité. La vérité consiste à voir la chose telle qu'elle est, conséquemment telle qu'elle est pour Dieu. Ceci ébranlerait donc d'une étrange façon le fondement de la connaissance !

L'homme est-il tout fini, comme on le dit ? sa partie impersonnelle n'a-t-elle pas tous les caractères de l'infini ? Du reste, fait pour arriver à la vie infinie, et devant conséquemment connaître la vérité infinie pour pouvoir la réaliser en son être, il faut donc dans tous les cas qu'il possède cette vérité infinie, cette vérité réelle, cette vérité vraie, comme nous obligent de le dire les paroles citées. La vérité n'est pas pur idéalisme, la vérité est positivement ontologique. La raison est la lumière de Dieu même ; quand on affirme une vérité d'après la raison, on l'affirme d'après Dieu, on est en plein absolu. Pour dissiper tout doute à cet égard, il suffit de faire l'étude psychologique de la raison.

pour chercher où elle est, en profitant des lumières que nous avons retirées de nos études antérieures sur la raison et l'intelligence, nous allons prendre la question au fait psychologique par lequel elle débute.

La raison croit naturellement et nécessairement à elle-même. Car la raison c'est la lumière, c'est-à-dire la vérité connue; or du moment qu'elle existe, il faut bien qu'elle s'aperçoive d'elle-même. Pour elle, croire c'est s'apercevoir de son existence. Si la raison ne savait pas qu'elle existe, il n'y aurait pas lieu de sa part à douter ou à croire; car alors elle n'existerait pas. Si la raison est obligée de croire à elle-même, comme elle n'est autre chose que l'idée du vrai, l'idée du bien et l'idée du beau, la raison croit donc nécessairement à ces trois idées. De sorte que, dire que la raison croit aux trois idées du vrai, du bien et du beau, c'est dire tout simplement que la raison a ces trois idées; tout comme dire que la raison a les trois idées du vrai, du bien et du beau, c'est dire qu'elle croit à ces trois idées. La raison n'est que l'impuissance de douter de la raison, autrement dit la croyance invincible aux trois idées du vrai, du bien et du beau. Et qu'est-ce, en effet, qu'être la raison, sinon avoir les idées du vrai, du bien et du beau?

Ainsi croire, c'est voir. La raison se voit nécessairement; elle sent bien qu'elle est l'idée du vrai, l'idée du bien et l'idée du beau : pour qu'elle ne le vît pas, il faudrait qu'elle ne fût pas. Mais du moment qu'elle existe elle croit, puisque du moment qu'elle existe elle possède les trois idées du vrai, du bien et du beau, qui forment son existence même. La foi est donc l'état ordinaire, l'état nécessaire de la raison, c'est la raison même. Car la foi n'est que le sentiment que la raison a de son existence, c'est-à-dire le sentiment des trois idées qui sont ses éléments. Il lui est aussi impossible de ne pas croire, que de ne pas être. La raison ne peut vaincre cette foi vitale; car, pour cela, il faudrait qu'elle ne se sentît plus : l'absence de cette foi serait l'évanouissement de la raison.

Mais ce n'est point de cette foi qu'il est question ici; c'est là la foi psychologique, foi nécessaire, impersonnelle, dont nous n'avons point à nous inquiéter. Et, du reste, ce n'est pas ce qu'on appelle la foi proprement dite, car dans celle dont nous venons de parler nous ne croyons pas, nous voyons. Aussi est-ce là le fait qu'on nomme intuition, et qui précède la croyance, comme nous l'avons expliqué il y a déjà longtemps. Dans la question de la certitude, il s'agit au contraire de la foi personnelle, subjective, de la foi qui dépend de l'homme, de la foi qui peut se tromper et a besoin de certitude.

Continuons. Il ne suffit pas que l'homme ait en lui l'idée du vrai, l'idée du bien et l'idée du beau, l'homme a besoin d'appliquer ces idées et de s'en servir. Ne faut-il pas que l'intelligence observe si ses perceptions et les pensées qu'elle produit, sont conformes à l'idée du vrai qui est dans la raison, c'est-à-dire si ces perceptions et ces pensées sont vraies ? ne faut-il pas qu'elle sache si les intentions de la volonté et les actions qu'elle produit, sont conformes à l'idée du bien qui est dans la raison, c'est-à-dire si ces intentions et ces actions sont bonnes ? Et ainsi pour le beau ?

Or, trois cas se présentent : ou l'intelligence trouve que

ses perceptions et ses pensées sont conformes à la raison ; ou elle n'est pas sûre qu'elles soient conformes à la raison; ou elle les croit conformes à la raison tandis qu'elles ne le sont pas. Dans le premier cas, il y a pour l'intelligence ce qu'on nomme croyance; dans le second cas, il y a doute ; dans le troisième, il y a erreur.

Comme nous le voyons, c'est l'intelligence seule qui peut croire, douter ou se tromper; c'est l'intelligence seule qui a besoin de la certitude pour tous les faits qui lui sont rapportés par les sens, la raison ou l'histoire. L'intelligence peut croire, si elle voit que ses perceptions et ses idées sont conformes à la raison; elle peut douter, si elle n'est pas certaine que ses perceptions et ses idées soient conformes à la raison; enfin elle peut se tromper, si elle croit que ses perceptions et ses idées sont conformes à la raison et que cependant elles ne le soient pas. Mais, dans tous les cas, ce n'est jamais que par rapport à la raison que l'intelligence croit, doute ou se trompe; puisque ce qu'elle croit, c'est ce qu'elle voit en conformité avec la raison; puisque ce dont elle doute, c'est ce dont elle ne voit pas encore la conformité avec la raison; puisque ce sur quoi elle se trompe, c'est ce qu'elle croit en conformité avec la raison quand cela ne s'y trouve point. C'est pourquoi il est dit que la croyance doit être raisonnable. *Obsequium sit rationabile.*

Du reste, la croyance ne peut être que raisonnable; et même il n'y a pas croyance où la raison ne se trouve pas. La croyance est un rapport entre deux termes ; si l'un de ces deux termes n'existe pas, le fait de la croyance ne peut avoir lieu. La croyance est l'acte de l'intelligence apercevant une équation entre l'objet à croire et la raison. Si donc l'on fait abstraction de la raison, il n'y a plus croyance, il y a une intelligence ouverte à toutes les idées tant fausses que vraies qui voudront y entrer. Et tel est le vice qu'on nomme crédulité, qui n'est autre chose que la faiblesse de l'esprit. La crédulité est cet état d'une intelligence qui n'a pas même le courage de porter vers la raison l'idée qu'on lui donne, pour la faire contrôler; c'est l'état voisin de l'idiotisme. Car l'idiot est doué de rationalité comme tout autre, seulement la lumière rationelle ne pénètre point dans son intelligence. La différence qu'il y a entre l'idiot et le crédule, c'est que le premier ne sait pas se servir de la raison, et que le second n'en a pas la force.

Toutefois, tel est le phénomène de la croyance; mais ce n'est pas encore celui de la foi. Phénomène de la croyance, qui certainement n'est pas aussi impersonnel que celui de l'intuition, mais qui est bien aussi nécessaire et aussi spontané; car on sait qu'il ne nous est pas possible de refuser l'assentiment de notre esprit à l'évidence d'un principe lorsqu'il s'offre à lui. Or précisément c'est dans cette évidence qu'est la pierre d'achoppement; n'est-ce pas en effet de cette évidence que naît en nous la croyance à l'erreur aussi bien que la croyance à la vérité? Supposons même qu'une évidence véritable ne puisse nous tromper, comment saurons-nous si nous avons cette évidence? Ne faut-il pas une marque à laquelle on puisse distinguer l'évidence véritable de celle qui n'est qu'apparente, une marque qui donne une certitude à la croyance?

Nous venons de voir que si l'intelligence peut, premièrement croire, c'est-à-dire trouver une équation entre la pensée et la raison, l'intelligence peut, secondement douter, c'est-à-dire ne pas être certaine qu'il y ait équation entre cette pensée et la raison ; et troisièmement se tromper, c'est-à-dire être certaine qu'il y a équation entre cette pensée et la raison, lorsque cela n'est pas. L'évidence, c'est-à-dire la certitude de l'intelligence, n'est donc pas une preuve de la vérité ; puisque même l'intelligence ne se trompe que parce qu'elle croit voir avec évidence qu'une chose est conforme à la raison, quand cela n'est point ! car si cette fausse évidence n'existait pas pour l'intelligence, et que celle-ci pût s'apercevoir qu'elle se trompe, elle ne se tromperait pas. Dès-lors, si l'évidence est suspecte, quelle caution lui trouver ? Si la vérité a besoin d'une nouvelle marque, où trouver cette marque ? en un mot, où trouver la certitude ? Mais voyons de suite les inconvénients qui résultent pour l'homme d'en être privé.

Premièrement, si l'intelligence doute, c'est-à-dire si elle ne sait pas quand telle pensée est conforme à l'idée rationelle du vrai, et telle action conforme à l'idée rationelle du bien, l'homme se voit obligé de retenir sa pensée et de suspendre son action ; de sorte que le doute paralyse l'homme, le plonge dans l'indifférence et l'empêche de marcher à son but. Secondement, si l'intelligence se trompe, c'est-à-dire si elle croit que telle pensée est conforme à l'idée du vrai, quand cette pensée ne l'est pas, et que telle action est conforme à l'idée du bien, quand cette action ne l'est pas, l'homme empoisonne son esprit d'une pensée fausse et sa volonté d'une mauvaise action ; de sorte que l'erreur altère la nature de l'homme, le plonge dans le mal et l'éloigne de son but. Maintenant, à celui qui doute par ignorance, vient bientôt se joindre celui qui, calculant la peine que lui coûte le bien, s'autorise de ce qu'il y a quelque prétexte de douter pour s'abstenir des actes que la croyance exigerait de lui, en un mot celui qui doute avec connaissance. Et à celui qui se trompe par ignorance, vient bientôt se joindre celui qui, calculant l'avantage qu'il y a pour ses passions et son intérêt à défendre l'erreur, s'autorise de ce qu'il y a quelque évidence à la soutenir, pour faire le mal qu'il recherche, en un mot celui qui se trompe avec connaissance. Comme on le voit, le doute empêche l'homme d'avancer, et l'erreur le fait reculer.

Une seule chose peut tirer l'homme de cette extrémité, c'est la certitude; c'est-à-dire, la connaissance certaine que telle pensée est conforme à l'idée du vrai, et telle action à l'idée du bien. La question de la certitude est donc la question même du succès de la création; puisque sans la vérité l'homme ne peut arriver à ses fins, et que la certitude n'est autre chose que la marque de la vérité. Car la vérité, c'est précisément ce que cherche l'intelligence, ce pourquoi elle croit, ce pourquoi elle doute, ce pourquoi elle se trompe, ce pourquoi elle fait tout ce qu'elle fait! Si elle avait la vérité, l'intelligence ne douterait plus, puisqu'elle verrait ce qui est conforme à la raison; elle ne se tromperait plus, puisqu'elle posséderait ce qui est conforme à la raison; et elle croirait en toute assurance, puisqu'elle aurait sa pensée en équation avec la raison. Donnez donc la certitude à l'intelligence, elle ne sera pas en peine d'avoir la vérité. Mais où se trouve cette marque certaine de la vérité, ce *criterium* du vrai ? Oui, où est le principe de la certitude, c'est-à-dire l'extinction du doute et de l'erreur, c'est-à-dire la condition et le fondement de la croyance, c'est-à-dire la vie du monde moral? où est-il? Nous ne l'avons pas trouvé dans l'homme, pourrons-nous le trouver hors de lui?

A ce point, la question devient assez simple. Nous venons de dire que la raison possède en elle-même la lumière absolue du vrai, et que l'intelligence, pour savoir si telle pensée est vraie, observe si elle est conforme à la raison, et que lorsque cette pensée est conforme à la raison, elle y croit, puisque c'est là la vérité. Mais nous venons de dire aussi qu'il arrive à l'intelligence de croire évidemment conforme à la raison une pensée qui ne l'est pas; et c'est là l'erreur. Enfin, puisque sa propre évidence ne suffit pas à l'intelligence pour s'assurer de la vérité, il faut qu'elle ait un autre moyen de s'en assurer.

Or, remarquons bien que la vérité n'étant que ce qui est conforme à la raison, cet autre moyen ne peut être qu'une autre raison avec laquelle l'intelligence viendra confronter de nouveau sa pensée. Et cette autre raison n'aura pas besoin de lui fournir la lumière, ainsi que le faisait la raison intérieure, mais seulement la certitude de la lumière. La pierre de touche de notre raison ne peut donc être qu'une autre raison plus étendue, plus claire, plus sûre, c'est-à-dire non exposée, comme la première, à tous les inconvénients de la subjectivité. Or, quelle est cette raison plus étendue, plus sûre, plus catégorique dans ses décisions, sinon la raison publique, sinon le Senscommun, dont nous avons démontré l'impersonnalité?

Et, chose admirable! c'est précisément lui que l'intelligence vient consulter. Sans passer par tous les raisonnements que nous avons faits, elle vient interroger le Sens-commun par un mouvement qui lui est naturel. C'est en effet une chose toute simple : l'impossibilité de rencontrer en nous le fondement de notre certitude fait que nous allons le chercher hors de nous ! Eh bien, comme il ne s'agissait ici que de chercher ce qui est conforme à la raison, il n'y a rien, ce me semble, qui soit plus conforme à la raison que la raison; c'est-à-dire rien qui soit plus conforme à la raison que le Sens-commun, qui est la raison publique, ou la raison hors de nous. Et je l'espère, il doit bien y avoir équation parfaite entre la raison et la raison ! C'est en cela que consiste la certitude. La certitude n'est qu'une équation entre la raison et le Sens-commun..... Voyez s'il existe un problème de mathématique plus exact dans sa solution que le problème de la certitude donné par la théorie du Sens-commun.

De sorte que toutes les fois que l'esprit émet une pensée ou que la volonté émet un acte, l'intelligence, qui ne pouvait tout-à-l'heure être certaine que cette pensée et cette action fussent conformes à la raison, n'a qu'à regarder maintenant si elles sont conformes au Sens-commun. Le Sens-commun lui dit aussitôt si telle pensée et telle action sont d'accord avec lui. Car le Sens-commun s'énonce clairement et catégoriquement; il n'est pas comme la raison intérieure, dont les idées infinies et toutes spirituelles exigent de l'homme une perception bien nette et bien vive; lui, raison extérieure, il profite du langage, dont les énoncés définis et tout matériels n'exigent de l'homme que des oreilles attentives. Le Sens-commun ne tire donc pas seulement sa supériorité de certitude sur la raison individualisée, de ce qu'il est la raison restée impersonnelle, mais aussi de ce qu'étant à l'extérieur, il peut profiter du langage, qui est justement le moyen qu'emploie l'intelligence pour éclaircir et notifier sa pensée, et qu'il est bien sûr par là de se faire parfaitement comprendre. Dès-lors l'intelligence n'a plus rien à craindre; elle n'a qu'à écouter ce qui se dit autour d'elle : elle a là un critérium tout prêt, et une voix incorruptible qui lui en proclame les inflexibles arrêts.

A supposer même que l'homme ne sût pas mieux interpréter le Sens-commun, qui est sa lumière extérieure, que la raison, qui est sa lumière intérieure, vous comprenez néanmoins l'avantage immense que lui offrirait encore dans ce cas le Sens-commun. Car l'intelligence se trouve alors entre deux feux, ou plutôt entre deux lumières. Comme la raison est identique avec elle-même, que celle qui brille dans l'espèce est celle qui brille dans l'individu, il en résulte que l'homme se trouve placé entre deux raisons, l'une intérieure, l'autre extérieure, dont les deux lumières viennent se rencontrer en lui. Que la première lui dise une chose, et qu'il entende cette même chose répétée par la seconde, oh! il ne peut plus douter que ce ne soit la raison qui parle.

L'intelligence reçoit ainsi la lumière par deux côtés à la fois : celle qui vient immédiatement de Dieu par un organe de l'âme, et celle qui vient médiatement de Dieu par l'organe de la Société. Celle-ci nous sert à vérifier l'autre. Non pas que nous ayons à nous défier de la lumière que Dieu nous envoie intérieurement, mais parce que nous avons à nous défier de nous-mêmes qui la recevons : *ce n'est pas elle qui se trompe, mais celui en qui elle vient qui se trompe*. Par ce double moyen, l'homme est toujours sûr de s'assurer de la vérité. La raison extérieure est comme un mètre, un étalon auquel il compare sa raison intérieure ; et c'est effectivement ce qu'il vient de faire toutes les fois qu'on l'entend dire : Ceci est conforme ou n'est pas conforme au Sens-commun ! Le Sens-commun, raison incorruptible, est là pour lui garantir la fidélité d'une raison qu'il pourrait faire mentir. La raison intérieure est extrêmement sujette à caution, il faut absolument que la raison extérieure réponde pour elle.

Supposons donc que l'intelligence veuille s'assurer positivement de la valeur d'une pensée qu'elle croit vraie et d'une action qu'elle croit bonne : eh bien ! si tous les hommes, rendant par leur réunion la raison impersonnelle, regardent cette pensée comme fausse, alors l'intelligence s'aperçoit qu'elle était dans le faux, qu'elle n'avait pas su consulter l'idée rationelle du vrai ; et s'ils regardent cette action comme mauvaise, alors l'intelligence s'aperçoit qu'elle avait tort, qu'elle n'avait pas su consulter l'idée rationelle du bien. Mais si au contraire l'intelligence, toujours incertaine sur l'usage qu'elle a pu faire de la raison intérieure, vient à présenter cette pensée et cette action au contrôle de la raison extérieure, restée pure de toute subjectivité, et que celle-ci avec ses mille voix lui réponde catégoriquement que cette pensée et cette action lui sont conformes, qu'en un mot elles sont dans le Sens-commun, alors l'intelligence s'aperçoit qu'elle avait raison, c'est-à-dire qu'elle avait la raison pour elle. Là, elle reçoit la certitude de la vérité qu'elle avait cru tout-à-l'heure apercevoir à la lumière de la raison intérieure. Car, remarquez-le bien, l'homme ne cherche pas la vérité, mais le sceau de la vérité; l'homme ne cherche pas la lumière, mais la certitude de la lumière; l'homme ne cherche pas le vrai, mais le critérium du vrai. Il ne cherche pas la lumière, car celle-ci éclaire tout homme venant en ce monde : *illuminat omnem hominem venientem in hunc mundum;* mais il cherche la certitude de la lumière, ou celui qui lui rend témoignage afin que tous croient en elle : *qui perhibet testimonium de lumine ut omnes crederent per illum.*

De sorte que l'homme, qui n'avait encore que les moyens de connaître, trouve ici le moyen de croire. L'homme, qui dans les sens, le sens-intime et la raison possédait les trois sources de la connaissance, trouve dans le Sens-commun la certitude de la connaissance. Mais remarquez donc aussi avec moi, que le mot *Certitude* est formé de *Certus* ou *concertus*, qui signifie consentement, accord commun : comme si la certitude n'était réellement qu'un accord commun ! De sorte qu'au fond, le mot certitude voudrait dire Sens-commun.... Les Latins ne disaient-ils pas *certum fieri ? Consensus omnium probat rem esse,* dit Cicéron. Et même notre mot français *consentement,* formé de *cum sentire,* n'indique-t-il pas aussi que la certitude ne nous vient pas de nous seuls? Ah! les étymologies! les étymologies! elles confondent la pensée..... mais on ne les trouve jamais que quand on n'en a plus besoin.

Au reste, il paraît que pour arriver à cette solution, nous n'avions qu'à ouvrir les yeux sur ce que les hommes font autour de nous quand ils veulent s'assurer d'une chose. Car, bien que tous n'aient pas eu le loisir d'étudier la question de la certitude, ainsi que nous venons de le faire, comme il y a cependant de la vérité et de la certitude depuis que les hommes existent, nous devons les voir prendre spontanément le moyen que nous venons de découvrir par la réflexion. En effet, l'expérience ne nous montre-t-elle pas que toutes les fois qu'un homme n'est point assuré de son jugement, il consulte les autres hommes; et que sur l'appréciation du vrai et du faux, du beau et du laid, du juste et de l'injuste, tous les hommes se consultent les uns les autres, et ne s'appuient que sur la conformité et la généralité du consentement? D'ailleurs, la vie de l'âme étant liée à la connaissance de ces vérités rationelles, ne doit-on pas les rencontrer nécessairement dans toutes les âmes, et les reconnaître précisément à ce caractère d'universalité?

De là cette tendance instinctive de chacun de nous à consulter les hommes réunis, et à ne se reposer que sur l'avis du plus grand nombre. L'homme est tellement créé pour cela, que l'enfant est porté à croire sur le simple témoignage de ceux qui l'entourent, et la certitude avec laquelle on affirme devant lui certaines choses fait le degré de certitude avec lequel il les affirme lui-même [1]. C'est

---

[1] « Les hommes veulent-ils s'assurer, dit un écrivain déjà cité, que telle sensation, tel sentiment, tel raisonnement est conforme à la vérité; ils regardent si les autres hommes sentent comme eux, perçoivent comme eux, et raisonnent comme eux. Plus l'accord est général, plus la confiance ou la certitude est grande; et la certitude est aussi complète que possible, quand l'accord est universel. En effet, si la raison de tous les hommes, ou la raison humaine, pouvait se tromper quand elle atteste ainsi le vrai, il n'y aurait plus de certitude possible, puisque évidemment les hommes ne peuvent parvenir à la certitude qu'à l'aide de la raison hu-

là un fait rapporté par tous ceux qui ont observé sur ce point la nature humaine. La règle de vérité que la nature elle-même nous indique, est donc l'accord des jugements de notre raison avec les jugements de la raison de nos semblables. Et la certitude se trouve effectivement dans cet accord de tous les hommes, dans ce consentement universel, qui porte le nom de Sens-commun.

Précédemment, en cherchant en quoi consistent le vrai et le faux, nous avons reconnu que la vérité est la conformité de la pensée avec son objet, et que la certitude devait être le moyen de reconnaître cette conformité. Alors nous nous aperçûmes que la difficulté consistait en ce que l'homme ne pouvait se placer en dehors de sa pensée

maine. Le consentement commun, voilà donc la règle naturelle de nos jugements, et la folie consiste à rejeter cette règle en écoutant son propre sens de préférence au Sens-commun. De sorte que le principe le plus général du scepticisme est la définition rigoureuse de la folie. »

« L'homme, dit un autre écrivain, être faible et sujet à errer, trouve en lui un sentiment de faiblesse qui le porte à se défier de lui-même. De là, sa raison, timide et incertaine lorsqu'elle se voit seule, cherche naturellement un appui dans la raison des autres hommes. Les vérités lui inspirent plus ou moins de confiance suivant qu'il les voit plus généralement admises; mais, que ses jugements se trouvent conformes à la manière de juger du plus grand nombre, ils acquièrent à son égard une certitude inébranlable. Un homme dans la retraite croit-il découvrir une conséquence importante d'un principe certain, la clarté avec laquelle cette vérité nouvelle brille à ses yeux entraîne bien au premier moment son assentiment; mais on le voit bientôt revenir sur ce premier jugement, pour l'examiner encore. Qu'il rencontre alors d'autres hommes, il sent le besoin de s'assurer si cette idée, évidente pour lui, les affectera de la même manière. Sa conviction s'affermit si elle se trouve conforme à leur conviction, elle diminue si elle est opposée. Le nombre des témoignages des autres décidera de sa confiance à sa propre idée ; unanimes en sa faveur, ils la lui feront admettre ; unanimes contre, ils le forceront au moins à demeurer dans le doute. L'évidence générale est donc l'épreuve à laquelle l'homme se sent porté à soumettre sa propre évidence. Nous nous défions des idées mêmes qui nous paraissent les plus claires, quand nous les voyons repoussées généralement par les autres hommes ; et la dernière raison, souvent la seule et toujours la plus forte, que nous puissions opposer aux sophistes et aux disputeurs opiniâtres, est ce mot accablant : *Vous êtes le seul qui pensiez ainsi.* »

pour voir d'un côté sa pensée, de l'autre son objet, et juger ainsi de leur conformité. Eh bien! si l'homme ne peut faire sortir sa raison de lui-même pour juger de cette conformité, ne peut-il pas en faire juger par la raison qui est en dehors de lui-même? Le Sens-commun est donc le moyen avec lequel l'homme reconnaît si sa pensée est conforme au vrai, c'est donc lui qui nous donne la certitude, qui nous atteste la vérité.

Et nous n'en serons point étonnés si nous nous rappelons que, dans le phénomène du Sens-commun, l'impersonnalité de la raison est délivrée des atteintes de la personnalité. Prise dans son impersonnalité, la raison est la lumière même de Dieu : ainsi vous voyez sur qui repose notre certitude! Voilà pourquoi l'autorité est dans le Sens-commun.

Il est si vrai que le Sens-commun est la source de l'autorité, que l'homme est disposé à céder devant tout exemple universel. Je défie même à un individu intimement persuadé que ce qu'il fait est bien, de pouvoir y tenir longtemps si tous les hommes font autrement que lui; ou il cherchera à prouver aux autres hommes qu'il a raison, pour retrouver sa tranquillité, ou il finira par céder à l'impression générale. L'homme se sent trop pauvre avec sa seule conscience; il s'effraie toujours en présence de la conscience générale, lorsqu'il ne la voit pas conforme à la sienne. Il y a là une voix d'autorité qui l'accable, et qui va le prendre jusqu'au fond de sa nature. Ce concert unanime de tous les esprits, de tous les temps et de tous les lieux, ne lui laisse pas le loisir de l'objection; il se sent même pris de honte d'avoir pu penser un instant autrement. Cette disposition invincible de l'homme à se laisser imposer par le Sens-commun, indique assez que telle est la loi naturelle de son intelligence.

Au surplus, qu'est-ce que prouver une vérité, sinon montrer comment elle repose sur les principes du Sens-commun ? Et qu'est-ce qu'expliquer une chose, sinon faire voir comment elle se ramène au Sens-commun ? Il est si bien reconnu que le sens privé n'est d'aucune autorité, et que l'homme a besoin de la raison commune, que quiconque veut convaincre d'une chose a bien soin de la donner comme reposant, non sur son intelligence individuelle, mais sur la raison commune ; c'est-à-dire qu'il a bien soin de la donner comme venant, non de ses idées à lui, mais des idées rationelles qui sont à tout le monde. « Sans quoi, ainsi que le remarque très bien un philosophe, imposer ses conceptions individuelles à un autre individu, serait le despotisme le plus outré et le plus extravagant. Tandis que nous regardons, au contraire, comme tout-à-fait en délire ceux qui n'admettent pas les axiomes mathématiques, la différence du juste et de l'injuste, en un mot tous les principes reconnus du Sens-commun, parce que nous savons que ce n'est pas l'individu qui constitue ces conceptions, que la raison en soi est absolue et universelle, que c'est à ce titre qu'elle oblige tous les individus, et que tout individu, en même temps qu'il se sent obligé par elle, sait que tous les autres sont également obligés par elle et au même titre. » Aussi, jamais personne n'a dit : *ma vérité*, ou la vérité de tel ou tel, comme on dit ma pensée ou la pensée de tel ou tel, parce que la pensée appartient à l'individu de qui elle vient. Tandis que l'on dit : *la vérité*, en général, comme d'une chose commune, qui n'appartient à personne en particulier, mais à tous les hommes, et à Dieu de qui elle vient.

De sorte que tout-à-l'heure nous avons vu,

Premièrement l'intelligence douter, c'est-à-dire ne pas savoir si telle pensée est conforme à l'idée rationelle du vrai, ou telle action conforme à l'idée rationelle du bien ; et l'homme obligé par là de suspendre sa pensée par le doute et son action par l'indifférence;

Secondement l'intelligence se tromper, c'est-à-dire être persuadée que telle pensée est conforme à l'idée rationelle du vrai, ou telle action conforme à l'idée rationelle du bien, quand elles ne le sont ni l'une ni l'autre; et l'homme obligé par là d'empoisonner son esprit par l'erreur et sa volonté par le mal.

Maintenant nous voyons,

Premièrement l'intelligence ne plus douter, puisqu'elle possède un moyen infaillible de connaître la vérité, c'est-à-dire de connaître ce qui est conforme à la raison ; et l'homme invité par là à reprendre l'usage de sa pensée par la croyance, et l'usage de son action par la certitude ;

Secondement l'intelligence ne plus se tromper, puisqu'elle a un moyen infaillible de savoir si ce qu'elle pense est conforme ou non à la raison; et l'homme invité par là à rendre la vie à son intelligence par le vrai, qu'elle peut croire, et à sa volonté par le bien, qu'elle peut accomplir.

Qui replace ainsi l'homme sur ses pieds, le monde moral sur sa base, la création sur sa voie ? La certitude. Et qui procure ainsi, à l'homme, au monde moral, à la création, cette certitude sans laquelle le premier n'était rien, le second n'était plus, et la troisième n'avait plus sa voie? Le Sens-commun. Et qui entretient cette merveilleuse atmosphère, où la raison baigne comme dans un éternel élément de vérité? La Société. L'individu avait perdu ses titres d'infaillibilité, la Société les lui a rendus.

Or, de même que l'acte par lequel la raison adhère à la lumière intelligible, se nomme *intuition*, et que l'acte par lequel l'intelligence adhère à la lumière rationelle, se nomme *croyance*, l'acte par lequel le moi adhère à la certitude du Sens-commun se nomme *foi*, de *fides*, confiance; parce qu'en effet, l'acte par lequel le moi adhère au Sens-commun repose sur la confiance au témoignage des hommes. Les étymologies sont toujours là! Il ne faut donc pas confondre l'intuition, la croyance et la foi; sans quoi nous confondrions le vrai, la lumière du vrai et la certitude du vrai, en un mot toutes les distinctions que nous avons faites.

Ainsi, ce n'est point là l'intuition, ou le phénomène par lequel la raison s'ouvre à la lumière intelligible; ce n'est point là non plus la croyance, ou le fait par lequel l'intelligence s'ouvre à la lumière rationelle; mais c'est là la foi, ou l'acte par lequel le moi s'ouvre aux affirmations du Sens-commun, c'est-à-dire ajoute confiance au témoignage des hommes. Et comme le Sens-commun n'est que la raison interprétée par la raison, la foi est donc la gardienne de la raison, la garantie de son infaillibilité. C'est ainsi que le Sens-commun devient la source de toute certitude.

Pour nier les vérités d'intuition, il faut être hors de soi; pour nier les vérités de croyance, il faut être hors de la raison; pour nier les vérités de foi, il faut être hors du Sens-commun. Celui qui nie la foi s'expose au scepticisme universel. « *Quod Omnibus ita videtur*, disait Aristote, *id « ita esse dicere debemus; et qui hanc Fidem velit tollere, « nihilo ipse credibiliora.* » [1]

Nous avions dit qu'il ne faut pas confondre les trois sources de nos connaissances, avec la source de leur certitude : eh bien ! si les trois sources de nos con-

---

[1] ARISTOTELES, *Ethica ad Nomach*; liber X, caput 2.

Le même philosophe dit ailleurs :

Potentissima probatio est, si in id quod dicimus omnes consentiant.

Quæ communiter ita videntur fida sunt. HERACLITUS, d'après Grotius.

Ce que plusieurs peuples attestent ne saurait être faux, dit HÉSIODE.

Celui qui croit avoir raison seul est vide de raison, dit SOPHOCLE.

Ce qui est cru universellement est certain; toute opinion individuelle est dépourvue de certitude, dit HÉRACLITE, d'après Sextus Empiricus.

Nemo omnes, neminem fefellerunt; PLINE, *In Paneg. Trajan.*, cap. 62.

Omni in re consensio gentium lex veritatis putanda est. CICERO, *Tuscul.*, lib. I, c. 13.

De quo autem omnium consentit, id verum esse necesse est. *De natura Deor.*, lib. I, cap. 17.

Apud nos veritatis argumentum est aliquid omnibus videri. SENECA, *Epistol.* 117.

Ce sur quoi les hommes s'accordent est nécessairement vrai, dit EPICURE; maxime que Cicéron cite lui-même.

Pro certis habemus ea in quæ communi opinione consensum est. QUINTILIANUS, *Instit. orat.*

Variasse deberet error; sed quod unum apud multos invenitur, non est erratum. TERTULLIANUS, *Præscript.*

Nec in generi humano multitudinis illa potentia est nisi consentientis, id est, unum sentientis. S. AUGUSTINUS, *De rer. Relig.*, c. 25.

Le témoignage général est vrai; et tout ce qu'on y oppose ne mérite pas de réponse. *Maxime juive.*

Hoc enim omnes populi communi quodam rationis sensu præcepêre. EUSEBIUS, *Præparat. evangelic.*

Juger selon les règles d'une droite raison, c'est juger selon le sens le plus universel. BOURDALOUE, *Pens. sur la foi.*

Aussi le livre des *Proverbes* nous conseille de ne pas croire seul :

Ne sis sapiens apud temetipsum. *Prov.* III, v. 7.

Nolite esse prudentes apud vosmetipsos. *Rom.* XII, v. 16.

Ne innitaris prudentiæ tuæ. *Prov.* III, v. 5.

Via stulti recta in oculis ejus : qui autem sapiens est, audit consilia. *Prov.* XII, v. 15.

DE L'EXISTENCE DE L'HOMME.

naissances sont les sens, le sens-intime et la raison, la source de leur certitude est le Sens-commun. De sorte que, s'il y a trois moyens légitimes de connaître, à savoir, les sens appliqués au monde physique, le sens-intime appliqué au monde moral, la raison appliquée au monde intelligible; il n'y a qu'une certitude, à savoir, le Sens-commun vérifiant les rapports des sens sur le monde physique, les rapports du sens-intime sur le monde moral, et les rapports de la raison sur le monde intelligible [1]. Le Sens-commun ne vient donc point détruire l'autorité des sens, du sens-intime et de la raison, il vient au contraire l'établir. Car c'est par le Sens-commun que l'homme peut comparer le témoignage de ses sens, de son sens-intime et de sa raison, avec le témoignage des sens, du sens-intime et de la raison de ses semblables. Le Sens-commun n'est que le témoignage des sens, du sens-intime et de la raison, porté à sa plus haute puissance.

Ainsi, le Sens-commun ne vient point détruire la raison, il vient l'accomplir. Le Sens-commun ne vient point remplacer la raison, il vient nous la faire reconnaître. Il n'est ni le remplaçant ni le suppléant de la raison, il en est le conservateur et l'incorruptible gardien. Le Sens-commun n'implique point du tout la faillibilité de la raison, il en prouve au contraire l'infaillibilité, puisqu'il ne se compose que des moyens de la garantir. L'infaillibilité de la raison existe dans son intégrité, le Sens-commun nous

---

[1] On pourrait dire, comme nous l'avons vu précédemment, que l'histoire, appliquée à tous les faits passés, soit du monde moral, soit du monde physique, est une quatrième source de connaissances; mais c'est le Sens-commun, c'est-à-dire le témoignage universel, qui est également ici la source de certitude.

avertit seulement si c'est bien de la raison que nous nous servons. On ne condamne pas la raison en recourant au Sens-commun, puisque c'est par le Sens-commun qu'on apprend à reconnaître la raison. Non, on ne détruit point la raison en établissant l'autorité du Sens-commun, à moins que ce ne soit détruire la raison que d'assurer le règne de son infaillibilité ! sans le Sens-commun, la raison ne serait-elle pas comme perdue pour nous?

Le Sens-commun n'est pas non plus une seconde raison, comme on serait tenté de le croire en lisant M. de La Mennais, ni une répétition de la raison, comme le dit le Père Buffier; le Sens-commun est la raison parlée, ce qui ne peut avoir lieu en nous-mêmes. Comme la version de l'intelligence est douteuse, le Sens-commun est la raison traduite par la raison. Si le Sens-commun était une seconde raison, la première ne vaudrait donc rien? alors elle ne serait pas la raison. Si le Sens-commun n'était qu'une répétition de la raison, il serait donc inutile? alors on pourrait s'en passer. Ainsi il ne faut pas dire comme le traditionalisme, qu'il y a une raison individuelle et une raison générale, la première faillible et la seconde infaillible; car si la première était faillible, elle ne serait pas la raison. Mais d'abord, il n'y a pas de raison individuelle; la raison ne peut être qu'impersonnelle, conséquemment générale et infaillible; dites seulement qu'il y a la raison interprétée par l'individu, et qu'alors elle peut être altérée, et ce qu'on lui fait dire, faillible et individuel.

Il n'y a pas deux raisons, la lumière de Dieu est une; celle que vous appelez la raison générale, est la même que celle que vous appelez la raison individuelle. Car, vous le comprenez bien, lorsque vous vous adressez au Sens-commun, ce n'est précisément que pour trouver la raison qui est en vous-mêmes : si vous allez la prendre là, c'est parce que vous êtes sûrs de ne point vous tromper sur ses prescriptions. Ce n'est pas une autre raison que vous allez chercher, mais bien la même raison, telle qu'elle brille au sommet de votre âme, avant d'avoir subi les fâcheuses interprétations de votre intelligence. Et bien mieux, ce n'est pas même la raison que vous allez chercher dans le Sens-commun, c'est tout simplement la voix de la raison.

Aussi, gardez-vous d'aller assigner au Sens-commun le rôle que la raison joue au dedans de vous. Le Sens-commun n'est point la source de certaines idées, qui sans lui n'auraient jamais apparu dans le monde; il n'est point une quatrième source de connaissances. Il n'y a que trois réalités, Dieu, l'homme et la matière; conséquemment, la raison, le sens-intime et les sens, pour communiquer avec ces trois réalités. Le Sens-commun ne nous donne point de nouvelles idées; où les prendrait-il? y a-t-il une quatrième réalité? Nous sommes obligés de dire cela, parce que ceux qui ont nié la raison ont attribué au Sens-commun toutes les idées que nous devons à la raison comme faculté intérieure. C'est même ce qui a constitué le traditionalisme en système, et provoqué un système opposé dans le rationalisme.

Le traditionalisme n'a fait tout simplement que sortir la raison de dedans l'homme, pour la mettre en dehors. De là les conséquences; l'idée du juste et de l'injuste, du bien et du mal, les axiomes, enfin toutes les idées rationelles, sont en dehors de l'homme : l'homme n'est rien, il est vide, c'est une cruche que l'on fait remplir par le Sens-commun. Le rationalisme de son côté a fait sortir le Sens-commun de sa place pour le faire entrer dans le sein de la raison interne. De là les conséquences ; l'infaillible interprétation du vrai, ou la certitude sur toutes les vérités, est au dedans de l'homme : l'homme peut tout, il est infaillible, c'est un oracle de la Sagesse éternelle. D'après le premier de ces systèmes, toutes les notions rationelles qui sont dans l'individu, lui seraient venues du Sens-commun ; tandis que ce sont au contraire toutes les notions du Sens-commun, qui sont venues de la raison. Seulement il est vrai d'ajouter que le Sens-commun n'a recueilli que les notions réellement rationelles : le Sens-commun est le vase de l'infaillibilité.

Pour dire que l'homme trouve en lui le critérium du vrai, il faut être bien aveugle sur les faits de l'expérience ; mais pour dire que l'homme ne trouve pas en lui les sentiments rationels du bien, du beau et du vrai, il faudrait que l'âme fût tombée dans l'insensibilité complète. Prenons l'exemple le plus simple. Un homme, à sa fenêtre, voyant sur la place publique un de ses semblables faire une bonne action, sent aussitôt en lui une émotion vive : le sentiment du bien et du juste s'est réveillé en lui. Est-ce le Sens-commun qui vient de lui donner ce sentiment? Il éprouve dans sa conscience le sentiment du juste aussi vivement qu'il pourrait éprouver une sensation dans son corps ; et ce sentiment rationel, il lui est impossible de ne pas l'éprouver et de ne pas l'appliquer à tout acte qu'il y verra conforme. Il ne va donc pas puiser ce sentiment sur la place publique, dans le Sens-commun ? Il le porte en lui, c'est la lumière qui éclaire chacun de nous. Mais quand il a prononcé ce jugement sur son semblable, est-il sûr d'avoir prononcé un jugement infaillible? Ce dont il est sûr, c'est de l'idée du juste qui est en lui; mais ce dont il n'est pas sûr, c'est d'avoir parfaitement qualifié l'action dont il a été témoin. Cette action a pu avoir des arrière-motifs, elle n'est pas immédiatement juste, il faut de longs raisonnements pour arriver à la replacer sur le principe du juste. Cet homme consulte alors le Sens-commun, il dit qu'il a jugé un tel acte de telle manière, et s'il voit que tous les hommes diffèrent de jugement, il commence à croire que le sien n'était pas certain; mais s'il voit au contraire tous les hommes d'accord sur ce point, il comprend qu'il ne s'était pas trompé.

Il en est de même pour l'idée du vrai. L'homme porte en lui l'idée du vrai, il possède les axiomes. Mais quand il tire d'un axiome telle conséquence ou telle pensée, est-il sûr que cette pensée soit conforme au vrai? Ce qui est bien sûr également en lui, c'est l'axiome, c'est la lumière du vrai; mais ce qui n'est pas aussi sûr, c'est que sa pensée découle parfaitement de l'axiome, qu'elle soit conforme au vrai. Il offre donc cette pensée à ses semblables, pour savoir s'ils la trouvent tous conforme à la raison, si le Sens-commun la croit réellement vraie. Comme nous l'avons exprimé, l'homme trouve donc dans sa raison la lumière du vrai, *car c'est la lumière que tout homme apporte en ce monde*; mais il ne reçoit la certitude du vrai que du Sens-commun; *car c'est lui qui vient rendre témoignage à la lumière, afin que l'on croie en elle.*

Ainsi le fondement de la certitude n'est point en nous-mêmes, mais la lumière du vrai, la lumière dont on nous donne la certitude, est en nous-mêmes. Nous ne pouvons donc plus confondre la faculté de connaître le vrai, avec le moyen de connaître si réellement nous avons le vrai; nous ne pouvons plus confondre la raison, avec le moyen de nous' assurer si réellement nous nous servons de la raison. La raison nous donne les conceptions absolues, mais tout cela c'est le vrai, et il faut s'en servir; tandis que la vérité consiste à avoir des pensées conformes au vrai. La vérité a plusieurs facteurs : le vrai en soi, la pensée qui lui est conforme, et la certitude qui avertit de cette conformité. L'homme isolé n'a que la raison, il n'a que le vrai et peut se tromper sur toutes ses pensées : il nage entre l'erreur et l'incrédulité. Mais l'homme réuni à ses semblables, trouve, dans la certitude que lui fournit le Sens-commun, la conformité de sa pensée avec le vrai : il s'asseoit au milieu de la croyance et de la vérité. Tel est le concours de la raison et du Sens-commun. Ce ne sont pas, comme dans les écoles, deux choses qui se combattent; mais, comme dans la réalité, deux choses qui s'unissent. Il faut seulement faire attention de ne pas attribuer à la raison le rôle du Sens-commun, ni au Sens-commun le rôle de la raison. Le Sens-commun n'est absolument que la source de la certitude.

Nous voyons qu'il n'y a pas plusieurs sources de certitude, comme on le disait précédemment. Seulement il y a plusieurs ordres de certitude, si l'on veut dire par là qu'il y a plusieurs ordres d'idées qui ont besoin de certitude; car, au fond, il n'y a qu'une seule source de certitude, c'est le Sens-commun. Ainsi, combiné avec les sens pour nous garantir l'exactitude des faits qu'ils rapportent, il s'appellera certitude physique; combiné avec l'intelligence, pour nous garantir l'exactitude des raisonnements qu'elle forme, il s'appellera certitude logique; combiné avec la raison, pour nous garantir l'exactitude des intuitions qu'elle fournit, il s'appellera certitude ontologique; enfin combiné avec la tradition, pour nous garantir l'exactitude des événements qu'elle raconte, il s'appellera certitude historique. De là, les sciences de l'ordre physique, de l'ordre logique, de l'ordre ontologique, et de l'ordre historique, c'est-à-dire toutes les sciences, trouvent leur certitude dans le Sens-commun.

Au reste, c'est un fait bien simple à vérifier; nous n'avons qu'à observer où toutes ces sciences vont chercher leur certitude; ou, en d'autres termes, à qui nous devons: 1° la certitude physique, 2° la certitude logique, 3° la certitude ontologique, 4° la certitude historique.

1. *Certitude physique.* La certitude physique est la base des sciences empiriques ou physiques; et nos connaissances physiques ont leur source dans le témoignage des sens. Mais d'abord nos sens ne s'accordent pas entre eux, et il faut rectifier l'erreur des uns par l'usage des autres. Ensuite, tous nos sens réunis peuvent encore nous tromper, et il faut comparer nos sensations avec celles des autres hommes. Enfin, notre imagination elle-même peut nous tromper sur l'usage de nos sens; nous pouvons ne pas voir les choses comme elles sont, et nous pouvons n'avoir point vu ce que nous croyons avoir vu. Alors quel autre

moyen nous reste-t-il, que de consulter les observations de nos semblables ? Un homme par exemple, quelle que soit son expérience, qui a vu ou cru voir un fait, a-t-il l'autorité suffisante pour le faire admettre par tous les hommes et leur laisser sur ce point une certitude complète? Une fois qu'il aura signalé ce fait, les autres hommes ne s'empresseront-ils pas de l'observer eux-mêmes? et s'ils viennent à le retrouver par leurs propres sens, si le fait est unanimement reconnu d'eux tous, n'est-ce pas alors seulement qu'il prend à leurs yeux le caractère d'un fait certain ? C'est donc le consentement universel qui établit sa certitude. Ainsi les règles de critique physique sont : unanimité et uniformité. Unanimité, dans la constatation du fait ; uniformité, dans le rapport du fait que l'on constate. Car au fond les sens ne nous trompent point, mais c'est l'homme qui s'en sert qui se trompe. Il faut, pour ne pas se tromper, qu'il compare le résultat qu'il croit avoir obtenu, avec celui qu'ont obtenu les autres hommes. De sorte que nous trouvons la certitude dans nos sens, toutes les fois que leur témoignage est confirmé par les sens de nos semblables. Or, ce concours des sens de tous les hommes est ce qu'on appelle l'expérience ; et les faits de l'expérience ne sont ainsi que les faits admis par le consentement universel. La certitude physique repose donc sur l'autorité du Sens-commun.

II. *Certitude logique.* La certitude logique est la base des sciences abstraites ou mathématiques; et nos connaissances de raisonnement ont leur source dans un usage exact des règles de la logique. Mais qui peut assurer l'homme d'avoir bien suivi ces règles, ou même de les avoir bien comprises pour les suivre? La preuve que ces règles ne sont pas toujours observées, c'est que tous les raisonnements humains sont loin de s'accorder; ils sont, au contraire, tout ce qu'il y a de plus divers et même de plus opposé dans le monde. Souvent sur un même axiome on peut élever deux problèmes tout-à-fait différents; comme dit Leibnitz, *il faut un juge de controverse en mathématique aussi bien qu'en théologie*. Alors quel autre moyen nous reste-t-il, que de consulter les jugements de nos semblables? Un homme par exemple, quelle que soit son intelligence, qui découvre ou croit découvrir une vérité, a-t-il l'autorité suffisante pour la faire admettre par tous les hommes et leur laisser sur ce point une certitude complète? Une fois qu'il aura énoncé cette vérité, les autres hommes ne s'empresseront-ils pas de la chercher eux-mêmes? et s'ils viennent à la retrouver par leur propre intelligence, si elle est unanimement admise d'eux tous, n'est-ce pas alors seulement qu'elle prend à leurs yeux le caractère d'une vérité certaine? C'est donc le consentement universel qui établit sa certitude. Ainsi les règles de critique logique sont : unanimité et conformité. Unanimité, dans l'admission de la conséquence; uniformité, dans la conséquence qu'on admet. Car au fond la logique ne nous trompe point, mais c'est l'homme qui s'en sert qui se trompe. Il faut, pour qu'il ne se trompe pas, qu'il compare le résultat qu'il croit en avoir obtenu, avec celui qu'ont obtenu les autres hommes. De sorte que nous trouvons la certitude dans la logique, toutes les fois que ses affirmations sont confirmées par les affirmations de la logique de nos semblables. Or, ce concours des affirmations de tous les hommes est ce qu'on appelle le bon sens ; et les principes du bon sens ne sont ainsi que les principes admis par le consentement universel. La certitude logique repose donc sur l'autorité du Sens-commun.

III. *Certitude ontologique.* La certitude ontologique est la base des sciences rationelles ou morales; et nos connaissances morales ont leur source dans les conceptions de la raison. Ces conceptions sont les idées du bien, du vrai et du beau, qu'il est impossible à l'homme de ne pas avoir. Mais qui peut assurer l'homme de les bien appliquer, ou même de les bien comprendre pour les appliquer? La preuve que toutes ces notions ne sont pas bien comprises, c'est que les morales des différents peuples sont loin de s'accorder; leurs idées sur Dieu et sur l'homme, sur les rapports de l'homme avec Dieu, et sur les rapports des hommes entre eux, sont très diverses et même très opposées dans le monde. Alors quel autre moyen nous reste-t-il, que de consulter ce qui a été cru partout, toujours, et par tous, *quod ubique, quod semper, quod ab omnibus creditum est ?* Un homme par exemple, quel que soit son génie, qui proclame ou croit proclamer un dogme, a-t-il une autorité suffisante pour le faire admettre par le genre humain et lui laisser sur ce point une certitude complète ? Une fois qu'il aura proclamé ce dogme, les autres hommes ne s'empresseront-ils pas de le rechercher eux-mêmes ? et s'ils viennent à le retrouver dans le genre humain entier, s'il a été unanimement, partout et toujours admis, n'est-ce pas alors seulement qu'il prend à leurs yeux le caractère d'un dogme certain? C'est donc le consentement universel qui établit sa certitude. Ainsi les règles de critique ontologique sont : unanimité et conformité. Unanimité, dans la croyance du dogme; uniformité, dans le dogme que l'on croit. Car au fond la raison ne nous trompe point, mais c'est l'homme qui s'en sert qui se trompe. Il faut, pour qu'il ne se trompe pas, qu'il compare la vérité qu'il croit avoir reconnue, avec celle qu'ont reconnue tous les autres hommes. De sorte que nous trouvons la certitude dans la raison, toutes les fois que ses croyances sont confirmées par les croyances de la raison de nos semblables. Or, ce concours des croyances de tous les hommes est ce qu'on appelle catholicité; et les vérités catholiques ne sont ainsi que les vérités admises par le consentement universel. La certitude ontologique repose donc sur l'autorité du Sens-commun.

IV. *Certitude historique.* La certitude historique est la base des sciences traditionnelles ou de l'histoire; et nos connaissances historiques ont leur source dans le témoignage de nos semblables. Mais nos semblables peuvent nous tromper, ou peuvent se tromper eux-mêmes. Ils peuvent nous tromper, s'ils ont intérêt à le faire; ils peuvent se tromper, s'ils ont eux-mêmes été trompés, soit en ne vérifiant pas exactement les faits, soit en les recevant d'individus qui ne les ont pas vérifiés. Les faits, rapportés par le témoignage des hommes, se divisent en deux classes, les faits contemporains et les faits passés. Les premiers nous sont transmis par des témoins qui les ont vus; les seconds nous sont transmis par la tradition, les monuments, l'histoire, qui les tiennent eux-mêmes des témoins qui les ont vus. Alors il faut savoir, en définitive, quelles sont les conditions nécessaires pour ajouter foi aux témoins. Un témoin par exemple, quelle que soit sa véracité, rapporte un événement important, a-t-il l'autorité suffisante pour le faire admettre généralement et laisser sur ce point une certitude complète? Une fois cet événement rapporté, ne s'empressera-t-on pas de consulter tous les autres historiens? et si l'on vient à trouver ce même événement signalé de tous et raconté de la même façon, n'est-ce pas alors seulement qu'il prend à tous les yeux le caractère d'un événement certain? C'est donc le consentement universel de tous les témoins qui établit sa certitude. Ainsi les règles de critique historique sont : unanimité et uniformité. Unanimité, dans le témoignage; conformité, dans le récit que l'on fait. Car au fond la tradition ne nous trompe point, mais c'est l'homme qui la consulte qui se trompe. Il faut, pour ne pas se tromper, qu'il compare le récit donné par un témoignage, avec celui que donnent tous les autres témoignages. De sorte qu'il y a certitude dans une tradition, toutes les fois que cette tradition repose sur le témoignage de tous les hommes. Or, ce concours des témoignages de tous est ce qu'on appelle l'histoire ; et les faits de l'histoire ne sont ainsi que les faits constatés par le consentement universel. La certitude historique repose donc sur l'autorité du Sens-commun.

De sorte que, si la physique ne pouvait pas dire : voici des phénomènes sur lesquels tous les hommes sont d'accord, il n'y aurait plus de physique; car, sans le Sens-commun, il n'y aurait point de certitude physique.

Si les mathématiques ne pouvaient pas dire : voici des axiomes sur lesquels tous les hommes sont d'accord, il n'y aurait plus de mathématiques; car, sans le Sens-commun, il n'y aurait point de certitude mathématique.

Si la religion ne pouvait pas dire : voici des vérités révélées qui ont été admises partout, toujours, et par tous, il n'y aurait plus de religion; car, sans le Sens-commun, il n'y aurait point de certitude religieuse.

Si l'histoire ne pouvait pas dire : voici des événements sur lesquels les témoignages de tous les hommes sont d'accord, il n'y aurait plus d'histoire; car, sans le Sens-commun, il n'y aurait point de certitude historique.

Voici donc la formule de la physique : nous partons de ce fait, qu'il y a un certain nombre de phénomènes sensibles sur lesquels tous les hommes sont d'accord. Et sur cette foi s'élève tout l'édifice des sciences physiques.

Voici la formule des mathématiques : nous partons de ce fait, qu'il y a un certain nombre d'axiomes rationels sur lesquels tous les hommes sont d'accord. Et sur cette foi s'élève tout l'édifice des sciences mathématiques.

Voici la formule de la religion : nous partons de ce fait, qu'il y a un certain nombre de vérités révélées sur lesquelles, partout, toujours, tous les hommes ont été d'accord. Et sur cette foi s'élève tout l'édifice de la religion.

Voici la formule de l'histoire : nous partons de ce fait, qu'il y a un certain nombre d'événements sur lesquels tous les hommes sont d'accord. Et sur cette foi s'élève tout l'édifice des sciences historiques.

L'ensemble des connaissances humaines étant renfermé dans ces quatre ordres généraux, on pourrait donner ainsi la formule de toutes les sciences, parce que toutes reposent sur un ensemble de faits à l'égard desquels tous les hommes sont d'accord, c'est-à-dire sur le Sens-commun.[1]

En un mot, les sciences physiques reposent sur le témoignage des sens, les sciences abstraites sur le témoignage de l'intelligence, les sciences morales sur le témoignage de la raison, les sciences historiques sur le témoignage des hommes; et la certitude du témoignage des sens, du témoignage de l'intelligence, du témoignage de la raison, et du témoignage de la tradition, repose sur le témoignage de la raison, de la tradition, de l'intelligence et des sens de tous les hommes, c'est-à-dire sur le Sens-commun.

---

[1] Il n'est pas jusqu'à la procédure, jusqu'à la simple identité des personnes, qui ne repose sur ce principe, sans qu'on y fasse attention. J'en citerai un exemple ingénieux : « Aux yeux du sceptique, de celui qui ne croit pas au Sens-commun, toutes les religions doivent être indifférentes ; il n'en croit ni n'en pratique aucune, parce qu'il les regarde toutes comme également incertaines, parce qu'enfin il doute qu'il y ait aucun moyen certain de s'assurer de quoi que ce soit au monde. Voilà la grande raison. Mais on lui dira : Si, comme vous l'assurez, tout est confondu dans une éternelle incertitude, d'où vient donc que vous dites à certaines personnes : mon père ou ma mère ? d'où vient que vous les honorez avec tant de piété, que vous les aimez avec tant d'affection, que vous les écoutez avec tant de soumission pendant leur vie ? D'où vient qu'après leur mort, vous vous appropriez leurs biens et leurs titres ? Si tout est également incertain, il me semble que ces titres et ces biens ne vous appartiennent pas plus qu'à tout autre. Pour me répondre, irez-vous m'exhiber votre acte de naissance, signé de deux témoins et homologué par la notoriété publique, par lequel il conste que vous êtes enfant légitime de telle ou telle personne ? Je vous avoue que, sans entendre la sentence des tribunaux, je me tiendrai pour bien et dûment débouté de ma prétention à être votre cohéritier ; mais aussi vous perdrez par le même fait le droit de vous dire sceptique, le droit de prétendre que tout est également incertain, puisque vous trouvez assez de certitude dans un acte signé de deux témoins et non contesté par l'autorité du public, pour fonder sur cela vos affections les plus chères et vos droits les plus légitimes. Et non-seulement je ne vous blâme point de régler sur ce fondement toute votre vie, mais je reconnais que vous ne pouvez pas faire autrement ; que, sans cette foi, sans cette croyance au témoignage, il n'y a plus de parenté, d'amitié, de droit, de justice ; de société possible parmi les hommes, et que la destruction du genre humain est inévitable. »

Enfin, si la certitude des témoignages des sens, la certitude des témoignages de l'intelligence, la certitude des témoignages de la raison, et la certitude des témoignages de l'histoire, ne se trouvent que dans le Sens-commun, comme l'acte par lequel on adhère au Sens-commun se nomme foi, la foi est donc en dernière analyse le fondement de la raison, de l'intelligence, des sens et de l'histoire. Si la foi est le fondement de la raison, de l'intelligence, des sens et de l'histoire, elle est le fondement 1° de la certitude ontologique, 2° de la certitude logique, 3° de la certitude physique, 4° de la certitude historique, en un mot de toute certitude. La foi est conséquemment la base de la religion, des mathématiques, de la physique et de l'histoire, en un mot de toute science.

Celui qui rejetterait la foi au Sens-commun rejetterait par là même et l'autorité de sa raison, et celle de son intelligence, et celle de ses sens, puisque la foi n'est que l'autorité de la raison, de l'intelligence et des sens, portée à sa plus haute puissance. La foi sauve la raison, l'intelligence et les sens d'un scepticisme universel ; c'est elle qui fait pour nous la réalité objective de ce monde.

La foi est surtout le fondement des sens et de la raison. Elle donne aux premiers cette valeur objective que Fichte n'a jamais pu trouver; elle donne à la seconde cette valeur ontologique après laquelle Kant a aspiré toute sa vie. C'est parce que l'homme s'appuie sur la foi, qu'il peut se servir de sa raison, et qu'il peut croire à ses sens. Le contraire de la vérité scientifique, c'est le faux; le contraire de la croyance rationelle, c'est l'absurde; le contraire de la foi, c'est la mort.

« La foi, dit un de nos grands philosophes, est l'âme de la société et le fond de la vie humaine. Si le laboureur cultive et ensemence la terre, si le navigateur traverse l'Océan, c'est qu'ils croient ; et ce n'est qu'en vertu d'une croyance semblable que nous participons aux connaissances transmises et que nous usons des aliments mêmes. On dit à l'enfant : Mange, et il mange. Qu'arriverait-il s'il fallait auparavant lui prouver qu'il mourra s'il ne mange point ? La pratique des arts et des métiers repose sur la même base. La science est d'abord pour nous une espèce de dogme obscur que nous ne parvenons ensuite à concevoir que parce que nous l'avons premièrement admis sans le comprendre, que parce que nous avons eu foi. Si la foi venait à défaillir un instant, le monde social s'arrêterait soudain : plus de gouvernement, plus de loi, plus de transactions, plus de commerce, plus de propriété, plus de justice, plus d'enseignement ; car tout ne subsiste que par l'autorité, qu'à l'abri de la confiance que l'homme a dans le témoignage de l'homme. Le genre humain périrait s'il fallait que chacun découvrît ou même comprît clairement les lois naturelles, qu'il ne peut cependant transgresser sans mourir : nous devons donc en être instruits par le témoignage ; c'est uniquement par ce moyen que les hommes s'instruisent des lois de leur conservation physique. Ils croient au témoignage, et ils vivent. La vie de l'âme se conserve de la même manière que la vie du corps, en obéissant à l'autorité. Lorsque notre esprit paraît le plus indépendant, lorsqu'il examine, juge, raisonne, il obéit encore à la loi de l'autorité ; et il n'est même actif que par la foi, car pour agir il faut vouloir, et point de volonté sans croyance. Juger n'est autre chose que comparer des idées nouvelles à des idées déjà existantes en nous ; idées qui n'ont pu elles-mêmes être jugées, puisqu'elles n'ont pu être comparées à rien d'antérieur. De sorte que, la vérité pour nous, ce sont nos idées premières ; et l'erreur, tout ce qui n'est pas compatible avec ces idées. La logique, qui nous apprend à faire avec méthode ce discernement, n'est que la théorie de la foi. Nous naissons à la vie intellectuelle par la révélation de la vérité ; c'est elle qui constitue notre raison. La vie intellectuelle, comme la vie physique, dépend de la Société qui a tout reçu et transmet tout par ces deux grands moyens, l'autorité et la foi. L'autorité n'est que la raison générale, manifestée par le témoignage des hommes ; et la foi n'est que la confiance de l'homme à ce témoignage universel. Les premiers hommes reçoivent les premières vérités sur le témoignage de Dieu, raison suprême ; et ces vérités se conservent ensuite parmi les hommes, manifestées par le témoignage universel, raison générale. La Société ne subsiste que par sa foi dans ces vérités, transmises de génération en génération comme la vie, qui s'éteindrait sans elles. Premièrement, société avec Dieu, principe de la vérité ; secondement, société des intelligences, que Dieu a unies entre elles comme il les a unies à lui-même. Noble émanation de la substance de Dieu, notre raison n'est que sa raison, comme notre parole n'est que sa parole. Ainsi nous croyons, et l'ordre se maintient dans la Société ; nous croyons, et nos facultés se développent, notre raison s'éclaire et se fortifie, notre corps même se conserve ; nous croyons, et nous vivons. Forcés de croire pour vivre seulement un jour, nous étonnerons-nous qu'il faille croire aussi pour vivre éternellement ! »

En effet, la foi n'est pas seulement le fondement de notre certitude pour les choses qui sont dans le temps, la source de notre confiance objective en nos facultés, et ce qui établit pour nous la réalité de ce monde ; elle est aussi le fondement de notre certitude pour les choses qui sont au-delà du temps, la source de notre confiance aux vérités absolues, et ce qui établit pour nous la réalité de l'autre monde. A ce titre, elle mérite la reconnaissance éternelle du genre humain. Nous ne nous ferons jamais une idée de tout ce que nous devons à la foi ! Ecoutez.

L'homme étant confiné dans le présent, le sens-intime ne peut embrasser les rapports universels de l'homme et de la nature, il ne saisit que les rapports actuels. Cependant entre la nature et l'homme il y a des rapports qui ont précédé l'actuel, et ces rapports échappent nécessairement au sens-intime. Dieu, pour obvier à cet inconvénient, a trouvé un moyen admirable : il a donné à l'homme un sens-intime pour le passé, il lui a donné la mémoire ! La mémoire est le supplément du sens-intime ; la mémoire est pour l'homme comme une révélation du passé.

De même, l'homme étant enfermé dans le temps, la raison ne peut embrasser les rapports éternels de Dieu et de l'homme, elle ne saisit que les rapports temporels. Cependant entre Dieu et l'homme il y a des rapports qui suivront le temps, et ces rapports échappent nécessairement à la raison. Dieu, pour obvier à cet inconvénient, a également trouvé un moyen admirable : il a donné à l'homme une raison pour ce qui est au-delà du temps, il lui a donné la révélation ! La révélation est le supplément de la raison ; la révélation est pour l'individu comme une mémoire de l'absolu.

Or, si c'est par la croyance que nous adhérons aux vérités qui nous viennent de la raison, ou révélation intérieure, c'est par la foi que nous adhérons aux vérités qui nous viennent de la révélation, ou raison extérieure, ces dernières nous étant transmises par le témoignage des hommes. C'est pour cela que dans la religion il ne faut pas confondre les vérités de croyance avec les vérités de foi. Par là nous voyons de suite tout ce que nous devons à celle-ci.

Les vérités de croyance sont universelles, elles se trouvent chez tous les hommes, à moins qu'ils soient privés de la raison. Ces vérités sont, par exemple, la croyance à Dieu, c'est-à-dire à la réalité objective des trois conceptions du bien, du vrai et du beau, conséquemment la croyance au juste et à l'injuste, au droit et au devoir, etc., etc., en un mot à toutes les vérités que nous tenons de la raison. Les vérités de foi sont contingentes, elles se trouvent seulement chez les hommes qui ont voulu les recevoir sur le témoignage de leurs semblables. Ces vérités sont, par exemple, la foi à la providence avec laquelle Dieu veille sur nous, au bonheur pour lequel il nous a créés, aux moyens que nous devons prendre pour y arriver, etc., etc., en un mot à toutes les vérités que nous tenons de la révélation.

De sorte que la religion naturelle, c'est-à-dire les vérités religieuses auxquelles on arrive par la nature humaine, reposent sur la croyance ; et la religion traditionnelle, c'est-à-dire les vérités religieuses auxquelles on arrive par la tradition, reposent sur la foi. Or, comme les vérités de la religion traditionnelle viennent compléter les vérités de la religion naturelle, la foi est le complément de la raison. Ainsi, quant à l'étendue des idées, il y aurait, entre l'homme qui ne croirait qu'à la religion naturelle et celui qui croit à la religion traditionnelle, la même différence qu'entre l'homme qui ne croirait qu'à ses sens et celui qui croit à sa raison.

Non-seulement les vérités de croyance trouvent leur complément dans les vérités de foi, mais encore les vérités de croyance, qui reposent sur la raison, trouvent leur certitude dans les vérités de foi, qui reposent sur le Sens-commun. En d'autres termes, non-seulement la religion traditionnelle complète la religion naturelle, mais elle lui donne la certitude ; en un mot, la foi n'est pas seulement le complément de la raison, elle est aussi le principe de son infaillibilité. C'est pourquoi l'homme vraiment digne de ce nom, et qui se respecte comme être doué de raison, ne peut placer sa foi que dans la religion traditionnelle. C'est là qu'il trouve toute la vérité, et toute la certitude de la vérité ; c'est là que sa croyance a le sens-commun. — Voilà ce que nous devons à la foi.

Aussi, vous admirerez avec quel soin ce secours précieux a été établi au milieu de la création. D'abord il faut bien dire que si l'intuition, ou l'acte par lequel la raison reçoit la lumière intelligible, est impersonnelle et nécessaire ; et que si la croyance, ou l'acte par lequel l'intelligence reçoit la lumière rationelle, est naturelle et spontanée ; la foi, ou l'acte par lequel la raison reçoit le témoignage du Sens-commun, est arbitraire et subordonné, car il dépend complètement des dispositions de l'individu. Et c'est là, du reste, pourquoi la foi est un mérite. Il semblerait, au premier abord, que la foi au Sens-commun, qui est la raison interprétée par la raison, devrait être pour le moins aussi immanquable chez l'homme que la croyance, qui n'est que l'assentiment à cette même raison pure et simple. Mais il y a ici un cas tout particulier; l'homme est faible et entouré de passions. Ainsi l'homme croit volontiers au Sens-commun, en tant qu'il vient lui offrir la certitude des sciences physiques; parce que ces sciences sont la source de tout ce qui peut assurer son bien-être ici-bas, qu'en un mot il a intérêt à y croire. Mais l'homme ne se montre point aussi empressé de croire au Sens-commun, en tant qu'il vient lui offrir la base et la certitude des sciences morales; parce que cette morale impose des obligations qu'il trouve très coûteuses pour sa volonté, et que (comme nous nous en sommes aperçus à la page 569), la volonté entre en première ligne dans l'acte de la foi. Si, de même que l'intuition, de même que la croyance, la foi ne dépendait que de l'esprit, elle serait sans doute un fait aussi nécessaire que l'intuition et que la croyance. Mais comme la foi dépend de la volonté, ou de l'état du cœur, toutes les fois que la volonté se trouve au-dessous des vertus que prescrit la foi, l'homme a une peine extrême à s'élever jusqu'à elle. Les hommes vertueux arrivent naturellement à la foi, ils sont de plain-pied avec elle; ce sont les méchants et les vicieux pour qui elle est difficile. Car ce n'est point parce qu'ils n'ont pas la foi qu'ils sont méchants et vicieux, autrement devenir bons et vertueux leur serait trop facile, ils n'auraient qu'à avoir la foi ; mais c'est parce qu'ils sont méchants et vicieux qu'ils n'ont pas la foi, et voilà pourquoi il leur est si difficile de l'acquérir. Ceux qui n'ont pas la foi sont ceux qui ne peuvent pas l'avoir. Toute grande erreur naît d'un vice du cœur.

Et puis l'homme est si facile à tromper, qu'il se trompe lui-même. Pour peu qu'il ait senti la gêne que lui imposerait l'accomplissement des vérités religieuses, il commence, sans trop de perversité d'abord, à discuter l'authenticité de ces vérités, puis à mettre en doute sur quelques points la fidélité du témoignage des hommes ; peu à peu il ébranle l'autorité du Sens-commun, et finit par se dépouiller entièrement de la foi. Alors Dieu est venu au secours de cette éternelle misère du cœur humain ; il a voulu sauver l'esprit de l'homme de l'esprit de l'homme lui-même, et il a fait pour des vérités de cette importance ce qu'il n'a pas cru nécessaire de faire pour toutes les autres. Il ne s'est pas contenté de fonder ces vérités sur le Sens-commun, qui est cependant la raison interprétée par la raison, IL A DONNÉ A CE SENS-COMMUN UN ORGANE INFAILLIBLE!! c'est-à-dire qu'il a donné à l'infaillibilité une attestation d'infaillibilité, à la certitude un certificat de certitude.

Dieu avait déposé ses vérités éternelles dans la raison ; mais la raison pouvait être mal interprétée par l'homme, et Dieu a donné, dans le Sens-commun, un interprète à la raison ; mais l'homme pouvait varier sur le Sens-commun, et Dieu donne maintenant un interprète au Sens-commun lui-même, il veut qu'il soit rendu visible et promulgué : à l'infaillibilité interprétée par l'infaillibilité, il donne encore une bouche d'infaillibilité !.. Oh ! je vous dis que c'est une chose incroyable que le soin avec lequel Dieu a établi la vérité. Mais nous verrons plus loin quelle est sur la terre cette sublime apparition de la raison vivante. Résumons notre question.

Nous le ferons en priant seulement le lecteur de ne point perdre de mémoire ces trois points principaux d'où sort toute la clarté que nous avons pu apporter dans la question : 1° qu'il faut distinguer la raison de l'intelligence, 2° qu'il faut chercher la raison pure dans le Sens-commun, 3° qu'il faut distinguer ce que l'on doit au Sens-commun de ce que l'on doit à la raison. Tous ceux qu'intéresse cette question si importante se rappellent sans doute les dernières conclusions de l'illustre fondateur du traditionalisme, depuis qu'il est revenu de ses préjugés sur la raison; mais pour rester dans l'exactitude psychologique et profiter des lumières que cette discussion nous a fournies, nous oserons maintenant faire quelques modifications à ses admirables paroles :

La question de la certitude renferme deux éléments ; le vrai, qui est indépendant de la raison, et la raison, qui est la faculté de connaître le vrai. L'infaillible assurance de le connaître constitue la certitude. Mais la raison n'étant que la lumière du vrai, il s'ensuit que la certitude n'est que la raison même ; que dès-lors cette question : où est la certitude ? se réduit à celle-ci : où est la raison ? De sorte que, là où l'on sera sûr de trouver la raison, là on sera sûr de trouver la certitude. Or, on peut distinguer dans l'humanité, non pas deux raisons diverses ni deux degrés de la même raison, mais deux positions pour la même raison : la raison intérieure, telle qu'on la trouve dans l'individu, la raison extérieure, telle qu'on la trouve dans l'espèce ; la première desservie par le sens individuel, la seconde desservie par le sens général. Celle-ci étant évidemment plus pure que l'autre, d'abord parce qu'elle conserve tout ce qu'il y a de commun, conséquemment d'absolu et d'infaillible dans la raison de l'individu, ensuite parce qu'elle est dépouillée de tout ce qu'il y a de particulier, conséquemment de relatif et de faillible dans l'interprétation de l'individu, constitue dès-lors la véritable raison, la raison pure, la raison telle que Dieu l'envoie. Et comme on ne la rencontre ainsi que dans l'espèce, on lui donne naturellement le nom de Sens-commun. Maintenant, comme il s'agissait de trouver un organe qui nous transmît la lumière de la raison dans toute sa pureté, et qu'il est impossible de trouver un organe plus conforme à la raison que la raison elle-même, nous sommes bien sûrs de rencontrer la raison elle-même dans le Sens-commun, puisque nous y rencontrons la raison interprétée par la raison. Enfin comme cette question, où est la certitude infaillible? se réduit à celle-ci, où se trouve la raison pure? puisque nous trouvons la raison pure dans le Sens-commun, nous y trouvons la certitude infaillible.

Disons-le une dernière fois, afin qu'on ne se trompe plus sur les attributions des deux éléments inséparables du problème : ce que l'on doit à la raison, c'est la lumière du vrai ; ce que l'on doit au Sens-commun, c'est la certitude du vrai. Nous insistons à dessein, pour que les deux systèmes créés à l'envi sur ces deux éléments de la question, disparaissant désormais, ne laissent plus subsister que la théorie légitime. Et nous la présentons à notre tour au Sens-commun pour qu'il veuille, s'il le doit, lui conférer ses titres de certitude....

A cette heure que nous pouvons apprécier la grande lumière que le rationalisme et le traditionalisme avaient apportée dans la question, nous pouvons juger aussi de la grande confusion qu'ils y avaient laissée. D'un côté, confusion de la raison avec l'intelligence, et de là nécessité de recourir à une nouvelle raison; d'un autre côté, confusion de ce que l'on doit à la raison avec ce que l'on doit au Sens-commun, et de là nécessité de rejeter le Sens-commun. Au milieu de l'empressement de l'école traditionaliste à tout attribuer au Sens-commun, auquel on voulait tout enlever, et de l'école rationaliste à tout attribuer à la raison, à laquelle on voulait tout enlever, il a été impossible de déterminer ce qui, dans le phénomène de la certitude, appartient à la raison et ce qui appartient au Sens-commun. Or, c'était là précisément toute la question. Ce qui n'empêche pas M. de La Mennais et M. Cousin de l'avoir plus éclaircie à eux seuls que ne l'ont fait tous les philosophes des siècles antérieurs, de l'avoir plus éclaircie que Bacon, que Descartes, que Leibnitz. Entre M. de La Mennais et M. Cousin, il n'y a eu qu'un malentendu; mais ce sont ceux qui ont voulu les juger, qui les ont mal entendus. Un jour viendra que ces deux hommes seront compris; et l'on s'étonnera des armes que leur génie a mises entre les mains de la morale et de la religion !

M. Cousin, s'apercevant que le traditionalisme voulait faire donner la lumière rationelle par le Sens-commun, a été obligé de défendre les droits de la raison intérieure. M. de La Mennais, s'apercevant que le rationalisme voulait faire donner la certitude infaillible par la raison intérieure, a été obligé de défendre les droits de la raison publique. Le rationaliste a démontré, par l'observation psychologique la plus positive, que la lumière rationelle nous était donnée par la raison intérieure. Le traditionaliste a démontré, par l'observation historique la plus constante, que l'homme, tout doué qu'il est de raison, est sujet à l'erreur. Mais alors le premier, considérant que l'homme se trompait quoique doué de raison, se disait : la raison est donc faillible, elle ne donne donc aucune certitude. Le second, considérant que la raison est la lumière de Dieu, et qu'il ne pouvait y avoir de raison venant de l'homme, se disait : La raison est donc infaillible, à elle appartient donc toute certitude. Nous-mêmes, quand nous observions le fait de la raison, nous donnions gain de cause au rationalisme ; et cependant l'homme se trompe ! Quand nous observions que l'homme se trompe, nous donnions gain de cause au traditionalisme ; et cependant la raison est infaillible ! Vous voyez s'il était possible de sortir de là, avec les données du problème telles qu'elles étaient posées et discutées.

Le point de vue d'où partait l'école traditionaliste lui aurait fait éternellement donner tort, parce qu'on pouvait toujours lui montrer qu'il n'y avait pas de certitude qu'elle ne vînt de la raison ; le point de vue d'où partait l'école rationaliste lui aurait aussi fait éternellement donner tort, parce qu'on pouvait toujours lui montrer que l'être doué de raison était sujet à se tromper.

La raison, disait le traditionalisme, est une faculté éminemment personnelle et faillible, elle ne peut nous donner la certitude véritable. La raison personnelle une fois convaincue de faillibilité, il faut donc chercher une autre autorité. Or cette autorité est celle de la raison générale par opposition à la raison individuelle, du sens-commun par opposition au sens privé. Mais, répondait naturellement le rationalisme, cette raison générale, comme on l'entend, ne peut se composer que de la collection des diverses raisons individuelles combinées : alors comment mille raisons individuelles, toutes faillibles, peuvent-elles recevoir l'infaillibilité de leur réunion ? Le Sens-commun n'existe que parce qu'il y a dans chaque homme une raison non individuelle mais générale, la même dans tous parce qu'elle n'est individuelle en aucun et que, dans chaque homme, elle est en abrégé le Sens-commun du genre humain.

Oui, mais la réponse du rationalisme n'empêche pas que le traditionalisme ait dit vrai, c'est-à-dire que l'être doué de raison soit faillible et qu'il faille chercher hors de lui la véritable certitude ; tout comme l'objection du traditionalisme n'empêche pas que le rationalisme ait dit vrai, c'est-à-dire que si la raison était faillible et sans autorité, le Sens-commun, qui n'est que la raison même essentielle, serait tout aussi faillible et sans autorité. D'une part, le rationalisme peut convaincre d'erreur le traditionalisme en lui prouvant que la raison est impersonnelle et que c'est sur son autorité que reposent, en dernière analyse, toutes les autres autorités; d'une autre part, le traditionalisme peut convaincre d'erreur le rationalisme en lui prouvant que l'être doué de raison se trompe et qu'on ne peut, en dernière analyse, faire reposer sur lui aucune autorité : et cependant le rationalisme et le traditionalisme ont tous deux raison ! Comment cela se faisait-il ? Il y avait donc une vérité également admise et niée par le rationalisme, également niée et admise par le traditionalisme ? c'est là ce qui arrivait. Le rationalisme et le traditionalisme ont dit tous deux vrai, il ne leur restait qu'à énoncer la vérité.

En effet s'il reste avéré, d'une part, que l'homme se trompe, qu'il est absolument faillible, et d'une autre part, que la raison ne se trompe pas, qu'elle est absolument infaillible, que reste-t-il sinon notre proposition : que la raison est infaillible, mais que c'est l'homme qui se trompe? Or si la raison est infaillible, mais que ce soit l'individu qui se trompe, que devons-nous faire, sinon ce que nous avons fait : consulter la raison pure, celle qui n'est pas tombée au pouvoir de l'individu? Et ici, je l'espère, nous ne serons pas démentis par le traditionalisme, puisque nous prétendons que l'être doué de raison est faillible; ni par le rationalisme, puisque nous prétendons que la raison est infaillible !

Si je me fais rationaliste, c'est pour mieux établir le Sens-commun ; si je me fais traditionaliste, c'est pour mieux trouver la raison.

Comme le dit si bien le rationalisme, c'est la certitude de la raison qui est la mesure de toutes les autres certitudes, sur son autorité reposent toutes les autres autorités :

eh bien! c'est pour cela que nous nous adressons au Sens-commun, car alors nous sommes sûrs d'avoir affaire à la raison même! Comme le dit si exactement le traditionalisme, l'individu doué de raison est sujet à l'erreur, ses affirmations n'ont point de certitude, elles ne peuvent être d'aucune autorité : eh bien! c'est pour cela que nous nous adressons à la raison elle-même, car étant précisément impersonnelle, nous sommes sûrs alors de ne point avoir affaire à l'individu! Je soutiens avec le traditionalisme que l'individu peut se tromper; c'est pourquoi je ne veux d'autre certitude que celle de la raison. Je soutiens avec le rationalisme que la raison ne peut pas se tromper; c'est pourquoi je veux aller prendre la raison dans le Sens-commun où elle est inaltérée. Parce que je suis traditionaliste, je ne veux croire qu'à la raison; parce que je suis rationaliste, je ne veux me fier qu'au Sens-commun.

Nous sommes donc ici parfaitement d'accord avec le traditionalisme, qui veut que l'individu se trompe; et avec le rationalisme, qui veut que la raison ne se trompe pas! Et c'est bien parce que l'individu se trompe et que la raison ne se trompe pas, qu'il faut écarter le témoignage de l'individu pour n'écouter que celui de la raison. Et c'est bien parce qu'il faut écarter l'individu pour n'écouter que la raison, que nous écartons cette raison qui, tombée au pouvoir de l'homme, d'infaillible qu'elle était en soi est devenue faillible, afin de recourir à la raison non tombée au pouvoir de l'homme, à la raison impersonnelle, absolue et restée infaillible. [1]

[1] Voir la page 1211.

Voyez ! le rationalisme et le traditionalisme s'impliquent et se cherchent, le rationalisme et le traditionalisme s'expliquent et se concluent¹. Le rationalisme, au fond, ne voulait qu'une chose, c'est qu'on ne crût qu'à la véritable autorité de la raison; et le traditionalisme, au fond, ne voulait qu'une chose, c'est qu'on ne s'adressât qu'à la véritable raison. Puisse la solution que j'apporte être entendue de ces deux nobles Écoles et satisfaire leurs sublimes prétentions ! Enfin puissent-elles recevoir aussi tout mon respect et toute ma reconnaissance pour les lumières qu'elles m'ont fournies ! C'était, de part et d'autre, un combat soutenu pour l'honneur et la liberté de l'homme; car après tout, la créature spirituelle ne pouvait se rendre qu'à Dieu lui-même; et c'est là en effet la condition de la paix glorieuse qui vient d'être signée ici ! L'homme n'obéira qu'à la voix de Dieu.

Résumons. L'homme est ici-bas pour arriver à son but; l'acte par lequel l'homme se porte vers son but est le bien, et la connaissance du bien est ce qu'on nomme le vrai, car le bien n'est que la réalisation du vrai. Or, l'homme ne peut réaliser le vrai sans le connaître; il ne peut le connaître s'il ne lui est montré avec certitude; il ne peut lui être montré avec certitude si la raison, ou faculté de connaître le vrai, ne possède elle-même toute certitude. De là la raison, ou lumière que Dieu envoie à l'homme pour connaître le vrai, est nécessairement infaillible; c'est-

---

¹ Pascal aurait dit : Il y a une impuissance de nier la raison, invincible à tout traditionalisme ; il y a une impuissance de nier le Sens-commun, invincible à tout rationalisme.

à-dire qu'elle nous donne nécessairement la vérité, ou la connaissance de ce que nous devons faire. L'homme agit donc en pleine certitude toutes les fois qu'il agit selon la raison, car la raison ne peut le tromper, elle a Dieu même pour garant. Mais l'homme ne produit sa pensée que par le moyen de l'intelligence, et son action, que par le moyen de la volonté; c'est-à-dire que, pour se manifester, la raison est obligée de passer soit à travers l'intelligence, soit à travers la volonté. Or, pour peu que l'intelligence se trouve faussée par l'imagination, et la volonté pervertie par les passions, l'intelligence et la volonté deviennent de fort mauvais conducteurs de la lumière rationelle, et l'homme, tout doué qu'il est d'une raison infaillible, peut tomber dans l'erreur et le mal; non que ce soit la faute de la raison, mais précisément parce qu'il se trouve comme privé de la raison. Il faut donc qu'il existe en dehors de l'individu un moyen de retourner à la raison non encore altérée par l'homme, pour que, certain de la pureté de cette raison, l'homme puisse désormais lui confronter la sienne et s'assurer par là si, en continuant de s'y conformer, ses pensées seront véritablement rationelles, et ses actions véritablement raisonnables. Cette raison non encore altérée par l'homme, c'est-à-dire non encore devenue individuelle et faillible par son contact avec la personne, c'est la raison telle qu'elle repose dans le sein de l'humanité. Alors, pour retrouver l'usage légitime de sa raison, l'homme n'a plus qu'à la confronter avec la raison intégrale de l'espèce. Car la raison étant infaillible en soi, c'est consulter l'infaillibilité elle-même que d'écarter le témoignage personnel de l'individualité pour écouter l'assentiment impersonnel de la généralité. Et cet assentiment impersonnel de la généralité est ce qu'on nomme le Sens-commun, qui est la raison publique.—Or le Sens-commun où se trouve-t-il, sinon dans la Société?

Si l'homme ne peut jouir de sa raison que par le moyen de la raison de ses semblables, l'homme privé de la Société est comme privé de sa raison ; conséquemment de la connaissance de son but, conséquemment du moyen d'y arriver. L'homme social revêt donc un caractère nouveau; il faudrait dire qu'il prend une nature complètement supérieure, ou plutôt qu'il revêt la véritable nature de l'homme. Là, dans la Société, les lois en vertu desquelles il sera dirigé, et la justice avec laquelle il sera protégé, n'émaneront point d'une raison solitaire, exposée à l'arbitraire de l'individu ; mais émaneront de la raison intégrale, conservée infaillible dans le sein de la généralité. Comme individu, l'homme avait droit seulement à la raison que tout homme apporte en ce monde; comme être social, il prend part au trésor de l'humanité entière, il est en pleine communication avec la raison éternelle. Car le développement de cette partie de la raison qui a directement rapport à l'absolu, n'a lieu que dans la Société ; c'est là, veux-je dire, que la raison trouve le secours de la révélation, à laquelle elle adhère par la foi.

Oh! combien les hommes se doivent les uns aux autres, ils se doivent le Sens-commun, ils se doivent la foi ! Que l'homme est précieux pour l'homme! qu'elle est merveilleuse au milieu du temps cette Société qui donne l'homme à l'homme! Puis-je prévoir tout ce qu'elle sera pour lui par rapport à la vie absolue ?...

De ce que la lumière de la raison peut dévier et s'altérer en traversant l'intelligence individuelle, il ne faut donc pas inférer la mauvaise disposition de l'organisme psychologique. Dieu n'ayant pas fait l'homme pour vivre seul, les aberrations de l'individu ne retombent point sur un défaut de la création. C'est à l'homme de se mettre dans l'état où celle-ci veut qu'il soit. C'est à lui de se tenir dans la position naturelle pour laquelle Dieu l'a créé, c'est-à-dire dans la Société de ses semblables. Nous voyons bien que si Dieu avait voulu que l'homme vécût seul, il l'aurait créé tout autrement. Or déjà nous nous sommes aperçus de ce fait, à propos de la volonté, qui resterait assujettie sans l'éducation; de l'intelligence, qui resterait idiote sans le langage; et du corps, qui resterait malsain et misérable sans la culture. De sorte que, l'homme nous semble ici, encore plus que jamais, obligé de vivre dans la Société, puisque, de même qu'il ne peut trouver qu'en elle la propriété, l'éducation et le langage, qui entretiennent la vie de son corps, de sa volonté et de son intelligence; de même il ne peut trouver qu'en elle le Sens-commun, qui entretient l'infaillibilité de sa raison. La vie de notre âme, aussi bien que la vie de notre corps, dépend essentiellement de nos semblables. L'individu est incomplet, il ne se complète que par sa réunion à l'humanité.

Mais nous avons si souvent rencontré cette conclusion, que nous allons être bientôt obligés de considérer l'individu comme une partie d'un tout. En effet, isolez l'homme, sa raison perd toutes ses prérogatives d'infaillibilité. C'est ici le cas de dire que l'homme n'est qu'une unité fractionnaire qui tient à un dénominateur; ou plutôt que c'est un véritable zéro dont la valeur est dans la place qu'il occupe, c'est-à-dire, dans son rapport avec l'entier. Mais encore une fois, pourquoi l'humanité a-t-elle été ainsi partagée en individus, quand, pour retrouver les avantages de leur nature, ces individus sont obligés de se réunir et de recomposer leur unité d'espèce ? Ce fait, comme nous l'avons déjà dit, nous donnera peut-être un jour le secret cosmogonique de l'humanité, il nous révèlera le mystère de sa constitution et de son but dans l'absolu. Pour le moment nous ne pouvons constater qu'une chose, c'est que la Société paraît être le seul moyen que possède l'humanité pour retrouver, au milieu du temps, son unité et sa vie. Après tout, l'unité dans les choses ne doit être que la centralisation des conditions de l'existence.

Ainsi, nous parvenons à la raison comme nous parvenons à la vie, en nous plaçant dans le sein de la Société. Si le corps s'isole par la paresse, obstacle à ce qu'il profite de la propriété, si la volonté s'isole par l'incorrigibilité, obstacle à ce qu'elle profite de l'éducation, et si l'intelligence s'isole par l'ignorance, obstacle à ce qu'elle profite de la parole, la raison s'isole par l'incrédulité, qui est l'obstacle à ce qu'elle profite du Sens-commun. Or, de même que le corps, que la volonté et que l'intelligence, sitôt que la raison s'isole, elle se met dans un état contre nature, elle laisse échapper les conditions nécessaires à son existence, elle rompt autour d'elle les canaux par lesquels sa vie est entretenue. Du moment que l'homme empêche sa raison de communiquer avec le Sens-commun, la vie rationelle se pervertit en lui, et la folie annule sa personnalité. Or, l'acte par lequel l'homme ouvre son intelligence au Sens-commun est la foi. La foi est le fondement de la raison.

De sorte que, si l'homme est déposé sur la terre pour qu'il puisse de lui-même arriver à son but ; s'il ne peut arriver à son but sans réaliser la loi qui doit l'y conduire; s'il ne peut réaliser cette loi sans la connaître ; s'il ne peut connaître cette loi sans qu'elle lui soit découverte par la raison ; s'il ne peut se faire éclairer de sa raison que par le moyen de la raison de ses semblables, c'est-à-dire si cette lumière, exposée à être altérée et à faillir dans le sein de l'individu, ne retrouve sa légitimité et son infaillibilité que dans le Sens-commun, comme le Sens-commun ne se trouve que dans la Société, dont il est la raison, nous pouvons répondre directement à la question de ce chapitre, que :

La Société est, dans le temps, la condition de l'existence et du développement de l'homme, comme être doué de raison ; ainsi qu'elle est déjà la condition de son existence et de son développement comme être doué d'un corps, comme être doué de volonté et comme être doué d'une intelligence. Enfin la Société est son état naturel ici-bas, puisqu'elle est son état nécessaire.

Mais l'homme n'est pas seulement 1° un être doué d'un corps, 2° un être doué de volonté, 3° un être doué d'une intelligence, 4° un être doué de raison, n'est-ce pas aussi un être doué du Cœur, puisque le corps, la volonté, l'intelligence et la raison n'en sont que les instruments ?

Alors, sous ce dernier point de vue, quelle sera, dans le temps, la condition de l'existence de l'homme ?

Sommaire. — Au lieu de faire le Sommaire de ce chapitre, qui n'est lui-même que le Sommaire de la grande question de la certitude, je me contenterai d'en rappeler quatre points principaux.

— Premièrement, la distinction de la raison et de l'intelligence : la raison, qui est Dieu en tant qu'il nous éclaire, et l'intelligence, qui est le moi en tant qu'il se sert de la raison ; la raison, qui est naturellement divine, absolue, infaillible, et l'intelligence, qui est naturellement humaine, relative, sujette à l'erreur ; la raison conséquemment qu'il faut consulter toute pure, et non point lorsqu'elle a passé à travers l'intelligence où elle a pu être altérée.

— Secondement, la démonstration de l'infaillibilité du Sens-commun : il ne suffit pas de dire, comme on l'a fait, que le Sens-commun est la raison générale, universelle, et que c'est pour cela qu'il est plus infaillible que la raison dans l'individu ; car on pourrait dire aussi que la raison dans l'individu est générale, universelle, et que c'est pour cela qu'elle est aussi infaillible que la raison dans l'espèce. Mais il faut dire que si le Sens-commun a toutes les garanties d'infaillibilité, c'est qu'il est la même raison dans une position qui la met à l'abri de toute subjectivité.

— Troisièmement, la juste attribution de ce que l'on doit à la raison et de ce que l'on doit au Sens-commun : de manière à ne point attribuer à la raison ce qui est du ressort du Sens-commun, ni attribuer au Sens-commun ce qui est du ressort de la raison ; car ce n'est point le Sens-commun qui est en nous la lumière du bien, du vrai et du beau, et ce n'est point la raison qui est la source de notre certitude. Ce que l'on doit à la raison, ce sont les idées du vrai ; ce que l'on doit au Sens-commun, c'est la certitude de ces idées, c'est le critérium du vrai.

— Quatrièmement, ne pas confondre les trois sources de nos connaissances avec la source de la certitude de ces connaissances : que les trois sources de nos connaissances sont les sens pour le monde physique, le sens-intime pour le monde moral, la raison pour le Monde intelligible, et enfin l'histoire pour les faits passés ; et que la source de leur certitude est le Sens-commun vérifiant les rapports des sens sur le monde physique, les rapports du sens-intime sur le monde moral, les rapports de la raison sur le Monde intelligible, et les rapports de l'histoire sur les faits passés. Le Sens-commun n'est que la certitude de la raison, du sens-intime et des sens, portée à sa plus haute puissance.

De sorte que la foi qu'on ajoute au Sens-commun n'est autre chose que la foi qu'on ajoute au moyen que Dieu nous a donné pour connaître, dépouillé de tout ce qui peut l'altérer. — Car la raison est le moyen que Dieu nous a donné de connaître ; si donc nous trouvons un cas où la raison est préservée de toute altération, nous trouvons l'occasion d'ajouter foi à la vérité que Dieu nous fait connaître. — Or la vérité est la connaissance de ce que l'homme doit faire pour arriver à la vie absolue, c'est-à-dire la connaissance de sa loi. — Ainsi, comme l'homme ne peut vivre et accomplir sa destination ici-bas sans réaliser sa loi, comme il ne peut réaliser sa loi sans la connaître avec certitude, comme il ne peut la connaître avec certitude si la raison ou moyen de connaître n'est pas certaine, comme la raison ne peut donner de certitude si elle n'est appuyée par le Sens-commun, et comme le Sens-commun n'existe que dans la Société, nous devons répondre à la question de ce chapitre, que : la Société est, dans le temps, la condition de l'existence de l'homme comme être doué de raison ; ainsi qu'elle est déjà la condition de son existence comme être doué d'une intelligence, comme être doué de volonté et comme être doué d'un corps. — Mais l'homme n'est-il pas aussi l'être doué du cœur, puisque c'est pour ce dernier qu'ont été faits la raison, l'intelligence, la volonté et le corps ? Sous ce dernier point de vue, quelle sera, dans le temps, la condition de l'existence de l'homme ?

ORIGINE DES PROVERBES
d'après l'écriture.

Le Livre des Proverbes de Salomon commence ainsi : « Proverbes de Salomon, fils de David, roi d'Israël, pour connaître la sagesse et la discipline, pour donner la lumière de l'intelligence, la justice, le jugement, et l'équité ; pour comprendre les paroles de la prudence ; pour inspirer la sagesse au simples, la science et l'habileté aux enfants ; le sage en les écoutant deviendra plus sage, et l'homme prudent apprendra l'art de gouverner ; il pénétrera les paraboles et leurs secrets, les discours des sages et leurs mystères. La sagesse ne crie-t-elle pas, et la prudence n'élève-t-elle pas la voix ? Elle se montre sur les hauteurs, le long des chemins, sur les places publiques. Elle dit près des portes de la ville, et dans le vestibule des maisons :

« Hommes, c'est pour vous que je crie, et ma voix s'adresse
« aux enfants des hommes. Ecoutez ; car je parlerai de choses
« grandes, les sources de la vérité jailliront de ma bouche.
« Préférez mes enseignements et ma science à l'or le plus pur,
« car je suis la Sagesse. Moi, la Sagesse, j'habite dans le con-
« seil, et je pénètre dans les profondeurs de l'intelligence.
« Par moi les rois règnent, et les législateurs rendent les lois.
« Par moi règnent les princes, et les puissants, et tous les
« juges de la terre. L'opulence et la gloire sont à moi ; le bien
« durable est la justice. Observe mes préceptes, et tu vivras ;

« garde ma loi comme la prunelle de ton œil; attache-la à ton
« doigt : mes dons valent mieux que les saphirs. J'aime ceux
« qui m'aiment; et ceux qui me cherchent me trouvent. Je
« marche dans la voie droite au milieu des sentiers de l'équité,
« pour découvrir à ceux qui m'aiment les biens véritables, et
« pour remplir leurs trésors. A moi le conseil et la puissance,
« la prudence et la force. Le Seigneur m'a possédée au com-
« mencement de ses voies; avant ses œuvres j'étais. Dès l'é-
« ternité j'ai été sacrée, dès le commencement, avant que la
« terre fût. Les abîmes n'étaient pas, et j'étais engendrée
« avant les sources d'eaux. Les montagnes n'étaient pas affer-
« mies, et j'étais avant les collines. Lorsque le Seigneur éten-
« dait les cieux, j'étais là; lorsqu'il entourait l'abîme d'une
« digue, lorsqu'il suspendait les nuées, lorsqu'il posait les
« fondements de la terre, alors j'étais auprès de lui; nourrie
« par lui, j'étais tous les jours ses délices, me jouant sans cesse
« devant lui, me jouant dans l'univers; et mes délices sont d'ha-
« biter avec les enfants des hommes. Maintenant donc, ô mes
« enfants, écoutez-moi, etc. » — Et suivent les proverbes.

IMPERSONNALITÉ DES PROVERBES.

Les Français disent : Un tiens vaut mieux que deux tu l'auras. Les Anglais : Moineau dans la main vaut mieux que deux dans le buisson. Les Ecossais : Ce qu'on veut avoir demain, il faut le tenir aujourd'hui. Les Allemands : Je l'ai est mieux que je l'aurai. Les Italiens : Qui laisse le peu pour avoir le plus, n'aura ni l'un ni l'autre. Les Espagnols : Roitelet qu'on tient vaut mieux que le vautour qui vole. Les Anciens disaient : Il vaut mieux avoir l'œuf aujourd'hui que la poule demain.

Les Français disent : Chose commencée est à demi-achevée. Les Allemands : Ce qui est courageusement hasardé est à moitié gagné. Les Anglais : Le premier coup est la moitié de la bataille. Les Ecossais : Chose une fois commencée est à moitié finie. Les

Italiens : Heureux commencement est la moitié de l'œuvre. Les Espagnols : Château démoli est à moitié refait. Les Grecs disaient : Il y a toute une moitié dans un commencement. Les Romains : Celui qui a commencé a déjà la moitié de son ouvrage.

Les Français disent : Ce qu'on apprend au berceau demeure jusqu'au tombeau. Les Allemands : Ce que Jeannot n'apprend pas, Jean ne le saura pas. Les Anglais : Ce qui a été mis dans la moelle ne quittera jamais la chair. Les Italiens : Ce qu'on gagne étant jeune, devenu vieux nous reste. Les Espagnols : A jeunesse oisive vieillesse pénible. Les Anciens disaient : Il faut apprendre en sa jeunesse pour savoir en sa vieillesse.

Les Français disent : L'habit ne fait pas le moine ; ou bien : Il ne faut pas juger sur l'étiquette du sac. Les Anglais : On ne connait pas le vin au tonneau, ni l'homme au manteau. Les Allemands : Il ne faut pas croire à l'apparence. Les Espagnols : Encore qu'il soit vêtu de soie, le singe est toujours singe. Les Orientaux : Le tambour avec tout son bruit n'est rempli que de rien. Les Grecs disaient : La poule vient crier dans un endroit et va pondre dans l'autre. Les Romains : Tous ceux qui portent des harpes ne sont pas musiciens.

Les Français disent : Donner un œuf pour avoir un bœuf. Les Allemands : Jeter une saucisse pour avoir un jambon. Les Anglais : Est insensé qui ne sait pas donner un chien pour avoir un bœuf. Les Italiens : Jeter un vermisseau pour prendre un brochet. Les Espagnols : Mettre un petit caillou pour retrouver un soc de charrue. Les anciens disaient : Donner du cuivre pour avoir de l'or.

Les Français disent : Les chiens ne font pas des chats. Les Anglais : Le jeune corbeau ne tarde pas à croasser comme les vieux. Les Allemands : La pomme ne tombe jamais bien loin de sa tige. Les Italiens : Un loup n'engendre pas des brebis. Les Espagnols : Araignée, qui t'a faite? Une araignée comme moi. Les anciens disaient : La couleuvre n'engendre pas une corde.

Les Français disent : Qui trop embrasse, mal étreint. Les

Allemands : Trop conquérir n'est pas bon. Les Anglais : Trop savoir donne des maux de tête. Les Espagnols : Qui tire trop la corde, la rompt. Les Italiens : Qui prend tout, perd tout. Les anciens : Qui veut trop avoir, n'a rien.

Les Français disent : Dis-moi qui tu hantes, je te dirai qui tu es. Les Allemands : L'homme est connu par sa compagnie. Les Anglais : Fréquente une honnête compagnie, tu passeras pour honnête toi-même. Les Italiens : Avec les bons on devient bon. Les Juifs : Qui marche avec les sages, est sage ; qui nourrit des insensés, sera semblable à eux. Les anciens : Avec les méchants tu deviendras méchant.

Les Français disent : Ce qui vient au son de la flûte, s'en retourne au son du tambour. Les Allemands : Comme on a gagné, ainsi l'on dépense. Les Anglais : Ce qui vient sur le dos du diable, se dépense sous son ventre. Les Italiens : Facilement venu, facilement s'en va. [1]

---

[1] On ne trouve pas seulement chez tous les peuples les mêmes proverbes sous des formes différentes, mais on y retrouve jusqu'aux expressions proverbiales.

Par exemple, nous disons : Plus noble qu'Adam ; les Anciens disaient : Plus noble que Cécrops.

Les modernes : Il tondrait un œuf ; les anciens : Il ramasserait des graines de cumin.

Les modernes : Disputer sur la pointe d'une aiguille ; les anciens : Disputer sur l'ombre d'un âne.

Les modernes : Chercher les puces parmi la paille ; les anciens : Chercher une aiguille dans le foin.

Les modernes : Tout nouveau, tout est beau ; les anciens : Qui prend des culottes pour la première fois, les regarde à chaque pas.

Les modernes : Il dit tout ce qui lui passe par la tête ; les anciens : Il dit tout ce qui lui vient sur la langue.

Les modernes : Il ne se fait pas tirer la manche ; les anciens : Il ne s'fait pas arrêter par son manteau.

Les modernes : Il ne sait pas dire un mot ; les anciens : Nec mu, nec ma argutus.

Les modernes : Sec comme un hareng saure ; les anciens : Transparent comme une lanterne de Troie.

Les modernes : Chercher midi à quatorze heures ; les anciens : Chercher un nœud dans un jonc.

Les modernes : S'entendre comme des larrons en foire ; les anciens : Autant de marchands d'huile du quai de Valabre.

Les modernes : Morte la bête, mort le venin ; les anciens : Chiens morts ne mordent plus.

Les modernes : A bon chat, bon rat ; les anciens : A chair de loup, dent de chien.

Les modernes : Plus de bruit que de besogne ; les anciens : Grand vanteur, petit faiseur ; etc., etc.

Ainsi, sans aller trop loin, nous trouverions des proverbes sur la Providence, sur la morale, sur la sagesse, sur la psychologie, sur l'économie publique, sur l'expérience, sur la prudence, etc. Les uns disent ce qu'on doit penser, et ils le disent avec une rare mesure; les autres prescrivent ce qu'on doit faire, et ils le prescrivent avec une rare sagesse; d'autres nous préviennent de ce qu'il faut éviter, et ils nous en préviennent avec une rare perspicacité; d'autres constatent des faits habituels, et ils les constatent avec une rare exactitude.

Des Proverbes sur la Providence, comme, par exemple, ceux-ci : Tout est facile à qui Dieu aide. — Dieu sait mieux que nous ce qu'il nous faut. — A brebis tondue Dieu mesure le vent. — Les Italiens disent : Dieu envoie le froid selon la robe. — Les Français : L'homme n'a jamais plus de mal qu'il n'en peut supporter. — Ce que Dieu garde est bien gardé. — Dieu est le premier artisan de l'univers. — L'homme propose, et Dieu dispose. — Les Allemands : L'homme pense, et Dieu dirige. — Quand Dieu aime quelqu'un, cela se connaît à sa maison. — Les Anglais : Lorsque Dieu veut du bien à un homme, il entre dans sa maison. — Les Espagnols : Celui que Dieu aide est encore plus avancé que celui qui se lève matin. — Les Juifs : Nul bien pour l'impie. — Souvenez-vous du Créateur aux jours de la jeunesse. — Le Seigneur est le trésor du juste et le bouclier de l'innocent. — La malédiction de Dieu est sur la maison de l'impie; etc., etc.

Des Proverbes sur la morale, comme par exemple ceux-ci : Un bienfait trouve toujours sa récompense. — Bien mal acquis ne profite jamais. — A bien faire il n'y pas de reproche. — Le méchant n'est jamais heureux. — Il faut s'attendre à la pareille. — Mieux vaut règle que rente. — Le mal est pour celui qui le médite. — Mieux vaut perdre son bien que de gagner celui des autres. — Le premier châtiment du crime est de l'avoir commis. — La vertu est à elle-même sa première récompense. — Qui aime les hommes est plus aimé qu'un frère. — Fais ce que tu dois, advienne que pourra. — Les

Espagnols disent : Après avoir fait ce que tu dois, fasse la fortune ce qu'elle voudra. — Les Ecossais: Fais ce qui convient, et Dieu fera le bien. — Fais le bien, et tu ne te défieras de personne. — Fais le mal, et tu craindras tout le monde. — Qui plaisir fait, plaisir reçoit. — On ne peut être à la fois juge et partie. — Celui qui tient le sac est aussi coupable que celui qui met dedans. — Mieux absoudre vingt criminels que de condamner un innocent; etc., etc.

Des Proverbes sur la sagesse, comme par exemple ceux-ci : Ne sois pas sage à tes propres yeux. — L'oisiveté est la mère de tous les vices. — Le temps perdu ne se rachète jamais. — La défiance est la mère de la sûreté. — L'expérience n'est jamais trop payée. — Ce n'est pas bien qui bien fait, mais l'usage qu'on en fait. — Comme on se comporte, ainsi l'on trouve. — Prends garde, on meurt comme on a vécu. — On ne devient pas méchant tout-à-coup. — La crainte du Seigneur est le commencement de la sagesse. — Qui écoute bons conseils, fait le bien. — Avec les bons on devient bon. — Celui qui creuse une fosse y tombera. — Contentement passe richesse. — Il faut prendre le temps comme il vient. — Mieux vaut tard que jamais. — Bien dire fait rire, bien faire fait taire. — Quand d'autrui parler voudras, regarde-toi et te tairas. — Le meilleur remède aux injures est de les oublier. — Il ne faut pas jeter le manche après la cognée. — Une once de discrétion vaut une livre de sagesse. — Celui qui donne vend cher, si celui qui reçoit n'est pas ingrat. — Il ne faut pas condamner sans entendre. — Qui n'entend qu'une cloche, n'entend qu'un son. — Qui mal veut, mal lui arrive; etc., etc.

Des Proverbes sur la psychologie, comme par exemple ceux-ci : On peut tout ce que l'on veut. — Le sage seul est libre. — L'homme est le fruit de ses œuvres. — Qui tard veut, ne veut. — Chassez le naturel, il revient au galop. — C'est l'intention qui fait l'action, ou l'intention est réputée pour le fait. — L'habitude est une seconde nature. — On connaît l'homme à ses actions. — Le cœur du sage est dans sa main droite. — L'homme est tout dans le cœur. — L'homme grave ses souvenirs dans son cœur. — Le cœur ne vieillit pas. — Les grandes pensées viennent du cœur. — Aimer de tout son cœur. — L'homme bon tire de bonnes choses du bon trésor de son cœur. — Du cœur viennent quatre choses : le bien et le mal, la vie et la mort. — La conscience est la voix de Dieu. — La vérité est fille du ciel; ou, comme les Espagnols : *La verdad es hija de algo.* — Les Orientaux disent : Il n'est pas de plus dangereuse maladie que la perte du bon sens ; etc., etc.

Des Proverbes sur l'économie publique, comme par exemple ceux-ci : Tant vaut l'homme, tant vaut sa terre [1]. — Chacun son métier, et les vaches sont bien gardées [2]. — Ou comme dit le proverbe anglais : Plusieurs mains rendent le travail facile. — Il ne faut pas manger son bien en herbe [3]. — Les petits ruisseaux font les grandes rivières. — Le bien cherche le bien [4]. — Qui ne hasarde rien, n'a rien. — La main vigilante dominera, et la main paresseuse sera tributaire [5]. — Les grands besoins naissent des grands biens [6]. — Il faut battre le fer pendant qu'il est chaud. — Point de moisson sans travail. — Par la paresse tomberont les toits. — Celui qui néglige ses biens est frère de celui qui les dissipe. — Ne remets jamais au lendemain. — Le paresseux est frère du mendiant [7]. — On n'a rien sans peine. — A toile ourdie Dieu envoie le fil. — Les alouettes ne tombent pas toutes rôties dans la bouche. — Qui achète le superflu, vendra bientôt le nécessaire. — Pierre qui roule n'amasse pas mousse. — Le vin donné aux ouvriers est toujours le mieux vendu. — Il n'y a pas de sots métiers, il n'y a que de sottes gens. — Toujours pêche qui en prend un ; etc., etc.

Des Proverbes sur la prudence, comme par exemple ceux-ci:

---

[1] Théorie du travail.
[2] Théorie de la division du travail.
[3] Théorie du capital.
[4] Théorie des capitaux.
[5] Théorie de l'origine des classes bourgeoises et des classes ouvrières.
[6] Théorie du luxe.
[7] Théorie du paupérisme.

Dans tout ce que tu fais, considère la fin. — Les meilleurs nageurs se noient. — Trop parler nuit, trop gratter cuit. — Une aiguille pour la bourse, et deux pour la bouche. — Une once de discrétion vaut une livre de sagesse. — Il n'y a pas de petit ennemi. — Dans le doute abstiens-toi. — Gagne le chien par tes caresses, mais ne dépose pas ton bâton. — Le fin trouve toujours un plus fin qui le trompe. — Dieu me garde des eaux dormantes, je me garderai des eaux courantes. — On ne saurait courir deux lièvres à la fois. — Tant va la cruche à l'eau qu'enfin elle se casse. — Qui se fait brebis, le loup le mange. — Chat ganté ne prit jamais rats. — Ne dis ni ton nom ni tes affaires à qui tu ne connais guère. — Il ne faut qu'une brebis galeuse pour infecter tout un troupeau. — Le don d'un homme intéressé est une demande. — Vin versé, il faut le boire. — Mal soupe qui trop dîne. — L'occasion fait le larron. — L'épine croît à côté de la rose; etc., etc.

Des Proverbes sur l'expérience, comme par exemple ceux-ci : Bon droit a besoin d'aide. — Plus fait douceur que violence. — On fait ce qu'on peut et non pas ce qu'on veut. — D'un mauvais payeur prends un sac de paille. — Mieux vaut tard que jamais. — Point de fumée sans feu. — Qui déprécie veut acheter. — N'entre point si ne vois par où tu sortiras. — Les présents entrent partout sans avoir besoin de tirer la sonnette. — A quelque chose malheur est bon. — Il n'y a pas de plaisir sans peine. — Qui a bu boira. — Les anciens disaient : La vieille a trouvé les figues bonnes, elle en cherchera toute la journée. — Les jours se suivent et ne se ressemblent pas. — Le Diable n'avait pas de chèvres, et cependant il vendait du fromage. — Si tu entends dire qu'il y a quelque part beaucoup de cerises, ne prends avec toi qu'un petit panier. — Le courage se connaît dans l'épreuve, la sagesse dans l'offense, l'amitié dans le besoin; etc., etc.

V.

Quelle est, dans le temps, la condition de l'existence de l'homme, comme être doué du Cœur?

De la Famille.

Nous avons vu comment le corps, la volonté, l'intelligence et la raison reçoivent la vie pour le service du cœur dans le temps; voyons comment à son tour le cœur y reçoit la vie qui doit le conduire jusque dans l'absolu.

Si l'homme, qui n'est autre chose que le cœur, a été mis sur la terre pour se former de lui-même à la vie absolue, comme la vie absolue est l'amour, l'état où l'homme pourra le mieux se préparer à cette sublime vie, ne sera-t-il pas nécessairement l'état qui offrira tous les moyens de développer en lui l'amour ? Si donc il est un état sur la terre où l'homme trouve tout à la fois 1° la vie du cœur, et que cette vie soit pour lui comme un devoir et comme une inclination ; 2° des êtres en quelque sorte formés pour son cœur, tout occupés à en réveiller les sentiments les plus tendres, et où l'on va même jusqu'à les lui imposer comme une obligation, ce sera bien assurément là l'état naturel de l'homme ! Ce sera bien là son état naturel, puisque, loin qu'il ait à y souffrir comme être doué d'amour, des personnes chéries viendront au contraire occuper ses affections, et soulager son cœur de l'absence de Dieu.

Toute vérité est dans la connaissance de l'absolu. Nous ne connaissons ici-bas que les choses que nous pouvons expliquer par les lois de l'absolu, lois qui ne peuvent s'expliquer elles-mêmes que par une connaissance de sa nature. Toute théorie sort d'une idée de Dieu, parce que toute théorie n'est que l'explication d'un être sorti de Dieu. La découverte d'un principe n'est que la découverte d'un motif de Dieu, et la découverte d'une loi n'est que la découverte du moyen qu'il emploie pour réaliser ce motif. Nous ne connaissons de la création que ce que nous connaissons de Dieu. Il faut nécessairement s'éclairer sur la nature de l'être absolu, si l'on veut s'éclairer sur la nature de l'être créé. C'est pourquoi, dans le cours de cette étude, nous sommes remontés à Dieu toutes les fois que nous avons voulu connaître ce qu'il y a de fondamental en l'homme ; comme nous le disions, il faut tirer la notion de l'être créé de celle de l'être qui l'a créé.

Par ce qu'il y a de fondamental en l'homme, nous voulons dire cette partie de nous-mêmes qui a été faite pour l'absolu, et non point cette partie qui n'a été faite que pour nous mettre en relation avec le temps. Car cette seconde partie, qui, à proprement parler, n'appartient pas à l'homme, trouverait peut-être sa raison dans le temps; tandis que la première partie, qui, à proprement parler, constitue l'homme, ne peut trouver sa raison que dans l'absolu. Enfin nous avons reconnu que le cœur est cette partie de l'homme appelée à jouir de la vie absolue, parce que le cœur est le siège de la personnalité, parce que le cœur est l'homme lui-même. Mais si déjà il a fallu tirer la notion de l'homme de la notion de Dieu, ne faudra-t-il pas, pour déterminer la loi et le but de l'existence de l'homme, savoir sur quelle loi et pour quel but il a été créé de Dieu ? Or pour connaître ainsi le but de Dieu dans la création, il faut connaître son motif; et pour connaître son motif, il faut connaître sa nature, afin de savoir quel peut être le principe de sa détermination.

Dieu est l'être qui existe par lui-même. Si Dieu existe par lui-même, il a en lui la source de son être; son existence, comme nous l'avons dit, est le produit de son intarissable causalité. Car, si l'être qui existe par lui-même ne trouvait pas en lui le principe de son existence, il ne serait pas l'être qui existe par lui-même. En Dieu, le principe de cet engendrement spontané est ce qu'on appelle la Puissance; puisque, pour exister ainsi, il faut qu'il le *puisse*. La notion de l'Être implique donc nécessairement la notion de Puissance. Mais il ne suffit pas de pouvoir, il faut savoir; il faut que la puissance soit dirigée dans son action par la connaissance, car si la puissance ne savait pas produire, elle ne serait pas réellement la puissance. En Dieu, le principe qui dirige la Puissance est ce qu'on appelle la Sagesse; puisque, pour pouvoir, il faut qu'il *sache*. La notion de Puissance implique donc nécessairement la notion de Sagesse. Mais il ne suffit pas de pouvoir et de savoir, il faut vouloir; il faut que la puissance et la sagesse soient provoquées à l'action par le désir, car si la puissance restait sans produire, elle n'existerait pas réellement comme puissance. En Dieu, le principe qui détermine la Puissance et la Sagesse, est ce qu'on appelle l'Amour; puisque, pour agir, il faut qu'il le *désire*. La notion de Puissance et de Sagesse implique donc nécessairement la notion de l'Amour. L'Amour est le plus profond de Dieu. Dieu, c'est la puissance de l'Amour infini se réalisant d'après sa sagesse.

De là, comme il ne s'agit pas seulement de pouvoir pour faire, mais qu'il faut savoir, la puissance est dirigée par la sagesse; et comme il ne s'agit pas seulement de savoir pour faire, mais qu'il faut pouvoir, la sagesse est mise en application par la puissance ; enfin, comme il ne s'agit pas seulement de savoir et de pouvoir pour faire, mais qu'il faut vouloir, la puissance et la sagesse sont mises en action par l'amour. Ainsi la notion de l'Être implique nécessairement la notion de puissance; la notion de puissance implique nécessairement la notion de sagesse ; la notion de puissance et de sagesse implique nécessairement la notion de l'amour. La puissance peut, la sagesse sait, et l'amour veut. La puissance produit, la sagesse conduit la puissance, et l'amour la sollicite. L'amour est donc en Dieu le principe de détermination.

Car dans le fait la puissance qu'est-elle, sinon une cause? or la volonté aussi n'est qu'une cause; et la volonté, ou la détermination, ne peut venir que de l'amour. Si donc la connaissance n'est au fond que la puissance, puisque la puissance n'est que la connaissance mise en action, la puissance n'est au fond que l'amour, puisque la puissance n'est que l'amour en tant qu'il agit. Au fond, la connaissance n'est qu'une même chose avec la puissance, et la puissance n'est autre chose que l'amour. En effet si la sagesse est manifestée par la puissance, la puissance n'est que l'amour se manifestant. L'amour est le premier de l'Être; car il faut que la raison de l'être précède l'être. La puissance ne peut pas précéder l'amour, puisqu'elle n'est que l'amour en tant qu'il produit; la puissance ne peut pas précéder la sagesse, puisqu'elle ne serait pas la puissance si elle ne savait pas; l'amour seul paraît être l'origine de l'une et de l'autre. Comme la sagesse est le mode d'après lequel agit la puissance, et que la puissance n'est que l'amour en tant qu'il agit, la sagesse nous oblige de rentrer dans la puissance, et la puissance, de rentrer dans l'amour. L'amour est donc le fond de l'Être.

Première propriété de l'absolu, et ce par quoi se meuvent la puissance et la sagesse, l'amour est le principe de la Substance et n'a lui-même aucun principe. L'amour est la cause de l'être, la puissance en est la source, la sagesse en est la loi. Comme nous l'avons dit, l'amour est la cause des causes, lui-même sans cause. L'amour est sa raison d'être, parce qu'en effet il trouve en lui sa raison d'être, puisque c'est en lui qu'est le bonheur, conséquemment la volonté d'exister. Si c'est en lui qu'est la volonté, c'est en lui qu'est la causalité, c'est en lui conséquemment qu'est la puissance, qui n'est que la manifestation de la causalité, et c'est en lui conséquemment qu'est la sagesse, qui n'est que le mode selon lequel agit la puissance. Si la connaissance rentre dans la puissance, et si la puissance rentre dans l'amour, au fond Dieu est amour. Deus est charitas, dit S. Jean.

Des trois éléments de l'absolu, l'amour est donc celui qu'on est obligé de concevoir comme le principe des deux autres; car l'amour, ou ce par quoi la puissance et la connaissance sont en tant que puissance et connaissance, précède nécessairement, dans l'ordre ontologique, la puissance et la connaissance [1]. Mais il ne faudrait pas en dire autant dans l'ordre chronologique, car l'amour sans la puissance ne produirait pas, ce qui est impossible, puisqu'il est lui-même la puissance ou ce qui produit; et la puissance sans la sagesse ne saurait pas produire, ce qui est impossible, puisque la puis-

---

[1] Autre chose est l'ordre logique, autre chose est l'ordre ontologique. L'ordre logique est l'ordre selon lequel Dieu se manifeste à notre intelligence; c'est pourquoi la religion doit présenter Dieu à notre esprit selon l'ordre logique, comme elle l'a toujours fait. Ainsi elle doit nous présenter d'abord la puissance, puisque c'est la première chose qui nous frappe dans la création; ensuite l'intelligence, puisque c'est elle qu'on trouve derrière la puissance; enfin l'amour, puisque c'est lui qu'on pressent derrière la puissance et l'intelligence. Mais comme ces trois éléments sont coéternels, puisque aucun d'eux ne peut exister sans les autres, tout ceci ne fait rien à la notion de Dieu, cela ne vient que de la manière dont on la présente à l'homme. Si on la présente à l'intelligence, il faut aller de l'effet à la cause, c'est-à-dire suivre l'ordre logique; si on la présente à la raison, il faut aller de la cause à l'effet, c'est-à-dire suivre l'ordre ontologique.

Il faut, dit-on, que Dieu existe pour se connaître, et qu'il se connaisse pour s'aimer. C'est là, en effet, le considérer dans son action psychologique; tandis qu'ici nous le considérons dans l'ordre de sa génération.

sance suppose la connaissance ou ce qui sait produire. De sorte que l'amour n'est amour, c'est-à-dire pouvoir de se réaliser Être absolu, que parce qu'il est la puissance et la connaissance. Alors, comme l'amour ne serait rien sans la puissance par laquelle il agit, et sans la sagesse par laquelle il sait agir, et qu'au fond l'amour est puissance et sagesse, en établissant l'éternité et la primitivité de l'amour, nous n'avons fait qu'établir l'éternité et la primitivité de la puissance et de la sagesse. Mais bien que la puissance, la sagesse et l'amour soient coéternels, ce dernier est le fond des deux autres; il est la racine de l'être. S'il n'est pas conçu comme antérieur, il est conçu comme le premier dans l'ordre de l'action, il est le principe de détermination; il est ce qui fait que Dieu vit, veut et agit. D'ailleurs la volonté n'étant autre chose que l'activité de l'amour, comme tout ce que Dieu fait il le fait par sa volonté, l'amour est le principe de tout acte de Dieu. L'amour est donc le motif qui porte Dieu à s'engendrer lui-même, comme à engendrer tout ce qui n'est pas lui. Ainsi, l'amour est le motif de la création.

En effet, comme le propre de l'amour est de faire du bien, si Dieu est amour, il veut faire du bien. Dieu crée donc afin d'avoir à qui faire du bien. Or, comme l'existence est le premier des biens, puisque c'est celui qui rend possible la possession des autres, le premier acte de l'amour est de donner l'existence. Voilà pourquoi Dieu ne peut s'aimer sans s'engendrer lui-même, et pourquoi il ne peut aimer sans engendrer un autre que lui. Quand il existe, c'est qu'il se donne l'être, c'est-à-dire qu'il se donne à lui-même; quand il crée, c'est qu'il donne l'être, c'est-à-dire qu'il se donne à sa créature. L'amour est ainsi l'attribut le plus frappant que manifeste Dieu dans l'acte de sa propre existence, puisqu'il ne se réalise que par amour ; et dans l'acte de la création, puisqu'il ne la produit également que par amour. Celui qui est par lui-même, l'Être nécessaire, n'a d'autre désir que des désirs d'être, et ne trouve en lui d'autres mouvements que des mouvements d'amour ; ces désirs et ces mouvements ne s'étendent pas seulement à ce qu'il met dans son sein pour s'aimer, mais à ce qu'il met en dehors de son sein pour avoir autre que soi à aimer. L'amour, ou l'éternel mouvement qui entraîne la substance par l'ardeur de sa propre propagation, est le principe de l'Être infini comme de l'être fini.

Puisque l'amour est le motif de la création, puisque Dieu a créé pour avoir hors de lui des êtres qu'il puisse aimer et même dont il puisse être aimé ; en un mot, puisque le but que l'Être absolu a voulu atteindre par la création est que des êtres qui ne soient pas lui puissent jouir de son amour et de sa félicité, il est clair que la création doit être uniquement organisée dans cette vue. De sorte que la création tout entière ne doit être que l'ensemble des moyens que Dieu a disposés pour arriver à son but. Car Dieu a employé pour produire sa création, comme pour se réaliser lui-même, la puissance, la sagesse et l'amour. La création n'est que la puissance de l'amour de Dieu se manifestant selon les lois de sa sagesse.

Si tout absolument dans l'univers est destiné à concourir au but sublime que Dieu s'est proposé ; si rien de ce grand dessein n'a dû être oublié ni négligé dans son plan ; si, en effet, on s'aperçoit que tout y conduit dans la nature, comme la nature n'est faite que pour l'humanité [1] et que c'est l'humanité qui est faite pour Dieu, tout, dans la constitution de l'humanité, doit être encore plus évidemment préparé pour que la créature libre et spirituelle devienne cette source du libre et spirituel amour que Dieu désire retrouver au dehors de lui-même ?

De sorte que, si l'amour est le motif et le but divin de la création, comme il faut éliminer de la question la nature, qui n'est faite absolument que pour nous tenir dans le temps, il reste l'humanité ; et c'est par conséquent l'humanité dont l'existence et le développement ont l'amour pour motif et pour but. Si les créatures que renferme l'humanité sont précisément les êtres spirituels que Dieu a destinés dans la création à devenir l'objet de son amour et à partager sa félicité, nous devons, par le seul examen de la constitution de l'humanité dans le temps, retrouver le but pour lequel elle a été créée. Car créer un être pour un but, c'est le créer avec les moyens d'y arriver. Alors, comme ces moyens doivent faire partie de la nature de cet être, il ne s'agit plus, pour découvrir son but, que d'observer la constitution de cette nature. Il doit y avoir dans la vie présente de l'humanité les secrets de sa vie absolue et définitive.

---

[1] « L'homme ne connaît rien de plus noble et de plus relevé que lui-même dans toute la création. Si l'homme connaissait des êtres créés plus relevés que lui, il cesserait de se considérer comme le but final, il ne serait plus pour ces êtres supérieurs qu'un moyen pour arriver à leurs fins. »

Hepp, *Théorie de la vie soc.*, liv. 1er, de la science en général.

DE L'EXISTENCE DE L'HOMME.

En possession de la pensée de Dieu, il ne nous serait peut-être pas difficile maintenant d'expliquer l'œuvre par laquelle il a voulu la réaliser, c'est-à-dire d'expliquer de suite la constitution de l'humanité par le principe de l'amour. Mais étudions plutôt en elle-même la constitution de l'humanité, ce sera un nouveau moyen de vérifier la pensée avec laquelle nous prétendons l'expliquer. De cette manière nous serons encore à temps de rejeter cette pensée explicative si nous nous sommes trompés, ou de l'adopter décidément si elle vient à ressortir de cette investigation expérimentale.

D'ailleurs, si Dieu a pour but de sa création la félicité de l'homme, comme la félicité consiste en la possession du bien infini, que l'amour est l'acte par lequel l'homme se porte d'abord vers ce bien infini, puis s'unit avec lui et enfin le possède; et comme la vie du temps n'a dû être faite que pour nous conduire à cette félicité, nous devons retrouver dans la vie du temps un système complet d'éducation pour élever naturellement notre cœur à l'amour.

Or, si cette vie temporelle a été posée entre nous et la vie de l'éternel amour, pour laquelle nous sommes directement faits, c'est que cela était indispensable, ainsi que du reste nous l'avons déjà compris en observant quelle était la nécessité que nous fussions créés libres, et que, par conséquent, notre liberté eût un lieu et du temps pour se former, afin que, concourant à sa raison d'être, l'homme se constituât une personne vis-à-vis de l'absolu. Mais puisque précisément il faut que cette liberté, à laquelle est attachée la question de l'humanité, vienne se former et se constituer dans le temps, elle n'y apparaît donc pas, en commençant, bien puissante et capable de bien grands efforts ?

Aussi, non-seulement cette vie doit être pour notre amour le lieu de son épreuve, mais encore elle doit se trouver disposée comme une échelle d'initiation dont les premiers degrés, presque de plein pied, puissent être facilement franchis par l'homme, afin que de là son cœur s'élève insensiblement jusqu'à son but réel. Si le cœur de l'homme avait dans sa liberté la puissance de s'élever tout d'abord à cet amour infini qui constitue la félicité des Cieux, il est clair qu'il n'aurait pas besoin de passer par cette vie, et qu'il irait aussitôt rejoindre les anges.

De sorte que si l'homme vient en ce monde, c'est qu'il a besoin de faire naître et de développer insensiblement en lui la vie d'amour dont on vit dans l'infini, c'est-à-dire la vie en possession de Dieu. Puisque l'être spirituel a besoin de développer en lui la vie de l'amour, il ne se présente donc ici-bas qu'en puissance d'être, c'est-à-dire comme un germe à qui l'on fournira tous les matériaux nécessaires à sa formation.

L'homme doit alors apparaître d'une telle manière au milieu du genre humain, qu'en arrivant il soit aussitôt possible à son cœur de s'éveiller à l'amour, et qu'il se trouve de suite indispensablement engagé dans une série de circonstances d'où son cœur ne puisse sortir sans avoir passé par toutes les conditions nécessaires au développement de l'amour qu'il lui faut pour se mettre en possession de Dieu.

Et puisque l'homme n'est envoyé en ce monde que pour se former à l'amour, cette position particulière, dans laquelle il faut qu'il s'y trouve, ne doit-elle pas être le fait capital et le plus universel de l'humanité, puisque, sans ce fait, l'être spirituel se trouverait perdu sur la terre, suspendu entre le néant et l'inaccessible éternité? Que dis-je, ce fait ne peut pas être seulement le plus universel, le plus indispensable de tous les faits de la vie du temps, ne doit-il pas encore se multiplier aussi nombreux que les enfants des hommes? ne doit-il pas se répéter à l'égard de chacun d'eux, puisque chacun d'eux n'est envoyé sur notre malheureuse terre qu'afin de trouver dans cet état, dans cette position particulière, tout ce qui est nécessaire pour former son cœur à la vie absolue?

Ce n'est pas tout : puisque la créature spirituelle ne vient en ce monde que pour développer en elle la vie de l'amour, cette position nécessaire de l'être humain, cet état où le cœur trouve une atmosphère où il commence en quelque sorte à prendre sa respiration, doit avoir été tellement imposé comme l'indispensable condition de l'existence temporelle de l'homme, que sans cet état il soit impossible à tout être humain, je ne dis pas d'exister quelques instants, mais même de venir au monde.

Ainsi, il ne suffit pas que cette position nécessaire de l'être humain soit ce qu'il y a de plus universel dans l'humanité, que ce soit un fait aussi répété que les individus qu'elle renferme, ne doit-elle pas encore se trouver dans la constitution même du genre humain, de telle sorte que le moindre des enfants des hommes ne puisse venir en ce monde sans apparaître dans cette position? Et cette position nécessaire de l'être spirituel, cette position qui doit faire son état naturel dans ce monde, ne sera-t-elle pas conséquemment le phénomène le plus frappant de la constitution de l'humanité ? Et par cela seul, ce fait ne serait-il pas en lui-même le plus fécond à interroger ? car ce qui s'y opère nous montrera évidemment ce qui se prépare en nous; et ce qui se prépare en nous, ce à quoi nous devons être préparés.

Quelle est donc en ce monde cette position nécessaire de la créature spirituelle; quelle est cette espèce d'enveloppe en laquelle on la rencontre nécessairement au milieu de l'humanité; cet état où son cœur, ouvert à la vie, se trouve enlacé dans une suite de circonstances merveilleusement enchaînées et graduées pour offrir toutes les conditions indispensables au développement de son amour ? Quel est-il ce milieu inhérent à l'individu, ce fait qui a commencé avec le premier humain, et qui ne peut cesser qu'avec le dernier ; ce fait qui est aussi répété que les enfants des hommes, ce fait hors duquel l'individu ne peut ni exister, ni seulement apparaître en ce monde? quel est, en un mot, ce fait qui doit être la loi même de la constitution du genre humain, sinon LA FAMILLE?

Et la famille n'est-elle pas effectivement la condition du genre humain ? ne forme-t-elle pas sa constitution même ? L'individu peut-il apparaître en ce monde sans la famille ; autrement dit, a-t-il jamais existé un homme sans qu'il eût un père et une mère ? L'enfant peut-il naître ici-bas et recevoir les soins nécessaires pour devenir adulte, sans la famille? L'adulte peut-il vivre et satisfaire les besoins de sa double nature, sans former à son tour une famille ? Le vieillard peut-il vivre et recevoir les soins qu'exige son âge, sans sa famille ? La famille n'est-elle pas la position natu-

DE L'EXISTENCE DE L'HOMME.

relle, nécessaire de l'individu, enfin n'est-elle pas le milieu créateur et conservateur de l'homme ? Alors pourrait-il exister un homme sans la famille ? Bien plus, l'homme, la femme et l'enfant n'étant que des éléments qui, pris isolément, n'offrent plus les conditions de leur existence et de leur fin, la famille n'est-elle pas l'homme véritable, l'être humain complet ? Concevoir l'homme sans la famille, ne serait-ce pas aussi absurde que de concevoir un être sans les conditions de son existence ?

Tel est donc ce fait capital, ce fait le plus universel de l'humanité.

Mais pourquoi ? Sinon parce que la famille est précisément cet état où le cœur de l'homme est éveillé à l'amour à l'instant qu'il arrive ici-bas : car, lorsque Dieu nous envoie en ce monde, nous tombons dans les bras d'une mère [1] ! Sinon parce que la famille se compose précisément de cette merveilleuse enchaînure de circonstances que traverse le cœur en se mûrissant à l'amour, comme un fruit pour l'éternité : car, lorsque chacun de ces jeunes anges de la terre aura épelé l'amour sur les lèvres de sa mère, ne trouvera-t-il pas aussitôt, grâce à la famille, un père à aimer ? puis, des frères ? puis, son épouse ? puis, ses enfants ?.....

---

[1] Savez-vous ce que c'est que d'avoir une mère ?. savez-vous ce que c'est que d'être enfant, pauvre enfant, faible, nu, misérable, affamé, seul au monde, et de sentir que vous avez auprès de vous, autour de vous, au-dessus de vous, marchant quand vous marchez, s'arrêtant quand vous vous arrêtez, souriant quand vous pleurez, une femme ?.. non, on ne sait pas encore que c'est une femme, un ange qui est là qui vous regarde, qui vous apprend à parler, qui vous apprend à rire, qui vous apprend à aimer ! qui échauffe vos doigts dans ses mains, votre corps dans ses genoux, votre âme dans son cœur ! qui vous donne son lait quand vous êtes petit, son pain quand vous êtes grand, sa vie toujours ! à qui vous dites ma mère, et qui vous dit mon enfant, d'une manière si douce, que ces deux mots-là réjouissent Dieu. — Victor Hugo.

Lorsque l'homme, en arrivant ici-bas, a trouvé l'hôtel de la famille tout garni pour le recevoir, la première faculté qui s'est réveillée a dû être le cœur; et comme il n'est plus sorti de la famille, l'amour n'a pu s'éteindre en lui.

En effet, l'amour filial, l'amour fraternel, l'amour conjugal et l'amour paternel ne se trouvent-ils pas placés de distance en distance sur le chemin de la vie, afin que l'homme ne puisse la traverser sans passer par toutes ces sortes d'amours, qui sont autant d'épreuves et d'attrayantes initiations pour son cœur? Et cette série admirable d'initiations ne compose-t-elle pas le cercle de la famille? Enclavé ainsi dans la famille, l'homme ne peut pas plus en sortir qu'un astre ne peut sortir du cercle qui lui est tracé. C'est elle qui lui donne en naissant un père et une mère, c'est elle qui lui donne des frères et des sœurs, c'est elle qui lui donne une épouse [1], c'est elle enfin qui lui donne des enfants et des petits-enfants à chérir. La famille est l'orbite que l'homme doit parcourir; ou plutôt, la parabole qu'il doit suivre pour s'échapper du temps. La famille le prend au berceau et le conduit au-delà de la tombe, sans le quitter un instant. Avant que l'homme paraisse sur la terre, la famille s'est déjà préparée pour le recevoir: en y arrivant il trouve une mère et un père qui

---

[1] Je te le dis, une seule femme a pu être à la fois, et ma sœur vénérée, et mon épouse mystique. Cette femme fut pour moi la vision des Dieux; pour les autres elle fut la guérison des maux. Elle est apparue sur la terre à la fois pour éprouver et pour purifier. Elle a mis en moi des sentiments que les Dieux voulaient sans doute qui y fussent. Quand j'ai été ce que je devais être, elle m'a été ravie: c'était tout ce qu'il lui était donné d'accomplir. Toute l'inspiration est en moi; maintenant nulle créature humaine ne peut rien me révéler. — Oarutz.

l'attendaient, et lorsque le Ciel le ravit à cette terre, il laisse derrière lui des enfants dont les vœux le portent dans le sein de Dieu.

Au moyen de la famille, la vie de l'homme commence, se continue et se termine au milieu de l'amour. Cette vie n'est ainsi qu'un long acte d'amour ; c'est à l'homme de s'y prêter, de favoriser le déploiement de toutes les puissances de son cœur, pour lesquelles tous les êtres qui composent la famille ont été si harmonieusement combinés ; c'est à lui enfin de profiter de toutes les occasions d'amour dont Dieu l'a environné par le merveilleux système de la famille. Et quoi de plus propre à réveiller et à former le cœur de la créature spirituelle, que les êtres dont le créateur l'a ainsi entourée! La famille est le nid où la Colombe divine est venue déposer, dans le temps, les œufs qui doivent éclore pour la vie éternelle.

Eh ! qui n'aurait pas dit cela de la famille humaine ! que là où sont renfermées toutes les joies de l'homme sur la terre, là se forme l'être qui doit habiter le Ciel.

Mais que parlé-je de *famille humaine!* comme si le phénomène de la famille se retrouvait ailleurs que parmi les hommes. On ne peut, en effet, donner ce nom à la rencontre du mâle et de la femelle dans les brutes. Parmi les animaux il n'y a pas famille, il y a accouplement ; car le mâle et la femelle se retirent aussitôt après. Pour ce qui est de l'affection qui retient passagèrement la femelle auprès de ses petits, elle ne dure pas au-delà du temps que la nature a jugé nécessaire pour leur nourriture et leur conservation. Comme on l'a remarqué en zoologie, les petits restent liés à leur mère en raison de la difficulté qu'ils ont à se nourrir : ainsi les herbivores y sont moins longtemps que les carnassiers, parce que les premiers trouvent plus facilement leur nourriture. C'est une loi de la nature que les soins de la mère soient suspendus dès que les petits peuvent s'en passer [1]. Et cette loi est si rigoureuse que la mère qui vient de couvrir de soins tout particuliers un de ses petits devenu malade, à l'instant où il périt, le rejette loin des autres et n'y touche plus. Cette expérience se passe tous les jours sous nos yeux chez les animaux domestiques. Elle prouve que ce n'est pas l'affection qui attache la femelle à son petit, car après sa mort ce lien subsisterait; mais que c'est l'assistance dont le petit a besoin, car aussitôt qu'elle ne lui est plus nécessaire, ce lien disparaît.

Ainsi, le lien qui rattache la femelle à ses petits après l'enfantement, n'est que pour compléter leur vie, qu'elle donne ainsi en deux fois; car on peut regarder l'allaitement comme une suite de la nutrition intra-utérine. C'est toujours un fœtus qui, après avoir épuisé l'épichorion, l'amnios et le placenta, vient se pendre aux tétines de sa mère, et ne brise réellement le cordon ombilical qu'au

---

[1] « L'amour de la mère manque quand les petits n'ont pas besoin d'assistance. Ce degré d'amour pour les petits est en raison directe tant du développement de la vie animale chez la mère, que du défaut de maturité et du besoin d'assistance chez les petits. La mère et les petits se séparent quand ceux-ci peuvent se procurer la nourriture, conséquemment chez les oiseaux lorsqu'ils ont des plumes, et chez les mammifères quand ils ne tettent plus. A la fin de cette espèce de société la mère et les petits sont complètement étrangers l'un à l'autre. Berzemeyer dit même que, chez plusieurs animaux, une fois que les petits avaient quitté la mère, elle les poursuivait et cherchait à les tuer. »

Physiologie. Dépendance de l'enfant sous le rapport de la protection dont il a besoin.

moment où il peut se passer d'elle. De là il est vrai de dire que chez les animaux, le cordon ombilical est le seul lien qui attache la mère à ses petits.

Au contraire, pourquoi parmi nous le rapprochement de l'homme et de la femme ne semble-t-il avoir lieu que pour décider, par une promesse sacrée, qu'ils resteront à jamais unis ? Pourquoi le père et la mère, bien loin de fournir aux premiers besoins de leurs enfants pour s'en débarrasser, ne le font-ils que pour se les attacher davantage ? Ne leur avancent-ils pas tant de soins afin de s'assurer de leur affection pour la vie ? Les motifs de la mère de famille, qui élève son enfant par tendresse pour lui, sont donc directement opposés à ceux de la femelle, que la nature oblige d'allaiter ses petits pour son propre besoin ? Les pénibles liens de dépendance physique, par lesquels dans l'espèce humaine Dieu a voulu rattacher l'enfant à sa mère, n'ont donc été créés que pour donner occasion de former les doux liens de la dépendance du cœur, par lesquels se constitue réellement la famille.

Car, au fait, le sentiment de la paternité et de la maternité n'existe pas chez la brute; puisque l'attachement de la mère pour ses petits diminue à mesure qu'ils peuvent s'en passer, tandis que chez l'homme l'affection des enfants pour leurs parents et des parents pour leurs enfants grandit à mesure que ceux-ci pourraient physiquement s'en passer. Pourquoi le Créateur a-t-il établi des sentiments qui rattachent l'homme à sa famille quand ses besoins ne l'y rattachent plus ? L'entretien de la vie physique n'est donc pas le seul but pour lequel Dieu ait constitué la famille, puisqu'elle existe encore lorsque ce premier but est atteint, et que même elle n'a cherché à l'atteindre que pour parvenir à un but plus élevé ! On s'aperçoit bien visiblement que Dieu n'a établi, entre les membres de la famille, la parenté du sang, que pour qu'elle les conduisît à la parenté du cœur. Aussi, le sentiment de l'amour n'est-il permanent que chez l'homme. [1]

Du reste, pourquoi dans toutes les espèces animales quelques mois au plus suffisent-ils à allaiter les petits et à les mettre tout-à-fait en état de se passer de leur mère ? et pourquoi dans l'espèce humaine, au contraire, l'enfant de l'homme est-il après l'allaitement aussi incapable de pourvoir à ses besoins que le jour de sa naissance ? Pourquoi, lorsque son corps a pris quelque force, son esprit exige-t-il une éducation plus lente et plus difficile encore, tandis que le petit de l'animal trouve aussitôt en lui l'instinct qui le guidera infailliblement dans la recherche de tout ce qui lui est utile, comme dans l'exclusion de tout ce qui lui est nuisible ? Pourquoi, enfin, les soins qu'exige la plus noble des créatures sont-ils si nombreux et de si longue durée, quand l'animal peut en être si vite affranchi ? Car voilà un fait certain et remar-

---

[1] « Les animaux, qui en tout temps vivent indifférents les uns auprès des autres, éprouvent, seulement à l'époque des amours, un besoin de rapprochement. C'est ce qui arrive pour les mollusques, les poissons, les reptiles, les cerfs, les renards, l'élan, les oiseaux, etc.; le rut seul rapproche les deux sexes. Les cerfs adultes, par exemple, qui se tiennent ordinairement en troupe, ne souffrent point parmi eux de femelles, mais seulement à l'époque du rut. Chez les rennes, l'élan, les mâles recommencent dès après le rut à faire bande à part. Chez les oiseaux, les deux sexes se tiennent séparés hors du temps de la propagation. Les femelles à leur tour ne tardent pas à se séparer des petits, dès qu'ils ont acquis un peu de force. Si le sentiment de l'amour était permanent chez les animaux, ils acquerraient vraiment des habitudes sociales : ce sentiment n'est permanent que chez l'homme. »
Physiologie comparée.

quable, un fait qu'il faut expliquer : l'animal ne doit presque rien à sa mère, l'homme doit tout à la sienne ; l'animal peut bientôt se séparer de sa mère, et l'homme ne peut plus se séparer de la sienne ; les soins qu'il a reçus d'elle établissent dans son cœur des liens de reconnaissance qu'il ne peut désormais briser sans être regardé comme un monstre.

Ainsi 1°, n'est-il pas évident que le Créateur n'a rendu si multipliés et si longs les soins indispensables de la maternité humaine, que pour donner plus d'occasions à l'enfant de s'attacher à ses parents par des liens de sympathie et d'amour désormais indestructibles ?

Contrairement à l'animal, l'homme ne peut donc abandonner sa femme sans sortir des lois de sa nature ; contrairement à l'animal, l'enfant ne peut donc abandonner sa mère, son père, ses frères et ses sœurs, sans sortir également des lois de sa nature. Or, l'union de l'homme et de la femme, de la mère et de ses enfants, et des frères entre eux, n'est autre chose que la famille : la famille existe donc dans la constitution de l'espèce humaine, contrairement à la constitution de toutes les espèces animales.

Ainsi 2°, n'est-il pas évident que le Créateur n'a établi la famille, comme constitution organique du genre humain, que pour fournir au cœur de l'homme des occasions continuelles d'exercer cette vie d'amour qui peut seule le mettre à même de partager l'existence des trois divines Personnes ?

La famille est l'école où la créature spirituelle est élevée pour le Ciel. C'est parce que tout homme n'est envoyé dans le temps que pour se préparer à la vie absolue, et que dès-lors nous devons rencontrer en ce monde un système d'éducation propre à former complètement nos cœurs à l'amour, que la famille est le phénomène le plus universel de l'humanité. Voilà pourquoi elle est dans sa constitution même, voilà pourquoi, en un mot, il est impossible à la créature spirituelle de passer en ce monde sans traverser la famille.

On pourrait dire qu'il n'est point difficile de prouver que le phénomène de la famille soit le plus universel et le plus fondamental de l'humanité, puisque l'homme ne peut venir et subsister en ce monde sans la famille; et qu'enfin Dieu a organisé l'espèce humaine de telle sorte que les choses ne puissent être autrement. Mais nous demandons précisément pourquoi Dieu a organisé l'espèce humaine de telle manière que l'individu, en suivant sa loi, ne soit pas un instant de cette vie hors du sein de la famille; enfin pourquoi Dieu a organisé les choses humaines de manière qu'elles ne puissent être autrement?... Puisque ce monde n'est qu'un magnifique ensemble d'harmonies; puisque toute chose y est le moyen d'un but, et que la création tout entière n'est elle-même que le moyen d'atteindre le but suprême que Dieu s'est proposé, il faut bien reconnaître que ce n'est point parce que les choses se passent ainsi que Dieu les veut, mais que c'est parce qu'il les veut qu'elles se passent ainsi; et qu'enfin il les veut de la sorte, parce que c'est de la sorte qu'elles mènent à son but.

Cette constitution du genre humain en famille était un phénomène trop remarquable et trop universel pour qu'il n'eût pas un motif important; et c'est ce motif qu'il fallait nécessairement déterminer, sous peine de ne rien comprendre au fait de la création.

Car enfin, Dieu ne pouvait-il pas nous déposer tous en particulier sur la terre, comme il l'a fait pour le premier homme ? Ou bien, ne pouvait-il pas nous faire naître les uns des autres, comme il l'a fait pour les plantes, sans que nous restassions attachés les uns aux autres ? L'arbre laisse tomber sa semence aux vents, qui l'emportent et la disséminent ; alors mille rejetons naissent et croissent sans un soin de leur père. L'être libre ne pouvait-il pas naître dans la même indépendance ? Ou bien, Dieu ne pouvait-il pas nous faire naître les uns des autres, comme il l'a fait pour les animaux, sans que nous restassions attachés les uns aux autres par la famille ? L'animal jette sa semence aussi stupidement que l'arbre dont nous venons de parler ; et la femelle qui la recueille, joue, par rapport à ses petits, absolument le même rôle que la terre par rapport aux plantes dont les germes ont été déposés en elle. Aujourd'hui, elle les voit sortir de son sein ; demain, elle les nourrit de son lait pour satisfaire son besoin ; après-demain, ils se séparent aussi indifféremment que s'ils ne s'étaient jamais vus, parce qu'en effet ils sont indifférents les uns aux autres pour le but que chacun d'eux doit atteindre. L'être libre ne pouvait-il pas naître dans la même indépendance ? Ou bien encore, un être tel que l'homme ne pouvait-il pas surgir d'un engendrement spontané, comme tant d'animaux infimes ? Enfin, Dieu ne pouvait-il pas nous déposer sur la terre de mille autres manières pour que nous fussions plus indépendants encore, s'il était vrai que, comme les animaux, nous fussions indifférents les uns aux autres dans le but que nous devons atteindre ?

Mais si Dieu a tellement constitué l'humanité que nous soyons tous les uns vis-à-vis des autres dans une dépendance continuelle d'affection et de besoin, c'est qu'il avait une raison ; car Dieu, dans sa suprême sagesse, ne fait rien sans raison, et surtout lorsqu'il s'agit d'une chose aussi universelle, aussi merveilleusement construite pour les développements de notre cœur, que le système de la famille ! Dieu a donc voulu précisément que nous naissions tous les uns des autres, afin que nous nous aimions tous les uns les autres ; et il veut que nous nous aimions tous les uns les autres ici-bas, afin que la vie temporelle soit notre préparation à l'éternelle vie. Mais voyons comment les différents amours qui naissent au sein de la famille recomposent dans notre cœur l'amour infini, et nous préparent ainsi à la vie absolue.

Si Dieu s'est décidé à la création pour que des êtres qui ne soient pas lui jouissent de sa félicité ; si, pour que ces êtres participent à sa félicité, il faut qu'ils participent de sa vie, si la vie de Dieu est l'amour, et si conséquemment l'humanité a dû être constituée de manière à se former à la vie d'amour, comme la famille est la constitution de l'humanité, on doit retrouver dans la famille tous les moyens propres à développer en l'homme cette vie d'amour dont on vit dans les Cieux. Et voici ce qui a lieu effectivement :

Nous savons que Dieu est la réalité infinie, qu'il renferme conséquemment tous les biens, puisqu'il est lui-même le bien infini. Mais sur la terre il n'y a que des biens finis, c'est-à dire des biens partagés, limités. De sorte que sur la terre le cœur de l'homme aime diversement, selon qu'il se porte vers ces différents biens; et ainsi il ne peut aimer que d'une manière finie. Cependant, Dieu renfermant tous les biens, l'amour qui nous unira à Dieu ne peut être qu'un amour intégral, infini comme lui. Pourquoi l'homme n'aurait-il pas été de suite doué de cet amour? On comprend que si, comme le cœur de l'ange, le cœur de l'homme avait été créé susceptible de recevoir de suite le rayon intégral de l'amour dont on doit aimer Dieu, comme l'ange, l'homme n'aurait pas eu besoin de traverser le temps. Mais nous savons aussi, par l'histoire des anges, à quels inconvénients irrémédiables furent exposés ces êtres spirituels qui avaient été mis de suite en jouissance des biens infinis, avant de les avoir conquis d'eux-mêmes par les efforts de leur causalité : n'ayant pas concouru à leur raison d'être, ils ont cru qu'ils existaient par eux-mêmes. C'est pourquoi l'homme a dû être confié à l'œuvre de sa causalité.

Il fallait donc qu'il vînt sur la terre désirer, mériter, et obtenir par ses propres efforts la possession des biens éternels; en un mot, que dès ce monde il s'élevât insensiblement à l'amour intégral. Mais pour cela il fallait que l'homme trouvât, dès ce monde, toutes les occasions de former en lui un pareil amour. C'est ici que parut la plus belle invention du Créateur. Dieu divisa le faisceau de l'amour intégral en plusieurs rayons qu'il envoya se réfléchir chacun séparément sur autant d'êtres distincts; puis il plaça tous ces êtres successivement sur le chemin de la vie, afin qu'en la traversant l'homme les aimât tous successivement, et que recueillant en même temps, l'un après l'autre, tous ces rayons de l'amour divin, il finît par posséder en son cœur l'amour intégral.

Ainsi, comme lorsque la lumière solaire tombe sur un prisme, elle se décompose en plusieurs rayons qui forment les sept couleurs primordiales, que l'œil peut alors percevoir distinctement; de même Dieu a créé un prisme sur lequel le rayon intégral de son amour se décompose en plusieurs rayons qui forment les sept amours primordiaux, que le cœur peut alors recevoir séparément. Ce prisme est la famille.

Par la famille, l'homme aime d'abord sa mère d'un amour *sui generis*. Puis, il aime son père d'un autre amour que celui dont il aime sa mère. Puis, il aime ses frères d'un autre amour que celui dont il aime son père et sa mère. Puis, il aime sa femme d'un autre amour encore que celui dont il aime sa mère, son père et ses frères. Puis, il aime ses enfants d'un autre amour que celui dont il aime sa femme, sa mère, son père et ses frères. Puis, dans le milieu social où le place la famille, et sans parler des oncles et des grands-parents, pour lesquels il a encore un amour spécial, l'homme aime ses amis d'un autre amour que celui dont il aime ses grands-parents, son père, sa mère, ses frères, sa femme, ses enfants. Enfin, il aime ses semblables d'un autre amour que celui dont il aime aïeux, père, mère, frères, épouse, enfants, amis. C'est ainsi que la famille est le prisme sur lequel le faisceau intégral de l'amour de Dieu se décompose en divers rayons pour offrir des sentiments à la portée du cœur de l'homme.

C'est par l'amour que nous avons pour notre mère, par celui que nous avons pour notre père, par celui que nous avons pour nos frères, par celui que nous avons pour notre épouse, par celui que nous avons pour nos enfants, par celui que nous avons pour nos amis, par celui que nous avons pour le prochain, que notre cœur se prépare à aimer Dieu. Car il ne faut rien moins que tous ces amours pour recomposer l'amour intégral, l'amour dont nous vivrons dans les Cieux. L'amour maternel, paternel, fraternel, conjugal, filial, amical et l'amour du prochain ne sont que les éléments de l'amour de Dieu. Chacun de ces amours développe un côté de notre cœur. Aussi Dieu les a-t-il bénis et nous les a-t-il recommandés comme les premiers et les plus sacrés de nos devoirs.

Il y a autant d'amours sur la terre qu'il y a d'éléments dans l'amour intégral. Et comme cet amour, qui peut seul nous mettre en possession de Dieu, doit partir de tous les points de notre cœur, il était nécessaire que celui-ci fût embrasé en tous les sens, afin que de toutes parts il resplendît de l'amour infini. Il faut que tous ces amours viennent successivement diviniser le cœur, pour qu'un jour il puisse aimer Celui qui sera tout à la fois pour lui et sa mère et son père et son épouse et son enfant. C'est pourquoi, aussi, il faut que tous ces amours soient en vue de Dieu [1]. L'objet et le but de nos affections ne sont point en ce monde ; lorsque nous nous aimons ici-bas, nous ne faisons que nous rapprocher de Dieu en conformant de

---

[1] Que le lecteur se rappelle ce que nous avons vu au XVIII° chapitre du liv. II, et surtout ce qui se trouve à la page 875.

plus en plus notre nature à la sienne. Nous ne traversons la famille que pour pouvoir entrer dans le Ciel.

Voilà pourquoi l'homme ne peut venir sur la terre sans être aimé par une mère, puis par un père, puis par ses frères, puis par son épouse, puis par ses enfants, puis par ses amis, puis par ceux à qui il a fait du bien, et enfin sans leur rendre lui-même, à tous, amour pour amour. Tout homme apparaît dans ce monde au milieu de la famille, c'est-à-dire enclavé dans un cercle d'amour, qu'il parcourt comme un apprentissage à la vie éternelle.

Homme ! ce n'est donc pas en vain que tu as aimé ceux que la tombe a pu te ravir ; car l'amour que tu as eu pour eux a traversé ton cœur et te fera retrouver, dans celui-là seul qui peut le satisfaire, tout ce qui fait l'objet de tes regrets et de tes plaintes [1] ! Ne demande pas ce que devient l'affection que tu as eue pour ta mère, pour ton père, pour tant de personnes chéries qui ne sont plus. Il était nécessaire que cela fût ainsi, pour que ton cœur, enrichi de tous ces amours, les adressât à celui qui est plus grand que ton père, plus tendre que ta mère, plus pur que ton enfant et plus doux au cœur que l'épouse que tu as eue sur la terre.

C'est ainsi, ô vieillard, que tu peux voir s'évanouir autour de toi tout ce que tu as aimé, sans craindre que

---

[1] « Pour les hommes de l'antiquité l'avenir des sentiments ne passait pas le tombeau, où il venait faire naufrage: amis, frères, époux se quittaient aux portes de la mort, et sentaient que leur séparation était éternelle. Le comble de la félicité pour les Grecs et les Romains se réduisait à mêler leurs cendres ensemble : mais combien elle devait être douloureuse, une urne qui ne renfermait que des souvenirs ! »

Génie du Christianisme, 2ᵉ partie, livre III.

tant d'amours soient désormais perdus. Chaque fois que la famille vient te donner et que la nature vient te ravir un objet chéri, il se forme dans ton cœur une propriété de plus pour recomposer l'amour infini, et la douleur que tu éprouves ne fait que sceller cette propriété à ton âme. Viendra bientôt le moment où, rassasié de jours, tout ce qui était resté jusqu'alors renfermé et plié en toi, se déploiera comme une aile, et tu t'élèveras aux Cieux par les moyens que tu t'étais ménagés sur la terre.

Fils de l'Être, parcours sans regret l'orbite de la famille; aime, aime avec confiance ceux que Dieu a mis sur ton chemin pour provoquer ton cœur et le préparer sur tous les points à l'amour. Aime éperdument ta mère, quoique tu doives perdre ta mère; ton père, quoique tu doives perdre ton père; tes frères, quoique tu doives te séparer de tes frères; ton épouse, quand elle ne saurait répondre à ton amour; tes enfants, quand ils ne sauraient répondre à tes soins; aime tes amis, ton prochain; aime, aime toujours, il n'y aura rien de perdu, Dieu est au bout de tout.

Oui, Dieu est au bout de tout, parce qu'il est le but de tout. Lorsque nous perdons nos pères et nos mères, comment nous consolerions-nous, si celui qui a fait le cœur de nos pères et de nos mères ne nous attendait point dans la vie absolue? Les affections les plus douces seraient les supplices les plus terribles, si l'homme ne pouvait étendre ces affections jusque dans l'éternité. Mais la mort n'a point de prise sur le cœur, car c'est le cœur qui est immortel. C'est une vérité dont les hommes ont toujours eu le sentiment: la première pensée qui vient à celui qui perd une personne chérie, est d'aller où est allée son âme; aussitôt on songe à Dieu, et l'on dit avec une expression à enchanter même la douleur : Là je la retrouverai !

« Oui, de tout ce qui s'aime et de tout ce qui prie,
« La présence est en Dieu : car Dieu c'est la patrie. »

C'est en aimant nos pères, nos mères, nos frères, nos femmes et nos enfants, que nous nous facilitons l'amour de nos semblables, et c'est en aimant nos semblables que nous nous préparons à l'amour de Dieu. L'amour de nos semblables est la fraternité proprement dite, parce que nos semblables sont nos frères. L'amour de Dieu est la charité proprement dite, parce que Dieu est charité. Par les relations que nos cœurs entretiennent avec Dieu, ils reçoivent la charité immédiatement de lui, et c'est par le moyen de cette charité que nous devenons capables d'aimer nos frères. C'est de Dieu que l'homme reçoit l'amour, mais c'est au milieu de ses semblables qu'il le développe et le fixe dans son cœur. Il ne faut pas croire qu'il soit toujours nécessaire de passer par tous les amours de la famille et de la Société pour parvenir à aimer Dieu sur la terre, puisqu'il arrive que c'est l'amour que Dieu nous envoie qui nous rend capables d'aimer nos frères; mais c'est pour parvenir à aimer Dieu dans l'autre vie, c'est-à-dire pour être susceptible de le comprendre, et par là de jouir de son être et de sa félicité, qu'il est nécessaire que nous développions nos cœurs auprès de nos pères, de nos mères, de nos frères, de nos femmes, de nos enfants, de nos amis et de tous nos semblables.

Car non-seulement, comme la lumière que le soleil envoie sur la nature physique est formée de diverses couleurs, qui sont les diverses manières dont l'œil peut voir, et que de même l'amour que Dieu envoie dans la nature humaine est formé des divers sentiments de la famille, qui sont les diverses manières dont le cœur de l'homme peut aimer ; non-seulement, comme la lumière solaire, en tombant sur un prisme, se décompose selon ses rayons élémentaires pour les présenter distinctement à l'œil, et que de même l'amour intégral, en descendant sur la famille, se décompose selon ses amours élémentaires pour les présenter séparément au cœur ; mais encore, comme en optique on reconnaît que, de la réunion des différents rayons de la lumière résulte la *blancheur*, qui est la couleur par excellence, ou celle qui renferme le plus de lumière, de même on peut dire que, de la réunion des différents rayons de l'amour dans le cœur résulte sa *pureté*, qui est l'affection par excellence, ou celle qui renferme le plus d'amour. Quand nous avons passé par tous les amours de la famille, notre cœur doit être embrasé dans tous les sens ; l'amour intégral, l'amour infini, l'amour pur enfin, doit briller en lui. Aussi, *bienheureux ceux qui ont le cœur* PUR, *parce qu'ils verront Dieu*. C'est le bon fils, le bon frère, le bon époux, le bon père, le bon ami, qui font les bons citoyens de la grande Patrie. La famille est la pépinière du Ciel.

Comme on le voit, la famille est la pièce la plus importante de la création, puisque c'est par elle que la créature spirituelle se met en état de posséder Dieu. S'il était permis d'employer cette expression pour rendre toute sa force à notre pensée, nous dirions que c'est dans la famille que l'homme fait son salut. Aussi le chef-d'œuvre du christianisme sur la terre, a été de rétablir la famille. Et il a rétabli la famille, en rendant l'épouse à l'homme; en lui rendant l'épouse il lui a rendu la mère, laquelle a ramené les enfants, lesquels ont retrouvé un véritable père. Car dans l'antiquité, les pères n'étaient point des pères, les épouses n'étaient point des épouses; là, en un mot, il y avait une famille qui n'était point la famille.

C'est dans la famille, disons-nous, que l'homme opère son salut; car c'est dans la famille que se pratiquent tous nos premiers devoirs. Ceci explique pourquoi le christianisme nous dit qu'avant la promulgation de la nouvelle loi, les Gentils qui suivaient la loi naturelle étaient sauvés [1]. C'est en effet dans la famille que se réalise la loi naturelle; de sorte que ceux qui pratiquaient la

---

[1] « Puisque les saintes Ecritures nous montrent, dit S. Augustin, dès le temps d'Abraham, certains hommes qui n'étaient pas peuple d'Israël, et qui cependant ont été sauvés, pourquoi ne croirions-nous pas qu'il y a eu aussi dans toutes les autres nations, en divers temps et en divers lieux, d'autres hommes qui le furent également ? Il n'importe pas que l'objet de notre adoration est adoré d'après les convenances des temps et des lieux, pourvu que ce qui est adoré soit saint. De quelques cérémonies que se soient servis ceux qui ont eu de bons sentiments, ils ont suivi la volonté de Dieu. S. Paul ne dit-il pas : *Qui sine lege peccaverunt, sine lege peribunt?* »

« Le Fils de Dieu est l'immuable sagesse dont la participation rend heureuse toute âme raisonnable. C'est pour cela que dès le commencement du genre humain, tous ceux qui ont eu foi en elle, de quelque manière qu'ils l'aient comprise, et qui ont agi avec justice selon ses préceptes, en quelque temps et en quelque lieu qu'ils aient vécu, ont été indubitablement sauvés par elle. » S. AUGUSTIN, Epistol. C. II, sectio 2.

« Pour ce qui est des Gentils, dit l'auteur du *Tractatus*, s'ils adorent Dieu par la pratique de la justice et de la charité envers le prochain, ma persuasion est qu'ils ont eu en eux l'esprit du Christ, et qu'ils seront sauvés quelles que soient les choses que leur ignorance leur puisse faire penser. »

loi naturelle, se trouvaient par le fait même en famille. Ceci nous explique aussi comment tant de peuples chez qui la loi nouvelle n'a pu pénétrer jusqu'à ce jour, peuvent cependant, dans le sein de la famille, préparer leur cœur pour la vie infinie, si toutefois il est possible que la famille existe chez de tels peuples. Ceci, enfin, nous expliquerait peut-être comment il est parmi nous tant d'hommes qui, par une sorte de malentendu, vivent hors de la loi religieuse, et qui cependant s'en rapprochent tellement par l'honnêteté de leur conscience et la sagesse de leur conduite, que la religion ne les désavouerait point; ce qui fait que très souvent ils rentrent dans son sein avec une merveilleuse facilité. Si l'on dit que hors de la religion il n'y a point de salut, ce doit être parce que hors de la religion il n'y a point de famille. C'est ainsi qu'il en fut dans toute l'antiquité, et qu'il en est encore chez les sauvages et les peuples païens. Car là, le mari se change en maître, le père en propriétaire, les enfants en esclaves, la femme en instrument domestique; et le cœur humain, privé ainsi de la famille, est comme un œuf jeté hors du nid où il devait éclore.

Le cœur se forme dans la famille, et la famille se forme dans la religion. Aussi, c'est dans la famille que le christianisme nous envoie opérer notre sanctification.

Ou du moins c'est là la condition générale du genre humain. Car il est des âmes d'élite qui quittent père et mère, restent sans épouse et sans enfants, et qui d'un cœur amplement développé, s'élèvent de suite à l'amour de Dieu. Et ces âmes lui servent d'intermédiaires pour faire descendre en nous sa charité. C'est par ces hommes presque divins que nous recevons tous nos secours et toutes nos grâces : ils sont les ministres de Dieu. Mais ici, il ne faut point voir les exceptions, il faut voir le fait universel, à la manière des lois de la création. Or, pour tant d'intelligences incultes, pour tant d'âmes encore enveloppées dans l'ignorance, la misère et les fatigues journalières, en un mot, pour le genre humain, il faut les lisières de la famille. Il faut que nous passions nos instants à développer nos cœurs dans le sein de notre famille et auprès de notre prochain, pour que nous devenions susceptibles de l'amour qui doit nous unir à Dieu. Il est bien entendu que si ces amours ne sont pas en vue de Dieu, ils ne comptent point ; mais indépendamment de cela, il y a un travail ontologique qui ne peut se faire dans le cœur que par ces amours. Car remarquez le bien, ce ne sont pas ces amours qui nous rendent dignes de Dieu, mais ce sont eux qui nous préparent à l'aimer, et qui forment nos cœurs pour la vie absolue.

Oui, une chose a dû constamment nous étonner en lisant l'histoire de la vie intérieure des Saints, de sainte Thérèse, par exemple, qui, avec sa propre expérience et avec celle qu'elle avait été à même de recueillir, a fait un traité si savant et si profond des différentes métamorphoses opérées dans l'âme à mesure qu'elle s'élève à des degrés plus purs de l'amour; ce qui a dû nous étonner, veux-je dire, c'est que nous formant là une idée de l'état presque incroyable de perfection auquel ces saintes âmes s'élèvent par la pureté déjà toute divine de leur affection, nous ne pouvons plus concevoir ensuite comment nos âmes si grossières, et si peu en peine de l'amour, peuvent espérer jouir du même trésor que ces blanches filles déjà accoutumées aux faveurs de l'Epoux éternel. Si, pour s'approcher ainsi de Dieu, il leur a fallu une âme si vivement embrâsée, s'il leur a fallu tous les efforts de la vertu, tous les plus sublimes élans du cœur, s'il a fallu que leur amour eût la pureté et la lucidité des Cieux, comment nous, qui, plongés au milieu des affaires, pensons si rarement à Dieu et qui l'aimons à peine; comment tant d'hommes absorbés par les travaux les plus accablants du corps, et à qui l'ignorance, la grossièreté de l'esprit et les soucis continuels de l'existence ne permettent point, je ne dis pas de penser à Dieu, mais seulement de penser à eux-mêmes, à leur âme, à la vie qu'elle doit obtenir; comment, en un mot, les neuf cent quatre-vingt millièmes du genre humain peuvent-ils être réellement préparés à goûter la vie éternelle ?... Ce problème s'explique par la famille. Toutes ces âmes trop appesanties pas l'ignorance et les travaux du corps pour s'élever immédiatement à Dieu, trouvent autour d'elles les affections qui recomposent le grand amour; et il arrive que le cœur s'est suffisamment formé pour la vie absolue, lorsque, sous la conduite de la religion, il a contracté ces tendres et saintes unions avec les personnes qui composent la famille. Là le cœur s'est exercé à son insu à l'amour qui lui fera comprendre et posséder Dieu.

Car Dieu n'est point comme une personne spéciale, qui, si on ne l'aime elle-même, n'est point aimée; Dieu est le bien absolu, quiconque sait aimer le bien quelque part, aime Dieu de quelque manière. Maintenant ajoutez que si Dieu s'est donné lui-même des représentants dans la famille, s'il a départi au père de sa puissance et de sa grandeur, à la mère, de sa sollicitude et de sa providence, à l'épouse, de sa tendresse et de sa beauté, à l'enfant, de sa douceur et de sa simplicité, l'homme qui est entré dans le temple de la famille, y a été successivement pénétré de tous les éléments de l'amour de Dieu.

Dieu se rencontre nécessairement au bout de tout ce qui est bien. Il est impossible de trouver Dieu sans le chercher, mais il peut arriver aussi qu'on le cherche et qu'on le trouve sous un autre nom. « Qu'importe, comme le dit « S. Augustin, que l'objet de notre adoration soit adoré « selon les convenances des temps et des lieux, pourvu « que ce qui est adoré soit saint ! » Le pauvre sauvage qui soutient son vieux père, cherche de la nourriture pour ses enfants, ou cède une partie de sa proie à un sauvage plus malheureux que lui, entre dans les voies merveilleuses du christianisme, qu'il ne connaît pas. Ce sont là de ces hommes qui sont sauvés parce qu'ils suivent la loi naturelle, et qui, selon la pensée de S. Paul, ayant fait le bien *sans la loi*, seront sauvés *sans la loi*. Quiconque a de bons sentiments, s'est rendu conforme à la nature de Dieu. Seulement, si la religion demande avec angoisse à tous les peuples infidèles de rentrer dans son sein, c'est qu'en effet hors de son sein, l'hypothèse de cet homme faisant le bien et accomplissant au milieu de la famille toute la loi naturelle, est presque impossible à rencontrer. Car si déjà, en profitant de tous les enseignements et de tous les secours de la religion, il est si difficile à l'homme de réaliser sa loi, que sera-ce s'il est totalement privé de ces secours et de ces enseignements! C'est dans la famille que l'homme trouve à former son cœur pour la vie infinie; oui, mais je crois que la famille ne se trouve que dans la religion.

Je le répète, parce que ce raisonnement me paraît clair et irréprochable : Comme Dieu a nécessairement déposé l'homme sur la terre dans l'état où il peut le mieux opérer sa sanctification, un tel état doit se trouver le fait capital et le plus universel du genre humain; et comme cet état, qui doit être le fait capital et le plus universel, est l'état de famille, il faut donc que ce soit par la famille que le cœur de l'homme se prépare à la vie absolue. Aimez, aimez, c'est par là que se fait l'œuvre de la création.

Ainsi, puisque la créature spirituelle, pour vivre de la vie infinie, doit posséder en son cœur tous les éléments de l'amour intégral, Dieu a disposé la famille comme le prisme sur lequel le faisceau de l'amour intégral descend se partager en ses différents rayons; de manière que l'homme, en aimant successivement les divers êtres qui correspondent à ces différents éléments de l'amour, développe insensiblement tous les points de son cœur, et le rend susceptible de se mettre en une parfaite relation de vie avec Dieu. C'est pourquoi Dieu a appelé saintes toutes ces affections, et leur imprime ici-bas le cachet de son caractère par un Sacrement.

Comme les plans de Dieu sont remplis d'intelligence! Combien n'est-il pas ingénieux d'obliger ainsi l'être créé de passer par les états différents que lui offre la famille, d'être fils, frère, époux, père, ami, parent, semblable, afin de pouvoir recueillir par là toutes ses affinités avec l'être infini ! Et surtout quels moyens ! apprendre sur le sein de sa mère, sur les genoux de son père, auprès de ses frères, dans les bras de sa femme et de ses enfants, comment il faut aimer Dieu ! apprendre dans la famille à vivre dans le Ciel !

Tout ce que son cœur ne lui a pas dévoilé de grandeur et de force dans l'amour de sa mère, l'homme le trouve auprès de son père; tout ce que son cœur ne lui a pas dévoilé d'affinité et de fraternité dans l'amour de son père et de sa mère, il le trouve auprès de ses frères; tout ce que son cœur ne lui a pas encore dévoilé de dévouement et de constance, il le trouve auprès de son ami; tout ce que son cœur ne lui a pas encore dévoilé des mystères de tendresse et de douceur, il le trouve auprès de son épouse; jusqu'à ce qu'enfin, pour dernier trait de ressemblance avec la nature de Dieu, il devienne père, veille sur ses enfants, souffre tous leurs petits égarements et se fasse bon et miséricordieux comme Dieu même. C'est de la sorte que peu à peu le cœur se mûrit pour l'autre vie.

Aussi est-ce une chose surprenante que l'état de maturité divine dans lequel on surprend la nature humaine, lorsqu'elle a passé par toutes les initiations de la famille. Voyez, par exemple, la vieille mère au lit de la mort; elle qui a été fille, sœur, amie, épouse, mère et grand'mère, savez-vous ce qu'elle dit? « Mon Dieu, je ne vous « demande pas à vivre pour moi, mais c'est pour mes « pauvres enfants!... » Comment pourrez-vous trouver un cœur qui soit plus prêt de ressembler à Dieu, plus prêt de s'anastomoser à sa vie infinie d'amour !

Il faudrait maintenant faire entrevoir les rapports merveilleux qui existent entre chacun des êtres de la famille et les différents attributs de Dieu qui leur correspondent; faire entrevoir comment il se fera qu'en sortant de la famille pour entrer aux Cieux, nous nous trouverons ontologiquement préparés à aimer Dieu et à en jouir comme si déjà nous en avions pris l'ineffable habitude; comment, enfin, nous retrouverons en lui d'une manière infinie les joies que nous eûmes sur la terre en aimant nos pères, nos mères, nos épouses, nos enfants et notre prochain. J'ai bien eu déjà quelques idées sur ce point, mais je ne les trouve pas assez bien formées pour oser en faire part, et elles ne pourraient être exprimées qu'avec une lucidité de pensée et une fraîcheur d'imagination dont mon esprit, fatigué d'avoir conduit ce travail jusqu'ici, ne se sent pas capable.

D'ailleurs, il faudrait avoir le génie de l'ange pour raconter ces choses. Poëtes, que ne chantez-vous les mystères de la famille? Moi, si j'étais, comme dit l'un des vôtres, un de ces hommes divins qui célèbrent les Dieux avec une bouche d'or et causent comme des immortels, je vous dirais qu'Homère lui-même, lui qui prit dans la nature physique l'objet de ses chants, vit sa poësie s'évanouir le jour où les divinités de l'Olympe s'enfuirent devant les pas de la science; je vous dirais que le temps des travaux héroïques est passé; qu'à la gloire, qui rendit l'homme vainqueur de la terre, succède l'amour, qui le rendra possesseur des Cieux; je vous dirais que les destinées spirituelles de l'humanité renferment seules, aujourd'hui, les sources délicieuses d'une poësie vierge encore; oui, si j'étais l'un des vôtres, j'interrogerais les lois de la famille et j'en raconterais les prophétiques merveilles. [1]

Voici donc le problème tel qu'il se présentait à nous : Dieu nous ayant mis dans cette vie pour que nous y trouvions les préparations qui doivent nous mener à l'autre, la loi de cette vie ne peut être que le moyen qui doit nous conduire à l'autre. Et la création ayant été entreprise et établie pour que l'être spirituel y trouve ces préparations, on doit rencontrer dans ce qui fait le plan de la création tout ce qui est nécessaire pour nous conduire au but de la création. De sorte que nous pouvons donner ainsi la solution :

Si la création a un but, il ne saurait ressortir que du moyen général qu'elle nous donne pour l'atteindre; et si ce moyen général est la famille, le résultat de la famille étant de développer en nous la vie d'amour, la vie d'amour est le but de la création. Et la création n'étant elle-même que l'ensemble des moyens que Dieu a pris pour que des êtres qui ne soient pas lui puissent devenir de nature à vivre un jour avec lui, puisque la vie d'amour est le but de la création, l'amour est donc ce qui fait la vie dans

---

[1] La poésie n'est plus dans la description de la nature ; l'avenir de la poésie est dans la découverte de Dieu. L'homme sait trop bien qu'il ne trouvera pas l'infini dans le monde physique, pour y entrer avec le vol de l'enthousiasme. La nature pouvait encore faire illusion du temps d'Homère et de Virgile, quoique celui-ci commençât déjà à chercher plus haut l'objet de ses chants. Le monde moral et surtout le Monde intelligible sont devenus les seules régions du Poëte, et elles le seront éternellement. La poésie prend sa source dans les mêmes lieux que l'ontologie ; car la poésie c'est la raison inspirée, et la métaphysique c'est la raison réfléchie. Mais c'est surtout par la famille que le voile entr'ouvert nous laisse apercevoir la divinité.

Les esprits qui sont encore attachés à la terre appellent cette poésie du mysticisme : c'est ainsi que devaient être, pour les esclaves de l'antiquité, les pensées d'Homère et de Pindare !

les Cieux. La vie du temps ne pouvait être évidemment qu'un apprentissage de l'éternité.

Ainsi dès ici-bas commence pour nous la vie absolue. La vie absolue, c'est la vie d'amour commencée dans la famille, qui en est le point de départ, et continuée dans le Ciel, qui en est le but et l'accomplissement.

Eh bien ! maintenant, comprenez-vous la vie ? Comprenez-vous le but de la famille ? comprenez-vous pourquoi tous ces mille détails domestiques qui, à chaque instant, demandent de nous des actes de complaisance, de bonté, de douceur, et nous invitent ainsi à tout instant à aimer ? Pour moi, je vous avoue que le tourment de mon enfance fut de ne pas comprendre la signification de ces choses. Tous ces soins auxquels astreint la vie de famille; tous ces travaux pénibles et partagés pour acquérir de la fortune, ou ces inquiétudes laborieuses pour la conserver; toutes ces occasions de faire de la peine ou de faire plaisir, de repousser ou de secourir, de brusquer ou de consoler, de mépriser ou d'aimer; puis enfin, ces milles circonstances qui nous mettent en contact, pour des objets souvent bas, et sous un point de vue défavorable à la nature humaine; tout cela me paraissait totalement opposé aux idées délicates que l'on se forme d'une créature toute spirituelle, faite pour jouir auprès de Dieu d'une vie immortelle. Il me semblait qu'il y avait trop de distance et d'incompatibilité entre la vie actuelle et la vie éternelle; je ne voyais vraiment pas comment l'une préparait et conduisait à l'autre; et longtemps je me sentis l'âme horriblement déchirée par la pensée de l'inutilité de cette vie. J'éprouvais un besoin infini d'amour, et dans l'explication que me fournissaient les phénomènes de la nature, je ne voyais pas sur quoi il pût se reposer : je me trouvais un cœur et point de Dieu.

En vain je lisais les poëtes, les poëtes ne m'apprenaient point ce que je cherchais ; leurs pensées étaient trop belles pour moi, mais ils n'atteignaient point la profondeur de mes regrets. Cependant la misère où j'étais m'a contraint de chercher jour et nuit, d'un côté, ce que mon cœur devait aimer, et de l'autre, à quoi pouvait nous conduire cette vie. Sans doute, mon Dieu ! vous voulûtes faire une aumône à tant de pauvreté lorsque vous me fîtes comprendre que ce pour quoi notre cœur est fait, et que ce par quoi cette vie nous prépare à l'autre, était une même chose, l'amour; ce délicieux et profond sentiment qui fait déjà toutes nos joies, quoique toutes nos peines, en ce monde. Ah ! m'écriai-je, si l'on aime sur la terre, quel est donc le grand amour dont celui-ci ne doit être qu'une préparation !... Jusque-là mon existence était encore comme étouffée par le néant. Mais, du jour où mon âme eut goûté de ce sentiment de vie, il ne fallut plus lui parler du vide de l'être : elle avait appris ce que c'est que le bonheur ! Il est vrai que l'amour est la première notion que le cœur puisse avoir de lui-même.

Selon un Allemand, le premier amour est le commencement de l'amour, c'est le rayon matinal de l'éternité qui perce dans la nuit terrestre du cœur. Et notre poëte a dit : L'amour est l'aurore prophétique du jour qui ne doit pas finir. Oui, quand le rayon de sa lumière est venu dorer notre cœur, il n'est plus de ténèbres ni de souffrances qui puissent nous replier dans l'idée du néant.

De tous côtés l'homme retrouve la vie : il voit pourquoi il doit aimer son père d'un amour si plein de respect, sa mère d'un amour si plein d'affection, son frère d'un amour si naturel, son épouse d'un amour si délicieux, son enfant d'un amour si tendre, son ami d'un amour si désintéressé et ses semblables d'un amour de frère; car il va retrouver dans l'infini celui qui sera tout à la fois pour lui et son père et sa mère, et son ami et son frère, et son amie et son enfant.

Mon Dieu, vous aviez vu mon indigence, que vous avez daigné m'envoyer une aussi consolante pensée ! Vous avez vu que les rires, qui épanouissent tant de lèvres et qui distraient les hommes de bien des douleurs, ne pouvaient tirer mon cœur de ses tristesses; vous avez pris pitié de moi, et vous avez résolu de me donner une pensée qui vînt aussi épanouir mon âme. C'est que vous, vous êtes un père ! Comment vous remercierai-je donc, ô mon père ?. Il est sans doute des esprits plus élevés et qui ont part à des contemplations plus sublimes; pour moi, je l'avoue ici bien sincèrement, mon cœur se contente de ce qu'il a vu. Il ne demande d'autres consolations, pour aider son passage sur la terre, que vos bénédictions dans ces douces joies de la famille qui doivent lui ouvrir les voies de votre éternelle vie.

Ah ! je bénirai et je proclamerai à jamais la pensée qui, en m'éclairant sur mes destinées, m'a rendu le goût de la vie et la soif de l'être. Et je préfère endurer maintenant toutes les mélancolies de l'âme séparée de la Félicité, plutôt que de consentir à traverser de nouveau ce désert du doute où je portai si longtemps mon désir sous un ciel vide, sans trouver jamais où reposer ma tête. Consolons nous sur la terre de la privation positive de Dieu, en aimant ceux que la famille nous unit par des liens déjà si doux; et préludons ainsi patiemment à la vie infinie. Sommes-nous donc si malheureux!...

Mais vous sentez bien, Lecteur, que je trouvais trop de consolations dans ces idées pour résister au plaisir de les communiquer à ceux qu'elles pourront peut-être également soulager. J'ai tellement éprouvé ces sortes de peines, qu'un attendrissement inexprimable s'empare de moi lorsque je songe aux esprits qui les souffrent encore. C'est ce qui m'a encouragé dans ce livre. On a raison de croire que ceux qui ont connu le malheur peuvent seuls ressentir toute la sympathie qui lui est due. Je suis toujours resté frappé de ces belles paroles de Mad. de Staël : « Le voyageur que la tempête a fait échouer sur des
« plages inhabitées, grave sur le roc le nom des aliments
« qu'il a découverts, indique où sont les ressources qu'il a
« employées contre la mort, afin d'être utile un jour à
« ceux qui subiraient la même destinée. Jetés dans une
« époque de révolution, nous nous devons la connais-
« sance intime de ces secrets de l'âme, de ces consola-
« tions inattendues dont la nature conservatrice s'est ser-
« vie pour nous aider à traverser l'existence. »

Si la famille est comme le laboratoire où la créature spirituelle se prépare à la vie absolue, si c'est sur la famille, en un mot, que repose toute l'œuvre de la création, la famille, à son tour, repose sur le mariage. Mais qu'est-ce que le mariage? On a cherché sa source dans la nature, on l'a cherchée dans les coutumes, on l'a cherchée dans les lois, mais jamais on n'est remonté jusqu'à sa source ontologique. Le mariage a son origine dans l'absolu. Il faut que nous sachions de quelle sublime Famille est issue la famille de l'homme sur la terre. Nous comprendrons alors comment l'homme se prête au mariage, non point par sa constitution physiologique, ce que personne n'ignore, mais par les lois de sa constitution spirituelle.

Ne perdons pas de vue que si nous cherchons le principe de la famille, c'est parce que la famille renferme les conditions de l'existence de l'homme comme être doué du cœur. De sorte que si pour savoir ce que c'est que le cœur, ou l'homme même, il a fallu savoir ce que c'est que Dieu, pour savoir quelle est la vie et quelles sont les conditions de l'existence du cœur, il faut rappeler succinctement quelle est la vie et quelles sont les conditions de l'existence de Dieu. L'existence créée n'étant qu'une participation, en un moindre degré, de l'existence incréée, les lois de l'être créé ne peuvent être qu'une participation des lois de l'être incréé.

Les conditions de l'existence de Dieu sont les conditions mêmes de l'Être. Et, ainsi que nous l'avons vu, comme l'Être est ce qui existe par lui-même, la première condition de l'Être est la puissance. Mais la puissance pure n'est qu'une simple force tant qu'elle est seule ; n'ayant ni mode d'agir, ni motif d'agir, elle ne serait pas en quelque sorte une puissance. La puissance implique la sagesse pour exister, parce que la sagesse, dirigeant l'emploi de la puissance, fait qu'elle est réellement la puissance. De sorte que la seconde condition de l'Être est la sagesse. Mais la sagesse pure n'est qu'une simple connaissance ; or, pour que le bien existe il ne suffit pas de le connaître, il faut l'accomplir. La puissance qui peut, et la sagesse qui sait, ont besoin du principe qui veut ; ce principe est l'amour, qui porte en lui le bonheur. L'amour donne la vie à la puissance et à la sagesse. Tels sont les trois éléments de l'absolu, c'est-à-dire les trois conditions inséparables de l'existence de Dieu.

L'Être subsiste donc par l'union de la puissance, de la sagesse et de l'amour. L'Être veut éternellement s'engendrer par l'amour, il sait éternellement s'engendrer par la sagesse, et il peut éternellement s'engendrer par la puissance. Et comme la puissance n'est au fond que l'amour en tant qu'il agit, et que la puissance à son tour implique la connaissance, sans laquelle elle ne pourrait pas, la puissance, la sagesse et l'amour ne sont qu'un ; ces trois éléments ne constituent qu'un seul être, l'être qui existe par lui-même. De sorte que, ce qui résulte de plus frappant de la notion de l'existence de Dieu, c'est d'abord l'indispensable nécessité des trois termes qui sont les trois éléments irréductibles de l'absolu, c'est ensuite l'indispensable union de ces trois éléments.

Aussi, nous ne pouvons concevoir la notion de l'Être sans concevoir la notion de puissance, faute de laquelle il n'y aurait pas l'Être ; nous ne pouvons concevoir la notion de puissance sans concevoir la notion de connaissance, faute de laquelle il n'y aurait pas de puissance ; nous ne pouvons concevoir la notion de connaissance sans concevoir la notion de puissance et d'amour, faute desquelles la connaissance serait inutile. En un mot, nous ne pouvons concevoir la notion d'amour sans concevoir en même temps la notion de puissance, qui résulte elle-même de celle de l'amour, et la notion de connaissance, qui résulte elle-même de celle de puissance. Ces trois notions nous apparaissent tout à la fois, et comme ce qu'il y a de plus distinct, et comme ce qu'il y a de plus identique au fond de l'Être.

De sorte qu'il est impossible de concevoir Dieu sous une seule de ces notions, sans les concevoir aussitôt toutes les trois ; et impossible de concevoir Dieu sous ces trois notions, sans concevoir aussitôt qu'elles n'en font qu'une. Aussi, chacune des Personnes correspondant à chacune de ces notions, sent qu'elle est tout à la fois l'être divin et telle personne divine. On a donc raison de dire que chacune des Personnes divines contient toutes les autres ; que la puissance, la sagesse et l'amour appartiennent entièrement au Père, entièrement au Fils, entièrement à l'Esprit. Seulement le Père, le Fils et l'Esprit constituent leur personne, ou ce par quoi la puissance, la sagesse et l'amour *per se sonant*, ce par quoi elles se distinguent au sein de l'éternelle union.

D'ailleurs toutes ces Personnes se possèdent par l'amour. Comme la puissance n'est que la puissance de l'amour et de la sagesse, que la sagesse n'est que la sagesse de l'amour et de la puissance, et que l'amour n'est que l'amour de la puissance et de la sagesse, la puissance n'existe que par l'amour et par la sagesse, la sagesse n'existe que par la puissance et par l'amour, l'amour n'existe que par la puissance et par la sagesse. Et il se fait au sein de l'Être, l'éternel mariage de la puissance, de la sagesse et de l'amour. Comme ces trois Personnes sont faites l'une pour l'autre, qu'elles sont chacune le but et l'idéal éternellement désiré et éternellement possédé l'une de l'autre, ces trois Personnes sont ramenées par leur amour à une union si tendre qu'elle constitue dans le Ciel ce que sur la terre on appelle une famille.

Et la Trinité n'est que la Famille divine; Famille dont l'éternelle union a toujours reposé sur l'éternelle affection de la puissance, de la sagesse et de l'amour. La puissance est tellement faite pour posséder l'amour, l'amour tellement fait pour posséder la puissance, et la sagesse tellement faite pour être possédée par la puissance et par l'amour, que la puissance ne peut se passer de l'amour, ni l'amour se passer de la puissance, qui tous deux ne peuvent s'empêcher de s'embrasser continuellement dans leur sagesse.

Aussi les trois Personnes cherchent à confondre leur essence: la puissance et l'amour n'aspirent qu'à se mêler ensemble; la sagesse ne se plaît qu'à se mêler avec la puissance et l'amour. Et il en est ainsi des trois félicités qui sortent de leur sein; elles montent dans l'immensité et se marient comme trois hymnes sans fin.... De toute éternité, les trois Personnes écoutaient leurs joies comme un concert dont l'harmonie renvoyée de sphère en sphère remplissait l'infini. Cependant l'octave de la félicité n'avait point encore été entendue....

Tout-à-coup l'Esprit, qui ne peut se lasser d'aimer, se pencha sur le sein de la Puissance, qui ne peut se lasser de produire, et la Sagesse les couvrit de sa lumière. Les trois Personnes s'écoutèrent; un secret divin fut murmuré entre elles, un secret à réjouir la félicité elle-même... L'éternité fut suspendue pour laisser sortir le temps, et l'on vit apparaître l'univers au milieu de l'espace.

Et Dieu ne dit plus, en ne faisant allusion qu'à sa puissance : « Que la lumière soit, que la terre produise des plantes ! » Mais il dit, en prenant conseil de toutes ses Personnes : « Faisons l'homme à notre image, faisons-le à notre ressemblance ! » Car il semble qu'une seule Personne se soit occupée de la création de la matière. Mais ici, qu'il s'agit de l'homme, de celui qui doit être à l'image de Dieu, il faut que toute sa divinité accoure, que toutes ses divines Personnes se rassemblent et se disent : Faisons l'homme ! et, comme il sera le fruit de notre amour, faisons-le à notre ressemblance ! Donnons-lui la puissance, dit le Père; donnons-lui la sagesse, dit le Verbe ; donnons-lui l'amour, dit le Saint-Esprit. Et les trois Personnes : Donnons-lui la causalité, la raison et le cœur !

L'Esprit se tourna du côté du Père, le Fils réfléchit, dans sa lumière, la pensée du Père et de l'Esprit; les trois Personnes se regardèrent avec amour. Alors on entendit une voix : Il n'est pas bon que l'homme soit seul; divisons-le aussi selon ses trois personnes ! Et l'homme fut envoyé dans le sommeil de l'extase. En ce moment on vit au loin, dans le temps, comme une ombre de la Trinité, une iris formée de trois couleurs;

et ces trois couleurs, quoique distinctes, se mariaient entre elles. Il fut dit que c'était l'âme de l'homme, de la femme et de l'enfant, qu'ils formeraient aussi une famille, qu'ils seraient à l'image de la Trinité.

Et le Père voulait toujours s'occuper de l'homme, il prenait soin de former sa puissance et son courage. L'Esprit voulait toujours s'occuper de la femme, il prenait soin de former son amour et sa beauté. Et le Verbe voulait toujours s'occuper de l'enfant, il prenait soin de former sa candeur et sa simplicité. Le Père disait tout bas à l'homme d'aimer sa femme et son enfant, comme lui aimait son Esprit et son Verbe; et il lui enseignait ce que c'est que la bonté, qui apprend à se servir de la puissance. L'Esprit disait tendrement à la femme de chérir son mari et son enfant, comme lui chérissait le Père et le Verbe; et il ne pouvait se résoudre à la quitter, tant il avait de conseils de tendresse à lui donner. Le Verbe, se réfléchissant dans les yeux de l'enfant, lui disait d'imiter son père et de suivre le cœur de sa mère; puis il le baisa doucement sur le front, en lui mettant dans la main le premier rameau de la sagesse, ou l'innocence.

Et ces divines Personnes ne pouvaient se lasser de revenir chacune vers son ouvrage : le Père serrait l'homme contre son cœur en lui recommandant de prendre soin de la femme; l'Esprit s'inondait lui-même dans son amour en confiant à la femme le bonheur de l'homme; et le Verbe berçait l'enfant dans ses bras pour qu'il ne se réveillât jamais du songe d'or de l'innocence. Et cette divine Trinité se réjouissait de créer des êtres qui devaient s'aimer, de créer une autre trinité. On entendait de tous côtés dans les Sphères cette voix : Faisons l'homme ! faisons l'homme ! et qu'il soit à notre ressemblance ! Et il y avait une véritable joie de famille dans le Ciel.

L'homme sortant de son extase demande : Où est la compagne que l'Esprit s'est plu à former pour moi ? La femme paraît à ses côtés, l'œil rencontre l'œil, l'âme retrouve l'âme sa sœur ; l'homme s'écrie : Tu es la chair de ma chair et l'esprit de mon esprit ! et il la presse contre son cœur palpitant. Et la femme, sentant tressaillir l'enfant dans son sein, jeta ses bras au cou de son époux et y resta ainsi suspendue de tout le poids de son amour et de sa reconnaissance. La Puissance, la Sagesse et l'Amour voyant ce qu'elles venaient de faire, tressaillirent ; elles ne purent s'empêcher de trouver que tout était bien. La divine Famille, en contemplant cette douce image de sa Trinité, disait : Mes délices seront d'habiter avec les fils des hommes.

Et déjà la Puissance, la Sagesse et l'Amour prêtaient l'oreille à la nouvelle note qu'on commençait à ouïr dans la félicité...... Il n'était parlé dans les Cieux que de la quatrième personne qui devait venir de la création. Et cette parole était incessamment répétée : Qu'ils soient un comme nous sommes un !

Et la trinité humaine chercha aussitôt à se recomposer sur la terre. Comme la Puissance est essentiellement unie à l'Amour, l'être qui participe de la Puissance chercha à s'unir à l'être qui participe de l'Amour. Comme l'Amour est essentiellement uni à la Puissance, l'être qui participe de l'Amour chercha à s'unir à l'être qui participe de la Puissance. Enfin, comme la Sagesse est essentiellement unie à la Puissance et à l'Amour, l'être qui participe de la Sagesse se rattacha essentiellement à l'être qui participe de la Puissance et à l'être qui participe de l'Amour. Et comme le Père adore l'Esprit, celui qui est né du Père adorera celle qui est née de l'Esprit ; et comme l'Esprit veut s'attacher au Père, celle qui est née de l'Esprit voudra s'attacher à celui qui est né du Père ; et comme le Père et l'Esprit placent toute leur complaisance dans le Fils et forment ainsi l'éternelle unité de la famille divine, celui qui est né du Père et celle qui est née de l'Esprit placeront toute leur complaisance dans leur fils et formeront ainsi l'immortelle unité de la famille humaine. Et un amour qui conjoint existera sur la terre comme dans le Ciel.

Il faut donc qu'on sache bien ce que c'est que l'amour conjugal, dans son origine et dans son essence.

Dieu existe par lui-même, mais les êtres créés n'existent que parce que Dieu les fait exister. Exister c'est posséder les éléments de l'être, et posséder les éléments de l'être, c'est participer aux éléments de Dieu. Les êtres créés n'existent donc qu'autant qu'ils participent aux conditions de l'existence de Dieu. Les conditions de l'existence de Dieu étant la puissance, la sagesse et l'amour, l'être créé, surtout s'il est créé à l'image de Dieu, doit posséder la puissance, la sagesse et l'amour; c'est à-dire la causalité, la rationalité et le cœur. Et, comme ces trois éléments s'impliquent réciproquement dans l'être incréé et se réunissent pour former un seul être, qui est Dieu ; de même la causalité, la rationalité et le cœur s'impliquent réciproquement dans la créature spirituelle et se réunissent pour former un seul être, qui est l'homme. Mais ces trois conditions de l'Être ne sont pas seulement enfouies dans le sein de la substance divine, elles forment aussi trois personnes distinctes ; de même ces trois conditions de la créature ne sont pas seulement enfouies dans le sein de l'âme humaine, elles forment aussi trois personnes distinctes. Dans l'absolu, ces trois personnes distinctes ne cherchent qu'à ramener leur variété ineffable à une identité plus ineffable encore ; de même, dans le temps, ces trois personnes distinctes ne cherchent qu'à ramener leur heureuse variété à une identité plus heureuse encore. Ainsi, par leur union, les trois personnes dans le Ciel ne forment qu'un seul Dieu ; par leur union, les trois personnes sur la terre ne font qu'une seule chair. Et il se fait sur la terre, comme dans le Ciel, l'ineffable mariage de la puissance, de la sagesse et de l'amour. Enfin, comme ce mariage de la puissance, de la sagesse et de l'amour, conjoint en un seul être le Père, le Fils et l'Esprit, il prend le nom d'amour conjugal, de *cum jungere*. L'amour conjugal, c'est-à-dire l'amour qui conjoint, est le véritable amour ; c'est l'amour tel qu'il est dans l'absolu. L'amour conjugal étant essentiel aux trois Personnes divines, de là il descend et se communique nécessairement entre les trois personnes humaines.

Or, qu'il y ait sur la terre un amour vraiment conjugal, c'est-à-dire un amour d'union entre les trois personnes humaines, c'est ce qu'il est facile de reconnaître, lorsqu'il se manifeste dans le sein d'un jeune homme au moment où il a acquis toute sa causalité, et dans le sein d'une jeune fille lorsqu'elle a acquis tout son cœur ; puisque, dès l'instant que cet amour s'est fait sentir en eux, ils commencent à se rechercher l'un l'autre et à désirer s'obtenir en mariage. Enfin, qui ne sait que cet amour, à peine entré dans leur cœur, devient pour eux une source de joies qui surpassent toutes celles qu'ils ont connues jusqu'alors; et qu'ils comparent, d'après leurs propres expressions, aux joies divines que les trois Personnes doivent goûter dans les Cieux? Ainsi, il y a entre eux un amour conjugal, c'est-à-dire un amour qui tend à les unir et à ne les faire qu'un.

C'est en Dieu que l'amour est essentiellement conjugal, parce que c'est en Dieu qu'il conjoint essentiellement les trois éléments de l'Être. L'amour conjugal est donc essentiellement divin, c'est par lui que les trois Divines Personnes s'unissent entre elles, *conjungunt*. L'amour conjugal dans son essence, est l'amour tel qu'il est dans l'absolu ; c'est là qu'il opère l'éternel mariage de la Puissance, de la Sagesse et de l'Amour. Car dans l'absolu, l'amour ne devient réellement amour que lorsqu'il se conjoint à la puissance, par laquelle il agit ; et la puissance ne devient réellement puissance que lorsqu'elle se conjoint à la sagesse, par laquelle elle sait agir. Il en est ainsi sur la terre entre l'homme, qui est la puissance, la femme, qui est l'amour, et l'enfant, qui est la sagesse de l'un et de l'autre. L'amour vraiment conjugal n'est autre chose que la conjonction de la puissance, de la sagesse et de l'amour. Appliquez cela à l'homme, à la femme et à l'enfant : voilà la famille. La famille est la trinité humaine. Ne craignons pas d'élever la famille jusqu'à la dignité de son origine !

Les causes ontologiques de l'amour conjugal sont les mêmes que celles de l'amour des trois Personnes divines. Dans l'absolu l'Être est un ; l'amour, qui est le mouvement de l'être vers l'être, le ramène ainsi à l'unité, au milieu de la splendide variété de ses conditions d'existence. Dans le temps les êtres sont finis ; des êtres finis sont des êtres incomplets, et des êtres incomplets sont des êtres différents, qui cherchent à se réunir et à harmoniser leur contraste pour compléter leur existence. Chaque être, n'étant qu'un élément de l'existence, souffre de ne point posséder les autres conditions de l'existence ; ce qu'il y a d'être en lui, lui donne nécessairement le goût de la plénitude de l'être. De là chaque être se sent porté vers celui qui possède une autre condition de l'existence. L'amour, le même qui tient les différentes conditions de l'être éternellement unies dans l'absolu, cherche éternellement à réunir dans le temps ces conditions séparées. Et en éprouvant cet amour, les êtres se portent l'un vers l'autre par un mouvement bien déterminé, quoiqu'ils ne puissent s'en rendre compte, mais auquel les invite un attrait délicieux. C'est ainsi que l'être qui appartient au règne animal cherche sa nourriture par la satisfaction qu'il y trouve, sans savoir que c'est pour l'entretien et l'accroissement de son être. L'amour émane du besoin du tout ; il part d'un sentiment intérieur d'une unité primordiale d'existence avec effort pour recomposer cette unité. L'amour est le réveil au fond de tout être spirituel d'un mouvement de vitalité absolue.

Dans l'absolu, l'Amour ne serait rien s'il était isolé de la Puissance et de la Sagesse, seul il périrait dans son amour; de même celle qui est née de l'Esprit, abandonnée à son amour sans sagesse et sans force, périrait dans son amour. La Puissance ne serait rien si elle était isolée de l'Amour et de la Sagesse, seule elle périrait dans le vide de sa puissance; de même celui qui est né du Père, abandonné à sa puissance sans sagesse et sans amour, périrait dans le vide de sa puissance. La Sagesse ne serait rien si elle était isolée de la Puissance et de l'Amour, seule elle périrait parce qu'elle serait sans force et sans vie; de même celui qui est né du Fils, abandonné à son intelligence sans puissance et sans amour, périrait faute de force et de vie. De sorte que, si dans le Ciel ces trois éléments sont inséparables et se recherchent de toute la force de leur vie absolue ; sur la terre, où ils sentent encore bien davantage le besoin de ne pas se séparer, ils se recherchent pour former la famille, c'est-à-dire pour se reconstituer dans une existence aussi près que possible de l'absolu.

Et même ces trois éléments se recherchent en dehors de la famille, pour former la Société. Car nous savons bien que dans les temps antiques, lorsque la puissance était seule, il n'y a pas eu Société, mais seulement agrégation d'hommes liés et maintenus par la force. Aussi l'humanité a-t-elle tendu par des efforts inouïs à la conquête de la sagesse, qui a établi parmi nous le règne de la justice. Et nous savons bien que dans nos temps moyens il n'y a pas encore Société, mais seulement association d'hommes liés et maintenus par l'intérêt. Aussi l'humanité tend-elle maintenant par des efforts inouïs à la conquête de l'amour, qui établira parmi nous le règne de la charité. C'est alors qu'il y aura Société pure, c'est-à-dire concours et parfaite unité, dans le temps, de toutes les conditions de l'existence humaine.

L'homme est donc, comme Dieu, composé de trois éléments ; et dans l'homme, comme en Dieu, ces trois éléments constituent trois personnes ; enfin chacune des personnes humaines, recevant de chacune des Personnes divines la vie qui lui est propre, possède une nature et des propriétés parfaitement identiques à la nature et aux propriétés de la Personne divine de qui elle les reçoit. L'homme a été créé puissance par le Père, la femme a été créée amour par l'Esprit, et l'enfant a été créé sagesse par le Verbe. Seulement, comme tout ici-bas n'est qu'en puissance d'être, l'enfant ne naît qu'au premier degré de la sagesse, c'est-à-dire dans l'innocence.

Parmi les trois créatures spirituelles, l'être qui représente la force est donc une participation de la Puissance ; l'être qui représente la bonté, une participation de l'Amour ; l'être qui représente l'obéissance, une participation de la Sagesse. Autrement dit, l'homme est une participation de la nature du Père ; la femme, une participation de la nature de l'Esprit ; l'enfant, une participation de la nature du Verbe. Ainsi, l'homme par son âme est puissance, la femme par son âme est amour, et l'enfant par la sienne est innocence, c'est-à-dire aptitude à devenir sagesse en recueillant en lui la puissance de son père et l'amour de sa mère.

De sorte que l'homme est homme indépendamment de son corps, il l'est par son âme seule ; la femme est femme indépendamment de son corps, elle l'est par son âme seule. C'est pourquoi l'amour qui les porte l'un vers l'autre subsiste indépendamment du corps. Aussi est-ce par le mariage des âmes, qui est le premier, que se conclut le mariage des corps, qui est le dernier. L'accomplissement du premier fait l'accomplissement de l'autre ; c'est par le consentement que se constitue essentiellement le mariage, il ne peut exister sans cela. L'homme n'est pas dans son corps, mais dans son esprit; l'être spirituel est l'homme substantiel, l'être matériel n'est que l'homme phénoménique. C'est dans l'âme que réside l'homme, c'est là qu'il est ce qu'il est.

L'âme de l'homme est homme, et l'âme de la femme est femme, voilà pourquoi ils peuvent s'aimer dans leur âme. Et ils s'aiment dans leur âme parce que chacun est le bien de l'autre, et que leur union réunit ce qui a été séparé par la division de l'être. Car l'homme est puissance par son âme, puisqu'elle procède du Père ; la femme est amour par son âme, puisqu'elle procède de l'Esprit ; et leurs deux âmes se trouvent l'une vis-à-vis de l'autre, comme le Père et l'Esprit, comme la puissance et l'amour, c'est-à-dire dans l'éternel besoin de s'identifier. La puissance n'aspire qu'à retrouver son amour, et l'amour n'aspire qu'à retrouver sa puissance ; car la puissance désire s'embraser de tout le feu de l'amour, et l'amour désire prendre toute la solidité de la puissance.

L'âme de l'homme, venant de la Puissance qui est unie à l'Amour, cherche naturellement à s'unir à l'amour ; l'âme de la femme, venant de l'Amour qui est uni à la Puissance, cherche naturellement à s'unir à la puissance :

leurs âmes cherchent toutes deux à rentrer dans les prérogatives de leur origine. Il est tout naturel que l'amour aime la puissance, parce qu'il ne désire rien autant que de voir son amour devenir puissant ; et que la puissance aime l'amour, parce qu'elle ne désire rien autant que de voir sa puissance produire. De là, l'amour conjugal est naturel à l'homme, et il le porte toujours avec lui, parce que l'homme n'étant que puissance, porte continuellement le besoin de donner, par l'amour, la vie à sa puissance. De même l'amour conjugal est naturel à la femme, et elle le porte toujours avec elle, parce que la femme étant amour, sent continuellement le besoin de donner, par la puissance, l'action à son amour.

L'amour conjugal est chez l'homme, parce qu'il désire que sa puissance reprenne son amour ; il est chez la femme, parce qu'elle désire que son amour reprenne sa puissance. La femme cherche l'homme, parce que son âme cherche la puissance ; l'homme cherche la femme, parce que son âme cherche l'amour ; c'est-à-dire que l'immortelle union qui identifie dans le Ciel la puissance et l'amour, tend à réunir leurs âmes sur la terre. L'âme qui a la puissance, a besoin de l'amour pour devenir la puissance de l'amour ; et l'âme qui a l'amour, a besoin de la puissance pour devenir la puissance d'aimer.

Lorsque ces deux âmes se retrouvent, chacune ne s'unit pas à quelque chose d'étranger à elle, elle s'unit au contraire à quelque chose qui lui est intime et qu'elle possédait déjà par son origine. Chacune, incomplète en soi, possède ce qui compléterait l'autre ; ce qui fait l'attrait irrésistible de l'une pour l'autre. L'amour part du besoin de l'unité se faisant sentir au-dedans de ce qui est séparé; c'est pourquoi ces deux éléments de l'être sont appelés *sexe*, de *sextus*, *secatus*; parce qu'en effet, ils ont été coupés et séparés l'un de l'autre. C'est dans leur âme qu'est le sexe de l'homme et de la femme, parce que c'est dans leur âme que la puissance et l'amour ont été séparés. Aussi, est-ce dans leur âme qu'ils s'aiment.

Or, qu'il y ait amour entre l'âme de l'homme et l'âme de la femme, c'est ce qu'il est facile de reconnaître lorsqu'on voit s'établir entre eux cet amour platonique, dont la première condition est précisément l'exclusion de toute pensée qui ait rapport à la chair. Et pour les deux êtres qui s'aiment ainsi, leur amour ne s'accroît-il pas en raison de sa pureté, c'est-à-dire en raison de l'exclusion du corps? Il faut donc qu'il y ait pour l'âme un autre attrait que celui qui naît du sexe du corps; il faut donc qu'il y ait un attrait et une satisfaction qui naissent du sexe de l'âme? Si l'on disait à ces amants qu'ils se trompent dans l'objet de leur amour, et qu'on ne peut aimer que le corps, ne répondraient-ils pas : Quoi! on réduirait mon amour à n'aimer qu'un corps! mais qui veut donc m'arracher l'âme de mon amie? qui veut me persuader que ce n'est point là ma compagne chérie, la colombe spirituelle avec laquelle nous devons un jour construire un nid tout près de la Divine famille? Il faut que celui qui tient un pareil langage ne soit pas un homme; son ignorance et sa misère me prouvent qu'il n'a jamais aimé!

Du reste, si nous désirons bien connaître sur ce point l'instinct de nos âmes, nous n'avons qu'à nous rappeler nos émotions à la lecture de *Virginie*, d'*Atala* et de l'histoire de tant de vierges et d'épouses chrétiennes, dont la pensée fait précisément le délice de nos cœurs, parce qu'elle rappelle notre amour à sa véritable nature. Mais je conçois que ceux qui, par leur cœur ou par leur esprit, ne se sont pas élevés à ces notions, n'ont jamais pu s'expliquer l'affection de l'homme et de la femme autrement que par l'attrait qu'il peut y avoir entre le corps de l'un et de l'autre. D'après cela, si on les privait l'un et l'autre de leur corps, il n'y aurait donc plus de motif d'affection entre eux ! Et enfin, comme ce corps n'a qu'une existence temporelle, leur affection ne dépasserait donc pas le temps! Que dis-je? elle ne durerait pas même autant que lui, puisque la jeunesse, qui fait tout le prix du corps, passe plus vite que le temps!... L'humanité a toujours protesté contre cette horrible pensée; elle a toujours compris que l'affection qui unit l'homme et la femme avait des racines plus profondes que celles qui peuvent prendre dans le corps; et tous ceux qui ont aimé, ont toujours considéré comme la plus contraire à leur amour, la pensée qu'il dût finir avec le temps.

Du reste, il est si vrai que l'homme et la femme sont attirés l'un vers l'autre par la sexualité de leur âme, c'est-à-dire parce que l'un est la puissance et que l'autre est l'amour, que ce qui fait aux yeux de la femme le charme de l'homme, c'est sa puissance, et que ce qui fait aux yeux de l'homme le charme de la femme, c'est son amour. De sorte que l'homme, pour être beau, n'a besoin que d'être ce que la nature de son âme veut qu'il soit, c'est-à-dire puissance dans l'esprit et puissance dans le corps; or la puissance dans l'esprit est l'intelligence, et la puissance dans le corps est la force. Aussi l'homme qui porte le sceau de l'intelligence et de la force, est beau pour la femme. De même la femme, pour être belle, n'a besoin que d'être ce que la nature de son âme veut qu'elle soit, c'est-à-dire amour dans l'esprit et amour dans le corps; or l'amour dans l'esprit est la bonté, et l'amour dans le corps est la grâce. Aussi la femme qui porte le sceau de la bonté et de la grâce, est belle pour l'homme. La réunion de l'intelligence et de la force fait le caractère; et c'est le caractère qui constitue l'homme, il fait son prix aux yeux de la femme. La réunion de la bonté et de la grâce fait la douceur; et c'est la douceur qui constitue la femme, elle fait son prix aux yeux de l'homme. Toute la beauté de l'homme est dans son caractère, qui est la formule de sa puissance; toute la beauté de la femme est dans sa douceur, qui est la formule de son amour. En un mot, plus l'homme est puissance et plus la femme est amour, plus leur union est tendre, désirée et pleine de félicité, absolument comme dans les Cieux.

C'est la puissance, c'est un appui que la femme cherche auprès de l'homme; c'est la douceur, c'est la consolation que l'homme cherche auprès de la femme. La femme se sent d'autant plus portée vers l'homme que celui-ci montre plus de puissance et de sagesse; et l'homme se sent d'autant plus porté vers la femme que celle-ci montre plus d'amour et de douceur. De la combinaison de la puissance et de la bonté, de la force et de la douceur, naissent une harmonie et une joie inexprimables. L'amour, dit Schiller, ne s'établit pas entre des âmes qui sont à l'unisson, mais entre celles qui s'harmonisent ensemble.

Et il est tout naturel que la femme aime l'homme en raison de la puissance qu'elle trouve en lui, car c'est parce que le Père est la puissance infinie que l'Esprit a pour lui un amour infini ; il est tout naturel aussi que l'homme aime la femme en raison de la douceur qu'il trouve en elle, car c'est parce que l'Esprit est la bonté infinie que le Père l'aime d'un amour infini. Puissance et Bonté sont bien des différences spirituelles qui caractérisent le Père et l'Esprit, mais chez eux ce ne sont point des sexes, parce que jamais ils n'ont été séparés, quoiqu'ils forment des personnes distinctes ; leur sexualité existe dans leur essence même. Il en arrivera ainsi pour l'homme et pour la femme, lorsqu'ils seront réunis en un seul être dans le Ciel.

Enfin on sait bien que l'homme qui manque de volonté et dont le pouvoir faiblit devant celui de sa femme, est méprisé de sa femme elle-même ; il croit, en se soumettant tous les jours davantage, obtenir son affection, mais il ne fait que perdre de plus en plus son caractère et dégrader sa sexualité. De même la femme qui manque de douceur et qui cherche à tout gouverner chez son mari, l'inquiète et le fatigue ; elle prend pour lui un aspect décidé et repoussant ; de sorte que, tout en croyant montrer à son mari une haute habileté, elle ne fait que perdre son caractère et détruire le charme de sa sexualité. La femme doit se garder de montrer plus d'intelligence qu'il n'en faut pour sa position ; elle doit même cacher quelquefois qu'elle a raison, car tout en voulant montrer du caractère elle ne fait que perdre le sien. Pour que l'amour existe entre eux, il faut que l'homme conserve sa puissance et la femme sa douceur, afin que la puissance du premier soit modifiée par la douceur de la seconde, et que la douceur de la seconde soit appuyée sur la puissance du premier. C'est du temps de la chevalerie, dans les travaux et les dangers de la guerre, qu'à la faveur du christianisme, l'amour platonique est né pour la première fois chez les modernes. Et j'ai raison de parler ici du christianisme, car c'est lui qui, en même temps qu'il rendait l'énergie et la causalité à l'homme, rendait la douceur et la pureté à la femme. C'est lui qui a rétabli le sexe dans les âmes.

Mais comme le corps est l'instrument de l'âme et sa manifestation dans le temps, le sexe de l'âme s'étend jusque sur le corps. Ainsi, au premier aspect on voit que le corps de l'homme est constitué pour la force, qui est le caractère physique de la puissance ; et que le corps de la femme est constitué pour la grâce, qui est le caractère physique de l'amour. Car dans ce monde, les âmes ne se voyant pas et ne pouvant s'aimer, il a fallu leur donner une véritable image d'elles-mêmes. Et c'est bien une des choses les plus admirables que de voir avec quel soin Dieu a fait passer la sexualité spirituelle jusque dans les plus petits détails du corps. Il fallait, disons-nous, que le corps de la femme révélât le sexe de son âme ; et tout, en effet, y est disposé pour cela : le son de sa voix, la timidité de son regard, la douceur de ses traits, la délicatesse de son teint, la grâce de ses mouvements, et je dirais jusqu'à la douce pression de sa main et la mollesse de ses poses. Tout également dans le corps de l'homme

DE L'EXISTENCE DE L'HOMME.   1449

est disposé pour révéler le sexe de son âme : le son énergique de sa voix, la fierté de son regard, l'aspérité de ses traits, la rudesse de son teint, la rapidité de ses mouvements, et jusqu'à la force musculaire de son poignet et l'assurance de son maintien [1]. Que d'imagination il a fallu pour exprimer ainsi sur mille points de la matière le caractère de ces deux éléments de l'infini, la puissance et l'amour! Il est vrai que Dieu est l'artiste divin ; et il désirait que sous le symbole du corps nos âmes pussent s'apparaitre et se voir dans ce monde. Aussi recommande-t-il d'avoir de l'attachement pour ce corps, qui nous rend un tel service. « Hommes, attachez-vous au corps de votre femme, dit saint Paul ; et vous femmes, soyez pleines de tendresse pour le corps de votre mari ; car ils sont l'un et l'autre un gage de la bonté de votre Dieu. »

Concevez-vous ce Dieu si bon, prenant la peine de constituer le corps de la femme, pour qu'il devienne comme un symbole vivant de l'amour, et celui de l'homme, pour qu'il devienne comme un symbole vivant de la puissance!

---

[1] Le caractère de l'âme de l'homme et de celle de la femme ne se retrouve pas seulement sur leur corps, il se retrouve jusque sur leur vêtement ; dans tous les pays ils sont vêtus l'un et l'autre selon le sexe de leur âme. Le costume de l'homme, dégagé vers les membres inférieurs comme vers les membres supérieurs, indique la liberté, la causalité, la puissance. La femme, les bras plus serrés auprès du corps, et les membres inférieurs enveloppés dans les plis de sa robe, semblable à la statue à gaîne de l'Orient, indique la timidité, la soumission, l'amour. Aussi, remarquez que l'homme habillé en femme ne peut perdre le caractère de ce qu'il est, et que la femme habillée en homme prend un caractère qui la dégrade. Par la même raison que Dieu a voulu que le sexe de nos âmes se révélât sur nos corps, il a voulu qu'il se révélât sur nos vêtements. Ne lit-on pas dans l'Écriture : « Le vêtement du mari ne sera point sur l'épouse, et le vêtement de l'épouse ne sera point sur le mari, parce que cela est une abomination? » (Deut. xxii, 5). Et je crois bien que cette prescription s'étend jusque sur leur caractère ; la femme ne doit pas prendre les fonctions de l'homme dans la maison de son époux, et celui-ci ne doit pas se réduire aux fonctions de la femme

et cela à un tel point, que le corps seul de la femme suffit pour attirer vers elle le cœur de l'homme, et que le corps seul de l'homme suffit pour attirer vers lui le cœur de la femme ! Il est vrai que la puissance et l'amour, sous quelque enveloppe qu'ils soient cachés, se reconnaissent, même dans le temps, et cherchent à y contracter leur éternelle alliance. Mais, entre le corps de l'homme et celui de la femme, cette sympathie était nécessaire pour les avertir de la sympathie qui existe entre leurs âmes. Leur corps ne fait que les informer du sexe de leur âme. De là vient que, dans l'inexpérience de l'amour, des amants ne désirent pas moins se posséder dans leur corps que dans leur âme, tant la sexualité de leur âme est vivement peinte sur leur corps ! Mais bientôt ils découvrent le stratagème, et l'époux en pressant l'épouse contre son cœur semble lui dire : ne sens-tu pas que je veux t'aimer jusqu'au fond de ton âme ?

Toutefois, notre pensée se formant dans le temps, nous sommes habitués, en général, à nous arrêter sur les apparences, et nous ne pénétrons guère dans l'ordre ontologique. L'homme forme un tout de la personne chérie, âme et corps, dont il ne fait pas la différence dans son amour. Le corps est ce qu'il voit, et il ne pense pas d'abord qu'il ne l'aime qu'à cause de l'âme. Aussi, lorsque des couples innocents s'unissent, ils sont tout-à-coup ravis d'un amour inconnu; où ils croyaient n'embrasser qu'une personne mortelle, ils sentent les tressaillements de la personne immortelle. L'âme, comme attirée sous le premier baiser, resplendit à travers tout le corps et verse sur lui une incroyable beauté. Elle rend transparente à sa clarté tous les traits du visage ; elle se montre dans les yeux comme à deux fenêtres ouvertes sur ce monde ; et par le sourire, elle vient jusque sur le bord des lèvres comme sur le seuil d'où elle est prête à s'échapper. L'amant presse ses lèvres sur les lèvres de son amie, pour saisir au passage la belle prisonnière ; mais toujours elle se retire derrière le sourire, parce que leurs âmes ne doivent se retrouver que dans les Cieux. Le sourire précède l'âme ainsi que l'aurore précède le soleil ; et le baiser, qu'il appelle, est comme une tentative des deux âmes pour se réunir. Mais toujours ce divin sourire vient donner l'alerte à leur amour ; et chaque fois que les époux se pressent dans leurs bras ils croient saisir cette âme adorée, qui disparaît toujours sous le triste emblème du corps, témoin solitaire et impuissant de la passion des deux divines prisonnières.

Et ils s'aiment ainsi toute leur vie, parce qu'ils se recherchent dans leur âme. Ceux qui se cherchent dans leur corps se sont bien vite perdus ; et ne se retrouvant point, ils ne peuvent s'aimer. Quant aux époux vertueux, tous les jours leur apportent de nouvelles délices ; chaque regard, chaque sourire, est une apparition de l'invisible immortelle ; chaque soin, chaque marque d'affection, une nouvelle promesse ; chaque baiser, un nouvel aveu. Et la soif qu'ils ont d'eux-mêmes ne fait que s'accroître des résistances que leur oppose le temps. Ils se cherchent, s'appellent, se serrent dans leurs bras ; mais ils ne tiennent que le corps, et soupirent..... Oh ! qui les délivrera de ce qui les sépare ; qui les délivrera, eux aussi, *de ce corps de mort ?* ils sont époux, ils sont unis à jamais, et dans ce monde, la présence de leur corps oblige leurs âmes à faire lit à part; car leur corps est eunuque pour leur âme..... Ils vivront comme des saints, en attendant cette vie absolue qui doit les unir, non plus dans un mariage de séparation, mais dans un hymen véritable. La vie actuelle n'est pour eux que l'époque des fiançailles, et ils la passent à se donner des gages d'amour pour l'éternité.

L'attrait qu'il y a entre le corps de l'homme et celui de la femme n'est qu'une image sensible et affaiblie de l'attrait délicieux qui existe entre leurs âmes. Le sexe est dans leur âme bien plus que dans leur corps. Aussi la femme est plus femme dans son âme qu'elle ne l'est dans son corps, et conséquemment plus délicieuse à l'homme par son âme qu'elle ne peut l'être par son corps. L'homme est également plus homme dans son âme qu'il ne l'est dans son corps, et conséquemment plus aimé de la femme par rapport à son âme qu'il ne peut l'être par rapport à son corps. De là cet amour platonique mille fois plus délicieux que celui qui a pu naître d'abord de la chair; de là cet amour platonique, le bien le plus enivrant de la terre après l'amour de Dieu dont il est l'enfance; de là cet amour platonique qui n'est autre chose que l'amour conjugal, puisque lui seul conjoint les âmes suivant le besoin de leur divine origine; de là, enfin, cet amour de deux âmes qui oublient dans les douceurs de leur sexualité spirituelle, les biens de leur sexualité corporelle.

De sorte que l'amour du sexe reste en entier quoique en dehors du corps; c'est-à-dire qu'il existe tout entier dans l'âme. L'amour appartient à l'esprit de l'homme, et non à son corps ; c'est-à-dire qu'il appartient à l'homme même, et non à ce qui n'est pas lui. Car c'est en faisant abstraction du corps que l'homme se retrouve lui-même ; alors il porte son amour en lui, et non en dehors de lui. Et cet amour est dans toute sa puissance, dans toute sa pureté et dans toute sa joie, parce qu'il ne peut plus être affaibli, ni terni par ce qui est de la matière. C'est pourquoi l'amour qui est né dans l'âme est plus grand et plus délicieux que celui qui a besoin de passer par le corps. Or que l'amour devenu pur, c'est-à-dire entièrement de l'âme, procure plus de bonheur, c'est parce qu'étant esprit, il devient conséquemment plus perceptible et plus intérieur : toute félicité ne s'accroît-elle pas selon qu'on la perçoit et qu'elle pénètre davantage dans l'âme ? Enfin que l'amour subsiste en dehors du corps, et que ce soit ainsi qu'il ait le plus d'énergie, cela vient aussi de ce que l'amour est la vie de l'homme, que l'amour est l'homme lui-même. La joie s'incruste alors dans notre propre essence.

Néanmoins le caractère et l'aspect du corps influent beaucoup, chez l'un et l'autre sexe, sur l'appréciation qu'ils font d'eux-mêmes. Et au fond cela est juste ; car ce principe, que le beau est la splendeur du vrai, est surtout applicable en physiologie. Les mauvaises passions finissent par abrutir les traits ; la vertu, l'innocence, la pureté leur donnent au contraire une empreinte céleste : l'âme ici se moule dans le corps. La puissance se manifeste sur les traits en leur donnant du caractère, et la douceur, en leur donnant de la grâce. Un corps mou et paresseux, chez l'homme, un corps musculaire et dégagé, chez la femme, défigurent toute leur sexualité. Aussi l'homme sur lequel ne se manifeste pas l'attribut de son âme, c'est-à-dire le caractère, est rarement aimé par la femme; et la femme sur laquelle ne se manifeste pas l'attribut de son âme, c'est-à-dire la douceur, est rarement aimée de l'homme. Pour qu'ils s'aiment, il faut qu'ils conservent le sexe de leur âme; s'il disparaît, celui du corps ne suffit plus. Ceci prouve que la sexualité existe bien plus dans l'âme que dans le corps, et que l'amour vient bien plus de celle-là que de celui-ci. Suivant la belle observation d'un médecin allemand, l'amour pur ne déploie toute sa puissance que dans l'espèce humaine, parce que, là, la différence sexuelle est devenue entièrement morale.

Mais le corps n'est pas seulement consacré à prévenir l'homme et la femme du sexe de leurs âmes, et à leur révéler, sous un symbole touchant, l'étroite affinité qui existe entre elles; il sert aussi de conducteur pour transmettre à d'autres âmes ce même symbole de leur nature spirituelle. En un mot, c'est le corps qui sert à faire naître temporellement les hommes les uns des autres, afin qu'ils puissent s'aimer les uns les autres. Aussi, voyez combien les pères et les mères affectionnent leurs enfants! Du reste, il fallait que l'amour de don vînt compléter chez les époux leur amour d'union. Car si, dans l'absolu, l'amour consiste à porter l'être vers l'être, il consiste aussi à ce que l'être se donne à l'être; sans cela il ne pourrait pas y avoir identification, et conséquemment unité de substance. De sorte que l'amour porte ontologiquement en soi le principe du sacrifice. Deux êtres ne s'unissent que parce que l'un pénètre dans l'autre, c'est-à-dire parce que l'un se donne à l'autre, et réciproquement. Il fallait donc, pour que sur la terre l'homme prît la véritable vie du Ciel, que son amour d'union fût aussi très positivement un amour de don. De là, en raison de ce que les époux s'aiment, ils prodiguent leur vie et leurs soins à leurs enfants; et l'amour paternel ne semble qu'une suite de l'amour conjugal. L'union conjugale, dit un physiologiste, fait naître le goût des enfants, car elle est elle-même une répétition de la vie enfantine; la femme soigne son mari comme le ferait une mère, et le mari protége et nourrit sa femme comme s'il était son père.

Remarquez encore que, par l'amour, le cœur voudrait tout à la fois recevoir et donner : recevoir, parce qu'il n'est pas l'être infini; donner, parce qu'il est causalité. Aussi est-ce un fait bien remarquable dans la nature humaine, que l'instinct de la procréation suive l'amour, et surtout que cet instinct ne se réveille que lorsque les personnes sont éprises d'amour. Elles s'aiment, et il semble que c'est parce qu'elles s'aiment qu'elles veulent avoir des enfants. Cet instinct de la procréation est tellement attaché à l'amour, qu'il se confond avec lui aux yeux de beaucoup d'hommes qui ne sont pas encore assez sortis de leurs sens pour entrer dans leur âme. Ils vont même jusqu'à penser que l'instinct de la procréation est l'origine de l'amour; tandis que c'est au contraire un fait d'expérience que, lorsque l'instinct de la copulation s'est développé chez l'homme, l'amour n'est plus possible en lui, comme on le voit chez les libertins. L'amour fait naître l'instinct procréateur, mais jamais l'instinct de la copulation n'a fait naître l'amour; au contraire il lui donne la mort.

L'instinct procréateur procède donc de l'amour. L'amour est le principe de la vie, et la génération produit effectivement la vie. Il semble que la créature n'a pas plus tôt reçu l'existence et atteint ses développements, qu'elle veut, à l'image de Dieu, répandre aussi la vie. L'homme veut être père, la femme veut élever des enfants. Et même dans toute la nature, c'est au moment où l'être est au plus haut degré de l'énergie vitale, que l'amour naît en lui, comme d'une surabondance de vie. Lorsque l'instinct de la conservation, satisfait, a achevé son œuvre, celui de la reproduction commence la sienne.

Mais chez l'homme, où l'amour spirituel est plus dominant, d'après ce que nous savons de son âme, cet amour précède de longtemps celui de la propagation; et ce n'est que quelques années après ce développement du cœur, qui est signalé par l'amour platonique, que l'instinct procréateur se montre dans toute sa force [1]. Il faut en quelque sorte que le premier ait pris domicile dans

---

[1] Il y a des hommes qui auraient honte s'ils entendaient ce que les physiologistes, eux qui n'ont dû se préoccuper que du corps, disent cependant de l'amour :

« L'amour, considéré dans son essence, repose sur une idéalité, et c'est une assertion dénuée de fondement que celle qui lui donne la sensualité pour mobile. Chez l'homme non perverti dans son organisation, le premier amour est entièrement idéal, et toutes les pensées qui ont trait à la jouissance physique blessent ses sentiments. Celui-là ne peut pas dire qu'il aime, qui, en éprouvant ce sentiment, désire plus que l'estime et le cœur de sa maîtresse. Mais dans la nature, si l'idéal est l'origine, il s'abaisse jusqu'au monde physique pour devenir phénomène. Voilà pourquoi, dans la marche de la nature, l'amour devient momentanément l'instinct de la procréation, sans cependant se confondre et devenir un avec lui. Car, aussitôt que celui-ci est passé, que l'homme a satisfait au droit de la nature, l'amour remonte à sa véritable source, l'instinct précédent disparaît et l'amour redevient purement idéal. Du reste, le véritable amour est accompagné d'un sentiment religieux profond. »

Traité de physiologie, comme science d'observation, par MM. Burdach, Baer, Meyer, Muller, Rathke, Siebold, Valentin, Wagner. — Rapports entre les deux sexes.

l'homme, et qu'il soit devenu le maître de son cœur, pour que, dans l'usage qu'il fera du second, il reste encore la créature spirituelle et libre.

Comme l'amour de l'homme et de la femme naît du sexe de leur âme, revenons sur le principe de cette sexualité. Si l'amour n'avait trait qu'à ce qui est opposé, le sexe masculin se tournerait vers ce qui manque de noblesse, vers ce qui est bas et sans caractère; le sexe féminin se tournerait vers ce qui manque de délicatesse, vers ce qui est rude et sans affection. Mais l'amour repose sur un contraste de qualités, il part d'un sexe pour chercher dans l'autre ce qui lui manque. Ainsi, plus l'homme se sent courageux et énergique, plus il aime la femme douce et craintive; et cette loi va si loin, que si la femme a pour partage le caractère et la force, on la verra préférer l'homme doux et liant. Enfin, l'attrait du sexe s'effacerait complétement si tous deux revêtaient exactement le même caractère; c'est ainsi que deux électricités de même nature se repoussent.

Les deux sexes ne sont donc pas l'opposé l'un de l'autre, mais le besoin l'un de l'autre; ils sont une expression diverse de la même essence. La femme est précisément tout ce que n'est pas l'homme, et l'homme tout ce que n'est pas la femme. Ceci explique pourquoi la femme qui a quelque chose de l'homme nous plaît moins, et pourquoi l'homme qui a quelque chose de la femme est moins aimé d'elle. Maintenant, que l'amour naisse entre eux de ce que l'un est précisément tout ce que n'est pas l'autre, et qu'ils soient ainsi l'un à l'autre comme le complément de leur être, cela repose sur le principe même de l'essence divine, à l'image de laquelle ils sont constitués. Le sentiment qu'éprouve l'homme lorsqu'il retrouve la femme, est de même nature que celui qu'éprouve Dieu lorsque, dans l'unité de son moi, il sent se réunir toutes les propriétés de son essence absolue. Seulement, l'homme et la femme ont été partagés, et séparément déposés sur la terre, afin que, cherchant eux-mêmes à se réunir, ils aient ainsi l'occasion d'exercer en eux leur amour et leur causalité, ces deux grandes conditions de la vie absolue. De sorte que, l'homme et la femme ayant été ainsi partagés dans leurs âmes, le sexe existe indépendamment de leurs corps. Or, voici en quoi consiste positivement le sexe des âmes.

D'abord il faut bien que, malgré leur dissemblance apparente, il y ait dans le fond des sexes quelque chose de semblable et d'homogène, pour que leur réunion soit demandée et puisse s'opérer. Ce qu'il y a d'intime dans le masculin, c'est l'amour, mais l'amour enveloppé dans la puissance; de sorte que la puissance peut y étouffer l'amour. Le masculin, c'est l'amour voilé par la puissance. Ce qu'il y a d'intime dans le féminin, c'est la puissance, mais la puissance enveloppée dans l'amour; de sorte que l'amour peut y étouffer la puissance. Le féminin, c'est la puissance voilée par l'amour. Cela vient de ce que la Puissance était enfermée dans l'Esprit, quand il formait la femme; et de ce que l'Amour était caché dans le Père, quand il formait l'homme. Alors dans le masculin, l'amour, qui se trouve enfermé et étouffé par la puissance, aspire au féminin, comme à la vie; et dans le féminin, la

DE L'EXISTENCE DE L'HOMME.

puissance, qui se trouve enfermée et étouffée par l'amour, aspire au masculin, comme à sa délivrance. Aussi, dès que le masculin et le féminin se rencontrent, ils tressaillent jusque dans le fond de leur être ; car le féminin vient dégager l'amour qui était enfermé dans le masculin, le masculin vient dégager la puissance qui était enfermée dans le féminin, et il semble que tous deux se rendent la vie.

Il est donc tout naturel que la femme cherche la puissance de l'homme, et que l'homme cherche la tendresse de la femme, comme le complément indispensable de leur être. Nous comprenons que, par l'amour, l'âme de l'un tend à sortir d'elle-même pour aller se répandre dans celle de l'autre ; et c'est en se donnant qu'elle se retrouve. Aussi, l'amour angélique du sexe est l'expansion la plus délicieuse de toutes les facultés de l'âme. La puissance est toute la joie de l'amour, parce que la puissance est née de l'amour, et que l'amour aime à retrouver sa puissance. L'amour est toute la joie de la puissance, parce que l'amour est l'actif de la puissance, et que la puissance aime à retrouver sa vie. Tout cela se fait instinctivement en chacun d'eux, et sans qu'ils puissent clairement s'en rendre compte.[1]

---

[1] « Je me suis aperçu, dit un auteur, combien, dès la naissance, le génie et le caractère de l'homme diffèrent du génie et du caractère de la femme. J'ai vu quelquefois par ma fenêtre, sur une place d'une grande ville, des assemblées d'enfants au nombre d'une vingtaine : là, les petits garçons, selon le caractère qui leur est propre, jouaient en tumulte, criaient, se battaient, se jetaient des pierres les uns aux autres, tandis que les petites filles étaient assises tranquillement aux portes des maisons ; les unes jouaient avec des enfants, les autres habillaient des poupées, quelques unes cousaient de petits morceaux de linge, et s'embrassaient ; et ce qui m'étonnait, c'est que, malgré ces mœurs paisibles, elles regardaient d'un air gracieux les petits garçons, quoiqu'ils se comportassent tout autrement qu'elles. Par là j'ai pu très bien voir combien, malgré l'incompatibilité apparente, ce qui fait le caractère distinctif de l'homme et celui de la femme, avait de propension à s'harmoniser. »

L'amour cherche ce qu'il possédait déjà par son origine : la puissance cherche l'amour ; et l'amour, la puissance. Ainsi il y a la puissance de l'amour, ou la puissance procédant de l'amour ; et il y a l'amour de la puissance, ou l'amour procédant de la puissance. La puissance de l'amour constitue le masculin, l'amour de la puissance constitue le féminin. La femme devient ainsi les délices de la puissance de l'homme, et l'homme toute la joie de l'amour de la femme ; parce que la femme sent la joie de son amour dans la puissance du mari, et que le mari sent les délices de sa puissance dans l'amour de sa femme. Car la puissance est redevenue vive par sa réunion avec l'amour, et l'amour est redevenu actif par sa réunion avec la puissance. Leur allégresse est grande, parce qu'en eux l'amour et la puissance se retrouvent unis comme dans l'absolu.

Ce qu'il y a d'intime dans l'homme cherche l'amour, et ce qu'il y a d'intime dans la femme cherche la puissance. L'homme est le besoin de trouver l'amour, la femme est le besoin de trouver la puissance. Dans le premier cas, la puissance prédomine sur l'amour, et l'amour céderait bientôt à la puissance ; cet amour est l'amour masculin. Dans le second cas, l'amour prédomine sur la puissance, et la puissance obéirait à l'amour ; cet amour est l'amour féminin. L'homme est donc l'être qui a besoin de replacer l'amour dans sa puissance ; et cet amour lui est donné par Dieu, au moyen de l'amour de son épouse. La femme est l'être qui a besoin de replacer la puissance dans son amour ; et cette puissance lui est donnée par Dieu, au moyen de la puissance de son époux. Celle-ci retrouve la puissance de son amour, celui-là la puissance d'aimer, et ils ne veulent plus se séparer.

Car, dans l'absolu, l'amour et la puissance ne formaient qu'un, puisque l'un n'est que l'autre en tant qu'il agit. C'est pourquoi, au jour de la création, *l'homme fut créé mâle et femelle*, comme le dit la Genèse; et ce fut ensuite que la femme fut tirée de l'homme, c'est-à-dire que l'amour qui appartenait à cette puissance fut transporté de l'homme dans la femme [1]. Mais, au sortir de l'absolu, l'amour et la puissance étaient encore l'un dans l'autre; ce fut par un second acte de la création que l'amour fut extrait de la puissance, que le féminin fut extrait du masculin. De sorte que la femme ne fait que retourner vers l'homme, dont elle a été séparée; que l'homme ne fait que retrouver la femme, qui lui avait été enlevée; et tous deux se réunissent en un. Au reste, c'est ce que la tradition a soin de dire : *Ils ne seront plus deux, mais un.* Tous deux avaient conservé une inclination invincible à ce qu'il en soit ainsi : car ce qui a été tiré d'une chose emporte avec soi le besoin de cette chose, et quand ensuite il trouve à se réunir en elle, il est comme dans soi et comme avec soi. Aussi la femme prend le nom de son mari, parce qu'elle n'est autre chose que lui-même. Celui qui aime sa femme s'aime soi-même, dit S. Paul.

Il ne faut donc pas s'étonner que la femme devienne

---

[1] Et ait Deus : Faciamus hominem ad imaginem et similitudinem nostram. Et creavit Deus hominem ad imaginem suam: ad imaginem suam creavit illum, masculum et feminam. (*Liber Genesis*, cap. I, versus 26, 27.) Ait eis : Non legistis, quia qui fecit hominem ab initio, masculum et feminam fecit eos? Itaque jam non duo sunt, sed una caro. (*Evangelium secundum Matthæum*, caput xix, vers. 4, 5.) Verumtamen in Domino, neque vir sine muliere, neque mulier sine viro. Nam sicut mulier de viro, ita et vir per mulierem : omnia autem ex Deo. (*Epistola* 1ª *beati Pauli ad Corinthios*, caput xi, vers. 11, 12.)

l'objet de l'amour de l'homme, puisque la femme est l'amour même de l'homme ; et que l'homme soit l'objet que recherche l'amour de la femme, puisque l'homme est la puissance même de la femme. L'épouse est l'amour de la puissance de son mari, et l'époux est la puissance de l'amour de sa femme. La femme plaît à l'homme, parce qu'elle est l'amour qui convient à sa puissance ; et l'homme plaît à la femme, parce qu'il est la puissance qui convient à son amour. Le mari est la puissance, et la femme est son amour ; or l'amour ne peut aimer d'autre puissance que la sienne, ni la puissance aimer d'autre amour que le sien. Alors chacun d'eux retrouve *sa moitié* avec délices, et rentre dans toutes les joies de son existence en rentrant dans toutes les prérogatives de son être. [1]

Il devait en être ainsi, non-seulement afin que l'homme et la femme cherchassent d'eux-mêmes à se réunir pour recomposer l'unité de leur âme, mais afin que l'amour de soi-même ne restât pas dans l'homme. Car si l'amour n'avait pas été retiré de l'homme et transporté dans la femme, l'homme se serait aimé lui-même ; au lieu qu'en aimant son épouse, il apprend à aimer un autre que lui-même, ce qui est précisément le principe de l'amour. Que si la puissance avait été laissée à la femme, elle se serait

---

[1] Quand ils sont réunis ils ne font qu'un, parce que chacun d'eux retrouve *sa moitié*. Or comment chacun d'eux retrouverait-il ainsi sa moitié, s'ils n'avaient été partagés ? Au premier jour, Dieu prit l'amour et la douceur de l'âme de l'homme, et il les transporta dans l'âme de la femme : c'est pourquoi d'abord, lorsque l'homme ne retrouve pas cet amour et cette douceur de son âme, il est sévère et farouche, et que quand il les retrouve, il devient aimable et joyeux ; c'est pourquoi ensuite, lorsque la femme n'est pas réunie à la puissance et à l'intelligence, dont on l'a séparée, elle est faible et mélancolique, et que quand elle y est réunie, elle redevient sereine et fervente.

trouvée complète en elle-même, comme l'ange ; et comme l'ange, elle aurait été exposée à ne plus aimer hors d'elle-même. Tandis que l'épouse étant l'amour du mari, le mari ne peut aimer sans aimer son épouse, dont l'amour est la vie même de sa puissance ; et le mari étant la puissance de l'épouse, l'épouse ne peut tourner son amour en elle-même sans aimer son mari, dont la puissance est l'objet même de son amour. Quand leurs âmes sont dans cet état, leur pensée et leur volonté s'embrassent intérieurement d'une affection spirituelle, de sorte qu'ils s'aiment l'un pour l'autre, car l'un en voulant s'aimer ne fait qu'aimer l'autre ; et il n'y a plus d'égoïsme possible entre eux, leur amour est toujours amour.

De là le mari ne peut jamais aimer son épouse quand il est dans l'orgueil de sa propre puissance, c'est-à-dire dans l'orgueil de sa volonté et dans l'orgueil de sa force ; il voudrait au contraire se faire adorer de son épouse, parce qu'il croit posséder tout : c'est qu'alors il a l'amour de soi-même, et il reste vide. Également, la femme ne peut jamais aimer son époux quand elle reste dans l'orgueil de soi-même, c'est-à-dire dans l'orgueil de son cœur et dans l'orgueil de sa beauté ; elle voudrait au contraire se faire adorer de son époux, parce qu'elle croit être tout : c'est qu'alors elle a son amour en soi-même, et elle reste seule. Aussi Dieu, après avoir averti qu'il avait tiré la femme de l'homme, ajouta aussitôt : *C'est pourquoi l'homme doit quitter son père et sa mère pour s'attacher à son épouse.* « Or, dans le sens spirituel, dit un auteur, par le père et par la mère que l'homme doit quitter, il faut entendre le propre de son entendement et le propre de sa volonté : le propre de l'entendement de l'homme est d'aimer sa sagesse, et le propre de sa volonté est de s'aimer soi-même. Et par s'attacher à son épouse, il faut entendre que son entendement et sa volonté doivent se dévouer à l'amour de l'épouse. »

Ainsi, la femme est créée pour être l'amour de la puissance de son mari, et l'homme est créé pour être la puissance de l'amour de sa femme ; puisque cette puissance ne peut venir que de l'amour, et qu'au moment de la création cet amour a été séparé de sa puissance. Pour cette cause, la femme doit mettre tout son amour dans son mari, et le mari doit prêter toute sa puissance à sa femme. Aussi, remarquez bien que l'homme naît fort et intelligent, et que la femme naît faible et aimante ; c'est-à-dire que le premier est plus près de suivre les spéculations de son intelligence, et que la seconde est plus près de suivre les entraînements de son amour.

De sorte que, comme la faiblesse du corps de la femme trouve un soutien dans la force du corps de l'homme, tandis que celui-ci voit tempérer la rudesse de ses mouvements par la grâce et la beauté du corps de sa femme ; de même la tendresse du cœur de la femme trouve un soutien dans la fermeté du cœur de l'homme, tandis que celui-ci voit tempérer la raideur de ses volontés par la douceur et la bonté du cœur de sa femme. La femme fut constituée amour et beauté non pour elle-même, mais pour son époux, dont elle est la vie et la joie ; et l'homme est resté puissance et force non pour lui-même, mais pour sa femme, dont il est le soutien et la consolation. Nos lois humaines sur le mariage ne disent-elles pas positivement : « Le mari doit

protection à sa femme, la femme obéissance à son mari? »
En cela, les lois civiles ne se doutent peut-être pas qu'elles
ne sont que la formule de la loi ontologique.

Enfin comme l'époux est l'image du Père, ou de la
Puissance, il doit être le soutien et la force de l'épouse;
et comme l'épouse est l'image de l'Esprit, ou de l'Amour,
elle doit être la vie et la consolation de l'époux. C'est parce
que ces deux éléments sont inséparables dans l'absolu,
qu'ils sont inséparables sur la terre. La puissance sans
l'amour sortirait d'elle-même, ce serait la force aveugle,
ou la puissance morte; et l'amour sans la puissance resterait en lui-même, ce serait l'égoïsme, ou l'amour mort.
C'est en effet ce qui arrive ordinairement à l'homme
resté seul: sa volonté se durcit; et c'est également ce
qui arrive à la femme restée seule: son cœur se sèche [1].
Mais, par son union avec l'amour, la puissance devient
bonne, et par son union avec la puissance, l'amour devient
fort. De la bonté dans la puissance, et de la force dans
l'amour, naît la sagesse, absolument comme aux Cieux.

C'est parce que le sexe existe indépendamment du corps,
parce que c'est l'âme de l'homme qui est réellement mâle,

---

[1] « Chez l'homme, l'amour nourrit et élève l'âme, stimule la bienveillance et le rend plus porté à secourir ses semblables. Le célibataire devient au contraire de plus en plus insensible et dur. L'amour approche de l'idéal, il exalte les facultés morales, rend plus vif, plus actif, plus entreprenant, plus fort, et devient souvent le mobile de grandes actions et de talents distingués. On a remarqué, en Angleterre surtout, que la plupart de ceux qui se suicident par dégoût de la vie, étaient célibataires. Du reste, les céliba-taires en général n'atteignent point un âge aussi avancé que les personnes ma-riées. »

Voir Hufeland, *La Macrobiotique, ou l'art de prolonger la vie de l'homme*. Paris, 1838, *pag.* 123. — L. Casper, de l'influence du mariage sur la durée de la vie humaine; *Annales d'hygiène,* tom. XIV, *pag* 228.—Burdach, influence du mariage sur les individus, tom. V, *pag.* 116 du *Traité de Physiologie*.

et l'âme de la femme qui est réellement femelle, que le besoin du mariage est plus grand pour leur âme que pour leur corps, et qu'il y a en effet dans leur âme une tendance plus vive et plus profonde à se conjoindre. L'homme mâle et l'homme femelle sont constitués de telle sorte qu'ils doivent devenir un seul homme, ou plutôt une seule âme; et quand ils sont ainsi devenus un, ils sont l'homme complet. « Car ni l'homme n'est point sans la femme, ni « la femme n'est point sans l'homme », dit S. Paul.

Sans cette union, ils sont deux; chacun se sent comme un être divisé, comme la moitié d'un homme. Au lieu de se rencontrer et de former, dans leur point d'intersection, une résultante qui les conduise vers leur but, leurs deux âmes se croisent et s'éloignent par une tangente égarée. Que devient la puissance sans l'amour, sinon une force brutale; que devient l'amour sans la puissance, sinon une sorte de folie? Ainsi, l'homme loin de la femme est exposé à tous les emportements de sa puissance, et la femme loin de l'homme est exposée à tous les entraînements de son amour; celle-ci ne peut trouver sa volonté, celui-là ne peut trouver son cœur. Mais sans la volonté, la créature spirituelle ne peut constituer sa personnalité vis-à-vis de l'absolu; et sans le cœur, elle ne peut prendre pour vie ce qui fait la vie de Dieu : les deux objets pour lesquels la création fut établie! Ce sont là du reste les deux points de la grande question cosmogonique, que nous verrons plus tard.

L'alliance de la puissance et de l'amour, qui est l'origine de l'amour conjugal, se montre également au milieu de l'ordre moral dans l'alliance du vrai et du bien. Car le vrai est la puissance, puisque la puissance ne repose que sur le vrai; et le bien est l'amour, puisque l'amour n'a d'autre objet que le bien. Or nous voyons que le bien n'existe pas sans le vrai, ni le vrai sans le bien. En effet, le vrai sans le bien n'est pas le vrai, et le bien sans le vrai n'est pas le bien. Le vrai n'est vrai qu'autant qu'il est le bien; le bien n'est bien qu'autant qu'il est le vrai. Le vrai est ce sur quoi l'être est fondé, c'est la loi de l'être; le bien est ce pour quoi l'être est créé, c'est le but de l'être. Tout est créé selon le vrai pour le bien. Mais le vrai du bien, ou le vrai qui procède du bien, est le masculin; et le bien du vrai, ou le bien qui procède du vrai, est le féminin. Le mari, ou la puissance, est donc le vrai de sa femme; et la femme, ou l'amour, est donc le bien de son mari. Le mari est le vrai, et la femme est son bien. Or le bien ne peut être sans le vrai, ni le vrai sans le bien; et le bien ne peut aimer d'autre vrai que le sien, ni le vrai aimer d'autre bien que le sien [1]. Enfin la femme se défend par son mari comme le bien se défend par le vrai, et le mari fait sa joie de sa femme comme le vrai fait sa gloire du bien.

Que la puissance et l'amour, ou le vrai et le bien, aient une inclination à s'unir, c'est parce que l'un procède de l'autre. Car, dans l'absolu, la puissance procède de l'amour, et au commencement du temps, l'amour a été séparé de la puissance; ou si l'on veut, dans l'absolu, le vrai procède du bien, et dans le temps, le bien a été tiré du vrai; de là leur inclination à se retrouver en un. De même l'homme, étant resté comme puissance, cherche l'amour; et la

---

[1] Voir le livre intitulé, *Deliciæ sapientiæ de amore conjugali*, et pour différents points de ce chapitre.

femme, ayant été détachée comme amour, cherche la puissance : ils tendent à se retrouver en un par tous les points de leur âme. C'est là l'origine en quelque sorte psychologique de l'amour conjugal. Ontologiquement, c'est de l'amour éternel du Père et de l'Esprit que découle sur la terre l'amour qui existe entre l'âme de l'homme et celle de la femme. Dans l'absolu, l'amour étant puissance et la puissance étant amour, l'homme s'unit pour recevoir l'amour dont a besoin sa puissance, et la femme pour recevoir la puissance dont a besoin son amour.

Or, c'est par l'amour chaste du sexe que la puissance de l'homme parvient à rejoindre l'amour dans la femme, et que l'amour de la femme parvient à rejoindre la puissance dans l'homme. Le corps ne peut qu'empêcher les âmes de s'unir. Car pour les corps il n'y a pas d'union, il n'y a qu'un simple rapprochement dans l'espace ; il ne peut y avoir union qu'entre des substances spirituelles. Les esprits n'habitent point l'espace ; dans l'ordre spirituel, les distances et les proximités tiennent à la parenté et à l'affinité des âmes. N'étant point soumises, comme les corps, aux conditions de l'espace, les âmes peuvent être très rapprochées et même conjointes, quoique les corps ne le soient pas, ainsi que cela arrive entre des époux qui s'aiment tendrement, quoique séparés par l'espace. Du reste, l'amour qui s'attache au corps ne pénètre point en nous, il reste en dehors, et les deux époux se touchent, mais ils ne s'unissent point. L'amour qui tient à l'âme pénètre profondément en eux et les conjoint ; c'est là réellement l'amour conjugal.

Ainsi l'amour vraiment conjugal est l'amour chaste ; parce qu'il est l'amour de l'esprit, et que les esprits seuls peuvent s'unir et ne faire qu'un. L'amour conjugal n'est donc point l'amour du sexe, mais d'une seule personne du sexe. Conséquemment, c'est l'amour chaste du sexe. L'amour conjugal est ce qu'on a appelé jusqu'à présent l'amour platonique. Comme l'amour conjugal dérive de l'amour du Père et de l'Esprit, et aussi de ce que la femme a été tirée de l'homme, cet amour doit être l'amour d'une seule personne du sexe ; autrement il serait l'amour du sexe, et ce ne serait plus l'amour qui est le propre de l'homme. L'amour du sexe est commun aux bêtes et aux hommes, mais l'amour conjugal est le propre de l'homme. De sorte que plus l'amour conjugal s'éloigne de l'amour du sexe, plus l'homme est homme et s'éloigne de la bête.

L'amour du sexe n'est donc point l'amour conjugal ; aussi non-seulement ne réunit-il point, mais encore ne procure-t-il point ce que l'amour cherche dans l'union. L'amour du sexe ne peut donner aucune joie aux époux, parce que le cœur de l'un ne cherchant pas l'amour qui manque à sa puissance, et que le cœur de l'autre ne cherchant pas la puissance qui manque à son amour, le vrai ne peut recevoir son bien, ni le bien retrouver son vrai. Mais chacun d'eux cherche son plaisir, et c'est là un égoïsme qui n'est point du tout l'amour. L'amour de la chair, au lieu d'être l'amour qui conjoint, est l'amour qui disjoint ; parce qu'il s'interpose continuellement entre les deux âmes. Les époux qui restent dans leur corps, s'enferment loin l'un de l'autre.... D'ailleurs quand ils cherchent le plaisir, ils ne se cherchent pas, et quand ils ne se cherchent pas, ils ne peuvent se trouver. Il est rare que les époux qui cherchent le plaisir ne deviennent pas l'un et l'autre adultères; et il arrive toujours que ceux qui se recherchent pour la chair finissent par se repousser.

Oui, de même que l'âme est obligée de se dépouiller de son corps pour aller jouir dans l'absolu de l'amour infini, de même elle doit se mettre en dehors de son corps pour jouir ici-bas du véritable amour. Les époux qui ne sortent pas de leur corps ne peuvent entrer dans les joies spirituelles. On conçoit que l'homme qui est resté dans son corps désire seulement les conjonctions du corps, et de là la misère où se trouve son âme; mais l'homme qui est monté dans son esprit, ne veut plus que les conjonctions de l'esprit, et de là les délices spirituelles qui en dérivent. Alors il voit que ces délices n'ont lieu qu'avec une seule épouse, à laquelle il peut de plus en plus se conjoindre en un, pénétrant de plus en plus dans la joie à mesure que s'accroît cette union. Car le bonheur et l'union, conformément aux lois de l'infini, croissent en proportion éternellement constante.

L'amour conjugal conjoint les âmes et béatifie l'homme. L'époux étant comme la puissance du bien, et l'épouse comme le bien de cette puissance, un couple qui est dans le véritable amour conjugal, repose dans les délices de la puissance et de l'amour, conséquemment dans quelque chose de la félicité des Cieux. La puissance, qui est le propre du mari, ne sent rien de plus doux que de recevoir son bien; et l'amour, qui est le propre de l'épouse, ne sent rien de plus doux que de recevoir sa puissance : l'amour et la puissance se délectent ensemble. C'est là la véritable cohabitation spirituelle. Dans cette participation de leur bien, leurs âmes se divinisent, parce qu'elles mettent réciproquement en commun les éléments de la Trinité, et elles deviennent heureuses.

Après le mariage tout est divinement transformé ; l'époux est devenu la puissance douée d'amour, par son union avec l'âme de l'épouse, et l'épouse est devenue l'amour doué de puissance, par son union avec l'âme de l'époux. Or dans l'infini, de l'union de la puissance et de l'amour naît la Sagesse, en laquelle le Père et l'Esprit mettent toute leur complaisance. Mais sur la terre, la puissance et l'amour n'étant point absolus, leur union n'est point infinie. Aussi, de l'union de la puissance et de l'amour, naît celui qui a besoin de la sagesse, c'est-à-dire l'enfant, en qui le père et la mère mettent également toute leur jouissance. L'enfant, par la manière dont il est élevé, représente toute la sagesse de son père et de sa mère, qui dirigent sur lui tous les efforts de leur puissance et de leur amour.

De sorte qu'ici-bas, du mariage de la puissance et de l'amour naît également la sagesse; seulement, comme nous l'avons remarqué, elle naît à son premier degré, c'est-à-dire à l'état d'innocence. L'innocence est le commencement de la sagesse. Et l'enfant naît dans l'innocence, parce qu'il naît de l'union de la puissance et de l'amour, qui est un bien, et que l'innocence est l'état de tout bien. De là les parents aiment leurs enfants surtout à cause de cette innocence, car on voit qu'ils les aiment moins à mesure que ceux-ci la perdent et s'éloignent de la sagesse.

Mais quelle joie ! Par l'amour conjugal les époux aspiraient continuellement à se trouver en un, et l'enfant vient précisément leur donner une éclatante et bien douce preuve qu'ils ne sont qu'un ; c'est ainsi qu'il est le gage de leur amour. Jusque-là ils ne s'étaient vus un que par l'esprit, et maintenant ils se voient un dans le corps de leur enfant! Ils avaient trouvé dans leur propre corps le symbole vivant de la sexualité de leurs âmes, et voilà qu'ils trouvent dans le corps de leur enfant le symbole vivant de leur unité d'âme! Car en lui ils ne sont plus séparés, mais unis. C'est pourquoi l'enfant n'a point de sexe à leurs yeux ; l'amour conjugal n'est que la base de l'amour délicieux qui se réveille alors dans leur cœur [1]. En obéissant à la puissance de son père et à l'amour de sa mère, l'enfant voit s'accomplir en lui leur sagesse ; et l'amour conjugal trouve sa clé de voûte dans celui qui étant aussi cher à l'épouse qu'à l'époux, et qui, tenant à l'un et à l'autre, empêche à jamais leurs cœurs de se disjoindre.

La nature ontologique de l'homme et de la femme va nous indiquer maintenant le rôle qui convient à chacun d'eux dans la vie conjugale. Comme l'homme représente la puissance, il est plus particulièrement volonté ; c'est-à-dire que la causalité prédomine dans son âme, et c'est même pour cela qu'elle est puissance. Comme la femme représente l'amour, elle est plus particulièrement cœur; c'est-à-dire que l'affection prédomine dans son âme, et c'est même pour cela qu'elle est amour. Mais, la volonté ne pouvant exister sans le cœur, dans lequel il trouve ses mobiles, et le cœur ne pouvant exister sans la volonté,

---

[1] Nous comprendrons mieux cela quelques pages plus loin ; et nous verrons en même temps pourquoi l'on appelle volontiers les enfants, des *petits anges*.

dans laquelle il trouve ses déterminations ; par le mariage, le cœur de l'épouse vient se mettre dans la volonté du mari, et la volonté du mari vient se joindre au cœur de l'épouse. L'homme n'est-il pas fait pour devenir la puissance de l'amour de sa femme, et la femme pour devenir l'amour de la puissance de son mari ; de telle sorte que la volonté de l'un et le cœur de l'autre ne forment plus qu'une âme? Aussi l'homme appelle sa femme : mon cœur ! et il lui dit, tu es mon amour. Et la femme appelle son époux : ma force ! et elle lui dit, tu es ma volonté.

L'épouse se conjoint au mari en se conformant aux mobiles de la volonté de celui-ci, c'est-à-dire en devenant son cœur ; et le mari se conjoint à l'épouse en se conformant aux désirs du cœur de celle-ci, c'est-à-dire en devenant sa volonté. Alors quand le mari agit, c'est par le cœur de sa femme ; et quand la femme agit, c'est par la volonté de son mari. Néanmoins le caractère de l'épouse et celui du mari restent toujours distincts ; parce qu'à celle-là reste toujours le cœur, et à celui-ci la volonté. De là vient que c'est à la femme de régner, et au mari de gouverner. Car régner est le fait du cœur, ou de l'amour ; et gouverner est le fait de la volonté, ou de la puissance. Mais ces actions, au lieu de se distinguer en deux, n'en forment qu'une, comme le cœur et la volonté ne forment qu'une âme.

Ainsi, par l'amour conjugal, le mariage conjoint deux âmes en une seule ; la volonté du mari se conjoint au cœur de l'épouse, et conséquemment le cœur de l'épouse à la volonté du mari. C'est dans cette identification que l'épouse reçoit secrètement l'instinct des mobiles de son mari, en même temps que l'intelligence nécessaire pour les diriger ; et que le mari perçoit secrètement les affections de sa femme, et s'apprête à s'y conformer. Mais l'inclination à s'unir est plus constante et plus profonde chez l'épouse que chez l'époux ; parce que l'épouse est amour, et que l'essence de l'amour est d'aimer. L'amour est essentiellement actif, comme la flamme il faut qu'il brûle ou qu'il s'éteigne ; tandis que la puissance a quelquefois besoin de l'amour pour devenir agissante. Aussi l'épouse pense continuellement à diriger vers elle l'inclination de son mari, et le mari suit cette inclination sans s'en douter; car l'épouse sait découvrir la racine des affections de son mari, et elle les arrose secrètement d'une onde dont elle seule connaît la source dans son cœur. Elle tient ainsi enfermée en elle-même le secret de son bonheur, parce qu'il ne faut pas que la puissance sache tout ce que sait l'amour.

De là quand le mari agit, c'est comme par sa femme ; et quand la femme agit, c'est comme par son mari. Telle est l'identification de leur esprit que leurs pensées n'en font plus qu'une, et que chacun en suivant sa pensée ne fait que suivre la pensée de l'autre; telle est l'union de leur cœur que, dans le ménage, leurs volontés n'en font qu'une, et que chacun en faisant la volonté de l'autre croit faire sa propre volonté. Leurs cœurs ne font qu'un amour et leurs volontés qu'un désir, comme les deux yeux ne font qu'un regard et les deux lèvres qu'un baiser. D'ailleurs, en soi, l'amour conjugal n'est que l'amour de deux qui veulent être un. Aussi, ceux qui sont dans l'amour conjugal font-ils un effort continuel pour n'être qu'un ; mais ceux qui ne sont point dans cet amour se croient continuellement deux, et ils veulent et agissent en effet comme s'ils étaient deux. Or, deux ne peuvent vivre sous le même toit ; et de même que toutes les délices du cœur devaient découler pour eux de l'union, toutes ses amertumes découlent pour eux de la désunion.

Ceux qui sont dans le véritable amour conjugal veulent être continuellement un, et de là leur bonheur ; ceux qui ne sont point dans le véritable amour conjugal veulent continuellement être deux, et de là leur souffrance. Le bonheur d'être ensemble croît chez ceux qui sont dans le véritable amour ; car l'épouse ne voit rien de plus aimable que son mari, qui est le vrai de son cœur, et le mari ne voit rien qu'il puisse aimer que son épouse, qui est le bien de sa puissance : par là leur amour et leur bonheur augmentent avec l'union de leur esprit. Mais le malheur de la cohabitation croît chez ceux qui ne sont point dans le véritable amour conjugal ; car l'épouse ne voit rien de plus affligeant et de plus détestable que son mari, et le mari ne voit rien de plus fatigant et de plus insupportable que sa femme : par là leur haine et leur malheur augmentent avec l'opposition de leur esprit. Aussi, ceux qui sont vraiment dans l'amour conjugal, ont en vue le ciel, car ils ont en eux comme une vue du ciel : le ciel est le lieu où se touchent les cœurs. En suivant leurs désirs, ils s'élèvent tous les jours dans un sentier qui les éloigne de la terre ! Mais ceux qui n'ont point cet amour trouvent déjà un enfer dans leur propre ménage. Suivant l'expression d'un auteur, si leurs esprits s'ouvraient, et qu'il fût possible de les considérer par une vue spirituelle, ils paraîtraient se battre à coups de poignard.

Ceux qui ont l'amour vraiment conjugal ne pensent qu'à l'Éternité, parce qu'ils sentent bien que là se trouvent l'accomplissement et les délices des délices de leur union : ils tendent vers Dieu par cela qu'ils tendent vers les plus profondes joies de leur amour. Et ils voudraient se dépouiller de leur corps comme d'un vêtement incommode qui gêne l'union de leur cœur et retient le vol de leur âme. Ils se rattachent à Dieu parce que leur amour tend instinctivement à se rapprocher de sa source. S'ils ne s'aimaient pas par l'amour de Dieu, ils croiraient qu'il n'y a plus de mariage entre eux ; car le Ciel est le lieu des cœurs, comme la terre est le lieu des corps. C'est pourquoi, si l'idée du Ciel disparaissait de leur esprit, ils ne verraient plus la raison de s'aimer; et la nuit se ferait dans leur cœur. Aussi les époux qui s'aiment tendrement, pensent à l'Éternité quand ils forment leur union, parce qu'ils pensent qu'elle ne peut finir par la mort. Ils s'aiment d'une manière immortelle.

Mais un tel amour ne peut exister que dans ceux qui sont unis à Dieu, parce que leur cœur étant en communication intime avec la vie de Dieu, sa substance y entretient, sous le nom de grâce, une véritable nutrition spirituelle; et la vie du ciel circule jusque dans leur âme. Nous verrons tout à l'heure ce qui opère ce perpétuel écoulement de la vie divine dans la nature humaine. L'amour conjugal dans son essence, étant l'amour tel qu'il existe dans l'absolu entre les trois Personnes divines, nulle créature ne peut demeurer dans cet amour, si elle n'est unie à Dieu, et ne participe ainsi continuellement de sa vie. L'amour se répand dans l'homme en proportion de l'union de son âme avec Dieu ; de là, personne ne porte en soi le véritable amour, s'il ne reçoit Dieu. Que les époux ne l'oublient pas, c'est de lui que se nourrissent ceux qui s'aiment : la sainte communion est la table du cœur. L'amour est pur et exquis suivant la quantité d'amour de Dieu dont il se compose. L'amour conjugal est un ruisseau qui prend sa source en Dieu, et qui, après avoir coulé quelque temps sur la terre, rentre dans l'océan de l'amour infini.

Ceux qui sont dans le véritable amour n'ont en vue que le Ciel, parce que le Ciel consiste dans cet amour, que cet amour en vient, et leur en donne un avant-goût qui pénètre de plus en plus leur âme irrassasiée. En entrant de plus en plus dans cet amour, ils entrent de plus en plus dans la béatitude. Ah! ils savent bien ce qu'ils font quand ils cherchent le Ciel; ils savent bien que là sera l'accomplissement de leur union et de leur félicité! car deux époux dans le Ciel ne seront pas deux, mais un ange.... ERUNT SICUT ANGELI DEI, dit l'Évangile [1]. C'est pourquoi sur la terre nous ne pouvons dire si l'ange est homme ou femme. L'homme, c'est la puissance privée de l'amour; la femme, c'est l'amour privé de la puissance : réunis ils ne sont plus ni homme ni femme, ils sont ange [2]. Mais ils ne sont plus exposés au crime de l'ange, parce qu'ils ont été créés hommes pour devenir anges. Et ils ont atteint ainsi le but de la création..... car telle est la quatrième personne attendue dans la félicité de Dieu.

---

[1] In resurrectione, neque nubent, neque nubentur : erunt enim sicut angeli Dei in Cœlo. (*Evangelium secundum Matthæum*, cap. xxii, v. 30.)

[2] In Domino, neque vir sine muliere, neque mulier sine viro. (*Epistola I^a beati Pauli ad Corinthios*, caput xi, versus 11.)

Mais quel est le bonheur d'un tel ange ? Époux, époux, je ne saurais vous en apprendre davantage, je ne porte pas moi-même le Ciel dans mon cœur! et si déjà vous ne pouvez dire toutes vos joies lorsque ici-bas vos âmes se cherchent et s'approchent, que sera-ce lorsque le corps ne les séparant plus, elles pourront s'identifier en un seul être? les joies de la Trinité ne sont pas d'une autre nature. Qu'il me suffise de vous avertir d'une chose, c'est que là sera réalisé le rêve de Platon ! Voici ce que son génie lui faisait dire :

« L'amour est si naturel à l'homme, parce que nos
« âmes ayant été séparées en deux, chacune des deux
« moitiés aspire à se réunir à l'autre. L'amour nous
« ramène à notre nature primitive, et, de deux êtres n'en
« faisant qu'un, rétablit en quelque sorte la nature hu-
« maine. Arrive-t-il à quelqu'un de rencontrer sa moitié,
« la tendresse, la sympathie, l'amour les saisit d'une ma-
« nière merveilleuse ; ils ne veulent plus se séparer. Et
« ces mêmes êtres qui voudraient passer leur vie ensemble
« ne sont pas en état de se dire ce qu'ils veulent l'un de
« l'autre. Et si, lorsqu'ils sont dans les bras l'un de l'autre,
« les Dieux leur disaient : Qu'est-ce que vous demandez
« réciproquement ? et que les voyant hésiter, ils conti-
« nuent ainsi : Ce que vous voulez, n'est-ce pas d'être
« tellement unis ensemble que vous ne soyez jamais un
« instant l'un sans l'autre ? alors je vais vous fondre et
« vous unir de telle manière que vous ne serez plus deux
« personnes, mais une seule; et que, tant que vous vivrez,
« vous vivrez d'une vie unique; et que, quand vous serez
« morts, là aussi, dans le séjour des ombres, vous ne serez

« pas deux, mais un seul. Oui, si les Dieux leur tenaient
« un tel discours, nous sommes convaincus qu'aucun d'eux
« ne refuserait, et que chacun conviendrait qu'il vient
« réellement d'entendre développer ce qui était de tout
« temps dans son âme, le désir d'une union si parfaite avec
« la personne aimée qu'on ne soit plus qu'un avec elle. »

Oh! que Platon entendait bien les choses!

Ainsi l'homme, qui avait été divisé, par son amour sera recomposé en un ange, en un ange possédant Dieu. Et que notre curiosité ne s'inquiète point des délices d'une pareille union; soyons inquiets seulement de prendre tous les moyens d'y arriver. Or, nous avons cherché quelle est l'origine du mariage, et nous avons vu qu'elle est la même que celle du mariage des Personnes divines; nous avons cherché quel est le véritable amour conjugal, et nous avons vu qu'il est le même que celui qui unit ces Personnes divines; nous avons cherché ensuite d'où partait cet amour chez l'homme et chez la femme, et nous avons vu qu'il partait du sexe de leur âme : de sorte que cet amour ne pouvait exister qu'entre les âmes mais que le corps servait de symbole à la sexualité spirituelle ; enfin nous avons reconnu que le sexe venait de ce que l'homme et la femme avaient été partagés, et que l'amour platonique venait de ce qu'ils cherchaient à se recomposer. Ayant eu ainsi la vue de ces vérités dans l'absolu, ayons maintenant la vue de leur réalisation dans le temps, pour observer comment elles s'y accomplissent. Instruits de l'origine véritable et des lois ontologiques du mariage, nous pouvons établir les principes d'après lesquels il doit se pratiquer parmi nous.

LIV. III. — DES CONDITIONS

Or voici les différentes questions que présente l'application : 1° Quel est le sexe qui doit faire les avances et la demande en mariage ? 2° quelle est la première condition du mariage ? 3° quel est le moyen de développer l'amour platonique, base de l'amour conjugal ? 4° quel est le pouvoir qui constitue le mariage sur la terre et dans le Ciel ? 5° enfin par quel moyen les époux peuvent-ils conserver l'amour après le mariage, et par rapport à eux-mêmes, et par rapport à leurs enfants ?

Comme on le voit, ici nous rentrons dans le temps, nous rentrons par conséquent jusqu'à un certain point sous la domination de l'expérience. Les principes auront à se débattre au milieu des faits, qui le plus souvent ne les combattent que trop ; car les faits que réalisent les créatures libres ne sont pas encore ce qu'ils doivent être. La question de la pratique est la grande question de la soumission des éléments du monde moral aux lois absolues du Monde intelligible. Nous ne répondrons que très succinctement à ces propositions, parce que nous les avons mises maintenant à la portée des moralistes. Commençons par la première.

Le choix et les démarches appartiennent à l'homme ; l'adhésion et le consentement appartiennent à la femme. L'homme étant né pour l'intelligence et l'action, il discerne et agit ; la femme étant née pour l'amour et l'attachement, elle aime et s'attache ; c'est-à-dire qu'elle aime celui qui l'aime, tandis que l'homme aime plus volontiers celle qui lui plaît. Au reste, chez l'homme existe communément l'amour du sexe, et chez la femme l'amour d'un seul du sexe ; de sorte que l'homme est porté à choisir librement parmi tout le sexe, au lieu que la femme se sent naturellement portée à s'attacher à la personne du sexe qui l'aime ¹. Tout ceci est parfaitement conforme, comme on le voit, à la nature de l'un et de l'autre, et surtout à la nature de l'amour. Enfin, selon la remarque d'un auteur, il n'est pas indécent aux hommes de parler de l'amour,

¹ Comme le dit un grand physiologiste, l'homme cherche, choisit et individualise ; la femme est plus naturelle, elle aperçoit plus facilement dans tout homme le représentant de ce qui lui manque pour remplir sa destinée. Elle est obligée d'attendre qu'on vienne l'aimer, et comme elle ne peut choisir que parmi ceux qui se prennent d'amour pour elle, avant d'être fixée elle n'est réellement impressionnable que pour le caractère de l'espèce. Mais aussi elle est très flattée de cette preuve d'amour et de l'effet que produit son amabilité, et elle jette toujours un regard de bienveillance sur celui qui lui donne une si grande preuve de son goût pour elle. Proportion gardée, une individualité la rend plus facilement heureuse ; tandis qu'un mariage contracté sans la participation de sa volonté, est insupportable à l'homme. La femme est fière de la force et des avantages de son époux, et veut que tout le monde les reconnaisse, tandis qu'elle règne sur lui par le sentiment ; mais elle cache avec soin son empire, dans la crainte de rendre l'homme ridicule. Chez l'homme l'amour est plus violent, plus impétueux, son imagination a de plus grands écarts, il idéalise l'objet de sa passion ; chez la femme l'amour est plus doux, plus calme, plus intime. L'âme de l'homme est plus dirigée vers les avantages extérieurs ; la femme se sent attirée davantage par les qualités intérieures, elle a besoin de pouvoir estimer l'homme : l'élévation intellectuelle ou morale de celui qu'elle aime, la considération dont il jouit, sont pour elle une source de félicités. Elle désire deux choses, l'union des cœurs, et des enfants ; la jouissance des sens, dans laquelle l'union morale se matérialise, n'a de prix aux yeux de la femme que sous ce double rapport ; elle ne se donne que par amour, ce qui fait qu'elle supporte mieux les privations et qu'elle se contente des épanchements d'une tendre affection. L'homme est en proie à la jalousie la plus vulgaire ; la femme redoute davantage la perte du cœur, et pourrait même, tant qu'elle croit posséder son cœur, aimer encore l'homme qu'elle soupçonnerait d'une infidélité matérielle. L'amour de la femme est naturellement plus fidèle et plus durable, car il est plus pur et plus intime ; il ressemble plutôt à une disposition permanente qu'à une disposition intermittente. L'amour est le point central de la nature féminine, la femme ne peut remplir sa destination et vivre sans aimer. Chez l'homme l'amour est plus passionné, l'imagination y joue un rôle plus actif, et il outre-passe davantage les bornes de la réalité. En général, l'homme aimerait plus avant le mariage, et la femme davantage après. Il exige d'elle son premier amour, elle veut de lui son dernier...

et d'en parler ouvertement, mais cela serait indécent aux femmes ; elles sont libres seulement de choisir parmi ceux qui les demandent en mariage. Si les femmes, continue-t-il, recherchaient et demandaient les hommes en mariage, non-seulement elles seraient blâmées, mais elles seraient même réputées viles et inspireraient une froideur rebutante ; aussi les épouses se font-elles gloire de ce qu'elles n'ont cédé aux instances que comme vaincues. La femme se tient toujours adorablement sur le refus.

L'homme est une âme unie à un corps, mais la gloire de l'homme est dans son âme ; et tout ce qui lui rappelle le pouvoir que ce corps peut prendre sur son âme, le laisse dans l'humiliation et le regret. Cependant comme l'âme cherche à resplendir à travers le corps, l'homme est souvent attiré vers ce symbole, parce qu'il y est séduit par le charme de l'âme. La pudeur avec laquelle la femme cache son corps, vient du secret pressentiment de cette vérité. La femme sent qu'elle réside dans son âme, et que si l'on vient à se tromper sur son être en prenant son corps pour son âme, celui qui se sera laissé ainsi égarer dans son amour, reviendra désenchanté et tout affligé de n'avoir point rencontré ce qu'il cherchait. La pudeur est la protectrice de l'âme, c'est elle qui sauve les droits de notre spiritualité. Aussi surveille-t-elle avec effroi tous les mouvements du corps ; elle voudrait l'éloigner, le cacher, s'il était possible, pour qu'on ne l'aperçût pas. Il semble que, par la pudeur, la femme tienne son corps derrière elle. Et cette divine vertu, en voilant le corps pour ne laisser paraître que l'âme, replace précisément la fille de l'Esprit dans la pureté de sa nature spirituelle. Ne laissant plus de la femme que ce qui est de l'ange, la pudeur offre à l'homme sa véritable compagne, et rend son amour aussi fortuné que celui des esprits immortels. Hé! de quoi s'agit-il dans le mariage ? de construire une demeure solide à l'amour.

Aussi gardez-vous de vous rechercher en mariage, si vous ne vous aimez pas. Le mariage est l'union des cœurs; si ce ne sont pas les cœurs qui contractent cette union, où sera le mariage ? Si vos caractères ne sont point faits pour s'apprécier ; si les qualités de l'un des époux ne sont pas précisément celles que recherche l'autre ; si les vertus de celui-ci ne sont pas les vertus qui font l'admiration de celui-là, de telle sorte que vous soyez portés par nature à vous aimer, les suites d'une pareille union deviennent nuisibles à votre âme aussi bien qu'à votre bonheur. Tous les désordres et tous les malheurs de la famille naissent de cœurs mal assortis. Ce doit être selon leur amour, et non selon leur fortune, que des créatures spirituelles et libres doivent s'unir.

Ne faites donc point du mariage une alliance de fortune ; il y a assez d'entreprises dans le monde où l'on peut associer des capitaux. L'alliance des fortunes peut s'accorder quelquefois avec l'alliance des cœurs, mais jamais y suppléer. La fortune, qui procure les choses du corps, entre certainement pour beaucoup dans notre bien-être ici-bas ; mais si la fortune fait le bien-être, l'affection fait le bonheur. Encore reste-t-il cette différence, qu'avec toute leur fortune, deux époux opposés de caractère et de sentiments n'achèteront jamais l'amour l'un de l'autre; tandis qu'avec leur amour, deux époux unis et actifs arriveront bien plus aisément à la fortune, comme on le voit tous les jours dans les classes modestes de la société. La perte de la fortune est mille fois résultée de la désunion des cœurs, tandis que l'union des cœurs est mille fois devenue la cause de la fortune. D'où l'on voit clairement que plus on s'éloigne du principe du mariage, qui est l'union des cœurs, plus le mariage externe est lui-même exposé. Et du reste, plus l'intervalle qui existe entre les cœurs est rempli par la fortune, plus le lien conjugal se relâche; plus il y a de raisons extérieures pour s'unir, moins il y en a d'intérieures pour opérer cette union.

D'ailleurs, les fortunes sont conformes aujourd'hui, mais demain elles ne le seront plus. Est-ce dans de tels mariages qu'elles sont bien assises? La fortune passe, et le mariage reste. « N'unissez pas, dit un sage, des gens qui ne se conviennent que dans une condition donnée, et qui ne se conviendront plus, cette condition venant à changer; mais des gens qui se conviendront dans quelque situation qu'ils se trouvent. Je ne dis point que les rapports conventionnels soient indifférents dans le mariage; mais je dis que l'influence des rapports naturels l'emporte tellement sur la première, que c'est elle seule qui décide du sort de la vie; et qu'il y a telle convenance de goût, de sentiments et de caractère qui devrait engager un père sage, fût-il un prince, à donner sans balancer à son fils la fille avec laquelle il aurait toutes ces convenances, fût-elle la fille du bourreau. Je soutiens que, tous les malheurs imaginables dussent-ils tomber sur deux époux bien unis, ils jouiront d'un plus vrai bonheur à pleurer ensemble qu'ils n'en auraient dans toutes les fortunes de la terre, empoisonnées par la désunion des cœurs. »

Les mariages ont encore, par rapport à la fortune, un autre inconvénient à éviter, c'est que celle-ci vienne renverser chez les époux l'ordre établi par la nature. Qu'une femme, par exemple, épouse un homme plus riche qu'elle, loin de sortir de la position que lui assigne son sexe, elle reçoit un témoignage certain que c'est réellement pour sa personne qu'elle est recherchée ; mais qu'un homme épouse une femme beaucoup plus riche que lui, loin d'élever sa position, il ne fait qu'exposer encore l'autorité qu'il tient de sa nature d'homme, à moins que cette femme ne soit la plus soumise et la plus modeste des femmes. Mais ordinairement celle qui souscrit à un pareil engagement est une femme dont le cœur peut se passer d'un ami, et dont la volonté ne peut se passer d'un esclave. Une telle femme fera sentir tous les jours la supériorité de sa position ; et si le mari prétendait soutenir les droits et l'autorité de son sexe, elle aura soin de lui rappeler qu'elle n'est point sous sa dépendance [1]. Prenez garde à la femme

---

[1] Cette observation n'a point échappé à Rousseau, dans son *Émile* : « Il y a, dit-il, des maximes de prudence qui doivent borner un homme judicieux. Quand un père pourrait donner à son fils un établissement au-dessus de son rang, il devrait ne pas le vouloir. Il est très différent pour l'ordre du mariage que l'homme s'allie au-dessus ou au-dessous de lui : le premier cas est tout-à-fait contraire à la raison, le second seul y est conforme. Quand l'homme s'allie dans un rang plus bas, il ne descend point, il élève son épouse ; mais, en prenant une femme au-dessus de lui, il l'abaisse sans s'élever. Il est dans l'ordre de la nature que la femme obéisse à l'homme, quand il la prend dans un rang inférieur ou égal ; l'ordre naturel et l'ordre civil s'accordent, et tout va bien. C'est le contraire quand, s'alliant au-dessus de lui, l'homme se met dans l'alternative de blesser son droit ou sa reconnaissance, d'être ingrat ou méprisé. La femme, prétendant à l'autorité, se rend le tyran de son mari ; tandis qu'elle doit régner dans la maison comme un ministre dans l'État, en se faisant commander ce qu'elle veut faire. »

Rousseau, *Émile*, livre v.

qui se place hors de ses voies : il n'y a pas de cœur plus capable de contenir la haine que celui qui était fait pour recevoir l'amour.

Considérez s'il existe ici un mariage. D'abord, quelle image de la puissance, que cet homme voué à tout instant aux caprices humiliants d'une femme odieuse ! Ensuite, quelle image de l'amour, que cette épouse colère et hautaine qui s'est fait un valet de son époux honteux ! Parler, se taire, manger, s'abstenir, dormir, veiller, ne dépend point de lui. Chez elle, sa femme ne lui fait-elle pas déjà trop d'honneur de le recevoir à sa table, et dehors, d'accepter son bras ; n'est-ce pas trop aussi qu'on lui permette d'avoir des enfants, et de se laisser appeler du doux nom de père ? Cependant un tel homme n'a que ce qu'il a mérité ; comme l'esclave, il s'est vendu pour de l'argent : l'argent lui a été compté, mais il ne s'appartient plus. Et la femme qui a consenti à cet indigne contrat, quel bonheur y a-t-elle trouvé ? Malheureuse, elle ne voit pas qu'elle a changé l'empire de la douceur, qui l'eût fait aimer, contre l'empire de la force, qui la fait détester !

Mais il est encore sur la terre beaucoup d'hommes trop sensualistes pour comprendre le langage qu'il faudrait tenir sur de telles matières. Dévorés par la soif du plaisir et par la vanité, ils ne voient rien au-dessus de la fortune, avec laquelle on satisfait l'une et l'autre. Ce serait exiger une chose trop au-dessus de leur force, que de leur demander d'estimer la fortune seulement pour ce qu'elle vaut. Comme ils vivent tout à l'extérieur, il leur est impossible de ne pas tout sacrifier à ce qui procure la vie extérieure. Pensez-vous qu'ils aillent balancer les avantages de l'amour avec les avantages du luxe? Ils vendent l'honneur de leur conscience, comment ne vendraient-ils pas le bien de leur cœur! De là, une avilissante coutume s'est établie dans le monde : on consulte la fortune d'abord, puis, pour la forme, on consulte les cœurs. Il semble au moins qu'on devrait suivre la marche contraire.

Ah! tâchez d'assortir les positions, mais n'excluez pas précisément du mariage la seule chose par laquelle Dieu prépare le mariage, c'est-à-dire l'amour. Oseriez-vous former une telle union en omettant le lien qu'il a fait pour la constituer? Car, remarquez-le bien, l'amour que Dieu met dans nos cœurs est la seule part directe qu'il prenne à une demande en mariage. Tout le reste vient des hommes; ces biens dont nous parlions ont été ramassés par des hommes, les convenances ont été cherchées par les hommes, les relations qui les ont mises en présence ont été amenées par les hommes; toute l'affaire a été conseillée, conduite et résolue par des hommes, ce sont des hommes enfin qui ont réglé et fait le contrat. Mais Dieu, que fait-il dans cette affaire si solennelle, quelle est la part qu'il prend dans ce contrat, quel est le bien qu'il y donne? un seul : il fournit ce qui fait le contrat des cœurs, l'amour, et la bénédiction qui le confirme et l'éternise. L'amour est la religion du mariage.

---

[1] Voici ce qu'on lit dans l'Ecriture, au chapitre vii du Livre de Tobie :

« 1. Apprehendens dexteram filiæ suæ, dextræ Tobiæ tradidit dicens : Deus Abraham, Isaac et Jacob vobiscum sit, et ipse conjugat vos, impleatque benedictionem suam in vobis.

« 2. Post hæc, acceptâ chartâ, fecerunt conscriptionem conjugii. »

Voici, il nous semble, ce que cela signifie :

« 1. Raguel prend la main de sa fille, la met dans celle de Tobie, et s'écrie : Que le Dieu d'Abraham, d'Isaac et de Jacob, vous unisse et qu'il accomplisse sa bénédiction en vous.

« 2. Après quoi, ayant pris un livre, ils écrivirent le contrat de mariage. »

Rappelez-vous les cinq vierges folles de l'Évangile : étant invitées au festin des noces, elles ne purent y entrer, parce qu'elles portaient des lampes, mais point d'huile, c'est-à-dire parce qu'elles portaient un cœur, mais point d'amour. Car, par lampe, il faut entendre le cœur, et par huile, l'amour qui doit briller en lui. Par lampes qui n'ont point d'huile, on peut entendre aussi des corps qui n'ont point d'âme. En approchant de l'époux, la jeune vierge doit être comme le vase de l'amour platonique.

Oui, c'est l'amour qui sanctifie le mariage ; et craignez de commettre un adultère en épousant sans amour ! L'adultère n'est pas seulement pour le corps, il est dans toute union illégitime des cœurs. C'est, dit Montaigne, une trahison de se marier sans s'épouser. Ceux qui ne s'aiment pas d'amour ne doivent point songer à entrer dans le mariage, parce qu'ils n'y rencontreront que leurs corps, et ils ne trouveront point le bonheur. L'amour n'est point là où n'est pas le cœur, et le bonheur n'est point là où n'est pas l'amour. Entre les deux époux viendra habiter le dégoût, puis l'inimitié, puis la haine ; et ils feront de la voie qui devait les conduire à la vie absolue, la voie qui les en éloignera.

Que vous occupez-vous tant des corps et des fortunes ? Dieu a-t-il institué le mariage pour associer des convenances mondaines, ou pour donner à l'homme une aide dans les voies de la perfection ? Dieu a-t-il institué le mariage pour donner à l'homme un motif de tourment et de regrets pendant toute sa vie, ou pour lui donner, ce que lui-même possède dans les Cieux, cette immortelle personne d'amour qui est le lien et la joie du Père et du Fils ?

Sera-ce par la haine ou par l'amour que l'homme pourra se préparer à la vie absolue? Fiez-vous-en un peu plus à celui qui a voulu que l'homme ne fût pas seul, qui a voulu qu'il eût aussi ses personnes, qu'il eût sa trinité pour vivre sur la terre! Demandez-le à Dieu, demandez-le à vos cœurs, l'amour est la première condition du mariage.

En étudiant l'origine et la nature ontologique de l'homme et de la femme, nous avons vu que, le sexe étant dans les âmes, l'amour ne pouvait réellement exister qu'entre les âmes des époux, et qu'en effet cet amour les consomme dans une unité où ils prennent réellement part aux joies de Dieu. Nous devons chercher maintenant le moyen d'assurer aux époux cet amour platonique, qui est la première condition du mariage, puisqu'il les conduit sur la terre au véritable amour conjugal, et les conduit dans le Ciel à l'unité angélique. Ici nous sommes rentrés dans le temps, nous sommes par conséquent sous l'empire des lois qui le gouvernent. Il faut donc partir de ce fait, que l'âme est unie à un corps et que, ce dernier étant dans sa propre sphère, où il trouve tout ce qui est nécessaire à son développement, la vie du corps conserve toujours une tendance à dominer la vie de l'âme. C'est cette tendance que tous les efforts de la morale cherchent à combattre. L'objet de la morale est de rétablir sur la matière vaincue l'empire de notre spiritualité. Mais c'est surtout lorsqu'il s'agit de l'amour qu'il importe de faire reconnaître cet empire; c'est là le grand champ de bataille.

En effet, l'amour doit être, comme la bravoure, le sentiment de la supériorité de notre principe divin sur le principe terrestre, et cette généreuse persuasion, qu'en nous ôtant notre corps, on ne nous ôtera rien de nous-mêmes. La formation du véritable amour est l'œuvre la plus intérieure et la plus décisive que nous puissions produire ; puisqu'il ne s'agit rien moins que d'arracher, sans la briser, la racine de notre être du sol épais où elle a été plantée et où elle a étendu tant de ramifications. La première chose donc à laquelle il faut veiller, c'est que le corps reste dans sa sphère ; il n'a rien à chercher ici, puisque ce n'est point de lui que vient l'amour. Son intervention ne pourrait que tromper les âmes sur l'objet de leur affection, et, les jetant hors des voies de l'amour, les exposer à ne le plus retrouver. Le corps ne doit pas même savoir ce qui se passe dans l'âme. Qu'il reste dans le silence, afin qu'on n'aille point confondre sa voix avec celle de la créature immortelle ; qu'il apprenne là pour la dernière fois, ce corps, qu'il n'est que l'esclave de l'âme !

Le grand point est donc que l'amour s'éveille dans l'âme, et qu'il se fortifie pendant longtemps avant que le corps puisse y prendre la moindre part. Il est pour cela parmi les hommes une coutume admirable, c'est de faire précéder l'époque du mariage par le temps des fiançailles ; car pendant le temps des fiançailles les cœurs des futurs se conjoignent, afin que le mariage des âmes se fasse avant le mariage des corps. Mais cette sublime coutume, dont tout le monde n'a pas compris la haute raison, ne porte point généralement ses fruits, parce que tous les jours on en abrége la durée. Les fiançailles sont le noviciat de l'amour ; c'est le temps que l'on doit donner au cœur pour se préparer aux saintes dispositions que demande le mariage. Aujourd'hui que le mariage est moins une affaire de cœur qu'une affaire industrielle, le temps des fiançailles n'est plus que le temps dont on a besoin pour négocier une pareille affaire ; quand les contrats sont prêts, on suppose que les cœurs doivent l'être. Jamais on n'a aussi parfaitement réussi que de nos jours à assortir les fortunes et à bien marier des capitaux.

Mais laissons ce qui se fait pour ce qui doit se faire. Les fiançailles sont la solennelle déclaration d'amour que se font deux amants, avec la promesse réciproque de s'épouser. « Si Dieu et ceux qui t'aiment approuvent ton « amour, noue-le par le lien de la promesse au cœur de « ta fiancée. » Quand les fiançailles sont faites, les cœurs des deux amants peuvent s'aimer en présence de Dieu ; c'est alors que leur affection est favorisée de la grâce, et que les esprits de l'un et de l'autre peuvent se marier dans une union intérieure. L'amour spirituel commence à s'échauffer délicieusement en eux, et, par le sentiment de ses délices, il se met à germer et à fleurir au milieu de l'âme comme un bosquet de roses au printemps. Les fiançailles sont le printemps du mariage, elles sont la saison de l'amour platonique ; or c'est par l'amour platonique que l'amour conjugal étend en nous ses racines précieuses. Les fiançailles sont la préparation à l'amour conjugal : les désirs des deux futurs volent au-devant l'un de l'autre, et ils cherchent à se conjoindre par une application de tous les points de leur âme ; c'est pourquoi il ne faut pas déranger cet amour, et venir le troubler en introduisant de si tôt le corps au milieu d'une si heureuse communion.

De même que nous avons vu le sexe exister dans les âmes, ensuite se répandre dans le corps, et par conséquent l'amour exister dans les âmes avant de se manifester dans le corps; de même le temps des fiançailles, qui est l'époque de l'union des âmes, doit précéder le mariage, qui est l'époque de l'union des âmes et des corps. Car si les fiançailles ouvrent le temps de l'union des âmes, les noces ouvrent le temps tout à la fois de l'union des âmes et de l'union des corps; c'est pourquoi dès ce jour les époux partagent le même lit. De sorte qu'après les noces le mariage de l'âme devient aussi mariage du corps, et conséquemment mariage pour le temps comme pour l'éternité; seulement il faut faire attention que le mariage du temps empruntera sa nature et sa vie au mariage que les cœurs auront contracté dans l'ordre éternel.

Comme le cœur seul des deux futurs se conjoint par les fiançailles, et qu'alors le mariage des âmes s'établit avant celui des corps, il faut que le temps des fiançailles dure le plus qu'il est possible; il faut que les deux fiancés aient le temps d'affermir en eux le mariage de leur cœur, et qu'ils se plaisent dans cet amour chaste de manière à se l'apporter ensuite en mariage comme leur plus précieux trésor. Cet amour étant la base et l'aliment de l'amour conjugal, il ne faut pas craindre de lui donner tout le temps de s'accroître le plus qu'il est possible. L'amour conjugal est en raison de l'amour platonique, comme l'amour platonique est lui-même en raison de l'amour de Dieu.

L'amour platonique, fidèle à son origine, augmente en proportion de l'éloignement des corps. Or, selon que l'amour croit, il se purifie et devient de plus en plus délicieux ; mais selon que l'amour baisse, il se trouble et devient de plus en plus stérile. Le besoin de volupté prouve le manque d'amour. Il faut donc laisser à l'amour le temps de se bien former et de prendre toute sa force, parce qu'en général son développement s'arrêtera dès que commencera le mariage des corps. L'amour restera toute la vie dans l'état où il aura été surpris par ce mariage ; il se continuera tel qu'il a été dans sa première nature, c'est-à-dire que la nature de l'amour platonique fera la nature de l'amour conjugal. Ou du moins il pourra, après le mariage, devenir plus tendre et pénétrer davantage dans le cœur, mais il ne s'élèvera pas davantage dans l'idéal. Or, c'est la hauteur qu'occupe l'amour qui fait la beauté de la lumière qu'il envoie sur notre âme.

Car dans l'amour il y a deux éléments : l'élément idéal, qui se puise en dehors du temps par la seule affinité des âmes ; et l'élément de tendresse, qui se trouve dans le temps par la seule proximité des personnes. Le premier fait toute la poésie et toute la divinité de l'amour, mais on ne peut s'élever à lui qu'une fois ; le second fait toute la douceur et toute l'utilité de l'amour, mais on peut l'acquérir pendant le cours de la vie. Il faut donc s'assurer du premier élément, lorsque les âmes éprises se rencontrent seules dans la haute région des visions absolues, parce que le second viendra naturellement s'ajouter au premier, lorsque l'alliance des personnes les tiendra l'une auprès de l'autre dans le temps. Laissez, laissez s'accroître en vous l'amour platonique, vous ramassez des trésors de poésie et de délices pour le temps du mariage.

Aussi, les fiancés doivent se conduire comme de purs

esprits. Si l'ordre de l'amour est précipité avant le temps par l'union des corps, l'amour conjugal est attaqué dans son germe; et dès ce moment commence à naître la froideur pour l'époque du mariage. L'amour conjugal, c'est l'amour de l'esprit et ensuite du corps, et non point l'amour du corps et ensuite de l'esprit. Tout amour qui commence par le feu de la chair se terminera par le froid de l'esprit. Évitez donc, par-dessus tout, les mariages prompts; ce sont de tous les plus fâcheux pour l'âme. Et je crois que c'est là un grand précepte ¹. Si vous voulez faire des mariages selon le Ciel, prolongez le temps des fiançailles, vous augmenterez l'amour platonique. A mesure que l'amour s'élève dans l'âme, il s'approche de l'éternelle région où il vit sans partage. Or, plus l'amour se dépouille des conditions du temps, et se rapproche par là de l'amour divin, plus il se dépouille du malheur de la limite, et se rapproche par là de la félicité infinie.

Mais est-il besoin d'appuyer sur tant de raisons un sentiment qui est le plus vif besoin de nos âmes? Ah! que ne puis-je, le cœur serein, vous peindre moi-même les joies

---

[1] Les mœurs de l'Allemagne sont bien plus conformes que les nôtres à la nature morale de l'homme. Ce que l'on raconte sur ce point des coutumes de ce généreux peuple, ressemble parmi nous aux récits de l'âge d'or, tant la vanité et la frivolité nous ont fait perdre le sens des choses du cœur. Sous les auspices de leurs parents, les jeunes gens se fréquentent et se promettent en mariage dès la première jeunesse, et par là ils aiment et peuvent vivre par le cœur. Cette coutume a des avantages inappréciables: indépendamment de ce qu'elle donne aux fiancés le loisir de se connaître et de s'aimer, elle prévient généralement l'égoïsme et la luxure, qui naissent à cet âge de l'absence de l'amour. Cette coutume préserve la jeunesse du plus grand des maux : il faut, dit Rousseau, que le jeune homme aime ou qu'il soit débauché. De là, l'amour platonique s'est développé d'une manière extraordinaire chez ce peuple. Aussi, est-ce en Allemagne que nous voyons naître ces sublimes inspirations de poésie et ces belles philosophies qui ont répandu une atmosphère de spiritualisme sur toute l'Europe.

de l'amour platonique !... Je vous dirai seulement une chose, c'est que le degré de pureté de votre affection sera le degré de votre bonheur. Et ce degré de pureté dépend du degré de notre désintéressement ; il faut que ce soit ici une véritable piété. Du moment que l'homme se cherche il est perdu ; car lorsque l'homme se cherche, que peut-il trouver ?

Un seul degré de pureté dans notre cœur transforme toute la nature de notre amour ; c'est ainsi que, dans la musique, les différentes clefs donnent au chant un tout autre caractère. Vous tous qui cherchez à entourer votre existence de poësie, n'oubliez jamais cela. C'est une chose inouïe que l'aspect sous lequel s'offre tout-à-coup la vie ; il semble que des facultés nouvelles ont été créées en nous. Il y a une autre voix dans les choses ; la lumière, les nuages, les fleurs, les parfums, les vents prennent un autre langage. L'homme dont le cœur s'est élevé à un degré de plus de pureté, est semblable à celui qui se réveillerait avec d'autres yeux que ceux qu'il a eus jusqu'à ce jour ; il est tout surpris de découvrir dans la nature des beautés qu'il n'avait jamais vues, et de trouver sous sa pensée des délices que jusque-là il ne connaissait point. Un ruisseau de voix murmure dans son âme, et tout chante autour de lui dans le temple de la création. Il est poëte dans son cœur. Ce qui jusque-là ne le touchait qu'à peine, lui devient une source d'émotions bienfaisantes ; ce qui ne faisait qu'éveiller ses passions, élève son âme et lui devient un sujet de sanctification.

Plus le cœur de l'homme est pur, plus la vue de celle qu'il aime le sanctifie ; et quand l'homme est arrivé à ce point, plus il trouve la femme jolie, plus il se sent épris pour Dieu. Jamais ses sens n'ont été plus apaisés. Si quelques nuages ont passé au loin dans le ciel de son innocence, il lui suffit de revoir celle qu'il aime pour que la sérénité de l'enfant renaisse aussitôt en lui. « Pulchritudo mulieris exhilarat virum, et super omnem « concupiscentiam hominis superducit desiderium, » dit l'Ecclésiastique. Ah! jamais il ne s'était figuré comme il est doux et divin de sentir son âme s'élever en laissant derrière soi, dans un long oubli, les souvenirs de la terre! L'homme ne suffit plus à ce délire nouveau; son esprit est comme enveloppé d'un nuage d'or, qui change et rehausse tout ce qu'il regarde et tout ce qu'il entend; les paroles de la bien-aimée arrivent à lui transformées et toutes chargées des pensées du divin séjour : elle est là comme un talisman merveilleux qui l'initie aux enchantements de la vie immortelle. Et revenant d'auprès d'elle, il se dit aussi : *Nonne cor meum ardens erat in me, dum loqueretur in via?*

La jeune vierge, qui s'aperçoit de cette extase, jouit profondément du bonheur qu'elle inspire; car déjà ce dévoûment qui fait le fond de son être, cette tendresse de mère qui s'exalte en raison du bien qu'elle fait, se réveille dans son cœur; et la noble fille de l'Esprit se prend d'un amour profond pour celui à qui elle procure de semblables joies. Elle a compris l'effet que sa beauté a produit sur l'âme de celui qui l'aime; se sentant comme une prêtresse chargée d'une mission dont elle ne se rend pas encore compte, elle rougit; et la pudeur est le cri que jette l'innocence lorsque Dieu lui annonce les merveilles qu'elle est appelée à produire. Elle rougit, comme la vierge Marie lorsqu'elle apprit de l'ange les desseins que le Seigneur avait sur elle. Mais une inspiration inconnue dissipe sa timidité, la flamme la plus pénétrante de l'Esprit, celle qui décida la création, traverse tout-à-coup son âme; elle est embrasée d'un esprit nouveau de sacrifice, elle ne se sent plus que comme un don, et, dans une émotion qui semble lui venir de l'infini, cédant au fiancé qui la presse, elle s'aperçoit que son premier aveu s'échappe de ses lèvres..... Dès ce jour vos cœurs se sont promis. Maintenant, écoutez! c'est ici que vous allez comprendre toute la grandeur de votre état, et toute la sainteté de vos amours.

L'homme étant une image du Père, et la femme une image du Saint-Esprit, les rapports qui existent entre le Père et l'Esprit se trouvent entre l'homme et la femme; ils sont soumis à une même nature, et ne peuvent être régis que par une même loi. Dès-lors les personnes humaines ne peuvent s'unir qu'en vertu du lien qui unit les trois Personnes divines dans leur mariage éternel. La famille doit être greffée sur la Trinité. C'est pourquoi il faut que l'homme soit sacré époux, et que la femme soit sacrée épouse; or le sacrement du mariage vient précisément leur conférer ce caractère. C'est le sacrement qui opère ontologiquement leur union; de là il est dit dans le langage de la religion, que le sacrement du mariage *sanctifie* l'union de l'homme et de la femme, c'est-à-dire qu'il rend cette union divine. Le mariage ne pouvait venir que de la source de l'amour !.. Aucune puissance sur la terre ne saurait opérer une semblable union. L'homme peut aimer, c'est-à-dire tendre vers l'être, mais il ne peut opérer la reconstruction de l'être. L'homme se fiance, et Dieu le marie. Remercions donc ce divin sacrement qui nous annonce ici-bas que notre contrat est signé de l'Eternel.

Tout sacrement est le signe sensible d'un fait ontologique. En général, le sacrement signale la réunion de l'être à l'être, c'est un levier dans les mains de l'homme pour opérer une reconstruction dans l'infini. Ainsi le baptême ne nous donne-t-il pas nos premiers titres à l'union avec Dieu? la pénitence ne délivre-t-elle pas notre âme de ce qui pourrait empêcher cette union avec lui? l'Eucharistie ne le fait-elle pas entrer tout vivant dans notre cœur? la confirmation n'introduit-elle pas en nous, les uns après les autres, tous ses attributs? l'ordre ne nous lie-t-il pas tellement à lui qu'il nous donne de son propre pouvoir? et l'extrême-onction ne nous apporte-t-elle pas le signal de l'union éternelle? Le mariage, qui est pour la créature spirituelle une reconstruction de son être pour l'infini, exige donc nécessairement un sacrement[1]. Si les trois Personnes venaient sur la terre, elles s'y réuniraient par un sacrement. Aussi, je crois bien que sans le sacrement du mariage il ne peut pas y avoir union ontologique des âmes, et que l'amour qui doit leur venir de l'infini est arrêté dans sa source. En même temps que le sacrement unit les âmes, il ouvre pour nous dans le Ciel le canal de l'amour; et c'est alors que se fait l'ineffable écoulement de la vie divine dans la nature humaine.

---

[1] « Sont frappés d'anathème les novateurs et tous ceux qui disent que le Mariage n'est pas un sacrement véritablement et proprement dit. »
Concile de Trente.

Le mariage nous vient, comme l'amour, de l'union des trois Personnes, et le sacrement est là pour nous sacrer selon l'Ordre de la Trinité. En nous faisant entrer en rapport de nature avec elle, il nous fait prendre part à ses prérogatives. Si la notion de la Trinité n'avait pas été connue dans le monde, l'union de l'homme et de la femme n'eût jamais pu être qu'une formalité civile plus ou moins solennelle, mais jamais il n'y eût eu mariage. Remarquez que dans toute l'antiquité, chez les Juifs même, il y avait cérémonies de mariage, mais il n'y avait pas sacrement du mariage [1]. C'est lorsque la Famille divine a été connue dans les Cieux, que la famille humaine a apparu sur la terre. Jusque-là les hommes pouvaient considérer le mariage comme un contrat très grave, mais ils ne savaient pas que ce fût un contrat divin; l'union conjugale se présentait à eux comme une image, ennoblie sans doute, de l'union prescrite par la nature aux animaux de la même espèce, mais non point comme une image de l'union éternelle des personnes de Dieu. Aussi l'amour chez les anciens s'est-il ressenti de cette origine. Tristes enfants de la nature, ils ne savaient pas que leurs âmes n'appartenaient qu'aux Cieux, et que le flambeau de l'amour conjugal ne pouvait être allumé qu'au flambeau de l'Hymen éternel. Et leur mariage ne se rattachant point à Dieu, ne devenait point pour eux la demeure de l'amour. *Homo de terrâ, terrenus; homo de Cœlo, cœlestis.* O vous qui aimez, vous glorifierez donc le sacrement qui nous a ramené l'amour sur la terre!

[1] Matrimonium, nec in lege naturæ, nec in lege mosaicâ, fuit verum ac proprié dictum sacramentum. Bailly, *Theologia dogmat. et moral. usum semin.*, cap. 2. De existentiâ sacramenti.

Comme c'est par l'amour qui porte le Père, le Fils et l'Esprit à s'unir éternellement, que l'homme, la femme et l'enfant cherchent à s'unir ici-bas, il faut que l'union de ceux-ci soit rapportée à son origine; il faut que la famille humaine soit Ordonnée selon le mode de la famille de Dieu. Or c'est là ce qui est opéré et exprimé par le sacrement; il est le signe sensible que l'homme, la femme et l'enfant sont unis en vertu de l'amour du Père, de l'Esprit et du Verbe. Il est appelé le sacrement de l'union légitime de l'homme et de la femme ; légitime, premièrement, en ce qu'il rattache cette union à son origine dans l'absolu ; secondement, en ce qu'il fait que l'homme et la femme s'aiment de l'amour dont s'aiment les divines Personnes ; troisièmement, en ce qu'il rend cet amour, comme celui des divines Personnes, inviolable et éternel. C'est pourquoi des grâces positives sont attachées à ce sacrement ; c'est-à-dire que Dieu, une fois prévenu que nous aimerons de son amour, nous envoie et cet amour et toutes les propriétés qu'il renferme. Aussi est-il dit que le sacrement de mariage nous donne les grâces nécessaires, soit pour recevoir toutes les joies, soit pour supporter toutes les peines, attachées à cette condition sur la terre.

Vous qui aimez, vous vous préparerez donc par tous les holocaustes de la pureté et de la piété, à un sacrement qui fait que votre amour ne relève que de l'amour des Personnes éternelles ! Vous qui aspirez à la sanctification et qui embrassez le saint état de mariage, vous n'oublierez pas que, pour faire descendre la vie du Ciel dans votre cœur, il faut que les âmes entrent en relation avec la divine Trinité. Sachez que vous allez préparer une demeure à ce qui doit vous faire croître en sainteté, à ce qui doit vous élever dans l'idéal ; sachez qu'en demandant à Dieu une fiancée, vous demandez qu'il double votre cœur, afin que le torrent de votre amour coule vers lui plus rapide et plus pur !

Voici l'instant solennel de l'union de vos âmes. Les trois Personnes divines reparaissent comme au jour où elles dirent : Il n'est pas bon que l'homme soit seul ! et c'est là qu'elles vont accomplir leur promesse. Prosternés dans le temple saint, vous voyez s'avancer le ministre des autels revêtu de tous les insignes de la religion. C'est un député du Dieu vivant qui vient recevoir le serment de vos cœurs. Il vous fait jurer à la face de l'Église de vous être fidèles et de vous aimer à jamais. Alors il dit : *Je vous unis par les liens sacrés du Mariage, au nom du Père, du Fils et du St-Esprit.* Et pendant qu'il répand la bénédiction sur vos têtes, cette parole est prononcée dans les Cieux : Qu'ils soient un comme nous sommes un !...

Louez Dieu, vous êtes unis pour toujours. Homme ! souviens-toi que, lorsque le Seigneur a dit à la femme, « tu quitteras ton père et ta mère pour suivre ton époux, » c'est qu'il a mis dans le cœur de l'époux toute la tendresse d'un père, toute celle d'une mère, et toute celle d'un amant. Toi, femme ! songe que tu es une image du Saint-Esprit sur la terre. Et tous deux, n'oubliez jamais quelles sont les Personnes qui ont honoré le jour de vos noces de leur présence divine !

Maintenant ouvrons l'Ecriture :

« Après que le repas de noces fut achevé, le père et la
« mère introduisirent le jeune Tobie auprès de Sara.
« Tobie parla à la jeune fille et lui dit : Sara, lève-toi, et
« prions Dieu aujourd'hui et demain et après-demain,
« parce que durant ces trois nuits nous devons nous unir
« à Dieu ; et après la troisième nuit nous vivrons dans
« notre mariage. Car nous sommes enfants des saints,
« et nous ne devons pas nous unir comme les nations
« qui ne connaissent point Dieu. »

« S'étant donc levés tous deux, ils priaient. Seigneur,
« disait Tobie, vous avez formé Adam et vous lui avez
« donné Eve pour compagne ; et vous savez que ce n'est
« point par un mauvais désir que j'ai pris cette vierge,
« ma sœur, pour épouse, mais dans le seul désir d'une
« postérité qui bénisse votre nom. Et moi, disait Sara,
« vous savez que je n'ai pas eu des sentiments moins
« chastes, ayez pitié de nous. C'est vous, Dieu de nos
« pères, qui avez formé les nœuds qui nous unissent,
« prolongez-les dans la concorde. »

Car voici ce que l'ange Raphaël avait dit à Tobie : « Ceux
« qui embrassent le mariage de manière à bannir Dieu de
« leur cœur, et qui ne pensent qu'à satisfaire leur passion,
« comme le cheval, à qui n'est point l'intelligence, le dé-
« mon a pouvoir sur eux. Toi, après que tu auras épousé
« cette jeune fille, étant entré en sa chambre, sois conti-
« nent avec elle pendant trois jours, et ne lui parle
« que pour prier. La troisième nuit passée, tu recevras

« cette vierge dans l'amour du Seigneur, et non poussé
« par un désir des sens, afin que tu participes à la
« bénédiction de Dieu, et qu'il naisse de vous des enfants
« très sains. »[1]

« Jeunes époux, que Dieu soit toujours présent dans
« vos entretiens, et que vos cœurs ne se rencontrent ja-
« mais hors de sa pensée. Adorez-le ensemble afin que
« vous reposiez dans la même prière, comme deux co-
« lombes reposent dans le même nid ; et vos chastes désirs
« tressailleront sous l'aile des anges.

« Et Dieu descendra au milieu de vous ; il viendra,
« comme aux premiers jours, se promener dans le
« paradis de votre amour, et il causera familièrement
« avec les pensées et les désirs de vos âmes. Le Ciel où
« l'on aime sans fin ni mesure, s'inclinera vers vous, et
« les anges prendront vos cœurs dans leurs mains,
« et les aideront à s'aimer. »[2]

Celui qui aime porte le Ciel avec lui ; le Ciel n'est pas
un changement de lieu, mais un changement d'état dans
notre cœur. Les joies du Ciel ne viennent pas du lieu,
mais de l'état de l'âme de l'homme ; cet état de son âme
vient du degré de son amour, et le degré de son amour,
du degré de sa puissance et de sa sagesse. Quiconque devient pur prépare en lui le Ciel. Car l'homme, comme
être créé, est une image quoique petite de l'Être incréé,

---

[1] Liber Tobiæ, cap. vi et viii. [2] Petit. des Peuples, c. les Rois.

il a conséquemment en lui une image quoique petite du véritable Ciel : le cœur n'est pas autre chose. Aussi celui qui rend son cœur pur, c'est-à-dire qui n'y laisse briller que l'amour parfait, pénètre réellement dans la lumière céleste quand il entre dans son cœur. Sainte Thérèse appelait l'enfer le lieu où l'on n'aime pas ; c'est qu'en effet le Ciel n'est que le lieu où l'on aime. Partout où l'on aime il y a quelque chose du Ciel. Pour faire descendre le Ciel sur la terre, il ne s'agirait que de savoir y conserver l'amour. Arrivons à un si beau problème.

J'AI souvent pensé, dit l'auteur d'*Émile*, que si l'on pouvait prolonger le bonheur de l'amour dans le mariage, on aurait le paradis sur la terre. Mais personne sans doute n'en a découvert le moyen ! Eh si ! le moyen est trouvé, c'est de vivre après le mariage comme vous viviez avant d'être mariés ; c'est d'introduire l'amour platonique dans la chambre nuptiale, en un mot, de continuer d'être amants quand vous êtes époux. C'est une chose bien simple : vous voulez rester toujours dans la même ferveur, restez dans les conditions qui vous l'inspiraient ! Vous étiez si heureux pendant le temps des fiançailles, eh bien, ne changez rien à la vie qui vous rendait si heureux ! Vous avez vu là, par votre propre expérience, ce que c'était que l'amour, et comment il demandait qu'on le traitât ; quelle témérité de vouloir changer quelque chose à une si belle épreuve ! Jours chéris de mes premières amours, dites-vous, jours délicieux, que ne pouvez-vous durer sans cesse et remplir toute la vie ; je ne voudrais point d'autre éternité !... Eh ! ces jours, que ne les faites-vous durer sans cesse, que ne les prolongez-vous toute la vie ; vous goûteriez déjà l'éternité !

Epoux imprudents, vous vous étonnez, maintenant que vous vous possédez, de ce que vous êtes moins doux l'un à l'autre ; mais c'est qu'effectivement vous n'êtes plus si bien l'un à l'autre, car ce n'est point vous que vous possédez. Ah ! vous vous demandez pourquoi les amants, alors qu'ils ont été privés de tout, alors que la langue n'a pas encore osé délier du fond de leur cœur le secret qui y est attaché, alors que rien n'a pu les trahir par bonheur, ni un regard furtivement rencontré, ni même un soupir entendu, vous demandez pourquoi ces amants s'aiment d'un amour si parfait ? C'est que précisément leur amour est parfait, il est tel qu'il doit être, il est véritablement l'amour. Avant le mariage vous étiez plus heureux ; c'est qu'avant le mariage vous vous aimiez comme s'aiment les anges, et vos corps ne vous avaient point encore séparés. Ceux qui se connaissent par l'esprit, ne peuvent s'empêcher de s'aimer, car l'esprit est amour.

Voyez ! l'homme ne peut s'acclimater sur la terre ; toutes les fois qu'il la touche, il se blesse, et l'âme revient mécontente d'avoir trouvé les murs de sa prison. Et pourquoi vous obstiner à chercher votre âme dans ce corps ; sa beauté cependant aurait dû vous le cacher ! N'est-ce pas déjà à cause d'elle que lorsque vous vous êtes rencontrés vous avez cru voir la créature spirituelle elle-même ; et n'est-ce point pour cela que vous avez été saisis d'amour ? Restez dans cette illusion qui, du reste, s'accorde si parfaitement avec les lois de l'absolu ; car ce corps doit en effet disparaître un jour et vous livrer toute pure l'âme que vous adorez. N'oubliez point que c'est déjà malgré le corps que vous vous êtes aimés ; si vous allez doubler son importance, il nuira bien davantage à votre union. Vous savez bien que le rapprochement des corps ne peut que vous éloigner l'un de l'autre ! Songez que vous êtes indissolublement liés par le sacrement, et que vos cœurs se donnent la main dans le Ciel. Ce que vous accordez à la matière vous le ravissez à l'esprit ; l'aumône faite au corps, loin de resserrer le nœud de vos âmes, ne sert qu'à les faire ressouvenir qu'il existe un intermédiaire entre elles...

Que ce corps disparaisse sous le souffle brûlant de votre amour, et vous saisirez dans un embrassement divin l'âme céleste de votre amie ! Il n'y a point d'amour sans enthousiasme, et l'enthousiasme met Dieu en nous. Aussi ne peut-il y avoir d'enthousiasme que pour les choses divines. Si vous ne voyez plus en vous que le spectre de chair, l'enthousiasme vous quittera. Le cœur de l'homme est comme la sybille de Samothrace : la loi de sa nature prophétique est de périr sitôt que le sentiment de l'avenir cesse d'habiter en lui. Hélas ! au moment où vous faites sortir l'amour de votre âme, il s'enfuit. Vous avez même des expressions plaisantes pour exprimer la rapidité de cette fuite ; malheureux ! vous appelez *lune de miel* un temps que l'astre de l'éternité devrait seul mesurer ! Si vous ne sortiez pas de l'Eden que le temps des fiançailles a fait fleurir autour de vous, cet astre brillerait toujours sur vos têtes. Traitez-vous comme deux âmes descendues du Ciel l'une auprès de l'autre, et, semblables à d'illustres captifs, cachez-vous la chaîne qui vous retient dans l'exil. Considérez-vous avec les yeux des anges, vous qui êtes appelés à être comme des anges de Dieu !

Jeunes époux, vivez comme lorsque vous étiez de purs amants ; que, dans l'économie de votre pudeur, la plus simple faveur soit pour vous d'un prix infini. Rougissez encore à la moindre familiarité qui vous échappe, et quoique pleins de tendresse, ne vous abordez jamais qu'avec l'heureuse crainte que vous avez ressentie le jour de vos premiers aveux. Soyez timides l'un pour l'autre comme deux vierges : la timidité est la jeunesse de l'amour, la pudeur est le vêtement de la chasteté, et la chasteté est le plaisir du Ciel. Redoublez tous les jours de pureté, et tous les jours vous redoublerez d'amour, et tous les jours vous sentirez brûler de plus en plus dans vos cœurs les flammes d'une jeunesse immortelle. Ah ! quand la chair crie sous ses désirs inécoutés, c'est alors que l'amour monte enivrer le cœur ; et l'on dirait que toute la vie du corps va se retirer dans notre âme. Aussi, peu à peu la chair se tait, on ne la sent plus, la vie spirituelle s'exalte, et l'extase devient notre lumière intérieure ; il semble que nous commencions à entrer dans la vie absolue !...

Les âmes qui se sont élevées à ces joies n'en veulent plus connaître d'autres. Il est bien juste que celui qui renonce héroïquement à la chair, obtienne la plus belle joie de l'esprit ! Et c'est là la première loi du monde moral, où l'homme acquiert en raison de ses mérites, et mérite en raison de ses sacrifices. Serait-il juste que le voluptueux, après avoir partagé la nourriture des animaux, vînt s'asseoir au festin des anges ? Pendant que les époux ouvrent d'un côté leur cœur aux plaisirs de la chair, ils le ferment de l'autre aux délices spirituelles. Ces délices leur sont à ce point inconnues qu'ils ne semblent pas même s'en douter; c'est comme un sens de l'âme qui leur manque, et ils en sont bien malheureux. Car s'ils n'ont pas éprouvé cette joie, ils ne savent pas ce que c'est que la vie, et ils ne peuvent bénir Dieu dans leur cœur... Cependant jamais ces hommes ne se rappellent sans soupirer les jours de leur jeunesse, parce qu'alors leurs sentiments, non encore altérés, leur faisaient éprouver quelque chose de ces délices. Eh! mon Dieu, ils ne savent pas qu'il ne tenait qu'à eux de conserver toute leur vie un état de l'âme aussi délicat et aussi enivrant! Par la chasteté, on est toujours, auprès de celle qu'on aime, dans le ravissement d'un amour qui commence, et cet amour a cela d'heureux qu'il unit les mystères de l'innocence aux douceurs de la possession. O vous qui voulez prolonger le bonheur de l'amour dans le mariage, vivez comme lorsque vous n'étiez pas mariés; dites à la pureté de garder votre amour, l'amour vous gardera le bonheur!

Tendres amants, voilà ce précieux moyen que vous demandiez.

Du reste, c'est vous qui me l'avez appris! je vous ai vus heureux, je n'ai eu qu'à chercher ce qui vous rendait heureux. C'est dans l'observation même de la nature de votre amour que j'ai voulu trouver la loi qui le fait vivre. Seulement, quand vous avez senti que l'amour vous quittait, vous avez pensé, hélas! que c'était une loi de cette terre, où tout s'en va, et vous avez douté de lui; mais moi je n'ai pu en douter. Croyez-vous qu'on a étudié un peu de philosophie sans l'employer pour le sentiment qui intéresse le plus le cœur! Je vous ai tous lus attentivement, j'ai connu le fond de vos désirs, je sais comment votre amour est né et comment il s'est accru ; j'ai vu comment il a péri au moment où vous l'avez cru éternellement fixé dans votre cœur, j'ai compris votre désespoir, et mes yeux se sont mouillés de vos larmes. Mais vous avez dit que l'amour était soumis aux conditions d'une vie où tout finit, sans songer que vous portez en vous une vie infinie ! Vous accusiez le Ciel de vous échapper, et c'est vous qui le laissiez échapper après l'avoir saisi. Lorsque vous saviez par vous-mêmes en quoi consistait le bonheur, pourquoi avez-vous voulu en changer les conditions ?

C'est bien vous d'ailleurs qui l'avez avoué, car je n'ai point oublié vos paroles. Voici celles du plus profond et du plus attendrissant d'entre vous : « Croyez-vous qu'un homme,
« en quelque situation qu'il se trouve, puisse être plus
« heureux que vous l'êtes depuis que vous aimez ? Si vous
« le croyez, détrompez-vous......... Que peut-il manquer
« à son bonheur ? voyez, cherchez, imaginez ce qu'il
« faut encore et qu'on puisse accorder avec ce qu'il a. Il
« réunit tous les biens qu'on puisse obtenir à la fois ; on
« n'y en peut ajouter aucun qu'aux dépens d'un autre.
« Irais-je en ce moment abréger un destin si doux ? que
« pourrais-je lui rendre qui valût ce que je lui ai ôté ?
« même en mettant le comble à son bonheur, j'en dé-
« truirais le plus grand charme......... Croyez-moi, il n'y a
« rien au-delà de ce que vous avez senti. La félicité des
« sens est passagère, l'état habituel du cœur y perd tou-
« jours. Vous avez plus joui par la pensée que vous ne
« jouirez jamais dans la réalité. Si cet état eût pu durer
« sans cesse, vous auriez trouvé le bonheur suprême ;

« mais tout ce qui tient à l'homme se sent de sa caducité :
« tout est fini, tout est passager dans la vie humaine. »
C'est-à-dire que tout ce qui tient au corps se sent de sa
caducité, que tout est fini, tout est passager dans sa vie :
mais l'esprit est immortel. Ceux donc qui s'aiment par
l'esprit ne cesseront jamais de s'aimer. Or l'amour de l'esprit se conserve par la chasteté.

La chasteté est d'autant plus facile qu'on a plus d'amour. Ce sont ceux qui aiment peu qui se rabattent sur les soins de la volupté; elle est toujours un indice de la pauvreté du cœur. Quand la joie surabonde dans l'âme, on n'a pas besoin de demander l'aumône à la matière. Ceux qui cherchent des joies ailleurs que dans l'esprit, montrent quelle est leur indigence d'amour. La chasteté dépasse au-delà de toute mesure les premiers sacrifices qu'elle a pu coûter; elle amasse avec tant de profusion l'amour dans le cœur, elle y met tellement joie sur joie, et elle le brise tellement au bonheur, que l'on aime la chasteté autant que l'amour même. Quand on en est venu là, la chasteté, au lieu d'être la difficulté de l'amour, en est la douceur, en est le but. On aime la chasteté autant et plus que l'amour, comme on préfère au don la main qui donne. Et vraiment on ne sait plus si c'est la chasteté ou si c'est l'amour qui donne la joie; tout ce que l'on sait, c'est qu'une nouvelle joie est entrée dans la joie de l'amour, et que la félicité en est portée à sa suprême puissance. Les époux se regardent d'un œil d'autant plus fier et plus attendri qu'ils se doivent tout leur bonheur; et ils se saluent dans la profonde reconnaissance qu'ils ont l'un pour l'autre d'avoir pris tant de soin de leur amour.

Mais à cet amour s'attachent bientôt une tendresse et une amitié profondes, nourries des services mutuels et des joies qu'ils se procurent. Plus ils avancent dans l'amour, plus ils pénètrent dans les richesses de leur âme, et plus ils se voient éclairés sur leur nature spirituelle. Si bien qu'à force d'entrer dans le bonheur, ils s'aperçoivent avec un ravissement infini qu'ils ne sont point encore le complément final l'un de l'autre, que le bien qu'ils se doivent n'est pas tout le bien, que l'amour qu'ils éprouvent n'est pas tout l'amour; leurs joies leur ont signalé d'autres joies plus grandes, leur bien un bien plus merveilleux, un bien qui sera le triomphe de leur union et le couronnement de leur être. Et les deux époux ne tardent pas à soupirer pour Dieu, et à ressentir pour lui le même amour qu'avant de se posséder ils éprouvaient l'un pour l'autre. Alors se prenant par la main, au lieu de s'aimer d'un amour comme s'ils étaient deux, ils s'aiment d'un amour de soi, comme ne formant qu'un seul être, et un seul être épris cette fois de celui qui sera le complément de leur affection et l'accomplissement de la félicité.

Ainsi, le sentiment de l'amour, au lieu de s'arrêter en eux et de s'y endormir, ne fait que s'accroître et embraser leur cœur d'une flamme nouvelle; ils s'élèvent toujours en s'aimant jusqu'à Dieu. Ces époux ravis aiment Dieu comme ils s'étaient aimés l'un l'autre [1]. Leur amour n'a pas changé, il n'a fait que s'agrandir; et au lieu de

---

[1] C'est la récompense qui attend l'amour chaste. L'amour chaste nous conduit jusqu'à Dieu, parce que l'amour chaste est l'amour pur.

« Principaliter ratio castitatis consistit « in Charitate, et in aliis virtutibus « theologalibus, quibus mens hominis « conjungitur Deo. »

Sancti Thomæ, Summa theologica, 2 part. quæst. CLI, art. 2, conclusio.

n'être encore que deux humains séparés, ils sont déjà comme un ange épris d'amour pour la beauté infinie. Confondus dans leurs soupirs, leurs deux cœurs ne sont plus qu'une lyre destinée à chanter les perfections de l'Époux divin. [1]

Vous ne savez pas que les derniers temps de votre union seront plus enivrants que les premiers! vous entrerez par la porte de l'amour conjugal dans la chambre des noces divines. Vous comprenez bien que l'amour, lui qui doit nous développer jusqu'à la vie infinie, ne pouvait aller en diminuant! quand cela arrive, c'est que l'arrêt du développement est dans notre être. Mais pour les époux qui en s'aimant ouvrent leur cœur à l'amour de Dieu, commence réellement la vie absolue ; ils ne trouvent plus de solution de continuité entre le bonheur qu'ils ont eu en se possédant et celui qu'ils sentent en prenant possession de Dieu. L'amour, ainsi renouvelé à l'intarissable source, les entretient dans une ivresse qui ne peut plus s'altérer; ils voient avec surprise les âges passer sans les atteindre [2]. Ils ne savent s'ils vieillissent, ils ne savent même s'ils sont deux; tout ce qu'ils savent, c'est qu'ils aiment; et pour eux le soir de la vie n'est que l'aurore du jour qui ne doit pas finir.....

---

[1] Si le cœur de l'homme se sent attiré si délicieusement vers la femme, en ce qu'elle est l'heureux complément de notre existence ici-bas, qu'est-ce donc lorsqu'il est saisi du sentiment infini de tendresse qui le porte vers Dieu, qui est l'ineffable complément de notre existence infinie ? Ce n'est pas sans raison qu'il a été appelé le divin Époux, et que les saintes âmes lui ont donné de préférence ce doux nom !

[2] « La fleur de la jeunesse se flétrit sur cette figure d'ange, mais l'éternelle bonté du cœur ne s'efface pas de ses beaux yeux. Le gracieux resplendissement de l'âme ne s'éclipse pas, même à l'heure de la mort. » — SCHILLER.

DE L'EXISTENCE DE L'HOMME. 1513

Mais aussi, l'expérience est-elle jamais parvenue à vous persuader que les amours de l'homme ne devaient avoir qu'un temps, et que le sentiment souverain de la créature spirituelle dût passer aussi vite qu'une illusion? Avez-vous jamais pu croire sérieusement que cette flamme sacrée, empruntée aux lèvres mêmes des trois divines Personnes, ne s'attachât à la jeunesse que comme une prérogative passagère que les saisons devaient emporter? que l'amour, oui l'amour! semblable à l'auréole fugitive qu'une vapeur jette autour de l'astre des nuits et que le moindre souffle dissipe, dût ainsi abandonner la tête dépouillée de l'homme aux vents humides du soir? Non, non! ce qui est de l'esprit n'est point soumis au cours des années. Dieu ne vieillit pas dans son éternité, l'homme ne vieillit pas dans son amour, quand véritablement il aime d'amour.

Moi aussi, l'expérience a cherché à me convaincre que l'amour n'avait qu'un temps; elle a voulu aussi me persuader qu'il n'était qu'un don de la nature, et qu'il passait aussi vite que la fleur de ses printemps. N'a-t-elle pas pris tous les tons les plus gracieux pour me dire, tantôt qu'il était comme un enfant aux yeux bandés, mais que bientôt le jour éclaire; tantôt comme l'oiseau des climats étrangers, qui se pose sur la branche fleurie de la jeunesse, et s'envole à la première feuille qui tombe; tantôt comme une rose, qui vit *ce que vivent les roses?* Amour! toi qui fais toute la vie, ai-je pu écouter de pareils discours? Toi, disparaître lorsque les yeux s'ouvrent à la lumière! toi, t'envoler à la suite d'une année! toi, n'avoir d'autre vie que celle d'une pauvre fleur! Dis, mon cœur l'a-t-il pu croire un instant?

Il est vrai, cruelle expérience ! je suis resté longtemps sans pouvoir te répondre ; et longtemps tu m'as consterné par les nouvelles que tu ne manquais jamais de me rapporter. Mais mon cœur se débattait toujours sous le poids affligeant de tes récits ; et quand tu serais parvenue à le convaincre de folie, il se fût encore écrié : Non, non, l'amour ne s'en va point ainsi de l'esprit embrasé de l'homme !... Aujourd'hui, écoute ce que je vais t'apprendre à mon tour : c'est que l'amour ne passe pas ! Sache-le donc bien, l'amour ne passe pas, parce qu'il n'est pas le fils de la matière ! il ne passe pas, parce qu'il n'est pas le fils de ton néant ! il ne passe pas, parce qu'il n'est point né dans ta triste sphère ! Pensée cruelle, qui as cherché à empoisonner les premières heures de ma jeunesse ! si tu veux, je te le ferai dire par le langage lui-même. Oui, que cette voix auguste des siècles fasse entendre ces mots à ton oreille : LE COEUR NE VIEILLIT PAS !.

Créature spirituelle, relève-toi dans l'espérance pour aimer selon les besoins infinis de ton être ! aime sans te soucier de la fureur du temps : il coule trop au-dessous de toi. Suspends en paix ton nid à une branche choisie de l'humanité, et que ton cœur aille y déposer ses amours sans craindre que le vent du soir n'enlève ta tendre couvée à l'aile heureuse qui l'abrite.

Car vous le savez, heureux époux, vous n'avez pas reçu la grâce du mariage seulement pour la sanctification de vos âmes, mais aussi pour donner de nouvelles âmes à Dieu ! puisque, par un ineffable artifice de la création, il veut encore les tenir de votre amour. Aussi votre âme n'est-elle en rien souillée par l'union de vos corps ; et c'est là la grâce du sacrement, qui vous sanctifie en vous sacrant selon l'Ordre de la trinité. Les trois Personnes ne restent-elles pas dans toute la virginité de leur amour ? Dieu, qui est votre père, a voulu vous donner les joies de la paternité ; il vous a envoyé de son amour, et il a voulu que cet amour, complet en vous comme en lui, ne pût unir sans produire. Et dans ces baisers, vos lèvres spirituelles ne trouveront point de dégoût, parce qu'ils seront donnés pour une fin sublime [1]. « Les arbres portent des fruits pour les hommes, mais les femmes portent des enfants pour Dieu. »

De là ces embrassements, qui seraient criminels et inhumains hors de ce but, sont chastes et saints lorsqu'ils sont accomplis dans cette vue. N'oubliez pas que, même dans le mariage, le désir n'est légitime que lorsqu'il est en vue du but pour lequel Dieu l'a fait. Hors de là vous péchez ; vous péchez contre Dieu et contre l'amour. Si le mariage a été appelé un état saint, ce n'est pas pour qu'il soit composé d'actions impures ! Or, comme toutes les vertus, la chasteté est dans l'intention plutôt que dans l'action. Chez les personnes chastes, tout est chaste, même les actions ; chez les personnes qui ne sont pas

---

[1] Voici ce que S. François de Sales écrivait à une nouvelle mariée, qui lui avait adressé les plaintes de son âme :

« Ma chère fille, ceux qui mangent souvent du miel trouvent les choses amères plus amères ; votre âme, s'entretenant souvent aux exercices spirituels, quand elle revient aux exercices matériels, elle les trouve bien âpres et bien fâcheux. Il faut, ma chère fille, que dans ces exercices vous considériez la volonté de Dieu, qui y est, et non la chose même qui se fait. Invoquez la belle Colombe de l'Époux céleste, afin qu'elle demande pour vous un vrai cœur de colombe ; et vous, soyez colombe non-seulement par le vol de l'oraison, mais encore dedans votre nid. »

chastes, les intentions elles-mêmes ne le sont pas. Tout est pur dans ceux qui sont purs, dit S. Paul, et tout est impur dans ceux qui sont impurs.

Il n'y a que la conjugalité établie par le sacrement qui soit chaste, parce que l'amour vient alors de Dieu et qu'il va avec l'amour des trois Personnes. L'amour devient pur en raison du degré d'amour divin qu'il renferme; en sorte qu'autant l'esprit pénètre dans les grâces du sacrement, autant l'amour se purifie; d'où il suit qu'il peut devenir de plus en plus chaste. Il suit de là également que le conjugal chaste ne peut exister hors du sein de l'Eglise, qui nous confère le sacrement. L'amour vraiment conjugal est la chasteté même, car la chasteté ne peut se dire que des personnes mariées, puisque les autres doivent être vierges. De sorte que la pureté de l'amour conjugal est ce qu'on appelle la chasteté. La chasteté est composée de deux choses, l'amour et la pureté. L'amour doit être dans l'affection, la pureté dans l'intention. Le cœur sans pureté ne peut avoir d'amour, et l'être sans amour ne peut donner la vie.

Aussi, l'avons-nous bien vu, l'amour est la première condition du mariage. Le cœur de la jeune fille est un temple qui ne doit s'ouvrir que sur un ordre du Ciel. La vierge est un être surnaturel qui ne peut obéir à l'homme; mais l'amour est une sollicitation venue de Dieu. Que celui qui n'aime pas dise à quel titre il vient réclamer de cette jeune femme les sacrifices de la pudeur, et lui imposer les pénibles honneurs de la maternité ! Croit-il que vingt ans d'innocence dans la maison de sa mère, et l'inappréciable trésor d'un cœur qui s'est conservé pour l'époux, peuvent être achetés par une rançon humaine ?

Les larmes nuptiales, indice trop touchant de ce grand sacrifice, peuvent-elles tomber dans la balance où l'on pèse l'or? Frémissez! le sacrilége s'étend à toutes les choses sacrées; ici, c'est plus qu'un outrage fait à la nature, c'est un outrage fait à Dieu.

Et toi qui veux être père à ce compte, prends garde à l'anathême qui est prêt à frapper ton fils! Crois-tu que l'enfant qui va naître de toi puisse être sollicité à la vie par un acte de mort arraché à la nature? oublies-tu que Dieu a créé le monde par amour[1]? Ah! le Créateur a mieux respecté le fruit de ses œuvres, lorsqu'il a dit à l'Esprit qui l'embrasait et le couvrait de ses ailes: FACIAMUS!.. Dès ce moment, tout ce qui ne prend pas son origine dans l'amour, est dévié de la création. Si tu ne sais te rendre à ces raisons éternelles, demande à la physiologie comment un être, ainsi venu en dehors de ses lois, est puni par la nature, et comment elle lui fait porter la marque dégradante de la malédiction de Dieu! — Par là nous reconnaîtrons que l'amour est la première condition de la paternité.

Mais, si tu ne dois pas épouser sans amour, prends garde que ton amour ne sorte de ton cœur pour entrer dans ta chair. Dans le premier cas, tu commets un viol, puisque tu t'empares par force d'un cœur qui n'est point à toi; dans le second, tu commets un adultère, puisque tu prodigues au corps des caresses qui n'appartiennent

---

[1] La plupart des hommes sont enfants de l'ennui, de la luxure et même de la corvée; et il faudrait que l'homme ne fût redevable de son existence qu'à l'amour! L'homme qui a fait quelque chose de grand a certainement été procréé, conçu, porté et élevé par l'amour. Pour l'honneur de l'humanité on peut facilement prouver que hors du mariage on voit rarement des enfants de l'amour.

Jaux, Recher. sur le national. allem. Droit matrimonial. Trad. de M. Lortet.

qu'à l'âme. Et tu ravis indignement à la créature spirituelle, qui est ta véritable amie, l'hommage de ton affection. Si, dans le premier cas, l'enfant qui naît d'une telle union est privé de toute la vie qu'il avait droit de recevoir de son père, dans le second cas, cette vie est étouffée par les embrassements que l'époux donne à la mère. Les spasmes qui énervent celle-ci viennent retentir sur le tendre organisme de l'embryon qui se forme dans son sein, et, avant qu'il soit né, le mouler en quelque sorte pour la concupiscence. Les premiers sont ces enfants *nés de la volonté de l'homme et de la volonté de la chair*, les seconds, ces enfants *nés de la volonté de la chair et de la volonté de l'homme*, lesquels n'ont point la puissance d'être faits enfants de Dieu. Mais, de l'amour et de la chasteté viennent ces enfants prédestinés, « lesquels ne sont point nés du sang, ni de la volonté de la chair, ni de la volonté de l'homme, mais qui sont nés de Dieu [1]. » — Par là nous reconnaîtrons que la chasteté est la seconde condition de la paternité. [2]

Voyez comme la même vérité sort de tous les points de vue! D'une part il vous est dit d'aimer : car, si vous n'aimez point, vous violez le cœur de la mère, et vous ne pouvez

---

[1] Dedit eis potestatem filios Dei fieri : qui non ex sanguinibus, neque ex voluntate carnis, neque ex voluntate viri, sed ex Deo nati sunt. — *Joan.*, cap. I, 12.

[2] Là est la source des enfants nés selon l'esprit, et des enfants nés selon la chair. Ainsi, l'on voit des personnes bien rangées et extérieurement très vertueuses, qui ont le déplaisir d'avoir des enfants méchants, déréglés et dont l'éducation leur donne les plus grandes peines ; tandis que des personnes très vives et même peu soigneuses, ont des enfants dont l'éducation ne leur coûte que peu de soins. Car les enfants naissent avec plus ou moins d'aptitude pour le bien, selon qu'ils naissent avec des sens plus ou moins forts que l'âme. Tout cela vient de la nature de l'amour des parents : selon que la chair ou que l'esprit prédominait en eux, la chair ou l'esprit prédomine chez leurs enfants. Il y a même dans le peuple des proverbes sur cette vérité.

transmettre la vie à l'enfant; d'une autre part il vous est dit d'être chastes : car si vous n'êtes point chastes, vous prodiguez au corps les caresses qui ne sont dues qu'à l'âme, et vous attaquez dans son corps comme dans son âme la vie de votre enfant. S'il faut aimer et ne point obéir au corps, il faut donc aimer indépendamment du corps! Or quel est cet amour, sinon l'amour spirituel? créature spirituelle, c'est le vôtre!

Vous avez déjà pu juger combien les lois ontologiques de l'amour sont confirmées par les lois de la physiologie. Ici vous en serez encore plus frappés quand vous saurez que non-seulement les hommes dont la jeunesse a été chaste, sont ceux qui ont les plus beaux enfants, mais encore que la chasteté des époux pendant la grossesse de la femme est aussi la première condition du développement de l'être qui se forme dans son sein. Mais auparavant vous ne pourrez vous empêcher d'admirer jusque dans sa source la loi qui commande à tous ces faits. Vous savez que tous les organes de l'homme se développent en raison de l'exercice, parce que précisément cet exercice vient de la vigueur de la volonté, laquelle est elle-même en raison de l'amour. Eh bien! il y a une sublime exception à cette loi; et cette exception est pour un seul organe, en faveur duquel elle établit une loi diamétralement opposée. Ainsi, plus les organes de la génération ont été employés, plus leur produit est inférieur; parce que précisément cet usage est venu d'une faiblesse de la volonté, et qu'il a eu lieu aux dépens de l'amour. En un mot, le produit de la génération est toujours en raison de la chasteté. Du reste, c'est une loi générale dans la nature, que la fécondité est moindre à mesure qu'on s'élève dans les espèces les plus parfaites.

Cette loi peut être prise de loin, car voici ce qu'on a remarqué : « Plus le mode de procréation est incomplet et simple, plus l'espèce est féconde ; il en est ainsi dans la génération spontanée et dans la monogénie. L'incubation et la gestation, rendant plus considérable la consommation des forces qu'entraîne la génération, ne permettent pas une si grande fécondité. Lorsqu'on arrive aux formes les plus parfaites de l'ovaire, la fécondité est moindre. Les êtres doués d'une vie inférieure sont plus féconds, d'un côté parce que la génération est chez eux une opération plus simple et moins parfaite, de l'autre parce que le produit étant un être incomplet, il se propage par cela de meilleure heure. Dans les organismes supérieurs, la génération est plus compliquée ; non-seulement parce que tout est plus riche et plus complexe dans la vie de l'être qui procrée, mais encore parce qu'il sort de cet être un produit plus noble, et dont la formation exige un plus grand concours de force. Règle générale : L'intensité de la faculté procréatrice est en raison inverse de son produit. Là où le système nerveux, et notamment le cerveau, son organe central, est restreint, où conséquemment la puissance et la beauté de la vie jouent un moins grand rôle, l'organe de la génération a bien plus de volume et de fécondité. Trop d'ardeur pour le plaisir diminue même la fécondité et son produit pour les deux sexes : il semble que la violence de l'instinct égoïste rétrécisse la vie pour l'espèce. Cette règle s'applique même aux animaux. La polygamie ne favorise point la population ; l'homme étant épuisé par la volupté, le nombre des enfants se trouve restreint, et leur vigueur diminuée. Le mariage et la chasteté favorisent la fécondité ; et *moins les actes de procréation sont souvent répétés, plus ils donnent des produits parfaits.* » [1]

Je dirais peut-être bien inutilement ces choses, si elles ne pouvaient être entendues que de l'homme ; mais je sais à qui je m'adresserai pour me faire comprendre !.. Oui, j'avertirai l'épouse que ce n'est pas seulement pour sa propre félicité et pour celle de l'époux dont elle entretiendra l'amour, qu'elle doit l'inviter à la chasteté, mais que c'est aussi dans l'intérêt de l'enfant qui lui devra le jour. Entends-tu dans ton sein celui qui t'implore, celui qui te dit qu'une mère n'a pas trop de toute sa vie pour

---

[1] *Physiologie*, comme science d'observation ; — De la procr. consid. sous le rapp. de la quantité, Trad. de l'allemand.

« Aussi, après l'acte de la fécondation, la femme qui n'a pas été déréglée par le plaisir, doit tomber aussitôt dans le sommeil. Le repos de l'âme et du corps immédiatement après la génération, favorise la fécondation. Car celle-ci peut être troublée dans ce premier moment par toute nouvelle excitation. L'apaisement du désir est un des moyens qui contribuent le plus à assurer la fécondation ; parce que la vitalité des organes génitaux internes, où s'opère la conception, s'exalte à proportion du retour dans le repos des organes génitaux externes. La continuation de l'exaltation des organes génitaux externes, par le plaisir, entrave et amoindrit d'une manière très grave l'action dès-lors si importante des organes génitaux internes. »

On peut voir sur ce point les observations de Marc. On peut voir aussi ce que rapporte le *Diction. des scienc. médic.*, tom. xv, pag. 425. Il suffit de la plus petite quantité de semence pour produire la fécondation ; l'excédant ne rend le développement ni plus complet, ni plus rapide. Le sperme opère moins la fécondation par nutrition que par stimulation. On peut voir sur ce point les expériences si remarquables de Spalanzani, que nous ne pouvons citer ici ; ainsi que les expériences analogues que Kœlreuter a faites sur le pollen des plantes.

« On sait également que la biche ne souffre les approches du mâle que trois fois pendant tout le temps du rut. »

« Ce n'est pas le défaut de multiplication, mais c'est celui de conservation qui est la cause de la dépopulation, surtout dans les villes. Il faut surtout que les fonctions de la grossesse s'exécutent vigoureusement, et profitent de tous les secours de la nature. » — Desessart et Vénel, *Éducation médicale des filles destinées au mariage*.

son fils ! Faible créature, il est trop loin dans le néant pour être entendu de ce monde ; il crie, et il n'y a que toi qui puisse entendre sa voix dans le fond de ton cœur. Il est encore perdu dans l'impénétrable nuit, mais sur le bord de l'abîme il y a une oreille qui l'écoute venir... Ah! je ne te dis qu'une chose : lorsque l'époux te presse de ses désirs imprudents, prête l'oreille à l'être qui vient te demander la vie ! Annonce à celui que tu aimes que l'épouse est devenue mère ; dis-lui en le couvrant de tes larmes et de tes baisers : N'écoute plus ce qui bat dans mon cœur, mais ce qui vit dans mon sein !.. Car, de grâce, si vous ne l'entendez pas, de qui l'enfant qui est dans le sein de sa mère se fera-t-il entendre ?

Puis, quelle influence l'imagination maternelle et surtout les dispositions continuelles de l'âme et du corps n'ont-elles pas sur le frêle organisme qui se forme ? L'état moral de la mère influe autant que l'état physiologique sur la nature de l'enfant ; sa pulpe cérébrale est si molle encore que sur elle retentissent d'une manière exagérée toutes les passions de la mère. Les praticiens avouent que l'influence bonne ou mauvaise, provenant de l'état physique ou moral des époux, n'est pas aussi considérable de la part de l'homme que de la part de la femme. Toutes les affections de l'âme, la colère, la tristesse impriment une modification analogue dans les frêles organes de l'enfant, et les passions vives font sur lui le même effet que sur la mère ; elles bouleversent tout son petit être, ébranlent le système nerveux, et l'exposent plus tard aux convulsions et à l'épilepsie. La mobilité des nerfs d'une matrice énervée donne plus d'intensité à toutes les causes qui tendent à faire périr le fœtus ; de là, les plus petites peuvent produire les plus fâcheux effets sur son organisation naissante. C'est cette impressionnabilité du fœtus qui occasionne tous ces défauts de développement qu'on nomme monstruosité, et que dans le peuple on a effectivement coutume d'attribuer à des envies ou à d'autres affections de l'âme de la mère. Quoique le moyen de démontrer anatomiquement comment s'opèrent ces effets nous échappe, ils n'en sont pas moins certains. « Si nous voulions, dit un physiologiste, nier un phénomène vital par la seule raison qu'il serait impossible d'en signaler la condition matérielle, il faudrait aussi déclarer qu'il y a impossibilité à ce qu'une qualité quelconque passe du grand'père dans son petit-fils, ce qui cependant a toujours lieu. D'ailleurs, il y a sur ce point une trop grande quantité de faits, et de faits trop significatifs et trop frappants, pour qu'on nie l'action de l'état moral, et de l'imagination surtout, sur les organes de la génération, avec lesquels elle a la connexion la plus intime. Du reste, les organes homonymes de la mère et de l'enfant paraissent tellement être en rapport, que, quand ceux de la mère subissent une lésion, ceux du fruit subissent souvent un changement correspondant. Enfin, si l'on songe que l'imagination des femmes enceintes est dirigée tout entière sur leur fruit, (car ce n'est pas seulement le corps qui porte l'embryon, leur âme est grosse aussi de la pensée de leur enfant), et que les affections de la femme, l'activité entière de sa vie, ne prennent d'autre tendance que la formation du fruit, de même que chez un blessé la pensée concentre principalement son action sur la partie qui est en travail de se régénérer, nous serons obligés alors de reconnaître combien on doit tenir compte de cette influence. » La gestation, cette première tâche de la mère, est certainement la plus importante de toutes, puisqu'elle pose les fondements de la santé et du caractère de l'enfant.

Que la mère sache donc bien que la gestation est le moment qui décide du sort de son fils, le moment qui détermine sa bonne ou mauvaise constitution et fixe le terme de sa vie. Mais, surtout, qu'elle n'oublie pas un instant qu'elle accomplit aussi une gestation morale, et que si son tempérament pénètre dans le corps de son enfant, ses pensées et ses désirs pénètrent dans son âme. Cette loi générale des reproductions, savoir : que chaque être produit des êtres de même nature que la sienne, est applicable au moral comme au physique [1]. Songe, ô jeune mère, avec quelle anxiété Dieu soigne les dispositions de ton cœur, de ton cœur qui dans ce moment porte la liberté pour deux ! Si déjà tu prends tant de soins de ton corps, pour assurer la santé de celui de ton fils, quels seront les soins que tu vas prendre de ton âme, pour assurer la pureté de la sienne ! Oui, tu commences véritablement ici son éducation.

La mère dépose dans le corps et dans l'âme de l'enfant, les dispositions que l'éducation ne fait ensuite qu'exercer ou combattre. Elle élève son fils en deux fois : dans l'édu-

---

[1] La mère forme le cerveau de son enfant, et l'on sait quelle influence le cerveau exerce sur l'âme. L'éducation s'occupe ordinairement si peu de développer en nous la liberté morale, que la plupart des hommes, au lieu d'être libres et de se servir de leur cerveau comme d'un instrument, sont esclaves de leurs penchants et au service de leur cerveau. Du cerveau dépend la plupart du temps la nature de la volonté, et il compromet souvent la liberté de l'homme. Hippocrate disait : *Mens sana in corpore sano*. On pourrait dire : *Une volonté libre dans un cerveau bien fait*.

cation intra-utérine, elle lui donne la nature de son être, et dans l'éducation ultérieure, la volonté par laquelle il s'en servira. Heureuse mère, vois quel précieux pouvoir Dieu a mis entre tes mains! ici personne ne vient te gêner, aucun œil ne te contrarie; tu es complètement maîtresse d'inspirer à ton fils les plus secrets instincts de ton cœur. Tu peux convier en toi les plus nobles et les plus précieux sentiments, et ils se rendront dans l'esprit de ton enfant : les demandes et les imaginations d'une mère sont surprenantes ! Par la prière, magicienne sublime, tu peux dire aux Cieux de descendre, et ils viendront environner de leur lumière l'âme naissante de ton fils !

Qu'elle sera pure et élevée dans ses pensées, la jeune femme qui saura que ce sont ses désirs et ses pensées qui imprimeront la première forme à l'esprit de son enfant ! Avec quel culte cette mère va entretenir l'amour dans son cœur! quels parfums de pureté, de vertus, et de rêves enchanteurs elle va y répandre, lorsqu'elle saura qu'elle prépare mystérieusement l'esprit du nouveau-né ! Elle sera dans l'idolâtrie du bien et du beau; elle voudra demeurer continuellement en état de grâce, et dans la joie des sacrements. Sa pensée, humble et suppliante, est toujours à la porte du Ciel; à tout instant elle va chercher Dieu, et lui dit : viens, viens voir celui qui se forme dans mon sein! regarde, est-il comme ceux qui habitent près de toi? oh ! laisse-moi entrer et te ravir un cœur pour le donner à mon enfant.... Elle le prie, elle le poursuit, elle le gronderait ; mais Dieu permet tout à une mère, et ses premières grâces sont pour elle.

Quelles joies, dans la suite, lorsque cette mère verra

éclore sous ses yeux les heureuses dispositions dont elle avait déposé le germe dans l'organisme de son fils! Avec quel orgueil elle le montre à son époux! Quoi, c'est cette noble créature qu'elle a faite? Oh! cette mère, elle doit éprouver quelque chose de la joie infinie de Dieu lorsqu'il voit une âme réussir par les soins de sa grâce! Celui-là est réellement un fruit de la Sagesse, une image du Verbe; et il sera grand parmi tous les enfants des hommes. S. François de Sales remarque que la mère de S. Augustin, étant enceinte de lui, avait coutume de l'offrir à Dieu cent fois le jour. Ah! pour mesurer la source des bénédictions qui descendent sur cette mère et sur son fils, il faudrait concevoir combien l'Esprit-Saint est ravi de la conduite de sa noble fille, et quels torrents de saintes voluptés les trois Personnes répandent sur les époux qui leur préparent ainsi des âmes dès le sein de leur mère [1]. Ce sont de ces enfantements spirituels que naîtront les plus beaux rejetons de l'humanité; c'est là qu'est renfermé l'espoir du monde, et le bel avenir qui lui est promis.

Tels sont les biens réservés au véritable amour conjugal. Jeunes époux, sachez bien prendre votre amour, surtout dans les commencements; n'oubliez pas la leçon que nous donne l'Ecriture. Le mariage est un état si important pour les destinées du cœur, que l'on doit s'y préparer dès longtemps par la prière, et dès toujours par la

---

[1] Ce tableau est trop consolant pour que nous ayons le courage d'y opposer celui de la mère impudique et colère voyant, au jour de l'éducation, surgir du sang de ses fils les vices qu'elle y avait allumés. Cette mère est comme une vipère sur sa couvée de serpents.

pureté. Rappelez-vous que le mariage fut institué dans la parfaite innocence du paradis terrestre. Rappelez-vous aussi que Dieu forma lui-même la femme qu'*il amena devant Adam*; c'est-à-dire qu'il la forma pour Adam, et qu'il la lui donna. Il y a deux grands enseignements dans ce fait ; d'abord, ce que nous avons vu précédemment, que cette union ne peut être opérée par la créature, mais qu'elle est, comme la grâce, le résultat d'une action de Dieu à laquelle coopère la volonté de l'homme ; ensuite, que c'est Dieu qui prépare cette douce moitié de notre âme, que lui seul peut nous la faire connaître, et *l'amener devant nous*.

Comme l'union conjugale est d'une si grande importance, il était à croire que Dieu ne l'abandonnait point aux chances du hasard. J'ai lu avec plaisir dans un auteur : « La divine Providence de Dieu est très particulière pour les mariages, parce qu'une partie des choses du ciel découle de l'amour conjugal, comme les eaux découlent d'une bonne source. C'est pour cela qu'il est pourvu par le Seigneur à ce qu'il naisse des couples conjugaux, et qu'ils soient exactement élevés pour le mariage, le jeune homme à l'insu de la jeune fille, et la jeune fille à l'insu du jeune homme. De sorte qu'après un certain temps écoulé, la jeune vierge devenue nubile, et le jeune homme propre au mariage, se rencontrent quelque part comme par hasard, et se voient mutuellement. Aussitôt, par un certain instinct, ils connaissent qu'ils sont faits l'un pour l'autre ; et par un certain langage qu'ils entendent, ils pensent intérieurement chacun en soi, le jeune homme : cette jeune fille est pour moi ; et la jeune fille : ce jeune homme est pour moi. Et quand cette pensée s'est gravée depuis quelque temps dans l'esprit l'un de l'autre, de propos délibéré ils se parlent, s'entendent et se promettent l'un à l'autre. Je dis, comme par hasard et comme par instinct ; mais il faut entendre que c'est par la Providence, parce qu'elle apparaît ainsi lorsqu'elle est ignorée. Qu'il naisse des couples conjugaux et qu'ils soient élevés pour le mariage sans que ni l'un ni l'autre en sachent rien, on pourrait le prouver par la ressemblance et la relation conjugale visible de l'un et de l'autre et encore par l'union intime des esprits, ressemblance et union qui ne peuvent avoir lieu ainsi sans qu'elles soient prévues et pourvues par le Seigneur. »

Du reste, je dirai que toutes les remarques que j'ai faites moi-même confirmeraient cette opinion. J'ai toujours observé, dans le monde, un contraste frappant de qualités entre les deux conjoints : toujours j'ai vu l'un des époux pieux quand l'autre l'était peu, l'un bienveillant quand l'autre était rigide, l'un patient quand l'autre était colère, l'un sensible quand l'autre était indifférent, l'un diligent quand l'autre était oisif, et même, l'un soigneux de ses biens quand l'autre était négligent ; en un mot, j'ai vu l'un des époux fort sur tous les points où l'autre était faible, et faible sur tous les points où l'autre était fort : de telle sorte que, par leur exemple continuel et par leur action incessante, ils pussent prendre mutuellement les perfections l'un de l'autre, et qu'ainsi leurs deux âmes se complétassent réellement dans cette union ; du moins ce sont là des faits que l'expérience m'a toujours montrés. On trouve même chez le peuple un proverbe qui dit : *les bons mariages sont écrits dans le ciel.* [1]

Je crois donc qu'il faut nous remettre à Dieu du soin non-seulement de nous unir par le sacrement, mais encore de nous donner une âme qui convienne à la nôtre. Nous n'avons, nous, qu'à prier et à aimer ! Nous devons dire : Mon Dieu, formez vous-même le cœur de la personne dont je dois faire le bonheur, et qui doit faire ma sanctification ! Et Dieu nous pourvoira d'une compagne comme il nous a pourvus d'un ange gardien. « Si l'on savait, dit Mad. Guyon, la pureté des unions que Dieu prépare et la félicité des mariages qu'il fait lui-même lorsque, se confiant à lui, on n'a pour but que sa volonté, cela surprendrait. Rien de plus grand et de plus heureux que les mariages des anciens patriarches ; aussi Dieu avait-il pris soin d'y pourvoir lui-même, leur choisissant des femmes conformes à leur état et à leur cœur. Si l'on savait se marier par providence et dans un abandon entier à la conduite de Dieu, oh ! que les mariages seraient sanctifiants ! les époux auraient la grâce intérieure des anciens anachorètes. »

Or voilà ce que font les hommes d'amour, ils se marient selon leur cœur et selon Dieu, car Dieu éclaire leur cœur; mais les hommes de vanité, et qui n'ont point

---

[1] L'observation m'a fait reconnaître trois sortes de mariages dans le monde : les mariages de bénédiction, ou ceux dans lesquels Dieu a uni, par une bénédiction et une grâce rarement méritées, deux personnes parfaites ; les mariages de perfection, ou ceux dans lesquels Dieu a uni, pour qu'elles opèrent leur perfection l'une par l'autre, deux personnes imparfaites ; enfin les mariages de punition, ou ceux dans lesquels Dieu a réuni, pour qu'ils soient le châtiment l'une de l'autre, les personnes qui se marient sans consulter Dieu ni leur cœur. Vous pouvez croire que si le divorce est demandé comme une nécessité, c'est par cette dernière classe d'époux !

d'amour, ne consultent ni Dieu ni leur cœur, car ils ne suivent aucune lumière. Ils n'épousent point parce qu'ils aiment, ils épousent pour faire un mariage de convenance; c'est-à-dire un mariage où il n'y a pour les époux aucune convenance ! Si vous ne vous êtes point épousés pour vos cœurs, mais pour vos fortunes, c'est ici que vous allez en recueillir le fruit !

L'époux n'ayant rien qui l'attire et le retienne dans son intérieur, se trouve bientôt aussi heureux hors de chez lui. Dès ce jour un grand malheur menace le ménage. Quand la maison est une solitude, il faut aller chercher de la compagnie ailleurs. Obligé cependant d'être auprès de sa femme, l'ennui lui vient de la présence même de celle-ci, et cet ennui se ramassant dans son cœur, éclate à toute occasion par des traits d'impatience et de colère. La jeune femme pleure d'abord, parce qu'elle aperçoit toute la misère de sa position ; et l'époux ne sait pas qu'abandonner celle qui pleure, c'est la confier à ceux qui peuvent la consoler ! Le moyen le plus sûr de s'emparer d'un cœur est de le plaindre.

Celui qui met le chagrin dans le cœur de sa femme, y introduit les armes avec lesquelles on l'en chassera. Le mari qui oublie sa femme sera oublié d'elle ; il lui aura appris lui-même comment on se dégage du plus saint des devoirs. Celle-ci ne rencontre d'un côté que froideur et humiliation, de l'autre, qu'empressement et promesse; l'intérêt de la vertu est trop mal servi pour que celui qui, par sa faute, n'est déjà plus époux, par sa faute également ne soit déjà plus père. Voilà la convenance !! Malheureux homme, vois où tu en es venu, ton épouse n'est plus ton épouse, tes enfants ne sont plus tes enfants; tu as une famille et ce n'est pas ta famille, tes enfants ont un père et ce n'est pas leur père ! Quel avenir pour eux et pour toi ! [1]

En général la faute vient du côté de l'homme : la femme ne demande qu'à aimer, c'est à l'époux de prendre la première place dans son cœur; c'est à lui de la circonvenir dans ces liens de roses que sa tendresse et sa fidélité tresseront autour d'elle. Qu'il ne craigne rien, ce n'est pas la femme qui cherchera à s'en échapper [2] ! On se plaint en France du peu de profondeur de sentiment chez les femmes et de la frivolité de leur cœur; mais on ne dit pas que la cause en est dans la légèreté et l'infidélité des hommes. Elles doivent naturellement traiter comme des plaisanteries des sentiments dont elles voient leur mari se jouer. S'il en était autrement, elles seraient aussi trop malheureuses. Car ne vaudrait-il pas encore mieux, ainsi qu'on l'a dit, renfermer les femmes comme des esclaves, ne point exciter leur cœur et leur imagination, que de développer toutes leurs facultés et de les lancer dans un monde où on leur refusera le bonheur que ces facultés leur rendent nécessaire ?

Mais non, nous avons trop de confiance en la nature

---

[1] Les mariages de convenance, dit Jaux, ruinent l'État et creusent les antres du vice.

Les plaintes ont lieu, dit Aristote dans sa Morale, lorsque l'un des époux n'a en vue que le plaisir, et l'autre que l'utilité. Car un attachement fondé sur de pareils motifs se relâche bientôt, parce qu'aucun des deux amants n'aimait l'autre pour lui-même, mais seulement pour des avantages accessoires, qui sont sujets à s'évanouir.

[2] « S. Paul semble reconnaître que le sentiment prédomine chez la femme, lorsque recommandant à deux reprises aux hommes d'aimer leurs femmes, comme le Christ a aimé son Église, il croit inutile d'adresser aux femmes un précepte analogue, et se borne à leur prescrire la soumission à leur mari. »

humaine, et nous attendons trop encore de la religion qui nous a élevés si haut, pour croire que les hommes ne rougiront pas de leur peu de générosité, et qu'ils ne commenceront pas à sortir à leur tour de cet état de barbarie où ils sont restés. Ils comprendront qu'il y va de leur dignité aussi bien que de leur bonheur; qu'ils ne peuvent laisser tous les sacrifices d'un côté, et tout l'égoïsme de l'autre. L'homme sentira que lui aussi doit se préparer par la pureté au saint état du mariage, et qu'il ne doit rien moins que tout son amour à celle qui lui a conservé toute son innocence et tout son cœur. A quoi servirait que le christianisme eût tiré la femme de l'esclavage, s'il est resté de cet état des préjugés qui mettent son cœur dans un véritable esclavage domestique, si l'homme peut encore exiger l'amour sans l'accorder lui-même ! Dans le mariage le sentiment est un devoir; l'amitié serait un vol, elle ne saurait payer le don de la virginité [1]. Mais si déjà l'amitié est un vol, que sera la froideur, que sera l'infidélité?.. La religion, dit Mad. de Staël, ne fait aucune différence entre les devoirs des deux époux, pourquoi le monde en établirait-il une aussi grande ? Quel est le cœur qui peut se donner tout entier sans vouloir un autre cœur aussi tout entier ? Qui donc accepte de bonne foi l'amitié pour prix de l'amour ? Qui promet

---

[1] Savez-vous pourquoi l'amitié est moins grande que l'amour ? c'est que l'amour se passerait plutôt de réciprocité que l'amitié. L'amour est le plus grand de tous les sentiments, parce qu'il est celui où il entre le moins d'égoïsme. Il faut que l'amour parte de soi au lieu d'y revenir ; il n'est heureux que de ce qu'il donne. On peut jouir en soi, mais ce n'est pas de soi que vient le bonheur ; ce qui caractérise éminemment l'amour, c'est le besoin d'un autre que soi. Ne vous êtes-vous pas demandé pourquoi la consolation ne peut nous venir que d'autrui ? là est toute la nature et toute l'origine ontologique de l'amour.

sincèrement la constance à qui ne veut pas être fidèle ?[1]

Mais si le crime de l'homme est l'infidélité, le crime de la femme est la vanité. Il n'y a pas de vice qui la défigure plus complètement. L'homme étant puissance et action, il peut, jusqu'à un certain point, se complaire dans sa force; mais la femme étant amour et désintéressement, la vanité détruit radicalement son caractère. La vanité chez l'homme prouve qu'il s'aime quelque peu; mais la vanité chez la femme prouve qu'elle n'aime pas du tout. Le grand signe de la mauvaise éducation donnée à une femme, est la vanité; quand la vanité est dans le cœur, c'est qu'il n'y a rien autre, comme l'indique du reste le mot *vanité*, de *vanus*, *vacuus*. La vanité est le vide du

---

[1] « Dans un mariage malheureux, disait cette femme célèbre, il y a une intensité de douleur qui dépasse toutes les autres peines de ce monde. L'amour est l'histoire de la vie des femmes; l'âme entière d'une femme repose sur l'attachement conjugal. Quand tout le trésor de vos jeunes années a été donné en vain; quand le crépuscule n'a plus rien qui rappelle l'aurore, votre cœur se révolte, il vous semble qu'on vous a privée des dons de Dieu sur la terre. Le désespoir s'empare de toutes les facultés, et la conscience elle-même se trouble à force de malheur. »

Il est déchirant de le dire, ces sortes de douleurs sont si ordinaires qu'on les reconnaît, dans les hôpitaux, comme la cause de presque toutes les maladies des femmes.

« Le système physiologique de la femme, dit un médecin, est plus particulièrement bouleversé par les émotions morales, par les blessures des sentiments, blessures que l'âme de l'homme ressent moins. Le médecin qui pratique dans un grand hôpital est vraiment surpris autant qu'affligé de voir combien sont graves et multipliées les causes morales qui engendrent les maladies des femmes. Par des relevés statistiques faits dans les hôpitaux, et en comparant un grand nombre d'observations faites dans différents services, hommes et femmes, on trouve que, pour ces dernières, la proportion numérique des causes morales morbides, comme chagrins de tout genre, est de 48 sur 139 malades, c'est-à-dire comme 1 est à 2 et demi; tandis que pour les hommes la proportion n'est que de 18 sur 203, c'est-à-dire comme 1 est à 11. Du reste, les maladies spéciales aux femmes sont celles qui se développent le plus facilement sous l'influence des chagrins; et il est rare que la malade, interrogée sur l'origine de son mal, ne le fasse remonter à une violente douleur morale dont son âme, malgré l'intervalle des temps, est encore attristée. »

M. Debay, *De la physiol. et de la médec. dans ses rapp. avec la relig.*

cœur. Le grand signe de la mauvaise éducation donnée à un homme, est la légèreté ; quand la légèreté est dans le cœur, c'est qu'il n'est fixé par rien, et alors il vole toujours, comme du reste l'indique aussi le mot *légèreté*. La légèreté est l'absence d'attachement du cœur.[1]

Dans la femme, la vanité est un vice si radical qu'on ne trouve à lui comparer d'autre vice que l'impureté : ce sont d'ailleurs les deux enfants d'une même mère. La vanité naît de l'esprit, et l'impureté naît du corps, de

---

[1] De tous les pays chrétiens, c'est en France peut-être qu'il se fait le plus de mauvais mariages. Cela tient à nos deux grands défauts, la frivolité et la vanité : toutes nos facultés sont en dehors. En général, dans la classe bourgeoise, les jeunes gens ont trop de légèreté et trop peu de sentiments, et les jeunes filles ont trop de vanité et trop peu de religion dans le cœur. Les premiers passent leur jeunesse à s'amuser et à faire des dettes ; ils se marient pour *faire une fin*, c'est-à-dire pour trouver quelque riche héritière qui répare la bourse du mari, ainsi que tout ce qui est à réparer en lui. Les secondes passent leur jeunesse à désirer et à faire de la toilette ; elles se marient pour être munies d'un mari aux yeux du monde, c'est-à-dire pour trouver un époux qui leur permette de faire plus de toilette et qui les entoure d'un plus grand luxe. « Ces méchantes « créatures, qui se sont dépouillées du « caractère de la femme, prennent un « mari comme un châle pour se couvrir, « ou comme une plume pour orner leur « tête. » Les mères, qui elles-mêmes se sont mariées dans ces principes et qui préféreraient perdre leur enfant plutôt que leur réputation bien méritée de femmes du monde, préparent leurs filles dès le jeune âge à obtenir un pareil titre.

Si l'éducation des jeunes gens est abandonnée, on s'occupe d'en donner aux filles une qui vaut moins encore. Auprès d'elles, il ne s'agit pas de savoir si cela est bien, mais si cela va bien ; si cela est bon, mais si cela est de bon ton. Il faut bien prendre plus de soin pour former les manières, que tout le monde observe, que pour former les sentiments, que personne ne voit ! La vanité est ce qui croît le plus vite dans le cœur, et ce qui y prend le mieux la place de l'amour. Pour celui-ci, il est relégué dans les sens ; on pense qu'il a trouvé là sa place toute naturelle, car on n'en dit pas un mot. De sorte que si les jeunes gens s'amusent et perdent leurs biens, les jeunes filles s'admirent et perdent leur cœur. Les premiers se marient pour payer leurs dettes et satisfaire leur besoin d'argent ; les secondes pour faire de la toilette et satisfaire leur vanité. Cherchez quel bonheur attend de pareils ménages ! le peuple est de moitié plus heureux.

« L'homme, dit JAUS, ne doit pas être « pour la femme une pièce de parade, « ni la femme un joujou pour l'homme. « Mais on ne façonne jamais en l'homme « que la tête, et l'on ne fait que parer la « femme. Une chose reste toujours vide « et sans qu'on y ait égard, le cœur. »

celle qui n'aime pas. C'est pourquoi elles ont une fille commune, la coquetterie. La coquetterie, ou le désir de plaire à l'étranger, est ce qui avilit le plus la femme à nos yeux, et ce qui lui donne le caractère le plus repoussant. La coquetterie, chez la jeune fille, indique que son cœur est à vendre; chez la jeune femme, que son cœur est perdu; et chez la vieille, qu'elle a perdu jusqu'à la raison. Quand on a le cœur vide, on va chercher le bonheur hors de soi. Par l'esprit de coquetterie la femme se replace exactement dans l'état d'avilissement moral où l'esclavage l'a tenue pendant quatre mille ans; et par l'infidélité l'homme retombe exactement dans cette absence d'amour et de joie intérieure où son âme se trouvait avant le christianisme. De sorte que le sort du mariage, c'est-à-dire la question du bonheur dans la vie, dépend de la pureté de l'amour de l'homme et de l'abnégation de l'amour de la femme. Que l'homme ait seulement la pureté, il sera sûr d'aimer, parce que l'amour ne se perdra point en lui. Que la femme soit sans vanité, elle sera sûre d'aimer, parce que l'amour ne rentrera point en elle. Lorsque l'impureté de l'homme et la vanité de la femme auront disparu, les restes de l'esclavage de celle-ci disparaîtront, et l'homme retrouvera dans sa compagne la douce et noble fille de l'Esprit.

On reconnaît la femme coquette à ce qu'elle n'aime ni son mari, ni ses enfants. Par le degré de la coquetterie chez un peuple, on peut juger de l'affaiblissement de l'esprit de famille. La coquette est une femme qui s'aime, et la femme qui s'aime est la femme qui n'aime pas. Or, la femme sans amour, qu'est-ce que c'est? Satan, qu'est-ce que c'est?..

— un ange dépourvu d'amour. Celui qui travaillerait à diminuer la coquetterie chez un peuple, rendrait à la famille le plus important service. Mais le mari seul peut faire, par son attachement pour sa femme, que celle-ci ne cherche pas des consolations extérieures. La femme qui aime ne songe à être belle qu'aux yeux de celui qu'elle aime ; et celle qui aime est toujours belle pour celui dont elle est aimée.

Certainement il est bien que toute femme veuille paraître belle par la figure et belle par le cœur, parce que la femme est amour, et que la beauté est la forme de l'amour et du cœur. Aussi, celle qui ne voudrait point être belle, ne serait point une femme qui voudrait aimer et être aimée. Mais si, avant le mariage, la femme veut être belle pour tous les hommes ; après le mariage, celle qui a le véritable esprit de la femme, ne veut être belle que pour son mari. Autrement elle aurait l'amour du sexe et non l'amour d'un seul du sexe, et elle ne serait point épouse. La femme qui veut être belle et qui se pare pour son mari, n'est point coquette, car c'est là précisément le contraire de la coquetterie ; la coquetterie est de vouloir paraître belle, non à son mari, mais aux autres hommes. Par la coquetterie vous trahissez vous-même votre cœur, on voit dans toute votre personne les indices d'une vertu mourante.

La femme qui aime s'oublie ; elle ne sait plus si elle vit dans sa personne, la personnalité s'efface en elle, et elle revêt d'une manière surprenante tous les caractères de l'amour. Or la femme est d'autant plus belle que la personnalité disparaît en elle, parce que la femme n'est pas la représentation de la causalité, ou de ce qui individualise, mais la représentation de l'amour, ou de ce qui divinise. Autant la coquette inspire de froideur à l'homme qui voudrait aimer, autant la femme simple attire vivement les cœurs. La coquetterie ne consiste pas tant dans le choix de la toilette, que dans la complaisance en soi-même; une maritorne est souvent pleine de coquetterie. Une femme peut se tenir dans une toilette exquise, mais être si simple, si oublieuse d'elle-même, qu'on ne voie plus en elle de parure, et qu'on ne voie que sa beauté. Ce n'est pas leur corps, c'est leur âme que les époux doivent chercher à embellir, s'ils veulent se sentir attirés l'un vers l'autre.

Enfin il existe dans l'amour une autre cause de refroidissement que je ne dois point oublier ici, c'est l'exigence des époux; et je n'en excepte aucun cas. L'assistance que le mariage impose aux époux est le plus naturel de tous les droits, mais ce droit ne doit point reposer sur la force. Les soins et la tendresse ne peuvent naître de la contrainte, les prévenances et les caresses ne se commandent pas. Comment peut-on faire une obligation des plus doux témoignages de l'amour? Par le mariage les cœurs sont unis, mais ils ne sont point asservis. Les époux se doivent l'assistance, mais non de coupables complaisances. Que les moindres faveurs, dit Rousseau, ne soient jamais pour vous des droits, mais des grâces; obtenez tout de l'amour sans rien exiger du devoir. A quoi servirait de vous aimer, s'il était besoin de recourir à un autre moyen? Du reste, qui donnera plus que l'amour, l'amour qui consiste à faire le don soi-même! Et ne craignez point que cette liberté de vos cœurs les tienne éloignés l'un de l'autre ; elle ne fera qu'ajouter un plus grand prix aux marques d'affection que vous vous donnerez, et vous rendre plus attentifs à vous plaire. Chaque nouveau soin redoublera votre tendresse et votre reconnaissance. Qu'il est doux de se dire : je ne tiens rien de son devoir, je veux tout tenir de son cœur ! Et non-seulement ces attentions et ces soins seront plus délicieux et vaudront mille fois tous les autres ; mais, combien ils seront plus nombreux et mieux appliqués ! Quand la conscience a fait ce qu'elle doit, elle s'arrête ; quand le cœur a fait ce qu'il aime, il voudrait encore le refaire. L'amour est plus abondant que le devoir. J'ai cent fois observé, dit un sage, que plus on veut exiger des autres, plus on les dispose au refus ; ils aiment à agir librement, et quand ils font tant que d'être bons, ils veulent en avoir le mérite. Demander un bienfait, c'est y acquérir une espèce de droit ; l'accorder est presque un devoir, et l'amour, ou même l'amour propre, aime mieux faire un don gratuit que de payer une dette.

Mais en tout nous prenons le rebours ; nous cherchons le plaisir, la vanité, l'infidélité, la contrainte et l'indifférence, au lieu du bonheur, de la simplicité, de la constance, de la liberté et de l'amour. Au lieu d'entrer, pour nous trouver nous-mêmes, nous sortons, pour ne trouver que le vide. Non-seulement nous ne cherchons point à développer l'esprit de famille, mais nous faisons des romans qui cherchent à le détruire. Non-seulement nous n'avons point de sensibilité, mais encore nous la tournons en plaisanterie ; l'enthousiasme n'est pas reçu en bonne société ! Chez nous la vertu est devenue dure et sans poësie, à ce point qu'elle repousse même les âmes élevées; et pour faire son devoir, il faut pour ainsi dire être méchant et d'un esprit borné. Ah! que nous sommes loin de savoir jouir de la somme de bonheur que comporte aujourd'hui la nature humaine, eu égard à son développement! La piété est une chose qu'on dédaigne, comme tous les sentiments, ou bien elle est d'une austérité insupportable; ce manque de cœur et de sensibilité qui ne nous fait trouver aucun bonheur dans la vie de famille, ne nous en fait trouver aucun dans la religion. Et cependant, quoi de plus délicieux sur la terre que ces deux moyens d'aimer, la famille et la religion! Lorsque nous vivrons mieux en famille, nous serons plus religieux; et lorsque nous serons plus profondément pieux, nous vivrons mieux en famille; alors, je crois, nous trouverons de grandes douceurs en cette vie. Quand on pense que nous avons dans notre cœur tous les moyens d'être heureux!..

Enfin si, d'après ce que nous avons expliqué dans ce chapitre, vous comprenez ce que doit être le mariage, et si vous observez en même temps ce qu'il est encore dans la pratique, vous sentirez vous-même tout ce qu'il nous resterait à dire! Cependant tous les préceptes que l'on pourrait donner sont contenus dans un seul : aimer! Car si vous aimez, vous serez chaste; si vous aimez, vous serez pieux; si vous aimez, vous serez fidèle; si vous aimez, vous aurez de beaux enfants; si vous aimez, vous serez pleins d'attentions l'un pour l'autre; si vous aimez, vous serez heureux; enfin, si vous aimez, vous irez à Dieu. Ici, on peut dire également : Aimez, et faites tout ce que vous voudrez!

Ainsi nos conclusions sont simples, elles se réduisent à ces deux préceptes : aimez et soyez chaste. Il faut aimer : parce que l'amour vient de Dieu, parce qu'il nous donne le bonheur ici-bas, et parce qu'il nous prépare à la vie absolue. Il faut être chaste : parce que la chasteté fait la vie de l'amour, parce qu'elle produit l'union des âmes, et parce qu'elle nous donne des enfants qui ne sont point nés des désirs de la chair, mais des désirs de l'esprit. Ah ! vous ne savez pas combien je suis heureux moi-même de me voir conduit à ces deux conclusions : ce sont celles du grand Apôtre, ce sont celles de saint Paul ! Mariez-vous, dit-il, et vivez comme si vous n'étiez pas mariés. [1]

Le mariage avait été établi par Jésus comme l'asile de la pureté et la demeure de l'amour. O hommes ! qu'est-il devenu entre vos mains ? le tombeau de l'amour et de la pureté. Je n'oserai jamais dire tout ce que j'ai appris sur les mœurs du mariage ; car beaucoup seraient effrayés d'apprendre comment le vice s'y est fait aussi sa demeure, et a trouvé le moyen de s'y régulariser en habitude. Je me demande encore comment il se peut que des cœurs se soient conservés, et que d'autres aient pu se former au milieu d'une vie aussi mal comprise et aussi détournée de ses voies. Vous que la jeunesse entretient dans des idées élevées, ne vous enquérez point de ce qui se passe ; vos propres sentiments se trouvent trop au-dessus des faits, et vous êtes trop près vous-mêmes d'atteindre le bonheur.

---

[1] Hoc dico, fratres : ET QUI HABENT EXO-
RES TAMQUAM NON HABENTES SINT, præterit
enim figura hujus mundi.

Porro hoc ad utilitatem vestram dico ;
non ut laqueum vobis injiciam, sed ad id
quod honestum est, et quod facultatem
præbet sine impedimento Dominum obsecrandi.

Epistola I^e *S. Pauli ad Corinthios*, caput VII, v. 29, 35.

Oui, sur ce point, ne consultez personne, je vous dis, personne ! Si vous voulez être heureux et faire bien, ne regardez pas sur la terre. Le secret de l'institution est perdu dans les coutumes, il est perdu dans les lois, il n'est que dans le livre qui nous l'avait apporté des Cieux ; lisez ce que disent Jésus et S. Paul.

Quand vous songerez à ces choses, rappelez-vous le motif de la beauté, l'origine de l'amour, et le but de la famille sur la terre. Au fond l'homme n'est fait que pour aimer Dieu, et la femme est un moyen de réveiller cet amour. Si la femme n'était pas pour l'homme une grâce de perfection, il faudrait nier l'idée même qui est la racine de tout sacrement, il faudrait nier qu'un sacrement ait pour but de rattacher l'homme à Dieu. La beauté est devant l'homme comme un livre sacré, où tandis que ses yeux en parcourent les pages, sa pensée marche dans les Cieux. Près d'elle notre cœur s'ouvre à l'amour infini. La femme tient ici-bas la baguette magique qui fait entrer l'esprit de l'homme dans le séjour de l'immortalité. [1]

Et elle est heureuse d'enfanter l'homme à la vie immortelle. C'est là le genre de triomphe dont sa beauté est jalouse ; car c'est là qu'elle en sent toute la puissance. Comme l'artiste, elle n'aspire qu'à ranimer en nous le feu sacré. Aussi, est-il un être qui inspire plus de pureté que la femme ! Pourquoi, à son approche, le premier sentiment qu'on éprouve est-il le respect ? Pourquoi, au-

---

[1] « Eurydice sera pour Orphée la vision merveilleuse qui désormais éclairera toute sa vie. Le vieillard sourit à un tel présage, puis il dit au poëte divin : Qu'Eurydice soit donc, pour le délaissé, la fille de la vision, le songe vivant de Jupiter. »

Orruge, *Palingénésie sociale*.

près d'elle, la première faculté qui s'éveille est-elle le cœur ? Sublime avertissement ! quand le cœur est mis en mouvement, vous savez, ô mon Dieu, où il peut s'arrêter ! Belles initiatrices, vous êtes venues pour nous faire aimer Dieu ; et vous ne gardez rien pour vous, que vos soupirs. Généreuses filles de l'Esprit, vous êtes les gracieux messagers qu'il envoie pour solliciter le don de nos cœurs, et vous ne les recevez dans vos fidèles mains que pour aller les lui rendre. Je le sais, vous ne voulez réveiller nos tentations que pour la beauté infinie ; quand vous vous faites aimer, c'est pour porter le cœur de celui qui vous aime dans les abris éternels...

O vous toutes, avouez-le, c'est ainsi que vous voulez être aimées ! mais faites entendre votre voix pour confirmer celui qui vient défendre la pensée la plus chérie de vos rêves. N'est-ce pas que toutes, pendant votre jeunesse, vous avez eu une telle pensée sur l'amour ? que vous vous sentiez faites pour remplir une mission toute divine dont l'idée confuse était en vous ; et que vous vous plaisiez en votre beauté parce qu'un secret instinct vous disait que plus serait grande cette beauté, mieux elle opérerait une céleste initiation ? Et du reste, j'en appelle à votre honneur : auriez-vous jamais osé paraître devant l'homme avec l'idée de lui plaire, si vous eussiez prévu l'usage barbare qu'il devait faire de vos charmes ? auriez-vous jamais osé lever les yeux sur lui, si la pensée qu'il avait sur vous vous était venue dans l'esprit ? Comment ! chaque fois que, dans votre simplicité, vous vous réjouissiez d'une élégante parure, chaque fois que vous vous plaisiez dans votre propre sourire ; enfin que, sans vanité et dans votre cœur de femme, vous avez éprouvé un mouvement de joie à vous trouver belles, vous ne faisiez qu'aiguiser l'ignoble poignard de la volupté? Alors, toute jeune fille, et même toute petite enfant, il faudrait donc vous accuser de souillure? Mais quoi! lorsque votre père était fier de vous, lorsque votre mère prévoyait avec joie votre beauté, votre père et votre mère calculaient secrètement la proie qu'ils réservaient au plaisir?.... Ah! la mémoire de votre père et l'âme religieuse de votre mère en frémissent d'horreur! Et vous-même, je ne vous interroge plus, vous fondriez en pleurs si l'on allait ainsi soupçonner jusqu'à votre innocence!

D'ailleurs, pourquoi la pensée du mariage réjouissait-elle tous vos rêves de jeune fille, et pourquoi le mariage lui-même est-il devenu la source de tous vos chagrins de femme? il ne fut donc point selon les idées que Dieu en avait déposées dans votre cœur? Ah! le mariage a été comme une tombe ouverte au-devant de votre jeunesse; si Dieu ne vous avait pas donné des enfants, que seriez-vous devenues? Pour ces innocentes créatures vous avez rappelé toute la pureté et toute la ferveur de votre amour, et c'est ainsi que la partie divine de votre cœur a été soulagée. Le cœur de l'amante compose merveilleusement le cœur de la mère; mais il pouvait prendre ce second caractère sans être brisé!... [1]

---

[1] Leur amour, refoulé du côté de l'époux, n'a trouvé d'autre issue que l'affection maternelle, et les vœux qui n'ont pu éclore sur elles, elles les ont semés sur la tête de leurs enfants. Aussi, il est à remarquer que les femmes qui ont été le plus malheureuses dans le mariage, mais surtout celles qui ont été pécheresses, ont tout particulièrement affectionné leurs filles; elles ont cultivé avec un plus grand soin leur innocence, et cherché à transmettre dans leur cœur les sentiments dont elles-mêmes n'avaient pu jouir.

Tout être reçoit la fin pour laquelle ses facultés ont été préparées ; dites si, dans cette union dépouillée d'amour et de pureté, vous reconnaissez la destinée de vos cœurs ?

Oui, ici il faut raisonner : ou, comme le soutient le monde, vous avez pensé que votre beauté et votre amour étaient réservés à des noces charnelles, et alors les satisfactions de votre père, les joies de votre mère, et les désirs de votre cœur étaient des calculs infâmes ; ou, comme la vérité me donne le droit de le proclamer ici, vous avez pensé que votre beauté et votre amour étaient appelés à des noces spirituelles, et alors les joies de votre père, celles de votre mère, et celles de votre cœur étaient de saintes et sublimes joies. Vous voyez donc bien que vous aviez toutes rêvé un amour tel que mon esprit, après l'avoir retrouvé dans l'absolu, a osé le décrire dans ce livre !

Mais il est une sphère d'hommes qui ont tellement perdu le sens de ces choses, qu'ils ne me croiront pas ; dites-le-leur vous-mêmes, afin qu'ils le croient ! Dites-leur que dans votre jeunesse vous n'avez jamais compris autrement l'amour. Ces hommes qui sont vos meurtriers, ces hommes qui ont causé tous vos regrets, qui vous ont fait échanger, dans leur mariage, les réalités du ciel contre celles de la terre ; ces hommes qui ont trouvé dans leurs lois le moyen de protéger l'adultère et d'assurer un abri à l'infidélité ; ces hommes qui vous ont séduite comme le serpent pour vous détrôner et vous faire descendre dans leur sombre empire ; ces hommes qui renversent votre existence pour quelques instants de la leur ; ces hommes qui vous ont arraché votre ceinture de poësie et qui tous les jours vous déchristianisent; ces hommes enfin, qui ont ouvert votre cœur avec le poignard et en ont laissé répandre tout l'amour, ces hommes voudraient-ils m'entendre?.. Ne s'écrieront-ils pas que tout cela est insensé!

Cependant il faut que vous ou nous leur imposions silence, car si ces idées n'entrent point dans leurs cœurs il n'est plus aujourd'hui de progrès pour le monde. Par la marche que prennent les choses dans ce siècle, il faut croire que le règne de la liberté et le règne de la justice sont assurés; il reste à établir le règne de la charité. Or la charité ne pourra s'établir sans l'amour, et l'amour sans la pureté. Les éléments de la Société qui correspondent à la Puissance et à la Sagesse sont à peu près fondés; le monde va entrer dans la voie de l'Amour, qui est la dernière voie de la terre. Il a fallu à l'homme de la volonté et de la raison pour arriver jusqu'à la société moderne, il lui faudra désormais beaucoup de cœur, s'il veut poursuivre les destinées de l'humanité. Je ne puis en dire davantage en ce moment; il ne m'est point encore permis de déplier les lois qui commandent à l'avenir. Mais lorsque, découvrant la théorie de la création, nous aurons établi le grand objet de la Société, et son but au-delà du temps, ces nobles pensées cesseront d'être pour nous une poësie contestable, elles deviendront une science assurée, et le philosophe ne sera plus condamné à se taire...

Qu'il me soit seulement permis de vous dire, ô vous qui êtes abaissées, qu'alors vous vous relèverez, et qu'en vous relevant vous nous relèverez nous-mêmes. Car, au jour du plein avènement de l'Esprit, on ne verra point dans l'humiliation celles qui le représentent sur la terre ! Je sais qu'un instinct égaré de l'avenir a fait prononcer à vos oreilles « quelques-uns de ces mots qu'Ève entendit lorsque le serpent lui jura qu'elle était libre. » Mais vous avez senti les premières que votre mission n'avait point été comprise. Non, ce n'est pas le sceptre de la liberté, c'est le sceptre de la charité que nous devons tenir de vous, douces et nobles filles de l'Esprit ! Aux temps où la force seule régnait dans le monde, les hommes seuls ont eu naturellement l'empire, et tout cédait à leur action; à l'époque où la charité régnera parmi nous, les femmes auront naturellement l'empire, et tout obéira à leur influence. Les hommes faisaient les lois, mais les femmes feront les mœurs, auxquelles obéissent les lois.

Remarquez que l'Esprit n'est pas la puissance, et que c'est cependant lui qui a décidé la Puissance, qu'il n'est pas la sagesse, et que c'est cependant lui qui a employé la Sagesse, dans l'œuvre puissante et sage de la création. L'amour est la vie des trois Personnes ; c'est l'Esprit qui règne au Ciel, comme lui vous êtes appelées à régner sur la terre. Remarquez aussi qu'on vous a donné la faiblesse, afin que votre force ne vienne que de l'amour.

Reines glorieuses de la civilisation d'accomplissement, je vous prie d'excuser ces lignes que je viens d'écrire sous l'impression de vos douleurs présentes. Votre mission renferme des merveilles que ma pensée naissante ne peut prévoir, et que ma plume malhabile se garderait bien de raconter. Continuez seulement d'être fidèles à la religion, à laquelle vous devez tout, et à laquelle nous vous devons vous-mêmes ; il faudra bien qu'un jour nous finissions par tourner les yeux du côté d'où nous vient le bonheur !

Toutefois avant de finir, rappelons cette pensée qui, entre toutes celles que nous avons retirées de cette étude, nous donne le plus de contentement. La famille est le prisme sur lequel le rayon intégral de l'amour infini se divise selon ses éléments fondamentaux, afin que l'homme, en aimant successivement sa mère, son père, ses frères, sa femme, ses enfants, ses amis et ses semblables, recompose en lui l'amour infini et prépare ainsi tous les côtés de son cœur à la possession de Dieu. En remplaçant tous les penchants relatifs et personnels de notre âme par tous les sentiments d'amour, nous finissons par n'avoir plus d'autre vie en nous que la vie d'amour. Dans chacun de ces divers sentiments le cœur acquiert une affinité de plus pour la vie absolue; c'est dans la famille que l'homme prend ses inscriptions pour le Ciel.

Oui, ou les amours que Dieu a mis dans notre cœur ne sont que des chimères, ou ils dérivent de l'amour souverain, dont ils sont les éléments au sein de l'homme. Ou les personnes de la famille, dont Dieu a entouré notre cœur ne sont que des fantômes, ou elles se trouvent à l'image des Personnes éternelles, dont elles sont la représentation ici-bas! Si donc ces amours ne sont point des chimères, et qu'une loi sacrée nous les impose même comme un devoir, ces amours ne peuvent être que des éléments de l'amour que nous devons retrouver dans l'infini. Si donc les personnes de la famille ne sont point des fantômes, et qu'un sacrement indélébile nous les attache même par un lien inviolable, ces personnes ne peuvent être que des images des Personnes éternelles qui nous attendent dans les Cieux... Voilà le dilemme dont mon cœur ne sortira jamais.

O mon semblable, n'écoute donc point Rousseau, lorsqu'il te dit : « Tout ne fait que passer sur la terre ; tout « ce que nous aimons nous échappe tôt ou tard, et nous « y tenons comme s'il devait durer éternellement ! » Et moi je te dis que tu fais bien d'y tenir ainsi, parce que, si tout ce que nous aimons ne fait que passer sur la terre, c'est pour aller au rendez-vous éternel. Dieu ne s'est point ainsi joué de toi. Il ne pouvait entrer dans le plan de sa création que tu fusses obligé de passer par des affections qui rempliraient toute la vie, sans aucun profit pour le but auquel doit te conduire cette vie ! Si ces amours devaient finir, s'ils ne trouvaient point leur continuation en Dieu, je te le demande, est-il un enfant qui osât seulement aimer sa mère !.

Or, si l'amour est le motif qui a décidé la création ; s'il est la loi sur laquelle elle est organisée ; et s'il est le but auquel elle doit arriver, quel est le philosophe qui pourra comprendre la création sans l'amour ? L'amour est aussi nécessaire à la science du monde, qu'au monde lui-même ; comme il ne saurait exister sans l'amour, de même il ne saurait être compris sans lui. Mais si l'œuvre de la création repose sur l'amour, si l'amour repose sur la famille, et si la famille repose sur le mariage, le mariage à son tour repose sur la Société. C'est là que l'homme trouve ce développement physiologique qui produit la beauté, ces doctrines élevées qui nourrissent l'amour, ces mœurs honnêtes qui honorent la fidélité, ces lois civiles qui protégent l'union, enfin cette religion sublime qui fait descendre des Cieux le sacrement par lequel la famille humaine est entée sur la famille de Dieu.

Ainsi, chez les sauvages, il n'y a ni beauté, ni amour, ni pureté, ni fidélité, ni sacrement; conséquemment il n'y a pas de mariage, et conséquemment pas de famille. Chez les sauvages, comme chez les animaux, il n'y a que l'accouplement. Pour ce qui est de l'affection qui retient la femme sauvage auprès de son enfant, elle ne se prolonge pas au-delà du temps nécessaire pour la conservation de celui-ci. Rousseau le dit lui-même : « Dans l'état de nature, l'homme et la femme s'unissent fortuitement, selon l'occasion et le désir, et ils se quittent avec la même facilité. La mère allaite son petit pour son propre besoin, et sitôt que celui-ci a la force de chercher sa pâture, il ne tarde pas à quitter la mère. Il ne s'agit pas de savoir si l'homme demeurera attaché à la femme après l'accouchement, mais s'il s'attachera à elle après la conception. L'appétit satisfait, l'homme n'a plus besoin de telle femme plutôt que de telle autre, ni la femme du dernier qu'elle a vu; chacun s'en va de son côté. »[1]

Ce que l'on dit ici des sauvages s'étend à tous les peuples barbares, et même, si l'on en excepte les juifs, à tous les peuples anciens; en un mot, à tous ceux où il n'y a pas véritablement Société. La famille est d'hier, l'antiquité ne la connaissait point. Seulement comme il s'y trouvait une apparence de société, par la réalisation de la puissance, qui en est le premier élément, on y voyait de même une apparence de famille, où ne régnait également que la puissance. Or la puissance séparée de la sagesse et de l'amour, n'est que la force, et la force n'est pas un sacrement.

---

[1] Rousseau. *Origine de l'inégalité parmi les hommes*; 1ʳᵉ partie et note 12, al. 1.

Aussi, dans l'antiquité, ne connut-on point l'épouse; la femme n'était que la mère des enfants du Paterfamilias. Le père de famille, selon le droit romain, prenait une femme pour qu'elle lui donnât des héritiers légitimes. Le mariage était humain; croyez que tout ce qui s'y passait l'était également ! Un nœud que la puissance humaine n'avait pu serrer, se déliait tous les jours par l'infidélité; et des cœurs que le sacrement n'avait point unis, se séparaient encore par le manque d'amour. Les enfants, au lieu d'être nés de l'amour et de la grâce, c'est-à-dire d'être nés de Dieu et de s'appartenir comme des âmes libres, étaient nés du droit et de la volonté du père, auquel ils appartenaient comme des esclaves à leur maître.

Dans le paganisme il n'y a pas eu de famille, parce qu'il n'y a pas eu d'humanité, et il n'y a pas eu d'humanité, parce qu'on ne savait pas que l'homme était fils de Dieu. La famille est un fait moderne sur le globe. Le mariage en a jeté le fondement, l'amour en construit l'édifice, et la pureté en fait le bonheur. La famille est aussi nouvelle que la véritable Société; toutes deux marchent en raison directe. La famille nous est venue sur la terre en même temps que Dieu, et elle y pénètre tous les jours en même temps que Dieu. D'ailleurs ces vertus, d'où naît le développement physiologique qui produit la beauté; ces doctrines, d'où naît ce sentiment élevé qui nourrit l'amour; ces inspirations, d'où naît ce goût du divin qui nous inspire la pureté; ces mœurs, d'où naît le sentiment d'honneur qui soutient la fidélité; ces lois civiles, d'où naît le contrat qui garantit l'union; et ces grâces du sacrement, qui met sur nos fronts l'onction de la famille Divine, d'où viennent-elles, sinon du christianisme ? Or le christianisme, avec sa tradition, sa puissance pratique et ses pouvoirs de consécration, où se trouve-t-il, sinon dans la Société ? Puisque le christianisme, duquel dépend le mariage, duquel dépend la famille, de laquelle dépend l'amour, ne se trouve que dans la Société, dont il est au reste la loi, nous pouvons répondre directement à la question de ce chapitre, que :

La Société est, dans le temps, la condition de l'existence et du développement de l'homme comme être doué du cœur ; ainsi qu'elle est déjà la condition de son existence et de son développement comme être doué d'une raison, d'une causalité, d'une intelligence et d'un corps.

Mais l'homme n'étant autre chose que l'être doué d'un cœur, d'une raison, d'une causalité, d'une intelligence et d'un corps, la Société est donc la condition de l'existence et du développement de l'homme ! La Société est son état naturel ici-bas, puisqu'elle est son état nécessaire. Hors de la Société, l'homme ne peut ni développer son être pour cette vie, ni le développer pour la vie absolue ; il est le plus misérable et le plus triste animal de la création. Il faut venir dans la Société pour trouver la vie du cœur ; si la Société n'est pas là pour offrir la famille à l'homme, les plans de Dieu sont manqués ; l'homme reste privé d'amour, il ne devient point ce que sa nature veut qu'il soit, il est jeté hors des voies de sa destinée.

Ce n'est pas tout ; si l'homme est l'objet de la création, et si l'œuvre de la création s'accomplit par la Société, nous devons découvrir, par la loi de cette Société dans le temps, le but qu'elle doit atteindre au-delà du temps : ce qui est la théorie même de la création. Oui, si nous venons de voir l'essence humaine divisée, ramenée à l'unité par le mariage ; plus tard nous verrons s'opérer une plus vaste reconstruction de l'être, dont celle-ci n'est que la préparation. Ici nous avons assisté seulement à la recomposition de la personne, ou de la molécule humaine, bientôt s'offrira à nous la cosmogonie de l'humanité entière. C'est alors que nous comprendrons pourquoi l'homme ne retrouve sa valeur qu'au moyen de l'espèce ; pourquoi ont été divisés en tant de personnes distinctes des êtres qui n'ont de puissance que par leur réunion ; pourquoi Dieu n'a donné à l'homme individuel que les éléments de l'existence, de telle sorte qu'il ne trouve que dans ses semblables le complément de sa vie ; pourquoi il faut que le genre humain soit ainsi ramené à l'unité par une communion de tous ses membres ; enfin pourquoi le christianisme a fait de l'amour la première, l'unique loi du monde ! Nous comprendrons en un mot pourquoi l'homme est nécessairement obligé de vivre dans la Société, ce que c'est que la Société, et quel est son but au-delà du temps : ce grand problème qui se soulevait à tout instant dans le cours de ce livre.

Avant d'entrer dans l'étude immédiate de la Société, il nous reste à voir une dernière question. La Société, disons-nous, est ici-bas la condition de l'existence et du développement de l'homme; mais l'homme, se développe-t-il parfaitement et sans obstacle dans la Société? L'homme est-il un être qui repose dans sa loi, et qui n'ait plus qu'à avancer pour atteindre son but? La volonté est-elle prête à faire le bien, et suffit-il de lui en donner l'occasion? le cœur est-il prêt à aimer, et suffit-il de lui montrer ce qu'il doit aimer? l'intelligence est-elle toujours dans la vérité, et suffit-il de la lui annoncer? le corps a-t-il toujours la santé, et suffit-il de le nourrir? Ne voyons-nous pas, pour le corps, des maladies qu'il faut guérir; pour l'intelligence, des erreurs qu'il faut détruire; pour la volonté, une liberté qu'il faut rétablir; et pour le cœur, un amour à qui il faut rendre toute sa vie? Ainsi, non-seulement l'homme n'est pas encore tout ce qu'il doit être, mais on s'aperçoit qu'il n'est pas même tout ce qu'il devait être. Avant donc de développer l'homme, il faut le réparer.

Nous avons vu quelles sont les conditions de l'existence de l'homme; voyons quelles sont les conditions de sa réparation.

SOMMAIRE. — Si l'homme est sur la terre pour se former à la vie absolue, comme la vie absolue est l'amour, l'état où l'homme pourra le mieux se préparer à cette sublime vie, ne sera-t-il pas celui qui offrira tous les moyens de développer l'amour dans son cœur ? — Toute vérité est dans la connaissance de l'absolu. La découverte d'un principe n'est que la découverte d'un motif de Dieu ; et la découverte d'une loi n'est que la découverte du moyen qu'il emploie pour arriver à son but. — Alors, pour déterminer la loi et le but de l'existence de l'homme, il faut savoir sur quelle loi et pour quel but il a été créé de Dieu. — Pour connaître le but de Dieu dans la création, il faut connaître son motif; et pour connaître son motif, il faut connaître sa nature, afin de savoir ce qui a pu le déterminer. — Si Dieu existe par lui-même, c'est qu'il trouve en lui le principe de son existence. La première condition de la nature de Dieu est donc la puissance ; puisque, pour exister ainsi, il faut qu'il le *puisse*. — Mais il ne suffit pas de pouvoir, il faut savoir ; la seconde condition de la nature de Dieu est donc la sagesse, puisque pour pouvoir il faut qu'il *sache*. — Mais il ne suffit pas de pouvoir et de savoir, il faut vouloir ; la troisième condition de la nature de Dieu est donc l'amour, puisque pour se réaliser ainsi il faut qu'il le *veuille*. — La notion de l'Être implique donc celle de la puissance ; la notion de la puissance, celle de la sagesse ; la notion de la puissance et de la sagesse, celle de l'amour. — La puissance réalise l'être, la sagesse conduit la puissance, l'amour le sollicite. Dieu, c'est la puissance de l'Amour se réalisant d'après la sagesse. — Ainsi, la puissance peut, la sagesse sait, et l'amour veut ; l'amour est donc le principe de détermination en Dieu. — Mais, au fond, la sagesse n'est que la puissance, puisque la puissance n'est que la manifestation de la sagesse ; et au fond, la puissance n'est que l'amour, puisque la puissance n'est que l'amour en tant qu'il se manifeste. — Si la sagesse rentre dans la puissance, et si la puissance rentre dans l'amour, au fond Dieu est amour. C'est par l'amour que l'Être veut, vit et agit. — L'amour est donc le motif qui porte Dieu à s'engendrer lui-même, comme à engendrer ce qui n'est pas lui; l'amour est le motif de la création. — Comme le propre de l'amour est de faire du bien, Dieu crée donc afin d'avoir à qui faire du bien. Et comme l'existence est le premier bien, le premier acte de l'amour est de donner l'existence. — Puisque Dieu a créé pour avoir hors de lui des êtres qui puissent jouir de son amour et de sa félicité, toute la création doit être exclusivement organisée pour atteindre ce but. — Si la création entière n'est que l'ensemble des moyens employés pour atteindre le but sublime que Dieu s'est proposé, comme tout le fait de la création porte sur l'humanité, nous devons retrouver dans la constitution de l'humanité le but pour lequel elle a été créée. — D'abord, cette vie de la terre n'étant faite que pour nous conduire à la vie d'amour dans les cieux, nous devons retrouver dans le temps un système complet d'éducation pour élever notre cœur à cet amour. — Ensuite, si l'être spirituel passe par le temps, c'est qu'il n'est pas apte à l'éternité; il doit donc trouver ici-bas une échelle d'initiations, dont les premiers degrés, plus facilement franchis par le cœur, l'amènent à s'élever insensiblement jusqu'à son but réel. — L'homme doit être placé sur la terre dans une position telle que son cœur se trouve aussitôt engagé dans une série de circonstances qui lui fassent traverser toutes les conditions nécessaires au développement de l'amour infini. — Alors, cette position particulière de l'homme doit être le fait le plus universel du genre humain, et doit être aussi multipliée que les enfants des hommes; enfin, elle doit leur être imposée comme l'indispensable condition de leur passage ici-bas. — Or, quelle est cette position nécessaire de la créature spirituelle, quel est cet état hors duquel elle ne peut ni exister ni même venir en ce monde, cet état qui doit être la loi de la constitution du genre humain, sinon LA FAMILLE ? En effet, la famille, qui est la loi constitutive et le fait le plus universel du genre humain, ne se compose-t-elle pas de cette série de circonstances, graduées comme autant de moyens pour former tous les côtés de notre cœur ? — Les différentes affections dont se compose la famille ne se trouvent-elles pas placées de distance en distance sur le chemin de la vie, de sorte que l'homme ne puisse la traverser sans passer par tous ces amours, qui sont comme autant d'attrayantes initiations à l'amour infini ? — Par le moyen de la famille, la vie de la créature spirituelle se commence, se continue et s'achève au milieu de l'amour; son existence ne doit être qu'un long acte d'amour. La famille est la parabole que l'homme doit parcourir pour s'échapper du temps. — Aussi, ne trouve-t-on la famille que dans le genre humain. Chez les animaux, la femelle se détache de ses petits aussitôt qu'ils peuvent se passer d'elle; chez les hommes, la mère ne semble donner tant de soins à ses enfants que pour se les mieux attacher. — On voit évidemment que l'entretien physique n'est pas le seul but pour lequel Dieu a constitué la famille, puisqu'elle ne subsiste pleinement que lorsque ce premier but est atteint et dépassé : la parenté du sang n'est que pour amener la parenté du cœur. — Le Créateur n'a donc rendu les soins de la paternité et de la maternité humaines si multipliés et si longs, que pour donner plus d'occasions aux membres de la famille de s'unir par les liens de la parenté spirituelle. — La famille est l'école où la créature spirituelle est élevée pour le Ciel ; voilà pourquoi il est impossible à l'homme de traverser ce monde sans passer par la famille. — Du reste, il ne se pouvait pas que le phénomène le plus universel et le plus merveilleux de l'Univers ne nous révélât rien du but que Dieu s'y était proposé; c'était là un de ces faits qu'il fallait expliquer, sous peine de ne rien comprendre à la création. — Mais voyons comment les différents amours de la famille recomposent dans le cœur l'amour infini, et nous préparent ainsi à la vie absolue. — Dieu s'est décidé à la création, pour que des êtres qui ne soient pas lui puissent jouir de sa félicité : pour cela, il fallait que ces êtres trouvassent leur bonheur là où Dieu trouve le sien ; et pour cela, il fallait qu'ils eussent la même vie que Dieu. Or, la vie de Dieu étant l'amour, il fallait que la créature spirituelle trouvât dans ce monde tous les moyens de former en elle un pareil amour. — Mais l'homme ne pouvant s'élever de suite à l'amour intégral, il a fallu que cet amour fût divisé en plusieurs éléments, distribués à autant d'êtres placés de distance en distance sur le chemin de la vie, afin que l'homme, en la traversant, recueillît successivement tous ces éléments, et finît par recomposer en lui l'amour intégral. — C'est alors qu'apparut la plus belle invention de Dieu. Quand la lumière solaire tombe sur un prisme, elle se décompose en plusieurs rayons qui sont les différentes couleurs, que l'œil peut alors percevoir distinctement ; de même, il y a un prisme sur lequel le faisceau de l'amour intégral vient se décomposer en plusieurs rayons, qui sont les différents amours, que le cœur peut alors éprouver séparément. Ce prisme est la famille. — L'homme aime différemment sa mère, son père, son frère, sa femme, son enfant, son ami, son semblable, et c'est par toutes ces affections qu'il se forme à l'amour de Dieu. Chacun de ces amours développe un côté du cœur ; aussi Dieu nous les a-t-il recommandés comme les premiers et les plus sacrés de nos devoirs. — La vie de famille devient le véritable apprentissage de la vie éternelle ; car le but de nos affections n'est point en ce monde. Lorsque nous aimons ici-bas, nous ne faisons que nous rapprocher de Dieu. — Quoique la tombe les lui ravisse, l'homme doit aimer éperdument sa mère, son père, son frère, sa femme, ses enfants, ses amis ; il n'y aura rien de perdu pour lui, Dieu est au bout de tous ces amours. — Enfin, comme de la réunion des différents rayons de la lumière résulte la blancheur, qui est la couleur par excellence ; de la réunion de ces différents rayons de l'amour résulte la pureté du cœur, qui est l'affection par excellence. — Lorsque le cœur a passé par toutes ces affections, l'amour intégral, l'amour infini, l'amour pur enfin doit briller en lui. Et bien heureux ceux qui ont le cœur pur car ils verront Dieu ! — La famille est donc la pièce la plus importante du mécanisme de la création. — Au reste, c'est dans la famille que la religion nous envoie pratiquer nos premiers et nos plus grands devoirs. Ceci fait comprendre comment, d'après ce que dit le christianisme, avant la promulgation de la nouvelle loi, les Gentils qui suivaient la loi naturelle étaient sauvés. — C'est en effet dans la famille que se réalise la loi naturelle. Si hors de la religion il n'est point de salut, ce doit être parce que hors de la religion il n'est point de famille. — Que ce soit dans la famille que l'homme opère son salut, c'est là la condition générale ; car il est des âmes d'élite, qui quittent père et mère et s'élèvent de suite à l'amour de Dieu. Mais pour le genre humain il faut les lisières de la famille. — Certainement, si ces amours ne sont pas en vue de Dieu, ils ne comptent point ; néanmoins il y a un travail ontologique qui ne peut se faire dans le cœur sans ces amours. Ce ne sont pas ces amours qui nous rendent dignes de Dieu, mais ce sont eux qui forment nos cœurs pour la vie absolue. — Ceci nous explique pourquoi tant d'hommes accablés par les travaux du corps, perdus dans l'ignorance, et incapables de toute pensée spirituelle, peuvent être cependant préparés à goûter la vie éternelle : ils apprennent auprès de leur père, de leur mère, de leur frère, de leur femme et de leurs enfants comment il faut aimer Dieu. — L'homme apprend dans la famille à vivre dans le Ciel ; de sorte que, quittant cette vie, nous nous trouverons ontologiquement préparés à aimer Dieu et à en jouir, comme si déjà nous en avions pris l'ineffable habitude. — La vie absolue, c'est la vie d'amour commencée dans la famille, qui en est le point de départ, et continuée dans le Ciel, qui en est le but et l'accomplissement. — L'homme qui se fait une idée de ces choses comprend ce que c'est que la vie, ainsi que les mille détails domestiques qui la remplissent; et, au lieu de se rebuter, il éprouve de grandes joies à voir comment à chaque instant il se rapproche de la vie éternelle. — Ce sont ces pensées, lecteur, qui remplissent ma jeunesse de charmes; voilà pourquoi je n'ai pu résister au plaisir de vous les communiquer, dans l'espoir qu'elles vous seraient en aussi douce consolation qu'à moi.

Si c'est sur la famille que repose toute l'œuvre de la création, la famille à son tour repose sur le mariage. Le mariage a son origine dans l'absolu. Il faut que nous sachions de quelle sublime Famille est issue la famille de l'homme. — Nous avons vu que Dieu se compose de trois éléments indispensables, la puissance, la sagesse et l'amour; que l'on ne peut concevoir une de ces notions sans les concevoir aussitôt toutes trois, et sans concevoir que toutes trois n'en font qu'une. — De sorte que les trois Personnes qu'elles constituent au sein de l'absolu, s'appartiennent et se possèdent par l'amour; toutes trois ne tendent qu'à se mêler et à s'unir ensemble, et elles font au sein de l'être l'éternel mariage de la puissance, de la sagesse et de l'amour. Comme ces trois Personnes sont l'idéal éternellement désiré et éternellement possédé l'une de l'autre, elles sont ramenées à une union si tendre qu'elle constitue dans le Ciel ce qu'on appelle sur la terre une famille. — Les trois félicités qui s'échappent de leur sein se marient également entre elles, et de toute éternité les trois Divines Personnes écoutaient leur joie comme un concert dont l'harmonie remplissait l'infini; cependant l'octave de la félicité n'avait pas encore été entendue. — Un secret divin fut murmuré entre les trois divines Personnes, l'éternité fut suspendue pour laisser passer le temps, et pendant que l'homme était créé on entendait ces mots: Faisons-le à notre ressemblance. — Mais les trois Personnes se regardèrent avec amour, et dirent : Il n'est pas bon que l'homme soit seul ; et elles le divisèrent aussi selon ses trois personnes. — Le Père s'occupait de l'homme, l'Esprit s'occupait de la femme, le Verbe s'occupait de l'enfant ; et chacun d'eux voulait imprimer à son œuvre sa nature et son amour. — Et la trinité humaine chercha aussitôt à se recomposer sur la terre : l'être qui participe de la Puissance voulut s'unir à celui qui participe de l'Amour, comme celui-ci à l'être qui participe de la Puissance ; et ainsi de l'être qui participe de la Sagesse. — Comme le Père adore l'Esprit, celle qui est née du Père adorera celle qui est née de l'Esprit ; comme l'Esprit veut s'attacher au Père, celle qui est née de l'Esprit voudra s'attacher à celui qui est né du Père ; et ainsi de l'être qui est né de la Sagesse. — Et il se fait sur la terre l'ineffable mariage de la puissance, de la sagesse et de l'amour. Si par leur union les trois Personnes divines ne font qu'une Trinité, par leur union les trois personnes humaines ne font qu'une famille : la Trinité n'est que la famille de Dieu. — Comme, en Dieu, l'amour conjoint essentiellement les trois Personnes divines, il prend le nom d'amour conjugal, de *cum jungere*. L'amour conjugal est le véritable amour, c'est l'amour tel qu'il est dans l'absolu. — L'amour conjugal étant essentiel aux trois Personnes divines, il se retrouve nécessairement entre les trois personnes humaines. Or, qu'il y ait sur la terre un amour vraiment conjugal, c'est ce qu'il est facile de reconnaître lorsqu'on voit le jeune homme et la jeune fille, au moment où l'amour se fait sentir en eux, se rechercher et désirer s'obtenir en mariage. — Les causes ontologiques de l'amour conjugal sont les mêmes que celles de l'amour des trois Personnes. L'amour émane du besoin du tout, il part du sentiment intérieur d'une unité primordiale d'existence avec effort pour recomposer cette unité. C'est le réveil au fond de tout être du mouvement de vitalité absolue. — Si, dans l'infini, les trois Personnes divines se recherchent de toute la force de leur vie absolue pour former la Trinité ; sur la terre, les trois personnes humaines se recherchent de toute la force de leur vie actuelle, pour former la famille. — Et même ces trois éléments se recherchent dans la Société : car la société antique n'ayant que la puissance, l'humanité a tendu à la conquête de la sagesse, qui a établi le règne de la justice ; dans les temps modernes, la société n'ayant que la puissance et la sagesse, l'humanité tend vers la conquête de l'amour, qui établira le règne de la charité. La réunion de ces trois éléments constituera la Société pure. — L'homme est créé puissance par le Père, la femme est créée amour par l'Esprit, l'enfant est créé sagesse par le Fils. Seulement, comme tout ici-bas n'est qu'en puissance d'être, ce dernier ne naît qu'au premier degré de la sagesse, c'est-à-dire dans l'innocence. — De sorte que l'homme par son âme est puissance, la femme par la sienne est amour, l'enfant par la sienne est innocence. De là, l'homme est homme indépendamment de son corps, et par son âme seule ; la femme est femme indépendamment de son corps, et par son âme seule : c'est pourquoi ils peuvent s'aimer indépendamment du corps, et par leur âme seule. — Leurs deux âmes se trouvent vis-à-vis l'une de l'autre comme la Puissance et l'Amour, c'est-à-dire dans l'éternel besoin de s'identifier. — En eux la puissance n'aspire qu'à retrouver son amour, et l'amour qu'à retrouver sa puissance ; car la puissance désire prendre toute la force de l'amour, et l'amour toute la solidité de la puissance. — L'homme et la femme portent toujours avec eux l'amour conjugal ; le premier parce qu'étant puissance, il porte continuellement avec lui le besoin de donner par l'amour la vie à sa puissance ; et la seconde parce qu'étant amour, elle porte continuellement avec elle le besoin de donner par la puissance l'action à son amour. — L'âme qui a la puissance a besoin de l'amour pour devenir la puissance de l'amour, et l'âme qui a l'amour a besoin de la puissance pour devenir la puissance d'aimer. Elles ne s'unissent pas à quelque chose d'étranger, mais à quelque chose qui leur est intime. — L'amour émane du besoin de l'unité se faisant sentir au dedans de ce qui est séparé ; aussi ces deux éléments de l'être s'appellent-ils *sexe*, de *secatus*, parce qu'en effet ils ont été coupés et séparés l'un de l'autre. — Ainsi, comme le sexe de l'homme et de la femme est dans leur âme, c'est conséquemment dans leur âme qu'ils s'aiment et se recherchent l'un l'autre. — Or, qu'il y ait ainsi amour entre l'âme de l'homme et celle de la femme, c'est ce qu'il est facile de reconnaître lorsqu'on voit s'établir entre eux cet amour platonique, dont la condition est l'exclusion de toute pensée ayant rapport à la chair. — Si l'amour qui existe entre l'homme et la femme venait de l'attrait de leur corps, en les privant de leur corps il n'y aurait donc plus entre eux de motif d'amour, et leur affection ne dépasserait pas le temps ? — Il est si vrai que c'est par la sexualité de leur âme que l'homme et la femme sont attirés l'un vers l'autre, que ce qui fait aux yeux de la femme le charme de l'homme, c'est sa puissance, et que ce qui fait aux yeux de l'homme le charme de la femme, c'est son amour. — La puissance dans l'esprit est l'intelligence, la puissance dans le corps est la force ; l'amour dans l'esprit est la bonté, l'amour dans le corps est la grâce. Or la réunion de l'intelligence et de la force fait le caractère, lequel constitue l'homme ; la réunion de la bonté et de la grâce fait la douceur, laquelle constitue la femme. — De là, la beauté de l'homme est dans son caractère, qui est la formule de sa puissance ; et la beauté de la femme est dans sa douceur, qui est la formule de son amour. — De sorte que la femme se sent plus portée vers l'homme en raison de ce qu'il dénote plus de puissance, ou de caractère ; et l'homme vers la femme, en raison de ce qu'elle dénote plus d'amour, ou de douceur. — L'homme qui manque de volonté est méprisé de sa femme elle-même ; de même que la femme qui veut montrer du caractère prend à nos yeux un aspect repoussant, qui détruit tout le charme de sa sexualité. — Mais le christianisme, en même temps qu'il rendait l'énergie et la causalité à l'homme, rendait la pureté et la douceur à la femme ; c'est lui qui a rétabli le sexe dans les âmes. — Comme le corps est la manifestation et l'instrument de l'âme dans le temps, le sexe de l'âme s'étend jusque sur le corps. C'est ainsi qu'on voit le corps de l'homme constitué pour la force, caractère physique de la puissance, et le corps de la femme constitué pour la grâce, caractère physique de l'amour. — Dieu a fait passer la sexualité spirituelle jusque dans les plus petits détails du corps, afin que sous ce symbole les âmes pussent parfaitement s'apparaître en ce monde ; leur corps les prévient du sexe de leur âme. — Aussi, lorsque des époux innocents s'unissent, ils se trouvent tout-à-coup surpris ; où ils croyaient ne trouver que la personne mortelle, ils sentent tressaillir la personne immortelle. — Quand ils se pressent dans leurs bras, ils croient saisir cette âme adorée, qui se retire toujours sous l'emblème du corps ; et ils attendent cette vie immortelle qui doit les unir, non plus dans un mariage de séparation, mais dans un hymen véritable. — Le sexe étant bien plus dans l'âme que dans le corps, la femme est plus délicieuse à l'homme par son âme que par son corps, et il en est ainsi de l'homme par rapport à la femme, quelle que soit d'ailleurs l'influence que le corps, comme symbole de l'âme, puisse exercer sur leur amour. — Le corps n'est pas seulement consacré à prévenir l'homme et la femme du sexe de leur âme, il sert encore de conducteur pour transmettre à d'autres âmes ce même symbole temporel ; il sert, en un mot, à faire que les hommes naissent les uns des autres, afin qu'ils s'aiment les uns les autres. — Du reste, il fallait que cet amour de don vînt compléter leur amour d'union, car dans l'absolu l'identification de la substance ne s'opère que parce que l'être se donne à l'être. — De là, l'instinct de la procréation procède de l'amour, et se réveille précisément dès que les personnes s'aiment. — La sexualité est dans le contraste, et non dans l'opposition. Le sentiment qu'éprouve un sexe lorsqu'il s'unit à l'autre, est de même nature que le sentiment qu'éprouve Dieu lorsque, dans son unité, il sent s'unir les différents attributs de son essence. — Voici en quoi consiste le sexe des âmes : chez le masculin l'amour est enfermé dans la puissance, chez le féminin la puissance est enfermée dans l'amour ; de sorte que dans le premier la puissance tend à étouffer l'amour, et dans le second l'amour étouffe la puissance. — Lorsqu'elles se rencontrent, le féminin dégage l'amour qui était enfermé dans le masculin, et le masculin dégage la puissance qui était enfermée dans le féminin ; et il semble que tous deux retrouvent la vie. — L'amour est dans la joie de retrouver sa puissance, et la puissance est dans la joie de retrouver son amour. La puissance est redevenue vive par sa réunion à l'amour, et l'amour est redevenu actif par sa réunion à la puissance. — Le masculin est ce qui a besoin de rendre l'amour à sa puissance, et le féminin est ce qui a besoin de rendre la puissance à son amour. — L'amour et la puissance ne forment qu'un dans l'absolu ; du reste, au jour où Dieu créa l'homme, il le créa mâle et femelle, et ce fut par un second acte de la création que la femme fut tirée de l'homme, que l'amour fut extrait de la puissance. — Quand ils se réunissent, chacun ne fait que reprendre sa moitié ; et l'homme avec la femme est comme dans soi et avec soi : *ils ne sont plus deux mais un*, dit l'Écriture. — Il devait en être ainsi, d'abord pour qu'ils cherchassent d'eux-mêmes à se réunir par l'amour, et ensuite, surtout, pour que l'amour de soi-même ne restât pas dans l'homme ; sinon il aurait été exposé au crime de l'ange. — Ainsi la femme fut constituée non pour elle-même, mais pour être l'amour de la puissance de son mari ; et l'homme fut créé non pour lui-même, mais pour être la puissance de l'amour de sa femme. Et c'est ce que disent les lois humaines. — Dans le temps, ces deux éléments sont aussi indispensables que dans l'absolu : la puissance sans l'amour sortirait d'elle-même, ce serait la force, ou la puissance morte ; l'amour sans la puissance resterait en lui-même, ce serait l'égoïsme, ou l'amour mort. Chez l'homme resté seul, la volonté se durcit ; chez la femme restée seule, le cœur se sèche. — L'homme, étant demeuré comme puissance, cherche l'amour ; la femme, ayant été détachée comme amour, cherche la puissance. Mais ce n'est là que l'origine psychologique de l'amour conjugal. — Dans l'absolu, la puissance et l'amour ne font qu'un ; c'est de l'union éternelle du Père et de l'Esprit que découle sur la terre l'amour qui existe entre l'âme de celui qui est né du Père et l'âme de celle qui est née de l'Esprit. C'est là l'origine ontologique de l'amour conjugal. — Or, c'est par l'amour chaste du sexe que la puissance de l'homme parvient à rejoindre l'amour dans la femme, et que l'amour de la femme parvient à se rejoindre à la puissance dans l'homme. Le corps ne peut qu'empêcher les âmes de s'unir. — L'amour conjugal est l'amour de l'esprit, parce que les esprits seuls peuvent s'unir. L'amour conjugal n'est donc point l'amour du sexe, mais d'une seule personne du sexe ; conséquemment, c'est l'amour chaste du sexe. L'amour conjugal est ce qu'on a appelé l'amour platonique. — Aussi l'amour de la chair, au lieu d'être l'amour qui conjoint, est l'amour qui disjoint. Les époux qui restent dans leur corps s'enferment loin l'un de l'autre. Cherchant le plaisir, ils ne se cherchent point eux-mêmes : comment pourraient-ils se rencontrer et s'unir ? — De même que l'âme est obligée de se dépouiller du corps pour aller jouir dans la vie absolue de l'amour infini, de même elle doit ici-bas se dépouiller de son corps, si elle veut y jouir du véritable amour. — Mais, par l'union des âmes, la puissance et l'amour se délectent ensemble, et il y a cohabitation spirituelle. Dans cette participation de leurs biens les âmes se divinisent, parce qu'elles mettent en commun les éléments de la Trinité. — Dans l'infini, si de l'union de la puissance et de l'amour naît la sagesse, en laquelle le Père et l'Esprit mettent toute leur complaisance ; sur la terre, où le besoin de l'infini se fait sentir, de l'union de la puissance et de l'amour naît celui qui a besoin de la sagesse, ou l'enfant, en qui le père et la mère mettent toute leur jouissance. — Et les époux, qui ne désiraient autre chose que se trouver en un, reçoivent en effet dans leur enfant une bien douce preuve qu'ils ne sont qu'un ; c'est ainsi qu'il est le gage de leur amour. L'enfant est le symbole vivant de leur unité d'âme. — L'homme, représentant la puissance, est plus particulièrement volonté ; la femme, représentant l'amour, est plus particulièrement cœur. Comme la volonté ne peut exister sans les mobiles du cœur, et le cœur sans les déterminations de la volonté, le cœur de l'épouse vient se mettre dans la volonté du mari, et leurs deux esprits ne forment qu'une âme. — Aussi l'homme appelle sa femme : mon cœur ! mon amour ! et la femme appelle son mari : ma volonté ! ma force ! C'est la femme qui règne, et le mari qui gouverne ; car régner est le fait du cœur ou de l'amour, et gouverner est le fait de la volonté ou de la puissance. — L'épouse dirige secrètement les mobiles de son mari, et chez elle l'inclination à s'unir est plus constante et plus profonde que chez l'époux. — Par la véritable union conjugale, leurs deux cœurs ne font qu'un amour, et leurs volontés qu'un désir ; comme les deux yeux ne font qu'un regard, et les deux lèvres qu'un baiser. L'amour conjugal n'est que l'amour de deux qui veulent être un. — Ceux qui ne sont point dans le véritable amour conjugal se croient continuellement deux, et en effet ils veulent et agissent comme s'ils étaient deux ; et de là leur souffrance. — Ceux qui ont le véritable amour conjugal ne pensent qu'à l'éternité. Si ceux qui s'aiment venaient à perdre la vue du Ciel, ils croiraient qu'il n'y a plus de mariage entre eux ; car le Ciel est le lieu des cœurs, comme la terre est le lieu des corps. — Un tel amour ne peut exister que dans ceux qui sont unis à Dieu, parce que leur âme étant en communication intime avec sa substance, la vie du Ciel circule jusque dans leur cœur. — L'amour se répand dans l'âme en proportion de son union avec Dieu ; l'amour est pur et exquis selon la quantité d'amour de Dieu dont il se compose. — Quand ceux qui sont dans le véritable amour ont en vue le Ciel, ils savent bien ce qu'ils font : là sera l'accomplissement de leur union et de leur félicité! — Car deux époux dans le Ciel ne seront pas deux, mais un ange. Leurs deux âmes étant réunies, il n'y a plus de sexe entre eux, c'est-à-dire de séparation. Et ils ne seront pas exposés au crime de l'ange, parce qu'ils auront été créés homme pour devenir ange.

Ayant vu ces vérités dans l'absolu, voyons maintenant leur réalisation dans le temps. Connaissant l'origine et les lois ontologiques du mariage, établissons les principes d'après lesquels il doit se pratiquer. — Le choix et les démarches appartiennent à l'homme, parce qu'il est intelligence et action; l'adhésion et le consentement appartiennent à la femme, parce qu'elle est amour et attachement. — La femme aime celui qui l'aime, et l'homme aime celle qui lui plaît; parce que chez lui existe communément l'amour du sexe, et chez elle l'amour d'un seul du sexe. Proportion gardée, une individualité la rend plus facilement heureuse. — Origine de la pudeur chez la femme. En voilant le corps la pudeur replace la fille de l'Esprit dans sa nature purement spirituelle. — Le mariage est l'union des cœurs; si ce ne sont pas les cœurs qui contractent cette union, où sera le mariage? Tous les désordres de la famille naissent de cœurs mal assortis. — On ne doit pas faire du mariage une alliance de fortune; la fortune passe, et le mariage reste. — L'homme qui prend sa femme dans une position trop au-dessus de lui, s'expose à intervertir l'ordre des sexes; la femme qui sentira la supériorité de sa position mettra son mari sous sa dépendance. Mais les hommes ne consultent aujourd'hui que la vanité. — Qu'on tâche d'assortir les positions, mais qu'on n'exclue pas du mariage précisément ce que Dieu a fait pour former cette union; car l'amour qu'il met dans nos cœurs est la seule part que Dieu prenne à une demande en mariage. L'amour est la religion du mariage. — L'amour sanctifie le mariage. L'adultère n'est pas seulement pour le corps, il est pour toute union illégitime des cœurs. — Ceux qui ne s'aiment pas d'amour ne doivent point entrer dans le mariage, parce qu'ils n'y rencontreront que leurs corps.

L'amour est la première condition du mariage. — Mais cherchons le moyen d'assurer aux époux cet amour platonique qui leur donne sur la terre le véritable amour conjugal, et les conduit dans le Ciel à l'unité angélique. — Comme l'âme est unie à un corps, la première chose à veiller est que celui-ci reste dans sa sphère; son intervention ne servirait qu'à tromper les âmes sur l'objet de leur affection. — Le grand point est que l'amour s'éveille et se forme dans l'âme, avant que le corps puisse y prendre part. Pour cela, il faut faire précéder l'époque du mariage par l'époque des fiançailles. — Les fiançailles sont le noviciat de l'amour; alors les cœurs commencent à se conjoindre, afin que le mariage des âmes précède le mariage des corps. Les fiançailles sont la saison de l'amour platonique. — De même que nous avons vu le sexe exister dans les âmes, ensuite se répandre sur le corps, et conséquemment l'amour exister dans les âmes avant de se manifester dans le corps; de même le temps des fiançailles, qui est l'époque de l'union des âmes, doit précéder le mariage, qui est l'époque de l'union des âmes et des corps. — Le grand précepte est que le temps des fiançailles dure le plus possible pour donner à l'amour platonique le temps de prendre toute sa force. — Car l'amour conjugal sera en raison de l'amour platonique, comme l'amour platonique est lui-même en raison de l'amour de Dieu. — Or, l'amour restera dans l'état où il aura été surpris par le mariage; il pourra pénétrer encore dans le cœur, mais il ne s'élèvera pas davantage dans l'idéal. — Il y a deux éléments dans l'amour : l'élément idéal, que les âmes puisent en dehors du temps, et l'élément de tendresse, que par la cohabitation elles trouvent dans le temps. Le premier élément fait toute la poésie de l'amour, le second en fait toute l'utilité. — L'amour conjugal est l'amour de l'esprit et ensuite du corps, et non point l'amour du corps et ensuite de l'esprit. Il faut donc par-dessus tout éviter les mariages prompts. Si vous voulez faire des mariages selon le Ciel, prolongez le temps des fiançailles.

— Le degré de pureté de l'amour fait le degré de pureté du bonheur qu'on y éprouve ; un seul degré de pureté dans notre cœur transforme toute la nature de notre amour. — Plus le cœur de l'homme est pur, plus la vue de celle qu'il aime le sanctifie ; elle est comme un talisman merveilleux qui l'initie aux enchantements de la vie immortelle. — La femme, dont la tendresse s'exalte en raison du bien qu'elle fait, s'aperçoit de l'extase qu'elle provoque dans celui qui l'aime, et elle se prend pour lui d'un amour profond. — Elle rougit d'abord, mais bientôt une inspiration inconnue dissipe sa timidité, elle ne se sent plus que comme un don, et son premier aveu s'échappe de ses lèvres. — C'est ici que les fiancés vont apprendre toute la dignité de leur amour. Les rapports qui existent entre le Père et l'Esprit existent entre l'homme et la femme, et sont soumis à une même loi ; les personnes humaines ne peuvent s'unir qu'en vertu du lien qui unit les Personnes divines. — C'est pourquoi il faut que l'homme soit sacré époux et que la femme soit sacrée épouse ; le sacrement de mariage vient leur conférer ce caractère. C'est le sacrement qui opère ontologiquement leur union. Tout sacrement est le signe sensible d'un rapprochement de l'être avec l'être ; si les trois Personnes venaient sur la terre, elles s'y réuniraient par un sacrement. — Le mariage nous vient comme l'amour, de l'union des trois personnes ; le sacrement est institué pour nous sacrer selon l'Ordre de la Trinité. — Aussi, c'est lorsque la famille divine a été connue dans le Ciel, que la famille humaine s'est constituée sur la terre. Dans l'antiquité, il y avait des cérémonies de mariage, mais il n'y avait pas le sacrement du mariage. Le sacrement fait relever notre amour de l'amour des Personnes éternelles. — Au moment de l'union sacramentelle des âmes, les trois divines Personnes reparaissent comme au jour où elles dirent ces paroles : Il n'est pas bon que l'homme soit seul ; et elles vont prononcer celles-ci sur les fiancés : Qu'ils soient un comme nous sommes un ! — Celui qui aime porte le Ciel avec lui ; le Ciel n'est pas un changement de lieu, mais un changement d'état dans notre cœur. Pour faire descendre le Paradis sur la terre, il ne s'agit que d'y conserver l'amour. — Or, le moyen de prolonger dans le mariage le bonheur de l'amour est bien simple : c'est de vivre après le mariage comme l'on vivait avant d'être marié, c'est de rester amant quand on est époux. — Aussi les époux imprudents, devenant moins doux l'un à l'autre, se demandent pourquoi avant le mariage ils s'aimaient d'un amour si parfait ? C'est qu'effectivement leur amour était parfait ; le corps ne les avait point séparés. — Que les époux vivent comme de purs amants ; qu'ils redoublent tous les jours de pureté, et ils sentiront de plus en plus dans leur cœur les flammes d'une jeunesse immortelle. — Si donc vous voulez prolonger le bonheur de l'amour dans le mariage, vivez comme lorsque vous n'étiez pas mariés ; dites à la pureté de garder votre amour, l'amour vous gardera le bonheur. — Ceux qui s'aiment par l'esprit, ne cesseront jamais de s'aimer ; or l'amour de l'esprit se conserve dans la chasteté. La chasteté est d'autant plus facile qu'on a plus d'amour ; le besoin de volupté est toujours un indice de la pauvreté du cœur. — La chasteté amasse tellement d'amour dans le cœur, qu'on l'aime autant et plus que l'amour lui-même ; on ne sait plus si c'est la chasteté ou l'amour qui donne la joie, tout ce que l'on sait, c'est qu'une nouvelle joie est entrée dans la joie de l'amour, et que la félicité en est portée à sa plus haute puissance. — Mais à force d'avancer dans l'amour et de pénétrer dans le bonheur, les époux s'aperçoivent avec ravissement qu'ils ne sont point encore le complément l'un de l'autre, et qu'il est un bien plus merveilleux qui sera le couronnement de leur être. — Alors ils se mettent à éprouver pour Dieu le même amour qu'avant de se posséder ils éprouvaient l'un pour l'autre. L'amour, loin de s'arrêter en eux et de s'y éteindre, ne fait que s'accroître, et, au lieu de n'être que deux humains séparés, ils sont déjà comme un ange épris de la beauté infinie. — Les époux qui par l'amour conjugal ouvrent leur cœur à l'amour de Dieu, ne trouvent plus de solution de continuité entre le bonheur qu'ils ont eu de se posséder, et celui de posséder Dieu. Pour eux le soir de la vie n'est que l'aurore du jour qui ne doit pas finir. — Cependant les époux n'ont pas seulement reçu la grâce du mariage pour la sanctification de leur âme, mais encore pour donner de nouvelles âmes à Dieu. Aussi, leur amour n'est-il en rien souillé par l'union de leur corps; et telle est la grâce du sacrement qui les sanctifie. — Il n'y a donc que le conjugal établi par le sacrement qui soit chaste. L'amour vraiment conjugal est la chasteté même. Or la chasteté renferme deux choses, l'amour et la pureté; l'amour doit être dans l'affection, et la pureté dans l'intention. — Le cœur de la jeune vierge est un temple qui ne doit s'ouvrir que sur un ordre du Ciel, mais l'amour est une sollicitation venue de Dieu. Que celui qui veut être père se souvienne que Dieu a créé le monde par amour. — Tous les organes se développent en raison de l'exercice; les organes de la génération ont une loi tout opposée. Moins les actes de la procréation sont souvent répétés, plus les produits qu'ils donnent sont parfaits. La chasteté de la femme pendant sa grossesse est la première condition de la formation de l'enfant. — L'état moral de la mère agit autant sur l'âme de l'enfant, que l'état physiologique de celle-ci agit sur le corps de celui-là. C'est ici que commence véritablement l'éducation. Qu'elle sera pure dans ses pensées la jeune femme qui saura que ce sont ses pensées et ses désirs qui donneront la première forme à l'âme de son enfant! — Rappelons-nous que Dieu forma lui-même la femme qu'il amena devant Adam; ceci renferme un double enseignement: d'abord que Dieu seul peut constituer cette union, ensuite que c'est à lui d'y pourvoir. — Aussi remarque-t-on en général dans le monde un contraste harmonieux de qualités entre les époux, de manière qu'ils puissent se perfectionner l'un l'autre. Les bons mariages sont écrits dans le Ciel.

— Conséquences des mariages faits indépendamment du cœur et de la volonté de Dieu. — Le crime de l'homme est la légèreté, le crime de la femme est la vanité. — La femme étant amour, la vanité, qui part d'un sentiment outré de soi-même, est le vice qui détruit le plus radicalement le caractère de la femme. La vanité est le vide du cœur. La coquette est la femme qui s'aime, et la femme qui s'aime est la femme qui n'aime pas. — Ce qui fait la grande beauté chez la femme et ce qui lui attire le plus invinciblement les cœurs, c'est la diminution en elle du sentiment de la personnalité. — Sottise des époux qui préfèrent exiger du devoir plutôt que d'obtenir de l'amour. Quand la conscience a fait ce qu'elle doit, elle s'arrête ; quand le cœur a fait ce qu'il aime, il voudrait encore le refaire. L'amour est plus abondant que le devoir. — Enfin, les conclusions de tout ce chapitre se renferment dans deux préceptes : aimez, et soyez chastes. Et ce sont précisément les deux préceptes du grand Apôtre. — L'homme est fait pour aimer Dieu, et la femme est un moyen de réveiller cet amour : sans cela le sacrement ne s'expliquerait pas. Comme l'artiste, la femme n'aspire qu'à réveiller en nous le feu sacré. — Elle ne se fait aimer que pour porter le cœur de celui qui l'aime dans les abris éternels. Preuves que telle est la pensée que les femmes ont eue sur l'amour. — Mais nous avons détourné la femme de ses voies ; pourquoi la pensée du mariage réjouissait-elle tous ses rêves de jeune fille, et pourquoi le mariage lui-même est-il devenu la source de tous ses chagrins de femme ? Il ne fut donc point selon les idées que Dieu en avait déposées dans son cœur ? — L'avenir du monde repose sur le sentiment de ces vérités. La charité est la dernière voie de la terre ; or la charité ne peut s'établir sans l'amour, et l'amour sans la pureté. — Dans les temps antiques, où ne régnait encore que la puissance, l'homme faisait les lois, et tout cédait à son action ; mais dans les temps à venir, où régnera la charité, la femme fera les mœurs auxquelles obéissent les lois, et tout subira son influence. — Avant de terminer, rappelons-nous cette pensée : la famille est comme le prisme sur lequel le rayon intégral de l'amour infini se divise en ses éléments, afin que l'homme, en aimant successivement sa mère, son père, son frère, sa femme, son enfant, son ami, ses semblables, recompose en lui l'amour infini, et se prépare à la vie absolue. — Sans cela nos amours ne seraient que des chimères, les personnes de la famille, que des fantômes, et le sacrement lui-même, qu'une singerie. — L'amour étant 1° le motif de la création, 2° la loi sur laquelle elle est organisée, et 3° le but auquel elle doit arriver, la création ne peut être comprise sans l'amour ; il est aussi nécessaire à la science du monde qu'au monde lui-même. — Or, si la création repose sur l'amour, si l'amour repose sur la famille, si la famille repose sur le mariage, le mariage repose sur la Société. — Chez les sauvages, il n'y a pas de famille ; chez les anciens, il n'y en avait pas davantage ; il n'y avait ni l'épouse, ni l'enfant, il y avait des esclaves. La servitude domestique n'est pas la famille, la force n'est pas un sacrement. — La famille est d'hier, l'antiquité ne la connaissait pas. Tous les éléments de la famille, depuis l'amour qui rapproche les cœurs, jusqu'au sacrement qui les unit, viennent du christianisme. Or le christianisme, avec sa tradition, sa puissance pratique et son pouvoir de consécration, ne se trouve que dans la Société.

Enfin, puisque le christianisme, duquel dépend le mariage, duquel dépend la famille, de laquelle dépend l'amour, ne se trouve que dans la Société, nous pouvons répondre directement à la question de ce chapitre, que : La Société est dans le temps la condition de l'existence et du développement de l'homme, comme être doué du cœur ; ainsi qu'elle est déjà la condition de son existence comme être doué d'un corps, d'une volonté, d'une intelligence et d'une raison. — Mais l'homme n'étant qu'un être doué du cœur, auquel le corps, la volonté, l'intelligence et la raison ont été donnés, la Société est donc dans le temps la condition de l'existence de l'homme. — Nous venons de voir l'essence humaine divisée, ramenée à l'unité par le mariage ; bientôt nous verrons s'opérer une plus vaste reconstruction de l'être, nous trouverons la cosmogonie de l'humanité. — Alors nous comprendrons pourquoi l'homme ne doit retrouver sa valeur que dans l'espèce, pourquoi il faut que le genre humain soit ramené à l'unité. Nous comprendrons pourquoi l'homme est nécessairement obligé de vivre dans la Société; en un mot, ce que c'est que la Société, et quel est son but au-delà du temps.

Mais ne voit-on pas que l'homme, quoique dans la Société, n'est pas tout ce qu'il doit être, ni même tout ce qu'il devait être ? Avant de développer l'homme, il faut donc le réparer. Nous avons vu quelles étaient les conditions de l'existence de l'homme, voyons quelles sont les conditions de sa réparation.

www.ingramcontent.com/pod-product-compliance
Lightning Source LLC
Chambersburg PA
CBHW050418240426
43661CB00055B/2192